Studien zum Arbeitsrecht

Herausgegeben von
Prof. Dr. Georg Caspers, Universität Erlangen-Nürnberg
Prof. Dr. Richard Giesen, Universität München
Prof. Dr. Matthias Jacobs, Bucerius Law School, Hamburg
Prof. Dr. Dr. h.c. Dr. h.c. Horst Konzen, Eltville

Band 60

Henrik Eckert

Reformbedarf im Massenentlassungsrecht

Nomos

Onlineversion
Nomos eLibrary

Die Deutsche Nationalbibliothek verzeichnet diese Publikation in der Deutschen Nationalbibliografie; detaillierte bibliografische Daten sind im Internet über http://dnb.d-nb.de abrufbar.

Zugl.: Hamburg, Bucerius Law School, Diss., 2025

ISBN 978-3-7560-3341-6 (Print)
ISBN 978-3-7489-6305-9 (ePDF)

1. Auflage 2025

Vorwort

Die Arbeit wurde im Mai 2025 an der Bucerius Law School, Hochschule für Rechtswissenschaft, in Hamburg als Dissertation angenommen. Die mündliche Prüfung fand am 25. Juni 2025 statt. Rechtsprechung und juristisches Schrifttum sind bis Dezember 2024 berücksichtigt.

Mein herzlicher Dank gilt zunächst meinem Doktorvater und Erstgutachter, Herrn Prof. Dr. Matthias Jacobs, für die engagierte Betreuung meines Promotionsvorhabens sowie die zahlreichen wertvollen Ratschläge. Herrn Prof. Dr. Stefan Lunk danke ich für die zügige Erstellung des Zweitgutachtens.

Zudem danke ich Timo für die wertvollen Anregungen und kritischen Hinweise zu dieser Arbeit.

Schließlich konnte ich mich auf meinem Lebensweg stets auf die Unterstützung meiner Eltern und meines Bruders verlassen. Ihnen ist die Arbeit zum Dank gewidmet.

Hamburg, im Juni 2025 *Henrik Eckert*

Inhaltsverzeichnis

Einleitung

A. Problemstellung

Unter „Massenentlassung“ wird die Entlassung einer bestimmten Anzahl von Arbeitnehmern[1] bei einer bestimmten Betriebsgröße in einem Zeitraum von 30 Kalendertagen verstanden. Will der Arbeitgeber eine Massenentlassung durchführen, hat das mehrere Pflichten für ihn zur Folge, die sich aus drei betroffenen Interessen ergeben:

Eine Massenentlassung betrifft zunächst staatliche Interessen, da sie den Arbeitsmarkt und die Versichertengemeinschaft durch steigende Arbeitslosigkeit belastet.[2] Damit der Staat hierauf reagieren kann, hat der Arbeitgeber gem. § 17 Abs. 1, 3 KSchG die Massenentlassung der zuständigen Agentur für Arbeit anzuzeigen.[3]

Zudem betrifft sie Arbeitnehmerinteressen, denen durch die Entlassung der Verlust ihrer aufgebauten Vermögensposition droht.[4] Hieraus folgt die Pflicht des Arbeitgebers zur Information und Konsultation des Betriebsrats über eine beabsichtigte Massenentlassung, vgl. § 17 Abs. 2 KSchG.[5]

Eine Massenentlassung betrifft schließlich auch die Interessen des Arbeitgebers, dem trotz gesetzlicher Vorgaben für die ordnungsgemäße Durchführung einer Massenentlassung die Umsetzung von Sanierungskonzepten möglich bleiben muss.[6] Deshalb normieren §§ 17 ff. KSchG kein Verbot der Massenentlassung, sondern lediglich formelle Voraussetzungen für ihre Durchführung.[7]

---

1 Aus Gründen der besseren Lesbarkeit wird nachfolgend verallgemeinernd die maskuline Wortform verwendet. Die Wortform umfasst gleichermaßen diverse, weibliche und männliche Personen und spricht diese gleichberechtigt an.

2 *Bellinghausen*, Massenentlassungsschutz, S. 2; EuArbRK/*Spelge*, Art. 1 RL 98/59/EG Rn. 4; *dies.* in MünchHdbArbR, § 121 Rn. 160; *Frick*, Massenentlassungsschutz, S. 16; *Heilemann*, WD 2019, 546, 550; *Kleinschmidt*, Massenentlassungen, S. 3 f.

3 *Naber*, Aufhebungsverträge, S. 167; vgl. auch BT-Drs. 08/1041, S. 4 f.

4 EuArbRK/*Spelge*, Art. 1 RL 98/59/EG Rn. 5; *Hütter*, ZESAR 2015, 27 f.; *Kleinschmidt*, Massenentlassungen, S. 2; *Naber*, Aufhebungsverträge, S. 167.

5 BT-Drs. 08/1041, S. 5; *Naber*, Aufhebungsverträge, S. 167.

6 *Naber*, Aufhebungsverträge, S. 168

7 *Schubert/Schmitt*, JbArbR 2022 (59), S. 81, 83 f.; *dies.*, ZESAR 2020, 53, 59.

Diese Pflichten sind Teil einer über einhundertjährigen Tradition, dessen Anfänge die Demobilmachungsverordnung,[8] die Stilllegungsverordnung[9] sowie die Verordnung über Betriebsstillegungen und Arbeitsstreckung[10] bildeten und die stets einen arbeitsmarktpolitischen Zweck[11] verfolgten. Bis heute sichern §§ 17 ff. KSchG diesen Zweck durch die notwendige Massenentlassungsanzeige bei der Agentur für Arbeit. Aufgrund dieser Tradition galt das Massenentlassungsrecht lange Zeit als „Insel der Rechtssicherheit“[12].

Heutzutage sehen sich Arbeitgeber, wollen sie Massenentlassungen durchführen, allerdings enormer Rechtsunsicherheit ausgesetzt. Das belegen eindrücklich folgende Zitate über das geltende Massenentlassungsrecht: „Die dunkle Bedrohung“;[13] „Angst und Schrecken“;[14] „Labyrinth ohne Ausweg“;[15] „Minenfeld“;[16] „kaum zumutbarer Zustand“;[17] „arbeitsrechtliche Schlangengrube“[18] – eine völlig konträre Feststellung zu dem eingangs genannten Zitat.

Was führte also dazu, dass die „Insel der Rechtssicherheit“ zu einem „Minenfeld“ wurde? Entscheidend hierfür war und ist der unionsrechtliche Einfluss auf §§ 17 ff. KSchG, den die Richtlinie 98/59/EG[19] (im Folgenden: MERL) vermittelt. Sie führte zu einem Interessenkonflikt: Während

---

8 In der Fassung vom 12.2.1920, RGBl. I 1920, S. 218 ff.

9 In der Fassung vom 8.11.1920, RGBl. I 1920, S. 1901.

10 In der Fassung vom 15.10.1923, RGBl. I 1923, S. 983.

11 Die Regelungen entstanden während einer nachkriegsbedingten Deflationskrise, die zu zahlreichen Betriebsschließungen führte. Zur Vermeidung von Massenarbeitslosigkeit sind Massenentlassungen erstmals reguliert worden BeckOGK/*Naber*, § 17 KSchG Rn. 3 f.; *Bellinghausen*, Massenentlassungsschutz, S. 4; *Hinrichs*, Kündigungsschutz, S. 24 m.w.N.; *Senk*, Betriebsbegriffe, S. 7 m.w.N. Ausführlich zu den historischen Vorläufern der §§ 17 ff. KSchG *Mauthner*, Massenentlassungsrichtlinie, S. 59–62; *Oetker*, FS 100 Jahre BetrVR, S. 557, 558 ff.; *Thüsing*, Europäisches Arbeitsrecht, § 6 Rn. 5.

12 *Braun*, ArbRB 2005, 209.

13 *Gulbins*, SPA 2023, 93.

14 *Moll*, RdA 2021, 49, 51 in Anlehnung an *Schiefer*, DB 2020, 2521, 2523.

15 *Spelge*, NZA 2017, 108.

16 *Holler*, SAE 2017, 65 in Anlehnung an *Hützen*, ZInsO 2012, 1801, 1811.

17 *Freckmann/Hendricks*, BB 2018, 1205, 1211.

18 BeckOGK/*Naber*, § 17 KSchG Rn. 2.

19 Richtlinie 98/59/EG des Rates v. 20.7.1998 zur Angleichung der Rechtsvorschriften der Mitgliedstaaten über Massenentlassungen, ABl. EG v. 12.8.1998, Nr. L 225/16.

§§ 17 ff. KSchG traditionell den Schutz des Arbeitsmarkts verfolgten, wollte die MERL den Schutz der Arbeitnehmer sicherstellen.[20]

Folgendes Beispiel[21] verdeutlicht den Konflikt:

§ 17 KSchG bezieht sich durchweg auf „Entlassungen“, die die Konsultations- und Anzeigepflicht des Arbeitgebers auslösen. Eine Definition des Entlassungsbegriffs enthält die Norm allerdings nicht, sodass u.a. der Normzweck darüber entscheidet, was unter einer „Entlassung“ zu verstehen ist. Welcher Zweck ist aber vorrangig? Der national bezweckte Schutz des Arbeitsmarkts oder der unionsrechtlich bezweckte Schutz der Arbeitnehmer?

Bei Vorrang des nationalen Zwecks wäre das tatsächliche Ausscheiden aus dem Arbeitsverhältnis als „Entlassung“ anzusehen, da erst mit tatsächlichem Ausscheiden der Arbeitsmarkt und die Versichertengemeinschaft durch die dann entstehende Arbeitslosigkeit belastet werden. Demgegenüber würde bei Vorrang des unionsrechtlichen Zwecks ein Ereignis als „Entlassung“ gelten, das den Bestand des Arbeitsverhältnisses gefährdet (z.B. Ausspruch der Kündigung, Angebot eines Aufhebungsvertrags, Eingang des Zustimmungsantrags bei Arbeitnehmern mit Sonderkündigungsschutz). Nur zu diesem Zeitpunkt wäre der Bestand des Arbeitsverhältnisses noch zu sichern und somit effektiver Arbeitnehmerschutz gewährleistet. Je nach Vorrang ist somit die Durchführung des Massenentlassungsverfahrens an zwei Zeitpunkten denkbar, zwischen denen Monate liegen können. Durch das unklare Vorrangverhältnis besteht erhebliche Rechtsunsicherheit für den Arbeitgeber bei der Durchführung einer Massenentlassung.

Bislang reagiert der Gesetzgeber allerdings nicht auf den herrschenden Interessenkonflikt und die damit einhergehende Rechtsunsicherheit, sondern lässt §§ 17 ff. KSchG seit Jahrzehnten unverändert. Das bewirkt eine Diskrepanz zwischen Gesetzestext und tatsächlichen Anforderungen an eine ordnungsgemäße Massenentlassung. Diese Diskrepanz löste verschiedenste Reformvorschläge aus, die allesamt ein rechtssicheres Massenentlassungsverfahren ermöglichen möchten.[22] Während sich die Vorschläge im Detail unterscheiden, ist ihnen eines gemeinsam: die Erkenntnis, dass der

20 *Brams*, Unionsrechtliche Impulse, S. 25; einen Konflikt zwischen nationalem Recht und der MERL erkennt ebenfalls *Hohe*, Arbeitnehmerbegriffe, S. 205, sieht diesen aber in der fehlenden Vollharmonisierung der MERL begründet.

21 Angelehnt an EuGH, Urt. v. 27.1.2005 – C-188/03 (*Junk*), Slg. I 2005, 903 = NZA 2005, 213.

22 Siehe beispielhaft *Bauer*, NZA-Beilage 2019, 21; *Hohenstatt/Naber*, EuZA 2016, 22; *Lunk*, NZA 2015, 917; *Spelge*, NZA-Beilage 2021, 34; *dies.*, NZA-Beilage 2017, 108; *Temming*, NZA 2016, 599.

Gesetzgeber das Massenentlassungsrecht an aktuelle Entwicklungen und unionsrechtliche Vorgaben anpassen muss.

Es gibt somit viele Rufe nach Reform, aber inwieweit sind diese rechtlich zwingend oder stattdessen bloß rechtspolitisch motiviert? Hiernach differenzieren die bisherigen Reformvorschläge nicht. Die bloße Kritik am geltenden Recht begründet allerdings nicht dessen Unvereinbarkeit mit höherrangigem Recht und dessen hieraus folgenden Reformbedarf.[23] Es fehlt allen bisherigen Reformvorschlägen an einer umfassenden Untersuchung der Frage, welche Teile des Massenentlassungsrechts gegen höherrangiges Recht verstoßen und welche Teile lediglich rechtspolitisch zu kritisieren sind.

Diese Unterscheidung ist aber vor allem in unübersichtlichen Teilrechtsgebieten wie dem Massenentlassungsrecht wichtig, um sachgerecht entscheiden zu können, ob die Reform notwendig ist und daher zu mehr Rechtssicherheit führen würde. Demgegenüber würde eine rechtpolitische, bloß interessengeleitete und somit häufig misslungene Reform zu noch mehr Rechtsunsicherheit im Massenentlassungsrecht führen. Die bisherigen Vorschläge lassen eine fundierte Auseinandersetzung mit der dogmatischen Notwendigkeit einer Reform vermissen. Zum einen zeigen sie nicht auf, welche höherrangigen Rechtsvorgaben die Reformnotwendigkeit bedingen könnten. Zum anderen untersuchen sie nicht, welchen höherrangigen Vorgaben die Reform entsprechen müsste. Diese Lücke soll die Arbeit schließen.

Die Arbeit fokussiert sich allerdings nicht nur auf die höherrangig zwingende Reform; es werden auch Reformideen entwickelt, die ein einfacheres Massenentlassungsverfahren ermöglichen, ohne höherrangig zwingend zu sein. Selbst wenn Änderungen höherrangig nicht zwingend sind, ist der Gesetzgeber dennoch zur stetigen Beobachtung und Nachbesserung von Gesetzen verpflichtet.[24]

Schließlich bleiben bisherige Reformvorschläge bei der bloßen Kritik des geltenden Rechts stehen und entwickeln keine Gesetzgebungsvorschläge, die sich in die bestehende Gesetzessystematik einfügen. Auch das soll die Arbeit leisten, um die festgestellte Divergenz zwischen geltendem Gesetzestext und tatsächlichen Anforderungen zu beseitigen und das Massenentlassungsrecht effektiver zu gestalten.

---

23 Vgl. *Heckmann*, Rechtsnormen, S. 201 f.; *Papier/Möller*, AöR 122 (1997), 177, 209 f.; *Steinbach*, Gesetzgebung, S. 240.

24 BVerfG, Urt. v. 28.5.1993 – 2 BvF 2/90 u.a., BVerfGE 88, 203 = NJW 1993, 1751, 1757; *Steinbach*, Rationale Gesetzgebung, S. 11 f. m.w.N.

Um die festgestellten Lücken zu schließen, werden die bisherigen Entwicklungen und Reformvorschläge im Massenentlassungsrecht untersucht. So sollen gleichzeitig Leitlinien und Reformideen entwickelt werden, die das Massenentlassungsrecht wieder zu der „Insel der Rechtssicherheit" machen, die es einmal war.

B. Gang der Untersuchung

Die Arbeit ist in drei Teile gegliedert.

Sie beginnt mit einem für das Verständnis des Massenentlassungsrechts grundlegenden ersten Teil. Hierzu werden in gebotener Kürze die verschiedenen Rechtsquellen, Zwecke und Anforderungen des Massenentlassungsrechts beschrieben (A.). Dadurch sollen Gestaltungsspielräume und Unterschiede zwischen §§ 17 ff. KSchG und den Vorgaben der MERL aufgezeigt werden. Denn überall dort, wo das deutsche Recht einen Unterschied zu den Richtlinienvorgaben aufweist, dem deutschen Gesetzgeber aber gleichzeitig kein Gestaltungsspielraum zusteht, liegt ein Verstoß gegen höherrangiges Recht vor. Eine Reform wäre dann zwingend. Zur Beurteilung, ob ein solcher Verstoß vorliegt, wird auf die Pflicht zur richtlinienkonformen Rechtsfindung mitsamt ihrer Grenzen sowie auf die vom Massenentlassungsrecht berührten Grundrechte eingegangen (B.).

Aufbauend hierauf werden im zweiten Teil der Arbeit Maßstäbe für das Entstehen von Reformbedarf erarbeitet (A.) und das geltende Massenentlassungsrecht auf dieser Grundlage anhand ausgewählter Probleme auf seinen Reformbedarf hin untersucht. Die Untersuchung folgt der Systematik der §§ 17, 18 KSchG.[25] Es wird somit nacheinander der Reformbedarf des Anwendungsbereichs (B. und C.), des Konsultationsverfahrens (D.), des Anzeigeverfahrens (E. und F.) sowie des geltenden Sanktionssystems für Fehler im Anzeigeverfahren untersucht (G.). Hierfür werden auch Reformvorschläge aus der Literatur analysiert und auf ihre Notwendigkeit hin untersucht. Demgegenüber werden tatsächliche Entwicklungen der Arbeitswelt in den vergangenen Jahrzehnten nicht berücksichtigt, da ein Eignungstest der Europäischen Kommission erst kürzlich feststellte, dass

25 §§ 19–22 KSchG sind für die Untersuchung uninteressant, weil sie ausnahmslos Bereiche regeln, die nicht vom beschriebenen Interessenkonflikt betroffen sind; etwa die Arbeit und die Zuständigkeit der Bundesagentur für Arbeit oder die Zulässigkeit von Kurzarbeit.

die MERL mit den tatsächlichen Gegebenheiten in den Mitgliedstaaten vereinbar sei.[26]

In einem dritten und letzten Teil werden dann die gewonnenen Erkenntnisse des zweiten Teils getrennt nach zwingender Reform (A.) und nach sinnvollen Reformmöglichkeiten (B.) zu einem gemeinsamen Reformvorschlag entwickelt (C.).

Die Untersuchung endet mit einer Zusammenfassung der wesentlichen Ergebnisse in Thesen.

26 "Fitness check" on EU law in the area of Information and Consultation of Workers, 26.7.2013, SWD (2013) 293 final, S. 2 ff.; kritisch zu dieser Feststellung allerdings *Spelge*, NZA-Beilage 2021, 34, 35 f. Für einen Überblick der tatsächlichen Entwicklung der Arbeitswelt in den vergangenen Jahrzehnten *Annuß*, FS Moll, S. 1 ff. m.w.N.

1. Teil: Grundlagen der Untersuchung

Zu Beginn werden §§ 17, 18 KSchG mit der MERL hinsichtlich der jeweils verfolgten Zwecke und aufgestellten Anforderungen verglichen (A.). Anschließend werden die wichtigsten höherrangigen Rechtsvorgaben für §§ 17, 18 KSchG (B.), die zu einer Reform zwingen können, analysiert.

A. Massenentlassungsrichtlinie und §§ 17, 18 KSchG im Vergleich

Zwei Ansätze können Massenentlassungsvorschriften prägen.[27]

Zunächst gibt es den heute nicht mehr vertretenen wirtschaftspolitischen Ansatz. Er ist darauf gerichtet, den Verlust von Arbeitskraft als Produktionsfaktor zu verhindern. Massenentlassungen werden deshalb verboten.[28]

Demgegenüber verfolgen Massenentlassungsvorschriften heutzutage einen sozialpolitischen Ansatz, der seinerseits in zwei Unteransätze unterteilt werden kann:[29]

Zum einen gibt es den arbeitsmarktpolitischen Ansatz, der §§ 17, 18 KSchG zugrunde liegt.[30] Er bezweckt den Schutz des Arbeitsmarkts vor unvorhergesehener Massenarbeitslosigkeit und will die Vermittlungstätigkeit der Agentur für Arbeit erleichtern. Zum anderen gibt es den arbeitnehmerschützenden Ansatz.[31] Er möchte Massenentlassungen bereits im Ansatz vermeiden oder jedenfalls die durch Massenentlassungen für Arbeitnehmer bedingten Folgen abmildern.

Gemein ist beiden Unteransätzen, dass sie die wirtschaftliche Notwendigkeit von Massenentlassungen anerkennen und deshalb die Anforderungen an ihre Durchführung niedrigschwellig ausgestaltet werden. Wie diese Anforderungen im Einzelnen allerdings auszugestalten sind, hängt vom jeweiligen Unteransatz ab:

---

27 *Bellinghausen*, Massenentlassungsschutz, S. 5; *Naber*, Aufhebungsverträge, S. 166.

28 *Bellinghausen*, Massenentlassungsschutz, S. 2 f. und 9; *Naber*, Aufhebungsverträge, S. 169.

29 *Bellinghausen*, Massenentlassungsschutz, S. 5; *Naber*, Aufhebungsverträge, S. 166.

30 ErfK/*Kiel*, § 17 KSchG Rn. 2; GMN/*Pfeiffer*, § 17 KSchG Rn. 5; MüKoBGB/*Hergenröder*, § 17 KSchG Rn. 1; *Naber*, Aufhebungsverträge, S. 170.

31 *Bellinghausen*, Massenentlassungsschutz, S. 5; *Naber*, Aufhebungsverträge, S. 170.

Der arbeitsmarktpolitische Ansatz konzentriert sich auf das Verhältnis zwischen Arbeitgeber und Agentur für Arbeit. Er statuiert deshalb strenge Anzeigepflichten des Arbeitgebers gegenüber der Agentur, um deren rechtzeitige Information über die Massenentlassung und eine effektive Vermittlungstätigkeit zu gewährleisten. Der Ansatz möchte allerdings die Massenentlassung an sich nicht verhindern, sondern durch effektive und frühzeitige Vermittlung eine zeitnahe Anschlussbeschäftigung ermöglichen und dadurch die finanziellen Auswirkungen der Massenentlassung auf die Versichertengemeinschaft minimieren.[32] Da der Arbeitsmarkt nur bei tatsächlichem Ausscheiden des Arbeitnehmers aus dem Arbeitsverhältnis belastet wird, entstehen die Anzeigepflichten auch erst zu diesem Zeitpunkt.[33]

Demgegenüber konzentriert sich der arbeitnehmerschützende Ansatz auf das Verhältnis zwischen Arbeitgeber und betrieblicher Arbeitnehmervertretung. Er möchte Einfluss auf den Kündigungsentschluss des Arbeitgebers nehmen und statuiert deshalb Informations- und Konsultationspflichten des Arbeitgebers gegenüber der Arbeitnehmervertretung.[34] Diese Pflichten greifen zeitlich vor der Anzeigepflicht des arbeitsmarktpolitischen Ansatzes, da ein ernsthafter Arbeitnehmerschutz nur zu einem Zeitpunkt vermittelt werden kann, zu dem der Trennungsentschluss des Arbeitsgebers noch beeinflussbar ist.[35] Der Schutz des Arbeitsmarkts vor unvorhergesehenen Belastungen steht hingegen nicht im Vordergrund, weswegen die Anzeigepflicht gegenüber der Agentur für Arbeit verzichtbar ist.

I. Zwecke der Massenentlassungsrichtlinie und der §§ 17, 18 KSchG

Somit können zwei Unteransätze innerhalb des sozialpolitischen Ansatzes die Zwecke des Massenentlassungsrechts bestimmen. Es ist deshalb zu untersuchen, welchen Ansatz und somit welche Zwecke die MERL (1.) und §§ 17, 18 KSchG (2.) verfolgen.

---

32 APS/*Moll*, Vor § 17 KSchG Rn. 8; *Brams*, Unionsrechtliche Impulse, S. 35; *Naber*, Aufhebungsverträge, S. 170.

33 *Naber*, Aufhebungsverträge, S. 169 f.

34 EuGH, Urt. v. 27.1.2005 – C-188/03 (*Junk*), Slg. I 2005, 903 = NZA 2005, 213, 214 Rn. 39; *Naber*, Aufhebungsverträge, S. 169 f.

35 *Naber*, Aufhebungsverträge, S. 169 f.

I. Zwecke der Massenentlassungsrichtlinie

Der Zweck einer Richtlinie folgt maßgeblich aus ihren Erwägungsgründen.[36] Diese lassen drei Zwecke erkennen.

Erstens bezweckt die MERL Arbeitnehmerschutz, den ihr Erwägungsgrund 2 ausdrücklich nennt.[37] Erwägungsgrund 6 verweist zudem auf die Gemeinschaftscharta der sozialen Grundrechte der Arbeitnehmer,[38] die ebenfalls Arbeitnehmerschutz vermitteln soll.[39] Dass der Arbeitnehmerschutz vorrangiger Zweck der MERL ist, lässt sich ferner unter anderem daraus ableiten, dass das Konsultationsverfahren (Art. 2) detaillierter als das Anzeigeverfahren (Art. 3 und 4) geregelt wird und das Ziel der Einigung zwischen Arbeitgeber und Arbeitnehmervertretung vorgibt.[40] Auch der EuGH betont in seinen Entscheidungen zur Auslegung der MERL vor allem den Arbeitnehmerschutz.[41]

Zweitens bezweckt die MERL gem. Erwägungsgrund 3 und 4 die Verbesserung des Binnenmarkts, indem die Belastungen für europäische Arbeitgeber bei Massenentlassungen angeglichen werden. Unterschiedliche Anforderungen in den einzelnen Mitgliedstaaten können sich auf das Funktionieren des Binnenmarkts auswirken, da Unternehmen bevorteilt würden, die in einem Mitgliedstaat mit geringen oder überhaupt keinen Anforderungen an Massenentlassungen sitzen.[42] Deshalb war die Ermächtigungsgrundlage

---

36 EuGH, Urt. v. 17.02.1998 – C-249/96 (*Grant*), Slg. I 1998, 621 = NZA 1998, 301, 303 Rn. 47; *Brams*, Unionsrechtliche Impulse, S. 31; *Dederichs*, EuR 2004, 345, 358; EuArbRK/*Höpfner*, Art. 267 AEUV Rn. 9; *Lutter*, JZ 1992, 593, 600.

37 Ebenso *Alber*, FS Wissmann, S. 507 f.; *Brams*, Unionsrechtliche Impulse, S. 33; *Juncker*, ZfA 2018, 73, 74; *Mauthner*, Massenentlassungsrichtlinie, S. 42 f.; *Naber*, Aufhebungsverträge, S. 176; a.A. *Senk*, Betriebsbegriffe, S. 136, nach der die MERL allein die Vermeidung von zeitlich und örtlich konzentrierter Arbeitslosigkeit anstrebe.

38 Gemeinschaftscharta der Sozialen Grundrechte der Arbeitnehmer v. 9.12.1989, KOM (89) 248 endg.

39 Vgl. auch *Naber*, Aufhebungsverträge, S. 176.

40 GA Scharpston, Schlussantrag v. 21.6.2018 – C-61/17 u.a. (*Bichat*), BeckRS 2018, 16952 Rn. 37, der das Konsultationsverfahren als „Kernstück" der Richtlinie bezeichnet. Siehe auch den ersten Richtlinienentwurf der Kommission, der das Konsultationsverfahren als das geeignetste Mittel für die Erreichung der Richtlinienziele ansah, KOM (72), 1400, S. 3.

41 EuGH, Urt. v. 7.12.1995 – C-449/93 (*Rockfon*), Slg. I 1995, 4291 = NZA 1996, 471, 472 f. Rn. 29; EuGH, Urt. v. 12.10.2004 – C-55/02 (*Kommission/Portugiesische Republik*), Slg. 2004, I-9387 = NZA 2004, 1265, 1267 Rn. 48; EuGH, Urt. v. 30.4.2015 – C-80/14 (*USDAW*), NZA 2015, 601, 603 Rn. 62.

42 Vgl. EuGH, Urt. v. 8.6.1994 – C-383/92 (*Kommission/Vereinigtes Königreich*), Slg. 1994, I-2479 = BeckRS 2004, 76908 Rn. 2; *Wißmann*, RdA 1998, 221 f.

für den Erlass der MERL auch der damalige Art. 94 EGV (heute Art. 115 AEUV), der einen gemeinsamen Markt innerhalb der Union fördert, indem unterschiedliche wirtschaftliche Voraussetzungen in den Mitgliedstaaten angeglichen werden.[43]

Drittens bezweckt die MERL Vollbeschäftigung und somit den Schutz des Arbeitsmarkts.[44] Erwägungsgrund 5 der MERL verweist auf das sozialpolitische Aktionsprogramm vom 21. Januar 1974,[45] das eine gemeinsame und abgestimmte Beschäftigungspolitik innerhalb der Gemeinschaft als Ziel hat.[46] Deshalb sehen Art. 3 und 4 MERL die Beteiligung der zuständigen Arbeitsverwaltung vor.[47]

2. Zwecke der §§ 17, 18 KSchG

Der Zweck, den Rechtsprechung und Literatur §§ 17, 18 KSchG zuschreiben, unterliegt einem steten Wandel. Verfolgten die Anfänge der Massenentlassungsvorschriften zunächst überwiegend einen wirtschaftspolitischen Zweck, wurden §§ 17, 18 KSchG später allein arbeitsmarktpolitisch definiert.[48] Dieser Umschwung wurde aus der Begründung zum Regierungsentwurf des Kündigungsschutzgesetzes 1951[49] abgeleitet. Nach dieser Gesetzesbegründung sollten §§ 17, 18 KSchG Arbeitslosigkeit im Allgemeininteresse vermeiden. Die Agentur für Arbeit sollte sich durch die Anzeigepflicht auf die Massenentlassung vorbereiten können und die Folgen für den

43 Schwarze/*Herrnfeld*, Art. 115 AEUV Rn. 2; Streinz/*M. Schröder*, Art. 115 AEUV Rn. 2 sowie zur Vorgängerregelung Art. 94 EGV *Mauthner*, Massenentlassungsrichtlinie, S. 42.

44 *Hinrichs*, Kündigungsschutz, S. 66 f.; *Mauthner*, Massenentlassungsrichtlinie, S. 43.

45 Entschließung des Rates v. 21.1.1974 über ein sozialpolitisches Aktionsprogramm, ABl. Nr. C 13 v. 12.2.1974, S. 1 ff.

46 A.A. *Brams*, Unionsrechtliche Impulse, S. 33 f., nach der das sozialpolitische Aktionsprogramm als reine Absichtserklärung unverbindlich sei und die MERL deshalb keinen arbeitsmarktpolitischen Zweck verfolge.

47 EuArbRK/*Spelge*, Art. 1 RL 98/59/EG Rn. 4.

48 BAG, Urt. v. 6.11.1958 – 2 AZR 354/55, BAGE 7, 4 = AP Nr. 1 zu § 15 KSchG; BAG, Urt. v. 3.10.1963, BAGE 15, 23 = AP Nr. 9 zu § 15 KSchG; ErfK/*Kiel*, § 17 KSchG Rn. 3; LSSW/*Wertheimer*, § 17 KSchG Rn. 1.

49 BT-Drs. Nr. 2090, S. 16; Regierungsentwurf eines Kündigungsschutzgesetzes (KSchG) v. 23.1.1951, RdA 1951, 58, 67; siehe auch Stellungnahme des Bundesrates v. 14.10.1977, BR-Drs. 400/77, 1, S. 4 ff.

Arbeitsmarkt durch geeignete Vermittlungsmaßnahmen mildern.[50] Der Arbeitnehmerschutz hatte nach überwiegender Ansicht[51] (wenn überhaupt) nur eine geringe Bedeutung für §§ 17, 18 KSchG, da er allenfalls mittelbare Auswirkung des arbeitsmarktpolitischen Zwecks gewesen sei. Diese Sichtweise änderte sich nach und nach durch den Einfluss der MERL. In Rechtsprechung[52] und Literatur[53] wird nunmehr auch der Arbeitnehmerschutz betont und als entsprechender Regelungsansatz anerkannt. Das darf aber nicht darüber hinwegtäuschen, dass nationale Gerichte anders als der EuGH weiterhin den Arbeitnehmerschutz eher als Neben- denn als Hauptzweck der §§ 17, 18 KSchG ansehen. Diese Sichtweise ist vor allem mit der Gesetzesbegründung zu §§ 17, 18 KSchG zu erklären, die eindeutig den arbeitsmarktpolitischen Zweck der Vorschriften nennt.

In der Diskussion um die Zweckrichtungen der §§ 17, 18 KSchG bleibt allerdings häufig unberücksichtigt, dass Gerichte den Willen des Gesetzgebers und einen hiermit verbundenen Regelungsansatz nicht verändern können.[54] Schon aus dem Gewaltenteilungsprinzip des Art. 20 Abs. 2 S. 2 GG

50 APS/*Moll*, Vor § 17 KSchG Rn. 8; *Boemke* in Oetker/Preis, EAS, B7100 Rn. 27; *Naber*, Aufhebungsverträge, S. 176.

51 BAG, Urt. v. 24.10.1996 – 2 AZR 895/95, NZA 1997, 373; BAG, Urt. v. 11.3.1999 – 2 AZR 461/98, NZA 1999, 761, 762; BAG, Urt. v. 13.4.2000 – 2 AZR 215/99, NZA 2001, 144, 145; BeckOK ArbR/*Volkening*, § 17 KSchG Rn. 1; *Schwartz*, FS Leinemann, S. 365, 366 f.; *Steike*, DB 1995, 674; a.A. aber schon damals *Hinrichs*, Massenentlassungsschutz, S. 114; *Opolony*, NZA 1999, 791, 792.

52 BAG, Urt. v. 13.7.2006 – 6 AZR 198/06, BAGE 119, 66 = NZA 2007, 25, 27 Rn. 19; BAG, Urt. v. 21.3.2013 – 2 AZR 60/12, BAGE 144, 366 = NZA 2013, 966, 967 Rn. 22, wonach §§ 17 ff. KSchG „zumindest auch dem Arbeitnehmerschutz" dienen würden; BAG, Urt. v. 26.1.2017 – 6 AZR 442/16, BAGE 158, 104 = NZA 2017, 577, 579 f. Rn. 26 f.; BAG, Urt. v. 13.2.2020 – 6 AZR 146/19, BAGE 169, 363 = NZA 2020, 1006, 1010 Rn. 32.

53 ErfK/*Kiel*, § 17 KSchG Rn. 3; *Holler*, SAE 2017, 65, 70 f.; MüKoBGB/*Hergenröder*, § 17 KSchG Rn. 1; *Temming*, RdA 2019, 102, 105.

54 *Brams*, Unionsrechtliche Impulse, S. 68. Die Arbeit legt den in jüngerer Vergangenheit stärker vertretenen subjektiven Ansatz der Zweckbestimmung eines Gesetzes zugrunde. Im Kern geht es um die Frage, ob der normative Sinn des Gesetzes oder der Wille des Gesetzgebers Ziel der Gesetzesauslegung ist und somit um den seit über 100 Jahren andauernden Streit zwischen Objektivsten und Subjektivisten. Nach der von *Canaris* und *Larenz* in ihrem Werk begründeten objektiven Theorie sei für die Zweckbestimmung eines Gesetzes entscheidend, was sich der Gesetzgeber vernünftigerweise hätte denken sollen, sodass objektive Zwecke den subjektiven Vorstellungen des Gesetzgebers vorgingen, sofern letztere im Widerspruch zu heutigen Rechtsprinzipien stünden und die Regelung anderenfalls unflexibel wäre *Canaris*, FS Bydlinski, S. 47, 91 ff.; *Larenz*, Methodenlehre, S. 333–343. Der Theorie folgend *Bydlinski*, Methodenlehre, S. 436; *Franzen*, Privatrechtsangleichung, S. 379 f.; *Henninger*, Europäisches Privatrecht, S. 376 f.; *Herdegen*, WM 2005, 1921, 1928; *Hirsch*, JZ 2007,

folgt, dass Gerichte den aus den Gesetzesmaterialien erkennbaren Zweck einer Norm bei ihrer Auslegung und Rechtsfortbildung zu befolgen haben. Maßgeblich für die Zweckbestimmung der §§ 17, 18 KSchG kann somit nicht der unionsrechtliche Einfluss, sondern allein der in den Gesetzesmaterialien geäußerte Wille des Gesetzebers sein. Hiernach verfolgen §§ 17, 18 KSchG zwei Zwecke, die die einzelne Normabschnitte bestimmen.

Zunächst bezweckt das in § 17 Abs. 2 KSchG festgelegte Konsultationsverfahren kollektiven[55] Arbeitnehmerschutz. Mit der Einführung von § 17 Abs. 2 KSchG setzte der Gesetzgeber Art. 2 MERL um und erkannte den unionsrechtlichen Arbeitnehmerschutz des Konsultationsverfahrens an.[56] Das belegt der Verweis in der Gesetzesbegründung auf §§ 92 ff. BetrVG,[57] die unbestritten Arbeitnehmerschutz bezwecken. § 17 Abs. 2 KSchG und §§ 92 ff. BetrVG sind somit nach Ansicht des Gesetzgebers strukturell vergleichbar. Zudem normierte bereits § 3 der Stilllegungsverordnung eine (schwache) Pflicht zur Konsultation der Betriebsvertretung, sodass dem nationalen Massenentlassungsrecht entgegen der ganz herrschenden Meinung kollektiver Arbeitnehmerschutz nie ganz fremd war.[58]

853, 855; *Kramer*, Juristische Methodenlehre, S. 143 f.; *Weber*, Grenzen EU-rechtskonformer Auslegung, S. 28; *Witt*, NJW 2006, 3322, 3323 f.; wohl auch *Hager*, Rechtsmethoden in Europa, S. 33 f. Demgegenüber steht die subjektive Theorie, die den historischen Gesetzgeberwillen betont, der sich aus den Gesetzesmaterialien ergebe und die übrigen Auslegungsmittel übergeordnet bestimme *Hassold*, FS Larenz, S. 211, 217; *Höpfner*, Systemkonforme Auslegung, S. 167 f.; *ders.*, JbJZ 2009, S. 73, 83; *ders.*, RdA 2018, 321, 330 f.; *ders./Rüthers*, AcP 209 (2009), 1, 35; *Looschelders/Roth*, Juristische Methodik, S. 32, 46 f.; *Neuner*, Rechtsfindung contra legem, S. 132 ff.; *Rüthers/Fischer/Birk*, Rechtstheorie, S. 452 ff.; *Rüthers*, JZ 2002, 365, 368 f.; *ders./Höpfner*, JZ 2005, 21; *ders.*, JZ 2006, 53, 57 f.; *ders.*, NJW 2009, 1461 f.

55 Der Arbeitnehmerschutz kann allein kollektiv sein, da sich die Beteiligungsrechte auf die Entlassungen insgesamt und nicht auf das einzelne Arbeitsverhältnis beziehen (anders bspw. bei § 102 Abs. 1 BetrVG). Zutreffend deshalb EuGH, Urt. v. 5.10.2023 – C-496/22 (*EI/SC Brink's Cash Solutions SRL*), NZA 2023, 1454, 1455 Rn. 32; vgl. auch *Mauthner*, Massenentlassungsrichtlinie, S. 69–71; ähnlich wohl auch EuArbRK/*Spelge*, Art. 1 RL 98/59/EG Rn. 5.

56 Für die Bundesregierung BT-Drs. 8/1041, S. 4; für den Bundesrat BR-Drs. 748/91 (B), S. 3; siehe für die Empfehlung der Ausschüsse BT-Drs. 8/1546, S. 7; BR-Ds. 748/1/91, S. 3.

57 Vgl. BT-Drs. 8/1041, S. 5.

58 § 3 der Stilllegungsverordnung verpflichtete die zuständige Demobilmachungsbehörde „im Benehmen [...] [der] Betriebsvertretung, geeignetenfalls unter Heranziehung von Sachverständigen [...] unverzüglich aufzuklären, welche Umstände die beabsichtigte Maßnahme veranlassten [...]. Die Aufklärung hat sich auch darauf zu erstrecken, welche Hilfsmaßnahmen zur Behebung wirtschaftlicher Schwierigkeiten des Betriebs

Mit Ausnahme des § 17 Abs. 2 KSchG bezwecken §§ 17, 18 KSchG im Übrigen allerdings nur den Schutz des Arbeitsmarkts. Das folgt für das Anzeigeverfahren der §§ 17 Abs. 1 und 3, 18 KSchG aus der Gesetzesbegründung: „Die Überwachung von Massenentlassungen hat [...] den arbeitsmarktpolitischen Zweck, Arbeitslosigkeit im Allgemeininteresse zu verhindern. [...] Schutz des einzelnen Arbeitnehmers ist nicht der Zweck dieses Verfahrens."[59]

Der arbeitsmarktpolitische Zweck der §§ 17 Abs. 1 und 3, 18 KSchG ist auch stets bei nachfolgenden Änderungen der Normen betont worden[60] und gilt dann auch für § 17 Abs. 5 KSchG, da § 17 Abs. 5 KSchG trotz Einführung der MERL unverändert blieb.

Die strikte Trennung der einzelnen Zwecke führt dazu, dass § 17 Abs. 2 KSchG als eine eigenständige Norm zu behandeln ist. Das Anzeige- und das Konsultationsverfahren sind deshalb zwei voneinander unabhängige Verfahren, deren jeweilige Wirksamkeit eigenständig zu beurteilen ist.[61]

Zwar lässt sich nicht abstreiten, dass die Zwecke sich gegenseitig bedingen können und eine klare Trennung deshalb schwierig ist.[62] So schützt das Konsultationsverfahren den Arbeitsmarkt, wenn die Betriebsparteien Entlassungen verhindern. Das ist allerdings allenfalls eine mittelbare Folge des kollektiven Arbeitnehmerschutzes, die keinen eigenständigen Zweck des § 17 Abs. 2 KSchG begründet.[63] Anderenfalls würde jedes Beteiligungsrecht einen arbeitsmarktpolitischen Zweck verfolgen, wenn es Entlassungen verhindert und dadurch den Arbeitsmarkt schützt. Es ist aber anerkannt, dass Beteiligungsrechte des Betriebsrats dem (kollektiven) Arbeitnehmerschutz dienen und der Betriebsrat einzig die Interessen der Arbeitnehmer des Betriebs wahrnimmt.[64] Wäre das Konsultationsverfahren im BetrVG geregelt, würde ein arbeitsmarktpolitischer Zweck nicht ernsthaft erwogen werden.

Ähnliches gilt für das Anzeigeverfahren. Die Tätigkeit der Agentur für Arbeit mag sich zwar positiv auf den betroffenen Arbeitnehmer auswir-

---

angezeigt erscheinen.", RGBl. 1920, S. 1902; bereits erkannt von *Senk*, Betriebsbegriffe, S. 28.

59 BT.-Drs. Nr. 2090, S. 14; Regierungsentwurf eines Kündigungsschutzgesetzes (KSchG), v. 23.1.1951, RdA 1951, 58, 67; siehe auch BT-Drs. 8/1041, S. 4 f.

60 Für die Umsetzung der RL 75/129/EWG BT-Drs. 8/1041, S. 4 f.; für die Umsetzung der RL 92/56/EG BT-Drs. 12/7630, S. 13 f.

61 EuArbRK/*Spelge*, Art. 2 RL 98/59/EG Rn. 7; *Holler*, SAE 2017, 65, 70 f.

62 In diese Richtung *Hinrichs*, Kündigungsschutz, S. 108 f.; *Holler*, SAE 2017, 65, 70 f.

63 Vgl. BAG, Vorlagebeschl. v. 14.12.2023 – 6 AZR 157/22 (B), NZA 2024, 119, 121 Rn. 19.

64 Vgl. NK-ArbR/*Boemke*, § 17 KSchG Rn. 13.

ken.[65] Das Anzeigeverfahren ist allerdings ein öffentlich-rechtliches Verfahren, das allein die Beziehung zwischen Arbeitgeber und Agentur für Arbeit regelt.[66] Ein eigenständig bezweckter Arbeitnehmerschutz folgt hieraus nicht.[67] Das zeigt letztlich auch ein Vergleich mit dem SGB III, das ebenfalls Arbeitsförderung bezweckt. Hier wird aber etwaigen Meldepflichten wie beispielsweise der frühzeitigen Arbeitsuchend-Meldung nach § 38 SGB III kein eigenständiger Arbeitnehmerschutz beigemessen.[68]

II. Vorgaben der Massenentlassungsrichtlinie

Die MERL gewährt als teilharmonisierende Richtlinie auf der einen Seite ein Mindestschutzniveau, das durch nationale Regelungen nicht unterschritten werden darf.[69] Somit sind die Vorgaben der MERL Ausgangspunkt für eine etwaige Reform des nationalen Massenentlassungsrechts. Auf der anderen Seite gewährt die MERL den Mitgliedstaaten aber auch Umsetzungsspielräume,[70] die eine etwaige Reform ermöglichen. Beide werden im Folgenden erläutert, wobei dem systematischen Aufbau der MERL gefolgt und auf etwaig zu §§ 17, 18 KSchG bestehende Unterschiede eingegangen wird.

1. Begriffsbestimmungen und Anwendungsbereich

Art. 1 Abs. 1 a) MERL definiert Massenentlassungen als Entlassungen, die ein Arbeitgeber aus einem oder mehreren Gründen vornimmt, die nicht in der Person des Arbeitnehmers liegen. Somit sind Entlassungen aus personen- oder verhaltensbedingten Gründen nicht umfasst. Demgegenüber umfasst § 17 Abs. 1 KSchG auch diese Entlassungsarten. Damit eine Anzeigepflicht besteht, müssen entweder mindestens zehn Arbeitnehmer

---

65 *Hinrichs*, Kündigungsschutz, S. 109; *Holler*, SAE 2017, 65, 70 f.

66 Sonst wären Vorschriften des Anzeigeverfahrens wie § 17 Abs. 3 S. 3 KSchG sinnentleert, da es für einen effektiven Arbeitnehmerschutz zwingend einer Stellungnahme des Betriebsrats bedürfte, vgl. LKB/*Bayreuther*, § 17 KSchG Rn. 6.

67 BAG, Vorlagebeschl. v. 14.12.2023 – 6 AZR 157/22 (B), NZA 2024, 119, 121 Rn. 19.

68 APS/*Steinmeyer*/*Greiner*, § 38 SGB III Rn. 2; ErfK/*Rolfs*, § 38 SGB III Rn. 1.

69 Gemäß Art. 5 MERL bleibt den Mitgliedstaaten allerdings offen, für Arbeitnehmer günstigere Regelungen einzuführen.

70 EuArbRK/*Spelge*, Art. 1 RL 98/59/EG Rn. 7; *Junker*, EuZA 2016, 428, 432; *Mauthner*, Massenentlassungsrichtlinie, S. 44; *Weber* in Schlachter/Heinig, § 9 Rn. 14 f.

in Betrieben zwischen 20 und 99 Mitarbeitern oder mindestens zehn Prozent der Arbeitnehmer in Betrieben zwischen 100 und 299 Mitarbeitern oder mindestens 30 Arbeitnehmer in größeren Betrieben innerhalb von 30 Tagen entlassen werden, Art. 1 Abs. 1 a) i) MERL.[71] Je größer folglich der Betrieb, desto geringer wird der prozentuale Anteil der zu entlassenden Arbeitnehmer.

Demgegenüber hat sich der nationale Gesetzgeber für niedrigere Schwellenwerte entschieden, vgl. § 17 Abs. 1 S. 1 KSchG.[72] Es reichen bspw. bereits fünf statt zehn zu entlassende Arbeitnehmer in einem Betrieb mit mehr als 20 aber weniger als 60 Arbeitnehmern. Hintergrund für die insgesamt niedrigeren Schwellenwerte ist die bis dahin geltende Rechtslage, die der Gesetzgeber beibehalten wollte.[73] Zudem hat er gem. § 17 Abs. 1 S. 2 KSchG die vom Arbeitgeber veranlasste Beendigung des Arbeitsverhältnisses mit einer Entlassung i.S.d. S. 1 gleichgestellt und sich somit gegen die in Art. 1 Abs. 1 UAbs. 2 MERL festgelegte Mindestanzahl von fünf „echten" Entlassungen entschieden, um den Anwendungsbereich zu erweitern.[74] Dadurch besteht die nationale Anzeigepflicht auch bei weniger als fünf zu entlassenden Arbeitnehmern, wenn durch Veranlassung des Arbeitgebers weitere Arbeitsverhältnisse beendet werden und ein Schwellenwert erst dadurch erreicht wird.[75]

Schließlich nimmt die MERL zeit- und zweckbefristete Arbeitsverträge sowie Arbeitnehmer in öffentlichen Verwaltungen und Einrichtungen des öffentlichen Rechts von ihrem Anwendungsbereich aus, Art. 1 Abs 2 a) und b); im Übrigen ist sie zwingend. Hingegen nehmen § 17 Abs. 4 KSchG außerordentliche Kündigungen und § 17 Abs. 5 KSchG[76] bestimmte Personengruppen aus dem Anwendungsbereich der §§ 17, 18 KSchG heraus.

---

71 Die MERL bietet auch eine zweite Berechnungsmöglichkeit. Hiernach ist eine Massenentlassung auch gegeben, wenn mindestens 20 Arbeitnehmer innerhalb von 90 Tagen entlassen werden, wobei dieser Richtwert unabhängig von der Betriebsgröße ist, Art. 1 Abs. 1 lit. a) ii). Eine Kombination beider Berechnungsmöglichkeiten scheidet allerdings aus, EuArbRK/*Spelge*, Art. 1 RL 98/59/EG Rn. 128; *Krebber*, RdA 2018, 271, 273. Da sich der nationale Gesetzgeber für die erste Variante entschieden hat, wird auf die zweite Variante nicht näher eingegangen.

72 Siehe hierzu näher *Weber*, FS Richardi, S. 461, 465.

73 Vgl. BT-Drs. 8/1041, S. 4.

74 BT-Drs. 13/668, S. 946; EuArbRK/*Spelge*, Art. 1 RL 98/59/EG Rn. 83.

75 EuArbRK/*Spelge*, Art. 1 RL 98/59/EG Rn. 83.

76 Die Ausnahme ist ein Bemühen um Systemgerechtigkeit, da die genannten Personengruppen auch aus dem Anwendungsbereich anderer Gesetze und Abschnitte des KSchG ausgeschlossen sind, vgl. beispielsweise § 5 Abs. 3 BetrVG oder § 14 Abs. 1 KSchG.

2. Konsultationsverfahren

Art. 2 MERL regelt das Konsultationsverfahren zwischen Arbeitgeber und Arbeitnehmervertretern. Arbeitnehmervertreter sind die nach den Rechtsvorschriften oder der Praxis der Mitgliedstaaten gebildeten Vertretungen, Art. 1 Abs. 1 UAbs. 1 lit. b) MERL. Die Mitgliedstaaten sind in der Zuständigkeitsverteilung grundsätzlich frei,[77] sodass die Pflicht zur Konsultation auch mit Gewerkschaften oder ggf. (zusätzlich) mit Sprecherausschüssen festgelegt werden kann.[78]

Das Konsultationsverfahren beginnt mit einer „rechtzeitigen" Information der Arbeitnehmervertreter über die „beabsichtigten" Entlassungen. Die MERL lässt allerdings offen, wann eine Information rechtzeitig erfolgt und wann der Arbeitgeber Entlassungen beabsichtigt. Ein Vergleich mit der französischen Originalfassung zeigt aber, dass „beabsichtigt" in Art. 2 Abs 1 MERL „erwogene" und in Art. 3 Abs. 1 MERL „feststehende" Entlassungen meint.[79] Aus diesen unterschiedlichen Zeitpunkten ergibt sich deshalb eine besondere Systematik für den Arbeitgeber: Inwieweit einerseits Entlassungen „feststehen" und somit Anzeige- und Konsultationsverfahren tatsächlich durchzuführen waren, ergibt sich einerseits erst rückblickend durch Zusammenrechnung der erfolgten Entlassungen innerhalb eines 30-tägigen Zeitraums (ex-post-Betrachtung); andererseits entsteht die Konsultationspflicht bereits, wenn der Arbeitgeber Entlassungen lediglich erwägt, d.h. der Arbeitgeber muss alle Arbeitnehmer im Konsultationsverfahren berücksichtigen, deren Entlassung auch nur in Betracht kommt (ex-ante-Betrachtung).[80] Der Arbeitgeber wird somit vorsorglich das Konsultations- und das Anzeigeverfahren durchführen, um der Gefahr von sich erst *ex post* als anzeigepflichtig herausstellenden Entlassungen zu begegnen.

Die Konsultationen umfassen inhaltlich nach Art. 2 Abs. 2 MERL mindestens die Möglichkeit, Massenentlassungen zu vermeiden oder zu beschränken sowie die mögliche Milderung der Folgen für Arbeitnehmer

77 *Naber/Sittard* in: Preis/Sagan, Europäisches Arbeitsrecht, § 14 Rn. 14.67; *Weber* in Schlachter/Heinig, § 9 Rn. 56. Allerdings sind die Mitgliedstaaten allein in dem „Wie" und nicht in dem „Ob" frei, vgl. EuGH, Urt. v. 8.6.1994 – C-383/92 (*Kommission/Vereinigtes Königreich*), Slg. 1994, I-2479 = BeckRS 2004, 76908; *Alber*, FS Wissmann, S. 507, 510. Siehe hierzu noch näher unter 2. Teil, D. II. 2. d) bb) (S. 162 ff.).

78 *Naber/Sittard* in: Preis/Sagan, Europäisches Arbeitsrecht, § 14 Rn. 14.68.

79 BAG, Urt. v. 13.6.2019 – 6 AZR 459/18, BAGE 167, 102 = NZA 2019, 1638, 1641 Rn. 29; EuArbRK/*Spelge*, Art. 2 RL 98/59/EG Rn. 23.

80 *Moll*, FS Willemsen, S. 319, 322.

durch soziale Begleitmaßnahmen.[81] Nach Art. 2 Abs. 3 MERL muss der Arbeitgeber hierfür den Arbeitnehmervertretern alle zweckdienlichen und die in Art. 2 Abs. 3 lit. b) aufgeführten Informationen schriftlich zuleiten.[82] Der Arbeitgeber hat zudem der zuständigen Behörde eine Abschrift der Konsultationen, die mindestens die Informationen des Art. 2 Abs. 3 lit. a) und b) enthält, zu übermitteln. § 17 Abs. 3 S. 1 KSchG fordert konkretisierend die *gleichzeitige* Übermittlung der Abschrift an die Behörde mit Einleitung des Konsultationsverfahrens.

Das Konsultationsverfahren ist auch bei der Entscheidung zur Vornahme von Massenentlassungen durch ein beherrschendes Unternehmen bei dem beherrschten Unternehmen durchzuführen, Art. 2 Abs. 4 MERL.[83] Schließlich muss das Konsultationsverfahren nach der MERL durchgängig mit dem Ziel der Einigung erfolgen; ein Einigungszwang besteht allerdings nicht.[84] Demgegenüber nennt § 17 Abs. 2 KSchG das Ziel der Einigung nicht.

Weitere verfahrensrechtliche Ausgestaltungen erhält die MERL nicht, sodass Mitgliedstaaten das Verfahren näher ausgestalten können. Denkbar wäre beispielsweise eine Verhandlungsmindestdauer oder ein formeller Abschlusszeitpunkt des Konsultationsverfahrens. Die Möglichkeit zur Konkretisierung ist allerdings kein echter Umsetzungsspielraum, sondern nur mangelnde Detailtiefe der MERL; die inhaltliche Ausgestaltung hat sich somit an den Zielen der MERL zu orientieren.[85]

---

81 Die Milderung der wirtschaftlichen Folgen verlangt die MERL hingegen nicht *Franzen*, ZfA 2006, 437, 442 f.

82 § 17 Abs. 2 KSchG spricht anders als die MERL nicht von „Berufskategorien", sondern von „Berufsgruppen". Siehe hierzu noch näher unter 2. Teil, E. II. 2. (S. 196 ff.).

83 Art. 2 Abs 4 MERL ist in § 17 Abs. 3a S. 1 KSchG mit „Entscheidung [...] getroffen wurde" unglücklich formuliert, da das Konsultationsverfahren auch bei der Entscheidung durch ein beherrschendes Unternehmen bereits durchzuführen ist, wenn das beherrschte Unternehmen die Entlassungen beabsichtigt, EuArbRK/*Spelge*, Art. 2 RL 98/59/EG Rn. 31.

84 Ursprünglicher Vorschlag für eine Richtlinie des Rates zur Angleichung der Rechtsvorschriften der Mitgliedstaaten über Massenentlassungen der Kommission der Europäischen Gemeinschaften v. 8.11.1972, KOM (72), 1400, S. 7, wonach im Entwurf zur RL 75/129/EWG in Art. 1 Abs. 3 noch bei Scheitern der Konsultation eine Vermittlungsmöglichkeit durch die Arbeitsverwaltung vorgesehen war, die allerdings gestrichen worden ist. Das spricht entscheidend gegen einen Einigungszwang. So auch EuArbRK/*Spelge*, Art. 2 RL 98/59/EG Rn. 50; *Franzen*, ZfA 2006, 437, 444 f.

85 *Weber*, FS Richardi, S. 461, 465; *ders.* in Schlachter/Heinig, § 9 Rn. 70.

3. Anzeigeverfahren

Art. 3 und Art. 4 MERL regeln das Anzeigeverfahren gegenüber der zuständigen Behörde, die von den Mitgliedstaaten festgelegt wird.[86] Ihr sind alle beabsichtigen (besser: feststehenden) Entlassungen anzuzeigen.

Den Anzeigeninhalt regelt Art. 3 Abs. 1 UAbs. 2 MERL. Die Anzeige muss demnach alle zweckdienlichen Informationen über die feststehenden Entlassungen sowie eine Abschrift der Unterrichtung des Betriebsrats enthalten. Zweckdienliche Informationen sind insbesondere die Gründe für die Entlassungen, die Zahl der zu entlassenden Arbeitnehmer, die Zahl der in der Regel beschäftigen Arbeitnehmer sowie der Zeitraum, in dem die Entlassungen vorgenommen werden sollen. Der Arbeitgeber muss schließlich eine Abschrift der Anzeige an die Arbeitnehmervertreter übermitteln, Art. 3 Abs. 2 MERL.

Der deutsche Gesetzgeber regelt demgegenüber das Anzeigeverfahren insgesamt wegen des traditionellen Schutzes des Arbeitsmarkts detaillierter als die MERL. Er hat sich beispielsweise dafür entschieden, dass die Informationen des § 17 Abs. 2 KSchG – mit Ausnahme der Nr. 6 – auch in der Anzeige an die Agentur für Arbeit enthalten sein müssen und somit eine überschießende Richtlinienumsetzung vorgenommen.[87] Zudem differenzieren § 17 Abs. 3 S. 4 und 5 KSchG zwischen Muss- und Soll-Angaben in der Anzeige.[88] Schließlich hat die Anzeige gem. § 17 Abs. 3 S. 2 und 3 KSchG die Stellungnahme des Betriebsrats zu enthalten.[89]

Wann das Anzeigeverfahren hingegen einzuleiten ist, lassen sowohl die MERL als auch §§ 17, 18 KSchG offen.[90]

---

86 *Weber* in Schlachter/Heinig, § 9 Rn. 85.

87 Damit sollte auch bei Fehlen eines Betriebsrats sichergestellt werden, dass die Agentur für Arbeit stets die Informationen nach § 17 Abs. 2 KSchG erhält, vgl. BT-Drs. 13/668, S. 14 sowie *Naber*, Aufhebungsverträge, S. 183.

88 Die Richtlinie differenziert allerdings zwischen zweckdienlichen und zwingenden Angaben, vgl. BAG, Urt. v. 13.2.2020 – 6 AZR 146/19, BAGE 169, 363 = NZA 2020, 1006, 1019 Rn. 93.

89 Näher zum Zweck des § 17 Abs. 3 S. 2 und 3 KSchG BAG, Urt. v. 7.7.2011 – 6 AZR 248/10, BAGE 138, 301 = NZA 2011, 1108, 1111 Rn. 30; EuArbRK/*Spelge*, Art. 2 RL 98/59/EG Rn. 51; *dies.* in MünchHdbArbR, § 121 Rn. 150.

90 Siehe noch näher zu dem zeitlichen Verhältnis unter 2. Teil, E. I. (S. 181 ff.).

4. Sperrfrist

Nach Art. 4 Abs. 1 MERL werden bei der zuständigen Behörde angezeigte Massenentlassungen frühestens 30 Tage nach Eingang der Anzeige ohne Zustimmung der Behörde wirksam; im Gegensatz hierzu legt § 18 Abs. 1 KSchG eine Monatsfrist fest. Die Mitgliedstaaten können der zuständigen Behörde auch ermöglichen, die Frist zu verkürzen oder zu verlängern, sofern zumindest die Verlängerung dem Arbeitgeber vor Ablauf der ursprünglichen Frist mitgeteilt und begründet wird, Art. 4 Abs. 1 UAbs. 1, Abs. 3 UAbs. 1 und 2 MERL.

Diese Möglichkeit ist in § 18 Abs. 2 KSchG umgesetzt. So kann die Agentur für Arbeit bestimmen, dass Entlassungen nicht vor Ablauf von längstens zwei Monaten nach Eingang der Anzeige wirksam werden. Sie kann die Sperrfrist aber auch auf den Tag der Antragsstellung verkürzen und somit auf null Tage reduzieren, § 18 Abs. 1 2. Hs. KSchG.[91] § 18 Abs. 4 KSchG bestimmt zudem einen 90-tägigen Zeitraum, in dem der Arbeitgeber Entlassungen durchführen muss. Überschreitet der Arbeitgeber die Frist, muss er unter den Voraussetzungen des § 17 Abs. 1 KSchG eine erneute Anzeige erstatten. Die MERL enthält keine vergleichbare Regelungen.

5. Sanktionen

Sanktionen für Verstöße gegen die Bestimmungen der MERL schreibt die Richtlinie nicht vor. Die Mitgliedstaaten müssen allerdings dafür sorgen, dass Arbeitnehmervertretern und/oder Arbeitnehmern administrative und/oder gerichtliche Verfahren zur Durchsetzung der Verpflichtungen aus der Richtlinie zur Verfügung stehen, Art. 6 MERL. In der genauen Ausgestaltung sind die Mitgliedstaaten grundsätzlich[92] frei und können entsprechende Sanktionen in anderen Gesetzen vorsehen.[93]

---

91 EuArbRK/*Spelge*, Art. 4 RL 98/59/EG Rn. 2.

92 Siehe allerdings noch näher zu den begrenzenden Anforderungen des Äquivalenz- und Effektivitätsgrundsatzes unter 2. Teil, G. III. (S. 217 ff.).

93 Vgl. BAG, Urt. v. 21.3.2013 – 2 AZR 60/12, BAGE 144, 366 = NZA 2013, 966, 968 Rn. 25; *Weber* in Schlachter/Heinig, § 9 Rn. 100.

III. Zusammenfassung

Das Massenentlassungsrecht wird heutzutage durch den sozialpolitischen Ansatz geprägt, der seinerseits in zwei Unterabsätze unterteilt werden kann. Zum einen gibt es den arbeitsmarktpolitischen Ansatz, in dessen Zentrum der Schutz des Arbeitsmarkts steht. Zum anderen gibt es den arbeitnehmerschützenden Ansatz, in dessen Zentrum der Schutz der Arbeitnehmer steht. Die beiden Ansätze bedingen unterschiedliche Zeitpunkte, zu denen die Pflichten eingreifen müssen, um einen möglichst effizienten Schutz des Arbeitsmarkts und der Arbeitnehmer zu gewährleisten.

Ordnet man die MERL und §§ 17, 18 KSchG den unterschiedlichen Ansätzen zu, zeigt sich, dass die MERL ausweislich ihrer Erwägungsgründe vor allem kollektiven Arbeitnehmerschutz bezweckt und damit dem arbeitnehmerschützenden Ansatz folgt. Demgegenüber bezwecken §§ 17, 18 KSchG traditionell den Schutz des Arbeitsmarkts und verfolgen den arbeitsmarktpolitischen Ansatz. Eine Ausnahme gilt allerdings für § 17 Abs. 2 KSchG, der kollektiven Arbeitnehmerschutz bezweckt und somit Ausfluss des arbeitnehmerschützenden Ansatzes ist. Er ist gedanklich als eigenständige Norm mit eigenständigem Zweck zu behandeln.

Schließlich hat die Analyse des Gesetzes- und des Richtlinientexts gezeigt, dass sich der nationale Gesetzgeber grundsätzlich für eine „1zu1"-Umsetzung der MERL entschieden und den Richtlinientext zu weiten Teilen identisch in die bestehenden §§ 17, 18 KSchG übernommen hat. Es gibt allerdings einige Abweichungen, weil der Gesetzgeber den bei Einführung der MERL geltenden Mindestschutz durch Anpassungen an den Richtlinientext nicht verschlechtern wollte. Deshalb sind beispielsweise die nationalen Schwellenwerte geringer als die unionsrechtlichen. Weitere Abweichungen zwischen beiden Rechtserkenntnisquellen bestehen vor allem im Anwendungsbereich und beim Anzeigeverfahren. Hierdurch hat sich der Gesetzgeber anscheinend einen schonenden Ausgleich zwischen nationaler Systematik und unionsrechtlichen Vorgaben erhofft, dessen Vereinbarkeit mit höherrangigen Recht im Verlauf der Arbeit zu untersuchen ist.

B. Höherrangige Rechtsvorgaben

Die Auslegung und Rechtsfortbildung jeder nationalen Norm unterliegen verfassungsrechtlichen Schranken, die aus dem Grundgesetz folgen und gegenüber förmlichen Gesetzen höherrangig sind.[94] Zudem darf die Auslegung und Rechtsfortbildung einer nationalen Norm nicht dem Unionsrecht als höherrangige Rechtsvorgabe widersprechen. Deshalb begrenzen auch drei höherrangige Vorgaben die Auslegung und Rechtsfortbildung der §§ 17, 18 KSchG, die sich aus dem Grundgesetz und dem Unionsrecht ableiten:

Erstens können §§ 17, 18 KSchG die verfassungs- und unionsrechtlich garantierte Kündigungsfreiheit des Arbeitgebers als Teil seiner unternehmerischen Freiheit aus Art. 12 GG und Art. 16 GRC berühren. Denn wie gezeigt betreffen §§ 17, 18 KSchG unternehmerische Interessen, indem sie Pflichten statuieren, die der Arbeitgeber bei der Durchführung einer Massenentlassung zu beachten hat.

Zweitens kann die Auslegung und Rechtsfortbildung der §§ 17, 18 KSchG den Gewaltenteilungsgrundsatz aus Art. 20 Abs. 2 S. 2 GG berühren. Die Normen sind unionsrechtlich determiniert und somit unionsrechtskonform auszulegen,[95] um den Bestimmungen der MERL größtmögliche Wirksamkeit zu verleihen. Allerdings begrenzt der verfassungsrechtliche Gewaltenteilungsgrundsatz die Pflicht zur unionsrechtskonformen Auslegung, da er die Legislative vor kompetenzwidrigen Übergriffen der Judikative schützt.[96] Der Inhalt und die Grenzen der Pflicht zur unionsrechtskonformen Auslegung sind somit als Ausfluss des Gewaltenteilungsgrundsatzes ebenfalls höherrangige Rechtsvorgaben, an denen §§ 17, 18 KSchG zu messen sind.

Drittens haben §§ 17, 18 KSchG wie alle nationalen Gesetze dem verfassungs- und unionsrechtlichen Bestimmtheitsgebot zu genügen. Ihr Gesetzestext darf geltende (unionsrechtliche) Anforderungen nicht derart verschleiern, dass ihr Adressat seine aus dem Massenentlassungsrecht folgenden Rechte und Pflichten nicht erkennen kann.

---

94 *Heckmann*, Rechtsnormen, S. 232 f.; *Steinbach*, Gesetzgebung, S. 245 f.

95 Nach dem französisch geprägten Begriffsverständnis des EuGH meint (unionsrechtliche) Auslegung nach nationalem Verständnis sowohl die Auslegung als auch die Rechtsfortbildung. Siehe hierzu BAG, Urt. v. 24.3.2009 – 9 AZR 983/07, BAGE 130, 119 = NZA 2009, 538, 544 Rn. 65; *Baldauf*, Richtlinienverstoß, S. 83; *Canaris*, FS Bydlinski, S. 47, 81 f.; *Michael/Payandeh*, NJW 2015, 2392, 2395; Riesenhuber/*Roth*/*Jopen*, Europäische Methodenlehre, § 13 Rn. 17.

96 *Herresthal*, JuS 2014, 289, 291; *Höpfner*, RdA 2018, 321, 322; vgl. für das nationale Recht BVerfG, Beschl. v. 26.9.2011 – 2 BvR 2216/06 u.a., BVerfGK 19, 89 = NJW 2012, 669, 670 Rn. 40; *Frieling*, Gesetzesmaterialien, S. 158 f.

Im Folgenden werden somit der Inhalt und die Grenzen der Pflicht zur richtlinienkonformen Rechtsfindung[97] (I.) sowie das Bestimmtheitsgebot und die unternehmerische Freiheit (II.) näher analysiert, um im zweiten Teil der Arbeit die geltende Rechtslage auf ihre Vereinbarkeit mit diesen Vorgaben hin zu untersuchen.

I. Grundsätze richtlinienkonformer Rechtsfindung

Den stärker werdenden Differenzen zwischen §§ 17, 18 KSchG und der MERL begegnet die Rechtsprechung methodisch mit der richtlinienkonformen Auslegung und Rechtsfortbildung der §§ 17, 18 KSchG. Entscheidend für die weitere Untersuchung ist somit, welche Grundsätze und Grenzen für dieses Vorgehen gelten. So kann sachgerecht untersucht werden, ob die Grenzen zwischen Legislative und Judikative durch die nationalen Gerichte überschritten werden und der Gesetzgeber zum Handeln gezwungen ist. Daher wird im Folgenden analysiert, wie Richtlinien in das nationale Recht umzusetzen sind (1.) und welche Grundsätze und Grenzen Rechtsprechung und Literatur für die Pflicht zur richtlinienkonformen Rechtsfindung vertreten (2. und 3.).

1. Richtlinien als Teil der unionsrechtlichen Rechtsetzung

Der Unionsgesetzgeber kann zur Ausübung der ihm zugewiesenen Kompetenzen unter anderem Richtlinien erlassen, Art. 288 Abs. 1, 3 AEUV. Sie bezwecken, das Recht der Mitgliedstaaten einander anzugleichen.[98] Richtlinien wirken anders als Verordnungen grundsätzlich nur mittelbar, da allein

97 Nachfolgend umfasst der Begriff „richtlinienkonforme Rechtsfindung“ die richtlinienkonforme Auslegung und Rechtsfortbildung. So auch *Münder*, Richtlinienkonforme Auslegung und Fortbildung von Tarifverträgen, S. 46; vgl. auch *Canaris*, FS Bydlinski, S. 47, 81 f.; *Riesenhuber/Domröse*, RIW 2005, 47, 50; Riesenhuber/*Roth/Jopen*, Europäische Methodenlehre, § 13 Rn. 20.

98 Calliess/Ruffert/*Ruffert*, Art. 288 AEUV Rn. 24; EuArbRK/*Höpfner* AEUV Art. 288 Rn. 19.

ihre Ziele[99] für die Mitgliedstaaten verbindlich sind.[100] Deshalb ist die Pflicht zur richtlinienkonformen Rechtsfindung Ausgleich für die fehlende unmittelbare Wirkung der Richtlinie.[101] Die Ziele der Richtlinie sind systemkonform in das bereits bestehende innerstaatliche Regelungssystem einzufügen.[102] Das kann durch den Erlass von neuen oder durch die Änderung von bestehenden Gesetzen erfolgen.[103] Die Umsetzungspflicht trifft alle Träger öffentlicher Gewalt und somit auch die Gerichte.[104] Die Auslegung einer Richtlinie erfolgt eigenständig und unabhängig von etwaigen nationalen Begriffsverständnissen.[105] Maßgeblich für die Auslegung sind ihr Wortlaut, ihre Systematik, ihre Historie und ihre Erwägungsgründe.[106] Ergänzend gilt das Gebot des *effet utile*.[107] Verweise die Richtlinie hingegen (ausnahmsweise) auf materielles nationales Recht, sei zwar grundsätzlich das nationale Begriffsverständnis vorrangig.[108] Allerdings müsse das Verständnis ggf. richtlinienkonform angepasst werden, um die Ziele der Richtlinie vollends zu verwirklichen.[109]

Eine nicht ordnungsgemäße Umsetzung der Richtlinie ist nur anzunehmen, wenn eine richtlinienkonforme Rechtsfindung des nationalen Rechts

99 Gemeint mit „Ziel“ ist das von der Richtlinie vorgegebene Ergebnis Calliess/Ruffert/*Ruffert*, Art. 288 AEUV Rn. 24; *Münder*, Richtlinienkonforme Auslegung und Fortbildung von Tarifverträgen, S. 39.

100 EuArbRK/*Höpfner*, Art. 288 AEUV Rn. 17; *Kotzur* in Geiger/Khan/Kotzur/Kirchmair, Art. 288 AEUV Rn. 11.

101 *Lohse*, Rechtsangleichungsprozesse, S. 639.

102 EuArbRK/*Höpfner*, Art. 288 AEUV Rn. 18; *Wunderlich/Pickartz*, EuR 2014, 659, 663.

103 Vgl. Calliess/Ruffert/*Ruffert*, Art. 288 AEUV Rn. 33.

104 EuGH, Urt. v. 19.1.2010 – C-555/07 (*Seda Kücükdeveci*), Slg. I 2010, 393 = NZA 2010, 85, 88 Rn. 47; EuGH, Urt. v. 19.4.2016 – C-444/14 (*Dansk Industri*), NZA 2016, 537, 538 f. Rn. 30; *Herresthal*, JuS 2014, 289, 290.

105 StRspr. EuGH, Urt. v. 7.8.2018 – C-485/17 (*Verbraucherzentrale Berlin*), BeckRS 2018, 17459 Rn. 27 m.w.N.

106 EuGH, Urt. v. 19.4.2016 – C-444/14 (*Dansk Industri*), NZA 2016, 537, 539 Rn. 31; EuGH, Urt. v. 17.4.2018 – C-414/16 (*Egenberger*), NZA 2018, 569, 570 Rn. 40; *Canaris*, FS Bydlinski, S. 47, 64 ff.; *Schubert* in Däubler/Hjort/Schubert/Wolmerath, Art. 267 AEUV Rn. 33.

107 StRspr. EuGH, Urt. v. 6.11.2018 – C-569–570/16 (*Bauer und Willmeroth*), NZA 2018, 1467, 1471 Rn. 66.

108 EuGH, Urt. v. 1.3.2012 – C-393/10 (*O'Brien*), NZA 2012, 313, 315 Rn. 34.

109 EuGH, Urt. v. 1.3.2012 – C-393/10 (*O'Brien*), NZA 2012, 313, 315 Rn. 34; EuGH, Urt. v. 17.11.2016 – C-216/15 (*Betriebsrat der Ruhrlandklinik*), NZA 2017, 41, 42 Rn. 32 f.

unmöglich ist.[110] Dann ist die Norm allerdings lediglich unionsrechtswidrig, was nur in Ausnahmefällen zu ihrer Unanwendbarkeit führt.[111]

2. Richtlinienkonforme Rechtsfindung in der Rechtsprechung

Im Folgenden werden die für das Massenentlassungsrecht maßgeblichen Anforderungen der Rechtsprechung an Inhalt (a) und Grenzen (b) der Pflicht zur richtlinienkonformen Rechtsfindung untersucht. Da sich die Rechtsprechung von EuGH, BAG und BVerfG weitestgehend deckt, erfolgt die Analyse gemeinsam.

a) Inhalt der Pflicht zur richtlinienkonformen Rechtsfindung

Der EuGH hat erstmals in der Rechtssache *von Colson und Kamann*[112] eine aus dem Unionsrecht folgende Pflicht der mitgliedstaatlichen Gerichte zur richtlinienkonformen Auslegung von nationalen Gesetzen eingeführt.[113]

Sie zwinge nationale Gerichte dazu, im Rahmen ihrer Zuständigkeit unter voller Ausschöpfung ihres Beurteilungsspielraums nationale Gesetze im Lichte der Richtlinie auszulegen.[114] Die Auslegung bedürfe allerdings stets eines Auslegungsspielraums des nationalen Rechts und müsse soweit wie möglich am Wortlaut und Zweck der Richtlinie erfolgen, um das in der Richtlinie festgelegte Ziel zu erreichen.[115] Allerdings macht der EuGH

110 EuGH, Urt. v. 24.1.2012 – C-282/10 (*Dominguez*), NZA 2012, 139, 142 Rn. 32; *Brechmann*, Richtlinienkonforme Auslegung, S. 65; EuArbRK/*Höpfner*, Art. 288 AEUV Rn. 30; a.A. *Canaris*, FS Bydlinski, S. 47, 55.

111 Beispielsweise sofern die Richtlinie mit einem subjektiven Recht (z.B. Unionsgrundrecht) verbunden ist EuGH, Urt. v. 19.4.2016 – C-444/14 (*Dansk Industri*), NZA 2016, 537, 539 Rn. 34 f.; EuGH, Urt. v. 17.4.2018 – C-414/16 (*Egenberger*), NZA 2018, 569, 573 Rn. 79; EuGH, Urt. v. 11.9.2018 – C-68/17 (*IR/JQ*), NZA 2018, 1187, 1190 Rn. 68.

112 EuGH, Urt. v. 10.4.1984 – Rs. 14/83 (*von Colson und Kamann*), Slg. 1984, 1892 = NZA 1984, 157, 158.

113 StRspr. EuGH, Urt. v. 6.11.2018 – C-569–570/16 (*Bauer und Willmeroth*), NZA 2018, 1467, 1471 Rn. 66 f.

114 EuGH, Urt. v. 24.1.2012 – C-282/10 (*Dominguez*), NZA 2012, 139, 141 Rn. 27 m.w.N.; EuGH, Urt. v. 6.11.2018 – C-569–570/16 (*Bauer und Willmeroth*), NZA 2018, 1467, 1471 Rn. 66.

115 EuGH, Urt. v. 13.11.1990 – C-106/89 (*Marleasing*), Slg. 1990, I-4135 = BeckRS 2004, 74075.

durch den Zusatz „im Rahmen ihrer Zuständigkeit" auch deutlich, dass die nationale Zuständigkeit von Judikative und Legislative nicht verwischt werden darf.[116] Das ist eine Abkehr von seiner vorherigen Sichtweise, nach der nationale Gerichte zwischenzeitlich auch entgegenstehende Hinweise im nationalen Gesetzgebungsverfahren zu ignorieren hatten.[117] Die ausdrückliche Zwecksetzung des nationalen Gesetzgebers hatte hinter einem unterstellten Umsetzungswillen zurückzutreten, sofern der Gesetzgeber nicht ausdrücklich richtlinienwidrig handeln wollte.[118]

Diese Rechtsprechung wiederholte der EuGH allerdings in der Folgezeit nicht mehr. Er betonte im Gegenteil, dass die Vorgaben der Richtlinie nicht zu einer Auslegung *contra legem*, d.h. zu einer unzulässigen Rechtsfindung führen dürften.[119] Um zu einer richtlinienkonformen Auslegung zu gelangen, haben nationale Gerichte nach Ansicht des EuGH dieselben methodischen Auslegungsmittel wie bei Entscheidungen über das nationale Recht anzuwenden, sodass Analogien und teleologische Reduktionen des nationalen Rechts bei der richtlinienkonformen Auslegung zu erwägen seien.[120]

Weiterhin sei die Verpflichtung zur richtlinienkonformen Auslegung eine fortlaufende und umfasse die gesamte nationale Rechtsordnung unabhängig vom Erlasszeitpunkt der jeweiligen Norm.[121] Sie könne den Gesetzgeber dazu verpflichten, bei wechselndem Verständnis der Richtlinie neue Gesetze zu erlassen oder bestehende Gesetze zu ändern.[122] Da die Pflicht auch

---

116 *Münder*, Richtlinienkonforme Auslegung und Fortbildung von Tarifverträgen, S. 49; Riesenhuber/*Roth/Jopen*, Europäische Methodenlehre, § 13 Rn. 41.

117 EuGH, Urt. v. 29.4.2004 – C-371/02 (*Björnekulla Fruktindustrier AB*), Slg. 2004, I-5811 = BeckRS 2004, 76817 Rn. 13.

118 Riesenhuber/*Roth/Jopen*, Europäische Methodenlehre, § 13 Rn. 23.

119 EuGH, Urt. v. 24.1.2012 – C-282/10 (*Dominguez*), NZA 2012, 139, 141 Rn. 25; EuGH, Urt. v. 19.4.2016 – C-444/14 (*Dansk Industri*), NZA 2016, 537, 539 Rn. 32; EuGH, Urt. v. 17.4.2018 – C-414/16 (*Egenberger*), NZA 2018, 569, 572 Rn. 71; EuGH, Urt. v. 11.2.2021 – C-760/18 (*MV*), NZA 2021, 333, 337 Rn. 67; EuGH, Urt. v. 18.1.2022 – C-261/20 (*Thelen Technopark*), NJW 2022, 927, 928 Rn. 28 (m. Anm. Moufang).

120 EuGH, Urt. v. 5.10.2004 – C-397–403/01 (*Pfeiffer u.a.*), Slg. 2004, I-8878 = NZA 2004, 1145, 1151 Rn. 116; EuGH, Urt. v. 24.1.2012 – C-282/10 (*Dominguez*), NZA 2012, 139, 141 Rn. 24; EuGH, Urt. v. 22.1.2019 – C-193/17 (*Cresco Investigation GmbH*), NZA 2019, 297, 301 Rn. 74.

121 Vgl. EuGH, Urt. v. 13.11.1990 – C-106/89 (*Marleasing*), Slg. 1990, I-4135 = BeckRS 2004, 74075; EuGH, Urt. v. 5.10.2004 – C-397–403/01 (*Pfeiffer u.a.*), Slg. 2004, I-8878 = NZA 2004, 1145, 1151 Rn. 115.

122 EuGH, Urt. v. 5.10.2004 – C-397–403/01 (*Pfeiffer u.a.*), Slg. 2004, I-8878 = NZA 2004, 1145, 1151 Rn. 115.

Gerichte treffe, müssen diese bei geändertem Richtlinienverständnis auch ihre (ständige) nationale Rechtsprechung anpassen.[123]

Das BAG und das BVerfG haben die Vorgaben des EuGH stets umgesetzt und somit die richtlinienkonforme Rechtsfindung im nationalen Recht fortentwickelt. Sowohl das BAG[124] als auch das BVerfG[125] fordern deshalb ebenfalls einen durch nationale Methodiken bedingten Auslegungsspielraum der Norm, der sodann bestmöglich innerhalb der gerichtlichen Zuständigkeit richtlinienkonform ausgefüllt werden müsse.

b) Grenzen der Pflicht zur richtlinienkonformen Rechtsfindung

Die Pflicht zur richtlinienkonformen Rechtsfindung ist aber auch nach dem EuGH nicht grenzenlos. Sie sei nämlich dort unzulässig, wo nationales Recht gegen allgemeine Rechtsgrundsätze oder über die nationalen Grenzen der Methodik hinaus (*contra legem*) ausgelegt werde.[126] Wann allerdings eine Auslegung *contra legem* vorliegt und ob es sich hierbei um ein eigenständiges Institut des Unionsrechts handelt, lässt der EuGH bislang offen.[127]

Demgegenüber versteht das BAG den Begriff funktionell und verbietet nationalen Gerichten zu Auslegungsergebnissen zu gelangen, die die rechtspolitischen Vorstellungen des Gesetzgebers ändern und somit das Gewaltenteilungsprinzip aus Art. 20 Abs. 2 S. 2 GG oder die Bindung der Gerichte an Recht und Gesetz aus Art. 20 Abs. 3 GG verletzen.[128] Ein eindeutiger Wortlaut kombiniert mit einem eindeutig geäußerten gesetzgeberischen Willen stünden einer richtlinienkonformen Rechtsfindung entge-

---

123 EuGH, Urt. v. 19.4.2016 – C-444/14 (*Dansk Industri*), NZA 2016, 537, 539 Rn. 33; EuGH, Urt. v. 17.4.2018 – C-414/16 (*Egenberger*), NZA 2018, 569, 572 f. Rn. 72; EuGH, Urt. v. 14.5.2019 – C-55/18 (*CCOO*), NZA 2019, 683, 687 Rn. 70.

124 BAG, Urt. v. 19.2.2019 – 9 AZR 423/16, BAGE 165, 376 = NZA 2019, 977, 979 Rn. 19; BAG, Urt. v. 19.5.2022 – 2 AZR 467/21, NZA 2022, 1051, 1053 Rn. 20; siehe auch *Jacobs/Naber*, SAE 2006, 61, 64.

125 BVerfG, Beschl. v. 26.9.2011 – 2 BvR 2216/06 u.a., BverfGK 19, 89 = NJW 2012, 669, 670 Rn. 46; BVerfG, Beschl. v. 23.5.2016 – 1 BvR 2230–2231/15, r+s 2016, 407, 409 Rn. 44.

126 EuGH, Urt. v. 19.4.2016 – C-444/14 (*Dansk Industri*), NZA 2016, 537, 539 Rn. 32; EuGH, Urt. v. 17.4.2018 – C-414/16 (*Egenberger*), NZA 2018, 569, 572 Rn. 71.

127 Riesenhuber/*Roth/Jopen*, Europäische Methodenlehre, § 13 Rn. 38 f.

128 BAG, Urt. v. 24.3.2009 – 9 AZR 983/07, BAGE 130, 119 = NZA 2009, 538, 544 Rn. 65; BAG, Urt. v. 17.11.2009 – 9 AZR 844/08, BAGE 132, 247 = NZA 2010, 1020, 1023 Rn. 29.

gen.[129] Diese Grenze war nach Ansicht des BAG bspw. bei einer möglichen richtlinienkonformen Auslegung des § 16 Abs. 2 S. 1 ArbZG erreicht.[130] Nach dieser Vorschrift hat der Arbeitgeber nur die „über" die werktägliche Arbeitszeit des § 3 S. 1 ArbZG „hinausgehende" Arbeitszeit zu erfassen. Der Wortlaut und der dahinterstehende Zweck der Überstundenerfassung seien eindeutig und stünden deshalb einer richtlinienkonformen Auslegung des § 16 Abs. 2 S. 1 ArbZG, nach der jegliche Arbeitszeit vom Arbeitgeber zu erfassen sei, entgegen. Diese Grenze gilt nach Ansicht des BAG selbst, wenn der Gesetzgeber bewusst eine Richtlinie mit dem betroffenen Gesetz umsetzen wollte, allerdings den Inhalt der Richtlinie missversteht.[131] Eine eindeutige und bewusste gesetzgeberische Zielsetzung schließe einen vorrangigen besonderen oder allgemeinen Umsetzungswillen aus.[132] Maßgeblich für die Ermittlung des geäußerten Willens seien der Wortlaut, die Gesetzeshistorie, die Systematik sowie der Zweck der Norm.[133]

Passend hierzu sieht das BVerfG die contra-legem-Grenze ebenfalls als überschritten an, wenn deutlich erkennbare, unter Umständen im Wortlaut angelegte gesetzgeberische Entscheidungen abgeändert oder ohne Beachtung von gesetzlichen Aussagen neue Regelungen durch den Richter geschaffen würden.[134] Das BVerfG tendiert allerdings anders als das BAG dazu, dem nationalen Gesetzgeber einen Umsetzungswillen zu unterstellen.[135] So könnten nationale Gerichte davon ausgehen, dass der nationale Gesetzgeber im Zweifel nicht gegen seine Umsetzungspflicht verstoßen wolle, sofern er zur Umsetzung der Richtlinie tätig werde.[136] Die Wörter „kann" und „im Zweifel" schränken die Unterstellung allerdings ein und machen deutlich, dass bei einem entgegenstehenden Willen des nationalen

129 BAG, Urt. v. 21.3.2017 – 3 AZR 718/15, BAGE 158, 244 = NZA 2017, 948, 951 f. Rn. 32; BAG, Urt. v. 23.5.2018 – 5 AZR 263/17, BAGE 162, 387 = NZA 2019, 39, 42 Rn. 33 f.; BAG, Urt. v. 25.10.2018 – 8 AZR 501/14, BAGE 164, 117 = NZA 2019, 455, 461 Rn. 41; BAG, Urt. v. 19.5.2022 – 2 AZR 467/21, NZA 2022, 1051, 1053 Rn. 20.

130 Hierzu und zum Folgenden: BAG, Beschl. v. 13.9.2022 – 1 ABR 22/21, BAGE 179, 51 = NZA 2022, 1616, 1619 f. Rn. 25 ff.

131 BAG, Urt. v. 25.10.2018 – 8 AZR 501/14, BAGE 164, 117 = NZA 2019, 455, 461 Rn. 41.

132 BAG, Urt. v. 17.11.2009 – 9 AZR 844/08, BAGE 132, 247 = NZA 2010, 1020, 1024 f. Rn. 46; BAG, Urt. v. 19.5.2022 – 2 AZR 467/21, NZA 2022, 1051, 1053 Rn. 20.

133 BAG, Urt. v. 19.5.2022 – 2 AZR 467/21, NZA 2022, 1051, 1053 Rn. 20.

134 BVerfG, Beschl. v. 26.9.2011 – 2 BvR 2216/06 u.a., BVerfGK 19, 89 = NJW 2012, 669, 671 Rn. 56; BVerfG, Beschl. v. 23.5.2016 – 1 BvR 2230–2231/15, FS 2016, 407, 410 Rn. 49.

135 *Münder*, Richtlinienkonforme Auslegung und Fortbildung von Tarifverträgen, S. 57.

136 BVerfG, Beschl. v. 26.9.2011 – 2 BvR 2216/06 u.a., BVerfGK 19, 89 = NJW 2012, 669, 670 Rn. 51.

Gesetzgebers eine entsprechende Unterstellung ausscheiden muss.[137] Insofern besteht kein Unterschied zwischen der Rechtsprechung des BAG und des BVerfG.

Schließlich sind nach der Rechtsprechung die anerkannten allgemeinen Rechtsgrundsätze weitere Grenze der richtlinienkonformen Rechtsfindung.[138] Begrenzend seien deshalb das Rückwirkungsverbot, der Grundsatz der Rechtssicherheit sowie die Unionsgrundrechte.[139]

Zusammenfassend erfolgt die richtlinienkonforme Rechtsfindung nach der Rechtsprechung somit in einem Dreischritt. In einem ersten Schritt muss das nationale Gericht anhand der nationalen Auslegungsmethoden einen Auslegungsspielraum der Norm feststellen. Ein gefundener Spielraum ist in einem zweiten Schritt unionsrechtskonform unter Anwendung der nationalen Auslegungsmethoden samt Analogie und teleologischer Reduktion auszufüllen. In einem dritten und letzten Schritt müssen nationale Gerichte prüfen, ob das gefundene Ergebnis *contra legem* ist oder gegen allgemeine Rechtsgrundsätze verstößt. Ein eindeutiger gesetzgeberische Wille bildet nach Ansicht aller Gerichte die endgültige Grenze der richtlinienkonformen Rechtsfindung.

3. Richtlinienkonforme Rechtsfindung im Schrifttum

Auch im Schrifttum sind die Pflicht zur richtlinienkonformen Rechtsfindung und deren Inhalt mittlerweile anerkannt.[140] Umstritten ist allerdings, wie die Pflicht in die deutsche Methodenlehre einzufügen ist.[141] Da die ver-

---

137 *Münder*, Richtlinienkonforme Auslegung und Fortbildung von Tarifverträgen, S. 57.

138 StRspr. EuGH, Urt. v. 29.7.2019 – C-516/17 (*Spiegel Online*), BeckRS 2019, 15825 Rn. 34, 52 m.w.N.; BAG, Urt. v. 19.2.2019 – 9 AZR 423/16, BAGE 165, 376 = NZA 2019, 977, 980 f. Rn. 30 ff.; vgl. auch für das nationale Recht BAG, Urt. v. 27.2.2020 – 8 AZR 233/19, BeckRS 2020, 16084 Rn. 64.

139 StRspr. EuGH, Urt. v. 29.7.2019 – C-516/17 (*Spiegel Online*), BeckRS 2019, 15825 Rn. 34, 52 m.w.N.

140 Exemplarisch *Canaris*, FS Bydlinski, S. 47, 87, der die Vorgaben der Richtlinie als vorrangiges „objektiv-teleologisches" Kriterium versteht; *Lunk*, FS Bauer, S. 705, 715.

141 Die herrschende Ansicht versteht das Gebot der richtlinienkonformen Auslegung als interpretatorische Vorrangregel, die bereits im Auslegungsvorgang eingreifen soll *Canaris*, FS Bydlinski, S. 47, 66 ff.; *ders.*, FS R. Schmidt, S. 41, 45 f.; *Herresthal*, EuZW 2007, 396, 397; *Klamert*, Richtlinienkonforme Auslegung, S. 183; *Lutter*, JZ 1992, 593, 604 f.; MüKoBGB/*Lorenz*, Vor § 474 BGB Rn. 3; Riesenhuber/*Roth*/*Jopen*, Europäische Methodenlehre, § 13 Rn. 46; *Sagan* in Preis/Sagan, Europäisches Arbeitsrecht, § 1 Rn. 1.150; *Schürnbrand*, JZ 2007, 910, 911; *Spetzler*, RIW 1991, 579,

schiedenen Ansichten im Ergebnis praktisch allerdings nie zu unterschiedlichen Ergebnissen führen,[142] erfolgt keine Streitdarstellung. Vielmehr lohnt sich ein Blick in die Literatur hinsichtlich der Voraussetzungen für eine richtlinienkonforme Rechtsfortbildung (a) und der Grenzen für die Pflicht zur richtlinienkonformen Rechtsfindung (b), da sich die Rechtsprechung zu beiden Punkten bislang kaum detailliert äußerte.

a) Voraussetzungen der richtlinienkonformen Rechtsfortbildung

Rechtsfortbildung beginnt dort, wo der mögliche Wortsinn der Norm überschritten wird.[143] Voraussetzung für die Rechtsfortbildung ist eine planwidrige Regelungslücke im Gesetz.[144] Bis hierhin ist man sich in der Literatur einig.

Demgegenüber ist umstritten, wann eine Regelungslücke vorliegt und vor allem, wann diese planwidrig ist. Die unterschiedlichen Ansichten hängen eng mit dem Streit um das Auslegungsziel eines Gesetzes zusammen.[145] Dementsprechend bietet sich im Folgenden eine Darstellung der unterschiedlichen Ansichten nach gemischt-objektiver und subjektiver Theorie an.

580; *Suhr*, Richtlinienkonforme Auslegung im Privatrecht, S. 276 f.; *Unberath*, ZEuP 2005, 5, 7, *Wietfeld*, JZ 2020, 485, 490 f. Nach einer Mindermeinung soll ein Ergebnisvorrang gelten: Auf einer ersten Stufe seien mögliche Auslegungsergebnisse anhand der klassischen Auslegungsmethoden und der gleichrangigen richtlinienkonformen Auslegung zu ermitteln. Sind sodann mehrere Auslegungsergebnisse möglich, müsse das richtlinienkonforme den richtlinienwidrigen Ergebnissen vorgehen *Baldauf*, Richtlinienverstoß, S. 227 f.; *Brechmann*, Richtlinienkonforme Auslegung, S. 259; *Brenncke*, EuR 2015, 440, 447 f.; *Büdenbender*, ZEuP 2004, 36, 38; EuArbRK/*Höpfner*, Art. 288 AEUV Rn. 45; *ders.*, Die systemkonforme Auslegung, S. 283; *ders.*, JZ 2009, 403, 404; *ders./Rüthers*, AcP 209 (2009), 1, 22.

142 Ein Unterschied kann allenfalls entstehen, wenn aufgrund der geringen Relevanz eines Auslegungskriteriums kein richtlinienkonformes Auslegungsergebnis möglich ist. Siehe hierzu näher *Münder*, Richtlinienkonforme Auslegung und Fortbildung von Tarifverträgen, S. 86.

143 *Adrian*, Juristische Methodenlehre, S. 855; *Bydlinski*, Methodenlehre, S. 467 ff.; *Larenz*, Methodenlehre, S. 322 f.; *ders./Canaris*, Methodenlehre, S. 143 f.; *Witt*, NJW 2006, 3322, 3323 f.

144 Siehe grundlegend zu den nationalen Voraussetzungen einer Rechtsfortbildung *Larenz*, Methodenlehre, S. 370 ff. sowie *Suhr*, Richtlinienkonforme Auslegung, S. 282 ff.

145 Siehe hierzu bereits unter 1. Teil, A. I. 2. (S. 25 Fn. 54).

aa) Vorliegen einer Regelungslücke

Die Vertreter der gemischt-objektiven Theorie äußern sich zu den Voraussetzungen einer Regelungslücke kaum.[146] Nach vereinzelten Stimmen liege eine Regelungslücke vor, wenn der Wortlaut und -sinn des Gesetzes die fehlende Regelung nicht zulasse oder die vorgesehene Rechtsfolge nicht zum verfolgten Zweck passe.[147] Im ersten Fall sei die Lücke durch eine analoge Anwendung, im zweiten Fall durch eine teleologische Reduktion der Norm zu schließen.[148] Der Wortsinn ergebe sich aus dem Wortlaut in seinem Satz- und Textzusammenhang.[149] Eine Regelungslücke allein könne aber nicht zur einer Rechtsfortbildung berechtigen, sondern diene nur als Abgrenzung zwischen Auslegung und Rechtsfortbildung. Im Übrigen wird dem Merkmal der Regelungslücke wenig Aufmerksamkeit geschenkt; die Diskussion beschränkt sich auf die Planwidrigkeit der Regelungslücke.

Demgegenüber orientieren sich die Subjektivisten im Ausgangspunkt am geäußerten Willen des Gesetzgebers. Eine Regelungslücke sei dort gegeben, wo eine gesetzgeberische Wertung fehlt.[150] Ob eine solche fehlt, beurteile sich anhand des zu ermittelnden historischen Normzwecks.[151] Allerdings könnten Regelungslücken trotz gesetzgeberischer Wertung auch bei Gegenstandslosigkeit des historischen Ziels durch gesellschaftliche, ökonomische oder technische Entwicklungen seit Normerlass oder durch entscheidende Veränderung der der Norm zugrundeliegenden Wertvorstellungen entstehen, die der Richter allerdings nachweisen und begründen müsse.[152]

---

146 *Baldauf*, Richtlinienverstoß, S. 60; *Münder*, Richtlinienkonforme Auslegung und Fortbildung von Tarifverträgen, S. 68. Siehe für ein entsprechendes Beispiel *Weber*, Grenzen EU-rechtskonformer Auslegung, S. 133, der eine Lücke bei „planwidriger Unvollständigkeit" oder bei „Bedürfnissen am Maßstab von Prinzipien der Gesamtrechtsordnung" und somit ohne nähere Konkretisierung annimmt.

147 *Canaris*, FS Bydlinski, S. 47, 85; *Franzen*, Privatrechtsangleichung, S. 416 ff.

148 *Suhr*, Richtlinienkonforme Auslegung, S. 290 f.

149 *Adrian*, Juristische Methodenlehre, S. 853 f.; *Probst*, FS Kramer, S. 249, 252; Riesenhuber/*Riesenhuber*, Europäische Methodenlehre, § 10 Rn. 17 f.

150 *Neuner*, Rechtsfindung contra legem, S. 134; *Rüthers/Fischer/Birk*, 4. Kap. § 23, S. 515 Rn. 822.

151 *Höpfner*, JbJZ 2009, S. 73, 83; *Looschelders/Roth*, Juristische Methodik, S. 46 f.; *Rüthers*, JZ 2006, 53, 57 f.

152 *Höpfner*, Systemkonforme Auslegung, S. 149; *Rüthers/ders.*, JZ 2005, 21, 25; *ders.*, JZ 2006, 53, 57 f.

bb) Planwidrigkeit der Regelungslücke

Die überwiegende Ansicht innerhalb der gemischt-objektiven Theorie stellt für die Planwidrigkeit einer Regelungslücke auf den Plan der Gesamtrechtsordnung ab.[153] Fehlt eine aus Sicht der Gesamtrechtsordnung notwendige Regelung, sei das Fehlen planwidrig, sofern sich die beabsichtige Regelung innerhalb der contra-legem-Grenze halte und aktuellen Wertungen des Gesetzgebers entspreche.[154] Die Wertungen seien anhand des Wortlauts, der Systematik, des Zwecks sowie der Gesetzesmaterialien der Vorschriften zu ermitteln.[155]

Unterschiede gibt es allerdings beim Umfang der Gesamtrechtsordnung: Teil der Gesamtrechtsordnung seien nach einer Ansicht allein nationale Gesetze;[156] nach anderer Ansicht würden zur Gesamtrechtsordnung auch Richtlinien gehören, sodass aus einer etwaigen Richtlinienwidrigkeit unmittelbar auf die Planwidrigkeit der Regelungslücke geschlossen werden könne.[157]

Demgegenüber stellen Subjektivisten wiederum auf den historischen Plan des Gesetzgebers ab, der sich allein aus der nationalen Rechtsordnung ergebe.[158] Richtlinien seien dementsprechend kein Teil hiervon und könnten somit auch selbst nicht die Planwidrigkeit einer Lücke begründen, da ihnen andernfalls unmittelbare Wirkung zukomme.[159]

153 Für den sog. weiten Lückenbegriff *Bydlinski*, Methodenlehre, S. 473; *Canaris*, Die Feststellung von Lücken im Gesetz, S. 38; *ders.*, FS Bydlinski, S. 47, 85 ff.; *ders.*, FS R. Schmidt, S. 41, 53 f.; *Herresthal*, EuZW 2007, 396, 398; *ders.*, JuS 2014, 289, 292; *Franzen*, Privatrechtsangleichung, S. 412 f.; *Suhr*, Richtlinienkonforme Auslegung im Privatrecht, S. 283; a.A. für den sog. engen Lückenbegriff *Larenz*, Methodenlehre, S. 373 ff.; *Weber*, Grenzen EU-rechtskonformer Auslegung, S. 133.

154 *Canaris*, FS Bydlinski, S. 47, 83 f.; vgl. hierzu auch *Baldauf*, Richtlinienverstoß, S. 62.

155 Riesenhuber/*Roth*/*Jopen*, Europäische Methodenlehre, § 13 Rn. 62; *Schürnbrand*, JZ 2007, 910, 917; *Weber*, Grenzen EU rechtskonformer Auslegung, S. 161 f.

156 *Baldauf*, Richtlinienverstoß, S. 221 ff.; EuArbRK/*Höpfner*, Art. 288 AEUV Rn. 86; *ders.*, JZ 2009, 103, 104 f.; *Konzen*, ZfA 2005, 189, 201; *Schürnbrand*, JZ 2007, 910, 913 f.; *Weber*, Grenzen EU-rechtskonformer Auslegung, S. 133 f.

157 *Behrens*, EuZW 1994, 289; *Canaris*, FS Bydlinski, S. 47, 85 ff.; *ders.*, FS R. Schmidt, S. 41, 53 f.; *Herresthal*, EuZW 2007, 396, 398; *Mörsdorf*, EuR 2009, 219, 229; *Suhr*, Richtlinienkonforme Auslegung im Privatrecht, S. 286 ff. Nach dieser Ansicht ist die Planwidrigkeit nur abzulehnen, wenn der Gesetzgeber bewusst die Umsetzung einer Richtlinie verweigert.

158 *Höpfner*, JbJZ 2009, S. 73, 96; *ders.*/*Rüthers*, AcP 209 (2009), 1, 35.

159 *Rüthers*/*Fischer*/*Birk*, Rechtstheorie, § 23 S. 559 f.

In eine ähnliche Richtung geht die sog. Willenstheorie.[160] Nach dieser komme es für die Bestimmung der Planwidrigkeit maßgeblich auf den Umsetzungswillen des Gesetzgebers an, der Teil des historischen Willens des Gesetzgebers sei.[161] Eine Regelungslücke sei demnach planwidrig, wenn der Gesetzgeber mit der Norm eine Richtlinie ordnungsgemäß umsetzen wollte (sog. Umsetzungswille).[162] Unterschieden wird zwischen generellem und konkretem Umsetzungswille sowie der Regelungsabsicht des Gesetzgebers.[163]

Der Umsetzungswille sei generell, wenn die Gesetzesmaterialien allein die Feststellung enthielten, das Gesetz setze eine Richtlinie um.[164] Er sei dagegen konkret, wenn der Gesetzgeber in den Gesetzesmaterialien das Gesetz ausdrücklich auf seine Richtlinienkonformität geprüft habe.[165] Der (generelle) Umsetzungswille sei nach einer Ansicht zu vermuten,[166] nach einer anderen Ansicht sei er jedenfalls bei entsprechenden Indizien anzunehmen und könne wohl im Übrigen auch vermutet werden, sofern es sich bei dem Gesetz um einen Umsetzungsakt handele.[167] Nur bei bewusster Missachtung der Umsetzungspflicht scheide ein (vermuteter genereller) Umsetzungswille des Gesetzgebers aus.[168]

Unter der Regelungsabsicht wird hingegen die konkrete Zwecksetzung des Gesetzgebers verstanden.[169] Sie müsse anhand der Gesetzesmaterialien

---

160 Für den Namen der Theorie *Baldauf*, Richtlinienverstoß, S. 146.

161 *Brechmann*, Richtlinienkonforme Auslegung, S. 271; *Möllers/Möhring*, JZ 2008, 919, 922 f.; *Riesenhuber/Domröse*, RIW 2005, 47, 52 f.; *Schlachter*, RdA 2005, 115, 119 f.; *dies.*, EuZA 2015, 1, 11; vgl. auch *Grosche/Höft*, NJOZ 2009, 2294, 2306; *Rosenkranz*, Rückwirkung von Entscheidungen, S. 480.

162 *Baldauf*, Richtlinienverstoß, S. 148; *Möllers/Möhring*, JZ 2008, 919, 922 f.; *Pfeiffer*, NJW 2009, 412 f.; *Roth*, EWS 2005, 385, 395; *Schlachter*, EuZA 2015, 1, 11.

163 Vgl. hierzu *Baldauf*, Richtlinienverstoß, S. 148; wohl auch *Möllers/Möhring*, JZ 2008, 919, 922; *Schlachter*, EuZA 2015, 1, 11.

164 *Baldauf*, Richtlinienverstoß, S. 152; *Münder*, Richtlinienkonforme Auslegung und Fortbildung von Tarifverträgen, S. 71. So auch bei § 17 Abs. 2 KSchG und der MERL, siehe hierzu BT-Drs. 8/1041, S. 4; BR-Drs. 748/91 (B), S. 3

165 Vgl. *Möllers/Möhring*, JZ 2008, 919, 922; *Münder*, Richtlinienkonforme Auslegung und Fortbildung von Tarifverträgen, S. 71.

166 *Brenncke*, EuR 2015, 440, 447 f.; *Franzen*, Privatrechtsangleichung, S. 303; *Möllers/Möhring*, JZ 2008, 919, 922 f.; *Mörsdorf*, EuR 2009, 219, 230.

167 *Jarass*, EuR 1991, 211, 217; *Schlachter*, ZfA 2007, 249, 261; *dies*, EuZA 2015, 1, 11; *Schürnbrand*, JZ 2007, 910, 913 f.

168 *Franzen*, Privatrechtsangleichung, S. 303; *Grundmann*, ZEuP 1996, 399, 420; *Höpfner*, JZ 2009, 403, 404; *Schlachter*, EuZA 2015, 1, 11.

169 *Möllers*, EuR 1998, 20, 44 f.; *Schlachter*, RdA 2005, 115, 119 f.; vgl. auch *Baldauf*, Richtlinienverstoß, S. 148.

und des Wortlauts der Norm festgestellt werden.[170] Könne eine konkrete und eindeutige Regelungsabsicht festgestellt werden, gehe diese nach wohl herrschender Ansicht innerhalb der Willenstheorie einem generellen oder konkreten Umsetzungswillen vor.[171] Teilweise wird aber auch ein genereller Vorrang des Umsetzungswillens vor der Regelungsabsicht angenommen.[172]

b) Grenzen der Pflicht zur richtlinienkonformen Rechtsfindung

Das Schrifttum erkennt ebenfalls die contra-legem-Grenze[173] der Rechtsprechung an und versucht, deren Inhalt zu bestimmen.

aa) Wortsinn und Wille des Gesetzgebers

Die herrschende Ansicht im Schrifttum beurteilt die contra-legem-Grenze allein anhand nationaler Methodiken.[174] Die richtlinienkonforme Rechtsfindung sei deshalb nur möglich, wenn nationale Methodiken durch sie

170 Vgl. *Baldauf*, Richtlinienverstoß, S. 148.

171 *Franzen*, Privatrechtsangleichung, S. 312 f.; *Herdegen*, WM 2005, 1921, 1929; *Schürnbrand*, JZ 2007, 910, 913; *Weber*, Grenzen EU-rechtskonformer Auslegung, S. 164 f.

172 *Grundmann*, ZEuP 1996, 399, 420; *Möllers/Möhring*, JZ 2008, 919, 922 f.; *Roth*, EWS 2005, 385, 394; *Schlachter*, EuZA 2015, 1, 11. A.A. *Piepenbrock/Schulze*, WM 2002, 521, 524 f.; Schürnbrand, JZ 2007, 910, 913; *Weber*, Grenzen EU-rechtskonformer Auslegung, S. 164 f.; wohl auch: *Neuner*, Rechtsfindung contra legem, S. 134. Da aber an eine konkrete und eindeutige Regelungsabsicht hohe Anforderungen gestellt werden, unterscheiden sich beide Ansichten selten.

173 Daneben erkennt die Literatur ebenfalls die allgemeinen Rechtsgrundsätze und die Unionsgrundrechte als Grenze an. Siehe hierzu bspw. *Gänswein*, Grundsatz unionsrechtskonformer Auslegung, S. 61–63; Riesenhuber/*Roth/Jopen*, Europäische Methodenlehre, § 13 Rn. 35; *Spelge*, ZAT 2023, 98, 99; *Weber*, Grenzen EU-rechtskonformer Auslegung, S. 155 f. Mangels inhaltlicher Unterschiede zur Rechtsprechung wird hierauf allerdings nicht eingegangen.

174 *Baldauf*, Richtlinienverstoß, S. 103; *Brechmann*, Richtlinienkonforme Auslegung, S. 266; *Brenncke*, EuR 2015, 440, 442; *Canaris*, FS Bydlinski, S. 47, 91; *ders.*, FS R. Schmidt, S. 41, 58; *Gänswein*, Grundsatz unionsrechtskonformer Auslegung, S. 65; *Höpfner*, JZ 2009, 43, 44; Riesenhuber/*Roth/Jopen*, Europäische Methodenlehre, § 13 Rn. 41; *Spelge*, ZAT 2023, 98, 99; Streinz/*W. Schroeder*, Art. 288 AEUV Rn. 113; *Unberath*, ZEuP 2005, 5, 7; *Weber*, Grenzen EU-rechtskonformer Auslegung, S. 98; wohl auch *Suhr*, Richtlinienkonforme Auslegung im Privatrecht, S. 297, der die herkömmliche (nationale) contra-legem-Grenze als maßgeblich ansieht.

nicht überschritten würden und die gefundene Regelung zuließen.[175] Hingegen verschiebe der unionsrechtliche Einfluss die geltenden Grenzen nicht, da selbst der EuGH in ständiger Rechtsprechung die nationalen Methodiken als Grenzen der Auslegung nenne.[176] Nach der herrschenden Ansicht bilde deshalb analog zur verfassungskonformen Rechtsfindung vereinzelt[177] der eindeutige Wortlaut, jedenfalls aber der übereinstimmende Wortsinn und Wille des Gesetzgebers die Grenze der richtlinienkonformen Rechtsfindung.[178]

Ein eindeutiger Wortlaut liege allerdings nur vor, wenn das Gesetz unmissverständliche nummerische Grenzwerte oder Vergleichbares enthält, sodass ein anderer Wortsinn bereits von vornherein ausscheide.[179] Der eindeutige Wortlaut als Grenze der Rechtsfindung ist somit ein Ausnahmefall.

Häufiger wird es deshalb auf die Übereinstimmung von Wortsinn und eindeutigem Willen des Gesetzgebers ankommen. Der Wortsinn umfasst den Wortlaut in seinem Satz- und Textzusammenhang. Wie der gesetzgeberische Wille allerdings zu ermitteln ist, wird wiederum je nach vertretener Ansicht beim Streit um das Ziel der Gesetzesauslegung unterschiedlich beurteilt.

Nach den Vertretern der objektiv-gemischten Theorie ermittelt sich der gesetzgeberische Wille anhand des Wortlauts, der Systematik, des Zwecks sowie der Gesetzesmaterialien der Vorschrift.[180] Die vier Faktoren seien grundsätzlich gleichrangig, wobei den Gesetzesmaterialien eine indizielle Bedeutung zugeschrieben wird, sofern sie einen eindeutigen Zweck erkennen ließen.[181] Stimmen Wortsinn und gesetzgeberischer Wille nach nationaler Auslegungsmethodik überein, sei die contra-legem-Grenze erreicht und eine Rechtsfindung unzulässig. Nur vereinzelt werden die tradierten Grenzen für diesen Fall verschoben und eine erneute Auslegung des Ge-

175 *Brenncke*, EuR 2015, 440, 442; *Canaris*, FS R. Schmidt, S. 41, 58; *Weber*, Grenzen EU-rechtskonformer Auslegung, S. 98.

176 *Baldauf*, Richtlinienverstoß, S. 103; Riesenhuber/*Roth*/*Jopen*, Europäische Methodenlehre, § 13 Rn. 55; *Suhr*, Richtlinienkonforme Auslegung im Privatrecht, S. 297; *Weber*, Grenzen EU-rechtskonformer Auslegung, S. 120.

177 *Brechmann*, Richtlinienkonforme Auslegung, S. 270.

178 *Canaris*, FS Bydlinski, S. 47, 96; *ders.*, FS R. Schmidt, S. 41, 58; *Schürnbrand*, JZ 2007, 910, 916; *Weber*, Grenzen EU-rechtskonformer Auslegung, S. 161 f.

179 *Baldauf*, Richtlinienverstoß, S. 48 ff., 124.

180 Riesenhuber/*Roth*/*Jopen*, Europäische Methodenlehre, § 13 Rn. 62; *Schürnbrand*, JZ 2007, 910, 917; *Weber*, Grenzen EU-rechtskonformer Auslegung, S. 161 f.

181 Riesenhuber/*Roth*/*Jopen*, Europäische Methodenlehre, § 13 Rn. 62.

setzgeberwillens im Lichte der Richtlinienvorgaben vorgenommen.[182] So kann ein nach nationaler Auslegung (eigentlich) eindeutiger Zweck im Lichte der Richtlinie uneindeutig werden und somit doch eine Rechtsfindung ermöglichen.

Nach den Subjektivisten bildet der ursprüngliche, konkret nachweisbare Wille des Gesetzgebers – nicht hingegen der eindeutige Wortlaut –[183] die Grenze der Rechtsfindung, der sich wiederum aus den Gesetzesmaterialien ergebe.[184] Zumindest bei der nationalen Rechtsfortbildung werden von der Grenze Ausnahmen anerkannt, die beispielsweise bei offensichtlich unvernünftigem Ergebnis oder Wertungswidersprüchen zwischen historischem Willen und veränderten gesellschaftlichen Anschauungen gelten.[185] Ob diese Ausnahmen auch bei der richtlinienkonformen Rechtsfindung zu berücksichtigen sind, lassen die Vertreter der Ansicht offen.

Demgegenüber beurteilt die Willenstheorie die Grenze der Rechtsfindung im Ausgangspunkt unabhängig vom gesetzgeberischen Wilen. Der Wortlaut einer Norm sei zunächst keine Grenze der richtlinienkonformen Rechtsfindung.[186] Auch der Wille des Gesetzgebers bilde grundsätzlich keine Grenze der richtlinienkonformen Rechtsfindung, da es vorrangig gerade auf den (zu unterstellenden) Umsetzungswillen ankomme. Anders sei das nur, wenn eine – seltene – konkrete und eindeutige Regelungsabsicht des Gesetzgebers anhand des Wortlauts und der Gesetzesmaterialien feststellbar sei.[187] Im Ergebnis dürfte nach der Willenstheorie allein die bewusste, eindeutige und nachweisbare Verweigerung der Richtlinienumsetzung durch den Gesetzgeber die contra-legem-Grenze bilden.[188]

182 *Canaris*, FS Bydlinski, S. 47, 97, der in Anlehnung an *Engisch* ein „Hin-und-Her-Wandern des Blickes“ zwischen nationalem Recht und Richtlinie bei der Rechtsfindung verlangt; *Mörsdorf*, EuR 2009, 219, 224 f.; vgl. zur Verschiebung der tradierten Grenzen auch *Baldauf*, Richtlinienverstoß, S. 125.

183 *Höpfner*, JbJZ 2009, S. 73, 86; *ders./Rüthers*, AcP 209 (2009), 1, 35.

184 *Frieling*, JbJZ 2014, S. 37, 47 f.; *Höpfner*, JbJZ 2009, S. 73, 106; *ders./Rüthers*, AcP 209 (2009), 1, 35.

185 Siehe zu den Ausnahmen *Baldauf*, Richtlinienverstoß, S. 70 f.; *Neuner*, Rechtsfindung contra legem, S. 126–178.

186 *Piepenbrock/Schulze*, WM 2002, 521, 524; *Riesenhuber/Domröse*, RIW 2005, 47, 53; *Roth*, EWS 2005, 385, 394.

187 *Piepenbrock/Schulze*, WM 2002, 521, 524 f.; *Schürnbrand*, JZ 2007, 910, 913; *Weber*, Grenzen EU-rechtskonformer Auslegung, S. 164 f.

188 *Grundmann*, ZEuP 1996, 399, 420; *Riesenhuber/Domröse*, RIW 2005, 47, 51; *Schlachter*, ZfA 2007, 249, 261.

bb) Funktionsverlust und wesentliche Umstrukturierung

Unabhängig von der vertretenen Ansicht im Streit um das Ziel der Gesetzesauslegung vertritt die herrschende Ansicht im Schrifttum noch zwei weitere Grenzen für die richtlinienkonforme Rechtsfindung: der vollständige Funktionsverlust und die wesentliche Umstrukturierung einer Norm.[189] Beide Vorgehensweisen würden im Ergebnis den gesetzgeberischen Willen unterlaufen, da sie der Norm ihren ursprünglichen Sinn nähmen.[190] Der Norm dürfe aber nicht die wesentliche, vom Gesetzgeber gewollte praktische Funktion genommen oder ihr ein völlig neuer Zweck gegeben werden, der den Wortlaut der Norm sinnlos werden ließe.[191] Eine wesentliche Umstrukturierung sei bspw. bei der Ersetzung eines Tatbestandsmerkmals durch ein anderes gegeben.[192] Ein Funktionsverlust sei bspw. gegeben, wenn der Norm aufgrund der Rechtsfindung kein nennenswerter praktischer Anwendungsbereich bleibe.[193] Für die Beurteilung seien wiederum der Wortlaut, die Systematik sowie die Gesetzesmaterialien entscheidend.

4. Prämissen für die weitere Untersuchung

Die Arbeit geht von einem grundsätzlichen Gleichrang der vier bekannten *canones* nach *Savigny* aus. Zudem beginnt die richtlinienkonforme Rechtsfortbildung dort, wo die zu findende Regelung nicht mehr durch den möglichen Wortsinn der Norm gedeckt ist. Diese Prämissen entsprechen der nahezu einhelligen Ansicht.

---

189 *Canaris*, FS Bydlinski, S. 47, 97; *ders.*, FS R. Schmidt, S. 41, 58; *Mörsdorf*, EuR 2009, 219, 231; *Riesenhuber/Domröse*, RIW 2005, 47, 53; Riesenhuber/*Roth/Jopen*, Europäische Methodenlehre, § 13 Rn. 53; *Schürnbrand*, JZ 2007, 910, 916; *Unberath*, ZEuP 2005, 5, 8; *Weber*, Grenzen EU-rechtskonformer Auslegung, S. 169 f.; a.A. *Grundmann*, ZEuP 1996, 399, 420 f.; *Roth*, EWS 2005, 385, 395.

190 *Canaris*, FS R. Schmidt, S. 41, 56 ff.; *Lunk*, FS Bauer, S. 705, 715 f.; Mörsdorf, EuR 2009, 219, 231; *Suhr*, Richtlinienkonforme Auslegung im Privatrecht, S. 297 f.; *Weber*, Grenzen EU-rechtskonformer Auslegung, S. 169 f.

191 *Canaris*, FS R. Schmidt, S. 41, 56 f.; *Weber*, Grenzen EU-rechtskonformer Auslegung, S. 170 f.

192 *Canaris*, FS R. Schmidt, S. 41, 56 u. 58.

193 *Canaris*, FS R. Schmidt, S. 41, 57 f.

a) Grundsätze der richtlinienkonformen Rechtsfindung

Da das Ziel der Gesetzesauslegung auch die Grundsätze der richtlinienkonformen Rechtsfindung beeinflusst, muss Stellung zu dem bereits angedeuteten (Ewigkeits-[194])Konflikt um das Ziel der Gesetzesauslegung genommen werden. Um das Ziel zu bestimmen, bietet sich eine Sichtweise an, die die jeweiligen Vorzüge beider Theorien vereint.[195]

aa) Wille des Gesetzgebers als Ausgangspunkt

Ausgangspunkt jeder Auslegung muss der geäußerte Wille des Gesetzgebers sein.[196] Der Richter ist gemäß Art. 20 Abs. 3, 97 Abs. 1 GG an Recht und Gesetz und hiermit einhergehend an das Gewaltenteilungsprinzip aus Art. 20 Abs. 2 S. 2 GG gebunden. Die Bindung kann allerdings nur erreicht werden, wenn er den Willen des Gesetzgebers anerkennt und bei seiner Auslegung so weit wie möglich berücksichtigt.[197] Seine primäre Aufgabe ist es, den allein durch den Gesetzgeber zu bestimmenden Maßstab auf den Einzelfall anzuwenden.[198] Demgegenüber birgt eine rein objektive Auslegung die Gefahr, dass der Richter geäußerte Wertvorstellungen des Gesetzgebers durch eigene Wertvorstellungen ersetzt und somit eine Rolle einnimmt, die dem Gesetzgeber vorbehalten ist und somit im Ergebnis Judikative und Legislative vermischt.[199] Das würde umso mehr bei „jüngeren" Gesetzen gelten, da der Gesetzgeber aktuelle gesellschaftliche und tatsächliche Wertvorstellungen in der Regel bei seiner Regelungsentscheidung berücksichtigt.[200] Der (in Teilen berechtigten) Kritik der fehlenden Anpassungsfähigkeit des Ge-

---

194 Vgl. *Frieling*, Gesetzesmaterialien, S. 85, der den Streit in Anlehnung an *Engisch* als „Ewigkeitsfrage" betitelt.

195 Vgl. *Kamanabrou*, Richtlinienkonforme Auslegung, S. 74; *Koch/Rüßmann*, Juristische Begründungslehre, S. 181 f.

196 *Kamanabrou*, Richtlinienkonforme Auslegung, S. 75 f.

197 *Neuner*, Rechtsfindung contra legem, S. 105.

198 *Frieling*, Gesetzesmaterialien, S. 157 f.; *Schünemann*, FS Klug, S. 169, 175.

199 BVerfG, Beschl. v. 5.4.2006 – 1 BvR 2780/04, BVerfGK 8, 10 = NJW 2006, 3340, 3341; BVerfG, Beschl. v. 25.1.2011 – 1 BvR 918/10, BVerfGE 128, 193 = NJW 2011, 836, 837 Rn. 52; vgl. auch *Frieling*, Gesetzesmaterialien, S. 163 f.; *Neuner*, Rechtsfindung contra legem, S. 68; *Rüthers/Fischer/Birk*, Rechtstheorie, § 22 S. 503–505, die u.a. von „leerformelhaften Scheinbegründungen" sprechen.

200 Vgl. BVerfG, Beschl. v. 25.1.2011 – 1 BvR 918/10, BVerfGE 128, 193 = NJW 2011, 836, 838 Rn. 55 ff.; *Franzen*, Privatrechtsangleichung, S. 309; *Wank/Maties*, Gesetzesauslegung, § 3 S. 34 f.

setzes bei einer rein subjektiven Auslegung wird damit begegnet, dass, sofern der historische Wille des Gesetzgebers mit heutigen Wertvorstellungen oder tatsächlichen (vor allem technischen) Entwicklungen unvereinbar ist, die Unvereinbarkeit unter Umständen zur Rechtsfortbildung berechtigt.[201]

Damit ist allerdings noch unklar, wie der Wille des Gesetzgebers als Ausgangspunkt der Auslegung zu bestimmen ist. Entscheidend hierfür ist das Verständnis von *Frieling*.[202] Gesetzgeber meint deshalb die gesetzgebende Funktion im verfassungsrechtlichen Sinne, die durch den Bundestag und den Bundesrat ausgeübt wird.[203] Somit sind alle schriftlichen Dokumente über das Gesetzgebungsverfahren und das entstandene Gesetz für die Bestimmung des Willens des Gesetzgebers relevant.[204]

Allerdings ist der Wille des Gesetzgebers ein kollektiver Wille, d.h. nicht jedes Dokument über Handlungen eines Beteiligten am Gesetzgebungsverfahren kann den Willen des Gesetzesgebers konstituieren.[205] Deshalb sind richtigerweise nur Dokumente für den Willen des Gesetzgebers ausschlaggebend, die allen Mitgliedern des Parlaments innerhalb des Gesetzgebungsverfahrens zugänglich gemacht worden sind, da nur so ihre Kenntnis vom Dokumenteninhalt sichergestellt ist.[206] Hierzu zählen national u.a. Änderungsanträge, Beschlussempfehlungen und Ausschussberichte, Gesetzesentwürfe, Stellungnahmen des Bundesrates und Plenarprotokolle, vgl. §§ 75 ff. GO-BT.[207] Unionsrechtlich zählen hierzu u.a. Anträge, Initiativen, Empfehlungen und Stellungnahmen von Kommission, Parlament sowie Wirtschafts- und Sozialausschuss, vgl. Art. 296 Abs. 2, 304 AEUV.

---

201 *Frieling*, Gesetzesmaterialien, S. 179; *Kamanabrou*, Richtlinienkonforme Auslegung, S. 76; vgl. auch *Baldauf*, Richtlinienverstoß, S. 59; *Grundmann/Riesenhuber*, JuS 2001, 529, 535; *Stratenwerth*, FS Germann, S. 257, 270. Das räumen auch die Subjektivisten ein, indem sie wie gezeigt zahlreiche Ausnahmen von dem Grundsatz des allein ausschlaggebenden historischen Gesetzgeberwillens machen müssen.

202 *Frieling*, Gesetzesmaterialien, S. 211 f.; *ders.*, JbJZ 2014, S. 37, 49–54; vgl. auch *Jacobs/ders.*, ZZP 2014, 137, 152 f.; *Larenz*, Methodenlehre, S. 328 f.

203 *Frieling*, Gesetzesmaterialien, S. 25; *ders.*, JbJZ 2014, S. 37, 48 f.

204 *Frieling*, Gesetzesmaterialien, S. 25 f.; vgl. auch *Bydlinski*, Methodenlehre, S. 449.

205 *Daum*, Arbeitsrecht als Richterrecht, S. 125, 134; *Rüthers/Fischer/Birk*, Rechtstheorie, § 22 S. 790; vgl. auch *Kramer*, Juristische Methodenlehre, S. 161, der allein die Stellungnahmen der Organe in die Auslegung miteinbezieht.

206 *Daum*, Arbeitsrecht als Richterrecht, S. 125, 134; *Frieling*, Gesetzesmaterialien, S. 202–207.

207 Für einen detaillierten Überblick *Daum*, Arbeitsrecht als Richterrecht, S. 125, 136.

bb) Subsidiär: Wille des Gesetzes

Häufig lässt sich aus den Gesetzesmaterialien allerdings nicht der Wille des Gesetzgebers hinsichtlich aller Auslegungsfragen ermitteln, sodass die subjektive Auslegung an ihre Grenzen stößt. Dann bedarf es einer Auslegung, die danach fragt, was der Gesetzgeber vernünftigerweise regeln wollte.[208] Die dann objektivere Sichtweise ist folgerichtig, da mangels Äußerung des Gesetzgebers keine Gefahr der Bevorzugung eigener Wertvorstellungen durch den Richter besteht. Maßgeblich sind dann die nationalen Auslegungsmittel unter Berücksichtigung des sich aus den Gesetzesmaterialien ergebenden gesetzgeberischen Ziels.[209]

cc) Keine Kompetenzverschiebung

Diese Grundsätze gelten unverändert für die richtlinienkonformen Rechtsfindung.[210] Der nationale Gesetzgeber erleidet keinen Kompetenzverlust im richtliniendeterminierten Recht, da allein der Umsetzungsbefehl der Richtlinie, nicht aber ihr Inhalt selbst Teil des nationalen Rechts wird.[211] Bei der Umsetzung des Richtlinieninhalts können somit neben unionsrechtlichen auch nationale Ziele leitend und deshalb bei der Rechtsfindung zu beachten sein.[212] Nichts hieran ändern Äußerungen des Gesetzgebers zur Richtlinienkonformität oder zu seinem Umsetzungswillen.[213] Erstere sind unbeachtlich, da der nationale Gesetzgeber keine Auslegungskompetenzen für Richtlinien hat.[214] Das folgt spiegelbildlich aus der erwähnten Trennung zwischen maßstabssetzender und maßstabsanwendender Gewalt, die nicht nur einen Kompetenzübergriff von Judikative auf Legislative verbietet, sondern auch die Auslegungskompetenz der Gerichte vor Übergriffen durch den Gesetzgeber schützt.[215] Zudem konkretisiert der EuGH den

208 *Kamanabrou*, Richtlinienkonforme Auslegung, S. 75 f.; *Koch/Rüßmann*, Juristische Begründungslehre, S. 181 f.

209 *Frieling*, Gesetzesmaterialien, S. 109 f.

210 *Frieling*, Gesetzesmaterialien, S. 112–116; *ders.*, JbJZ 2014, S. 37, 42–49.

211 *Baldauf*, Richtlinienverstoß, S. 27 f.; EuArbRK/*Höpfner*, Art. 288 AEUV Rn. 22; a.A. *Wagner*, Mindestharmonisierung, S. 20 und 38, nach dem die Gesetzgebungshoheit in harmonisierten Bereichen auf die Gemeinschaft übergehe.

212 Vgl. *Höpfner*, Systemkonforme Auslegung, S. 276.

213 *Frieling*, JbJZ 2014, S. 37, 54–66.; vgl. auch *ders.*, Gesetzesmaterialien, S. 112–116.

214 *Frieling*, Gesetzesmaterialien, S. 159 f., 172.; *ders*, JbJZ 2014, S. 37, 56 f.

215 *Frieling*, Gesetzesmaterialien, S. 159 f., 172.; *ders*, JbJZ 2014, S. 37, 56 f.

Richtlinieninhalt erst nach Erlass des Umsetzungsgesetzes, sodass es dem Gesetzgeber unmöglich ist, richtlinienkonform zu handeln, da ihm der konkretisierte Richtlinieninhalt erst nach der Umsetzung bekannt wird.[216] Äußerungen des Gesetzgebers zu seinem Umsetzungswillen sind deshalb ebenfalls unbeachtlich, da der Gesetzgeber nicht von Vorgaben ausgegangen sein konnte, die ihm unbekannt waren. Deshalb kann nicht mittels eines Umsetzungswillens unterstellt werden, der Gesetzgeber wolle jeglichen Richtlinieninhalt umsetzen.

b) Voraussetzungen der richtlinienkonformen Rechtsfortbildung

Die Grenze zwischen richtlinienkonformer Auslegung und Rechtsfortbildung ist der Wortsinn einer Norm, der sich anhand der vom Gesetzgeber geregelten Materie bestimmt.[217] Für die Abgrenzung gilt das semantische „Drei-Bereiche-Modell".[218] Hiernach regelt eine Norm Fälle, die entweder eindeutig von ihr umfasst („positive Kandidaten") oder ausgeschlossen sind („negative Kandidaten"); Fälle, die weder eindeutig erfasst noch ausgeschlossen sind („neutrale Kandidaten"), liegen hierzwischen.[219] Rechtsfortbildung wird betrieben, wenn ein positiver Kandidat von der Norm ausgeschlossen wird (teleologische Reduktion) oder ein negativer Kandidat unter die Norm gefasst wird (Analogie). Demgegenüber unterliegen neutrale Kandidaten der extensiven oder restriktiven Auslegung und sind kein Fall der Rechtsfortbildung.[220] Eine Regelungslücke als erste Voraussetzung für die Rechtfortbildung ist nach dem „Drei-Bereiche-Modell" somit gegeben, wenn der Wortsinn der Norm die fehlende Regelung nicht ermöglicht. Maßgeblich ist die entstehungszeitliche,[221] fachsprachliche Bedeutung, bei Fehlen dieser die umgangssprachliche.[222]

---

216 *Gsell*, AcP 214 (2014), 99, 115; *Höpfner*, Systemkonforme Auslegung, S. 257; *Weber*, Grenzen EU-rechtskonformer Auslegung, S. 135.

217 *Probst*, FS Kramer, S. 249, 262.

218 Hierbei handelt es sich um ein in Deutschland und in der Schweiz vertretenes Modell *Heck*, AcP 112 (1914), 1, 173; *Kramer*, Juristische Methodenlehre, S. 62–68; *Podlech*, AöR 95 (1970), 185, 187; *Probst*, FS Kramer, S. 249, 261.

219 Zu den Bezeichnungen *Heck*, AcP 112 (1914), 1, 173 f.

220 *Probst*, FS Kramer, S. 249, 262.

221 Vgl. *Kamanabrou*, Richtlinienkonforme Auslegung, S. 78; *Rüthers/Fischer/Birk*, Rechtstheorie, § 22 S. 458.

222 Vgl. *Bydlinski*, Methodenlehre, S. 439; *Kamanabrou*, Richtlinienkonforme Auslegung, S. 77; *Neuner*, Rechtsfindung contra legem, S. 119 f.

Der Maßstab der Planwidrigkeit folgt als zweite Voraussetzung dem Ziel der Gesetzesauslegung. Ausgangspunkt ist somit der Wille des Gesetzgebers, den die nationalen Gesetzesmaterialien bestimmen. Sie entscheiden, ob die Regelung durch die Norm erfasst ist oder vom Zweck der Norm erfasst sein soll.[223] Ist die zu findende Regelung im Gesetzgebungsverfahren diskutiert und dennoch nicht geregelt worden, ist die Regelungslücke nicht planwidrig. Lässt sich hingegen kein eindeutiger Wille des Gesetzgebers in den Gesetzesmaterialien ermitteln und führen auch systematische Überlegungen nicht zu einem überzeugenden Auslegungsergebnis, ist die Lücke planwidrig.[224]

Abzulehnen ist somit die Ansicht, die Richtlinien als Teil der nationalen Gesamtrechtsordnung und somit als Maßstab der Planwidrigkeit ansieht. Nur unmittelbar wirkendes Primärrecht ist Teil der Gesamtrechtsordnung, da andernfalls unionsrechtliche Kompetenzen überspannt und die Grenzen zwischen den verschiedenen Rechtsetzungsinstrumenten des Art. 288 AEUV verschwimmen würden.[225] Wären Richtlinien demgegenüber Teil der Gesamtrechtsordnung, würde ein Widerspruch zwischen nationalem Recht und Richtlinie immer zu einer Regelunglücke führen und somit prinzipiell zur Rechtsfindung berechtigen.[226] Dann würde aber jede neue Interpretation der Richtlinie durch den EuGH zu einer Regelungslücke und somit zur Angleichung des nationalen Rechts sowie zu einer faktisch unmittelbaren Wirkung der Richtlinie führen.[227] Indes wirkt unmittelbar aber nur die Pflicht zur richtlinienkonformen Rechtsfindung, nicht aber die Richtlinie selbst.[228]

Zwar ist der Ansicht zuzugeben, dass sie die Richtlinienvorgaben am effektivsten in das nationale Recht umsetzt. Allerdings verlangt selbst der EuGH eine im Ergebnis (fast) grenzenlose Umsetzung der Richtlinienvor-

---

223 *Frieling*, JbJZ 2014, S. 37, 65 f.

224 *Frieling*, JbJZ 2014, S. 37, 65 f.; vgl. auch *Baldauf*, Richtlinienverstoß, S. 220 f.; EuArbRK/*Höpfner*, Art. 288 AEUV Rn. 86 f.; *Schürnbrand*, JZ 2007, 910, 913 f.

225 EuArbRK/*Höpfner*, Art. 288 AEUV Rn. 79; *Horn*, Arbeitsrechtlicher Kündigungsschutz, S. 36; *Schürnbrand*, JZ 2007, 910, 913; *Weber*, Grenzen EU-rechtskonformer Auslegung, S. 136.

226 EuArbRK/*Höpfner*, Art. 288 AEUV Rn. 79; *Horn*, Arbeitsrechtlicher Kündigungsschutz, S. 36; *Weber*, Grenzen EU-rechtskonformer Auslegung, S. 135 f.

227 EuArbRK/*Höpfner*, Art. 288 AEUV Rn. 81; *Weber*, Grenzen EU-rechtskonformer Auslegung, S. 136.

228 *Rüthers/Fischer/Birk*, Rechtstheorie, § 23 S. 559; *Weber*, Grenzen EU-rechtskonformer Auslegung, S. 136; vgl. auch *Brechmann*, Richtlinienkonforme Auslegung, S. 260; *Kamanabrou*, Richtlinienkonforme Auslegung, S. 133.

gaben nicht, sondern betont stets die nationalen methodischen Grenzen.[229] Schließlich ist unerheblich, dass bei einer engeren Sichtweise Vertragsverletzungsverfahren und Staatshaftungsansprüche drohen.[230] Es ist gerade Aufgabe der Legislative als primärer Adressat der Richtlinie sie fortlaufend korrekt umzusetzen. Zwar hat die Judikative ebenfalls das Recht fortlaufend im Lichte der Richtlinie fortzubilden, allerdings eben nur – wie vom EuGH anerkannt – im Rahmen des methodisch zulässigem Instrumentariums. Eine Schutzpflicht der Judikative für einen unaufmerksamen Gesetzgeber gibt es hingegen nicht.[231]

Ebenfalls abzulehnen ist die Willenstheorie. Die Unterstellung eines generellen Umsetzungswillens führt auch dazu, dass jede Abweichung von den Vorgaben der Richtlinie eine planwidrige Regelungslücke des nationalen Rechts begründet. Diese Ansicht begründet somit ebenfalls einen Automatismus, der die Vorgaben der Richtlinie und des EuGH umfassend und uneingeschränkt in das nationale Recht umsetzt.[232] Der EuGH und die Kommission würden dann aber faktisch zu einem Ersatzgesetzgeber, wenn Regelungsentscheidungen des nationalen Gesetzgebers als nachrangig angesehen oder gar ignoriert würden. Hierdurch würden der EuGH, die Kommission und auch die nationalen Gerichte ihre Kompetenzen überschreiten und gegen den Gewaltenteilungsgrundsatz verstoßen.[233] Auch deshalb hat der EuGH seit der Rechtssache *Adeneler* eine entsprechende Vermutung nicht mehr angenommen.

Abzulehnen ist die Willenstheorie schließlich auch bei einem konkret nachweisbaren Umsetzungswillen des Gesetzgebers. Zutreffend stellt *Baldauf* fest, dass erst die konkrete Regelungsentscheidung (die Norm) „die

229 *Baldauf*, Richtlinienverstoß, S. 103 f.; EuArbRK/*Höpfner*, Art. 288 AEUV Rn. 80; *Gänswein*, Grundsatz unionsrechtskonformer Auslegung, S. 65; *Schlachter*, EuZA 2015, 1, 6. Siehe hierzu im Übrigen bereits näher unter 1. Teil, B. I. 2. a) (S. 38 ff.).

230 *Canaris*, FS Bydlinski, S. 47, 87; *ders.*, FS R. Schmidt, S. 41, 55; *Möllers/Möhring*, JZ 2008, 919, 923; *Suhr*, Richtlinienkonforme Auslegung im Privatrecht, S. 289.

231 *Weber*, Grenzen EU-rechtskonformer Auslegung, S. 136; vgl. auch *Kamanabrou*, Richtlinienkonforme Auslegung, S. 42, nach der in erster Linie der nationale Gesetzgeber handeln muss.

232 *Baldauf*, Richtlinienverstoß, S. 217 f.; *Gsell*, JZ 2009, 522, 524; *Herdegen*, WM 2005, 1921, 1929; *Höpfner*, JZ 2009, 403, 404 f.; *Münder*, Richtlinienkonforme Auslegung und Fortbildung von Tarifverträgen, S. 88; *Schürnbrand*, JZ 2007, 910, 913; *Weber*, Grenzen EU-rechtskonformer Auslegung, S. 135; im Ergebnis wohl auch *Jacobs/Münder*, RdA 2019, 332, 334.

233 *Baldauf*, Richtlinienverstoß, S. 218; *Gsell*, JZ 2009, 522, 524; *Münder*, Richtlinienkonforme Auslegung und Fortbildung von Tarifverträgen, S. 88; *Schürnbrand*, JZ 2007, 910, 913.

eigentliche Entscheidung in der Sache mit einem verbindlichen Regelungswillen" ist.[234] Die sich unter Umständen durch den Wortlaut der Norm später als falsch herausstellende Interpretation der Richtlinie ist zu respektieren, um einen Umsetzungsautomatismus bei divergierender Interpretation der Richtlinie durch den EuGH zu verhindern.[235] Unterstellen die Gerichte, dass der Gesetzgeber jegliche Auslegung der Richtlinie uneingeschränkt in das nationale Recht übernehmen wollte, würden sie den Gesetzgeber bevormunden und ihm einen Willen aufdrücken, der aus ihrer Sicht der einzig logische ist.[236] Die Planwidrigkeit einer Regelungslücke ist somit nicht allein mit einem wie auch immer gearteten Umsetzungswillen begründbar.[237]

c) Contra-legem-Grenze der richtlinienkonformen Rechtsfindung

Konsequenterweise bestimmt sich die contra-legem-Grenze dann ebenfalls nach der nationalen Methodenlehre. Anderenfalls würden wiederum sowohl die Kommission als auch der EuGH ihre Kompetenzen übertreten, wenn sie eine Verschiebung der nationalen methodischen Grenzen und somit der Gewaltenteilung selbst oder mittelbar durch die umzusetzende Richtlinie anordnen würden.[238] Soweit eine Verschiebung national vereinzelt angenommen wird,[239] fehlt hierfür eine rechtliche Grundlage. Im Übrigen ist das Vorgehen methodisch unklar und führt zu Rechtsunsicherheit.[240]

Ein Judizieren *contra legem* liegt deshalb analog zur nationalen Rechtsfindung bei einem eindeutigen Wortlaut oder bei Übereinstimmung von

---

234 *Baldauf*, Richtlinienverstoß, S. 215; vgl. auch *Frieling*, JbJZ 2014, S. 37, 57; *Herdegen*, WM 2005, 1921, 1923; *Münder*, Richtlinienkonforme Auslegung und Fortbildung von Tarifverträgen, S. 87 f.

235 Vgl. *Baldauf*, Richtlinienverstoß, S. 215, nach der „die traditionelle Kompetenzverteilung verschoben wird"; *Frieling*, JbJZ 2014, S. 37, 58 f.

236 Deshalb ist die im „Quelle-Urteil" erstmals begründete Rechtsprechung des BGH abzulehnen BGH, Urt. v. 26.11.2008 – VIII ZR200/05, BGHZ 179, 27 – NJW 2009, 427, 430 Rn. 31.

237 *Frieling*, JbJZ 2014, S. 37, 63.

238 Vgl. *Baldauf*, Richtlinienverstoß, S. 218; *Gsell*, JZ 2009, 522, 524; *Münder*, Richtlinienkonforme Auslegung und Fortbildung von Tarifverträgen, S. 88; *Rüthers/Fischer/Birk*, Rechtstheorie, § 23 S. 560; *Schürnbrand*, JZ 2007, 910, 913.

239 *Canaris*, FS Bydlinski, S. 47, 97; *Herresthal*, Rechtsfortbildung, S. 301 ff.; *Mörsdorf*, EuR 2009, 219, 224 f.

240 *Auer*, NJW 2007, 1106, 1108; *Baldauf*, Richtlinienverstoß, S. 128.

Wortsinn und Wille des Gesetzesgebers vor. Ein eindeutiger Wortlaut ist aufgrund der Vielfalt der Sprache nur bei Zahlen, Daten oder Vergleichbarem anzunehmen.[241] Im Übrigen muss sich mit *Frieling* ein eindeutiger Wille des Gesetzgebers ermitteln lassen und dieser muss im Wortsinn angelegt sein, damit die contra-legem-Grenze erreicht ist.[242] Die Richtlinie ist dabei außer Acht zu lassen.[243]

Zudem ist die contra-legem-Grenze auch bei vollständigem Funktionsverlust oder wesentlicher Umstrukturierung der Norm durch die beabsichtigte Rechtsfindung erreicht. Eine diese Grenzen missachtende richtlinienkonforme Rechtsfindung vernachlässigt die Regelungsentscheidung des nationalen Gesetzgebers.[244] Wird einer nationalen Norm ihr Anwendungsbereich durch richtlinienkonforme Rechtsfindung vollständig oder im Wesentlichen genommen oder wird dieser hierdurch ausgewechselt, ist das ein Verstoß gegen das Gewaltenteilungs- und das Demokratieprinzip, da nationale Gerichte ohne demokratische Legitimation Gesetze außer Kraft setzen oder verändern könnten.[245]

Die maßgebliche Funktion der Norm bestimmt sich nach ihren Gesetzesmaterialien. Ein vollständiger Funktionsverlust ist demnach gegeben, wenn der Norm durch die beabsichtige Rechtsfindung kein oder kein nennenswerter Anwendungsbereich verbleibt.[246] Entscheidend ist der verbleibende praktische Anwendungsbereich, sodass theoretische Anwendungsbereiche, die tatsächlich nicht vorkommen, einem vollständigen Funktionsverlust gleichkommen.[247] Diese Konkretisierung ergibt sich daraus, dass Anlass jeder Gesetzgebung praktische Fragen sind und deshalb davon ausgegangen werden kann, dass der Gesetzgeber auch immer tatsächliche und nicht nur theoretische Probleme regeln wollte.

---

241 *Baldauf*, Richtlinienverstoß, S. 48, 124; vgl. auch *Frieling*, Gesetzesmaterialien, S. 60; *Schnapp*, JZ 2011, 1125, 1131, nach denen die Festlegung eines eindeutigen Wortlauts bereits das Ergebnis eines Auslegungsvorgangs ist.

242 *Frieling*, JbJZ 2014, S. 37, 67.

243 *Canaris*, FS Bydlinski, S. 47, 80; *ders.*, FS R. Schmidt, S. 41, 45; *Weber*, Grenzen EU-rechtskonformer Auslegung, S. 138.

244 Vgl. *Canaris*, FS R. Schmidt, S. 41, 56–58; *Mörsdorf*, EuR 2009, 219, 231; *Suhr*, Richtlinienkonforme Auslegung im Privatrecht, S. 297 f.; *Weber*, Grenzen EU-rechtskonformer Auslegung, S. 169 f.

245 *Canaris*, FS R. Schmidt, S. 41, 57; *Suhr*, Richtlinienkonforme Auslegung im Privatrecht, S. 298 f.; *Weber*, Grenzen EU-rechtskonformer Auslegung, S. 170 f.

246 *Canaris*, FS R. Schmidt, S. 41, 57 f.; *ders.*, FS Kramer S. 141, 159.

247 Vgl. *Canaris*, FS Kramer, S. 141, 159, der bei den verfassungskonformen Grenzen der Rechtsfindung im Einklang mit dem BVerfG einen sinnvollen Anwendungsbereich fordert.

Demgegenüber ist eine wesentliche Umstrukturierung der Norm bei der Ersetzung eines Tatbestandsmerkmals durch ein anderes anzunehmen.[248] Die Rechtsfindung darf zu keinem *aliud* der Norm führen.[249]

II. Grundrechte als Grenze der Rechtsfindung

Nationale und unionsrechtliche Grundrechte begrenzen ebenfalls die Auslegung und Rechtsfortbildung einer Norm. Als begrenzende Rechte kommen das Bestimmtheitsgebot als grundrechtsgleiches Recht aus Art. 43 AEUV und Art. 20 Abs. 3 GG (1.) sowie das Grundrecht der unternehmerische Freiheit aus Art. 16 GRC und Art. 12 GG in Betracht (2.).

Vorab ist allerdings festzuhalten, dass der Schutzgehalt und die Rechtfertigungsmöglichkeiten der genannten Grundrechte national und unionsrechtlich identisch sind, sodass auf das Verhältnis von nationalen und unionsrechtlichen Grundrechten nicht eingegangen werden muss.[250]

1. Bestimmtheitsgebot

Das unionsrechtlich in Art. 43 AEUV und verfassungsrechtlich in Art. 20 Abs. 3 GG[251] verankerte Bestimmtheitsgebot legt fest, dass der Normgeber eine Norm bestimmt genug zu fassen hat, damit ihr Adressat in zumutbarer Weise feststellen kann, ob die tatsächlichen Voraussetzungen der Norm für ihre Rechtsfolgen vorliegen und er hieran sein Verhalten ausrich-

248 *Canaris*, FS R. Schmidt, S. 41, 56 u. 58.

249 Vgl. zur verfassungskonformen Rechtsfindung *Canaris*, FS Kramer, S. 141, 159.

250 Bei einem Umsetzungsgesetz aufgrund einer bloß teilharmonisierenden Richtlinie wie der MERL sind nach Ansicht des BVerfG die unionsrechtlichen und nationalen Grundrechte nebeneinander anwendbar, da sie in der Regel gleichwertigen Schutz bieten BVerfG, Beschl. v. 4.10.2011 – 1 BvL 3/08, BVerfGE 129, 186 – NJW 2012, 45 Rn. 46; BVerfG, Beschl. v. 6.11.2019 – 1 BvR 276/17, BVerfGE 152, 216 – NJW 2020, 314, 316 f. Rn. 43 f.; vgl. auch EuGH, Urt. v. 29.7.2019 – C-516/17 (*Spiegel Online*), BeckRS 2019, 15825 Rn. 22, der ebenfalls ein Nebeneinander von nationalen und Unionsgrundrechten anerkennt. Für den gleichwertigen Schutz spreche eine widerlegliche Vermutung BVerfG, Beschl. v. 4.10.2011 – 1 BvL 3/08, BVerfGE 129, 186 = NJW 2012, 45 Rn. 46; BVerfG, Beschl. v. 6.11.2019 – 1 BvR 276/17, BVerfGE 152, 216 = NJW 2020, 314, 316 f. Rn. 43 f. Näher hierzu *Wendel*, EuR 2022, 327, 331; *Wißmann*, RdA 2015, 301, 304.

251 Das Bestimmtheitsgebot folgt aus Art. 20 Abs. 3 GG. Siehe nur BVerfG, Urt. v. 27.7.2005 – 1 BvR 668/04, BVerfGE 113, 348 = NJW 2005, 2603, 2606 f.

ten kann.[252] Dieses sich zunächst streng anhörende Bestimmtheitsgebot wird allerdings durch das BVerfG zunehmend relativiert, sodass das es richtigerweise als Optimierungsgebot zu begreifen ist, das selten verletzt ist.[253] Denn das Bestimmtheitsgebot steht im Wechselspiel zur zunehmenden Vielfalt von Lebenssachverhalten und der stärkeren Komplexität des Rechts.[254] So genügen unbestimmte Tatbestandsmerkmale dem Bestimmtheitsgebot, wenn sie mit den herkömmlichen juristischen Methodiken ausgelegt werden können.[255] Zwar gilt der Grundsatz, dass je stärker die Norm in Grundrechte eingreift, desto höher sind die Bestimmtheitsanforderungen.[256] Allerdings ist stets eine Einzelfallbetrachtung maßgebend, sodass die zu regelnden Lebensverhältnisse den Grad der notwendigen Bestimmtheit entscheidend beeinflussen.[257] Deshalb lockert das BVerfG diesen Grad bspw. bei Normen, die unionsrechtlichen und nationalen Einflüssen und somit einem stetigen Wandel unterliegen.[258]

Teil des Bestimmtheitsgebots ist das Gebot der Normenklarheit, das die äußere Gestaltung von Rechtsnormen umfasst.[259] Aus der äußeren Fassung einer Norm muss ihr Adressat ihren Inhalt auch ohne spezielle Kenntnisse mit hinreichender Sicherheit feststellen können.[260] In der Rechtsprechung des BVerfG wird der Maßstab der Normenklarheit an der sprachlichen

---

252 BVerfG, Beschl. v. 12.1.1967 – 1 BvR 169/63, BVerfGE 21, 73 = NJW 1967, 619; BVerfG, Urt. v. 11.3.2008 – 1 BvR 2074/05 u. 1 BvR 1254/07, BVerfGE 120, 378 = NJW 2008, 1505, 1509 Rn. 94; *Schilling*, EuGRZ 2000, 1, 19 f.

253 Dreier/*Schulze-Fielitz*, Art. 20 GG (Rechtsstaat) Rn. 130; *Zellerhoff*, Unbestimmte Scheinselbstständigkeit, S. 26 u. 40 f. m.w.N.

254 BVerfG, Beschl. v. 21.9.2016 – 2 BvL 1/15, BVerfGE 143, 38 = NJW 2016, 3648, 3650 Rn. 41; *Towfigh*, JA 2015, 81.

255 BVerfG, Beschl. v. 27.11.1990 – 1 BvR 402/87, BVerfGE 83, 130 = NJW 1991, 1471, 1473; BVerfG, Beschl. v. 21.9.2016 – 2 BvL 1/15, BVerfGE 143, 38 = NJW 2016, 3648, 3650 Rn. 41.

256 StRspr. zuletzt BVerfG, Urt. v. 26.4.2022 – 1 BvR 1619/17, NJW 2022, 1583, 1591 Rn. 200.

257 StRspr. zuletzt BVerfG, Beschl. v. 21.9.2016 – 2 BvL 1/15, BVerfGE 143, 38 = NJW 2016, 3648, 3650 Rn. 40; BVerfG, Urt. v. 26.4.2022 – 1 BvR 1619/17, NJW 2022, 1583, 1601 Rn. 272.

258 Vgl. zu dieser Interpretation der Rechtsprechung des BVerfG BAG, Urt. v. 23.7.2015 – 6 AZR 490/14 BAGE 152, 147 = NZA-RR 2015, 628, 633 Rn. 62; EuArbRK/*Spelge*, Art. 1 RL 98/59/EG Rn. 19.

259 Sachs/*Sachs*, Art. 20 GG Rn. 123–125; *Mödinger*, Bessere Rechtsetzung, S. 93.

260 BVerfG, Urt. v. 30.5.1956 – 1 BvF 3/53, BVerfGE 5, 25 = NJW 1956, 1025, 1026; *Mödinger*, Bessere Rechtsetzung, S. 93.

Genauigkeit sowie der Widerspruchsfreiheit der Norm,[261] ihrer Fehleranfälligkeit,[262] an redaktionellen Fehlern sowie an ihrem systematischen Aufbau[263] festgemacht. Allen voran rechtssystematische Brüche im Umfeld der Norm können die Interpretation der Norm erschweren,[264] sodass auch die Systematik der mit der Norm in Bezug stehenden Normen ein Verstoß gegen das Gebot begründen könne. Somit können einzelne Bestandteile einer Norm dem Gebot genügen; das Gesamtbild kann durch viele unklare Rechtsbegriffe oder unklare Regel-Ausnahme-Verhältnisse dem Gebot dennoch widersprechen.

Das BVerfG geht bei der Anwendung des Bestimmtheitsgebots von einer objektivierten Bürgeradressatensicht aus, wenn es davon spricht, dass „jeder Teilnehmer am Rechtsverkehr“[265] die Rechtsfolgen einer Norm erkennen können muss.

2. Unternehmerische Freiheit

Der Schutzbereich der unternehmerischen Freiheit umfasst als Teil der Berufsausübungsfreiheit gem. Art. 12 GG und Art. 16 GRC die selbstständige und wirtschaftliche Bestätigungsfreiheit des Arbeitgebers.[266] Das meint unter anderem die Fortsetzung und Beendigung eines Unternehmens, die Art und Weise der Unternehmensführung sowie die in diesem Zusammenhang ausgeübte Vertragsfreiheit.[267] Zur geschützten Vertragsfreiheit gehören neben der Wahl des Vertragspartners auch Vertragsänderungen, sodass die

261 BVerfG, Urt. v. 15.7.2003 – 2 BvF 6/98, BVerfGE 108, 169 = BeckRS 2003, 22882 Rn. 47.

262 BVerfG, Beschl. v. 3.3.2004 – 1 BvF 3/92, BVerfGE 110, 33 = NJW 2004, 2213, 2218.

263 BVerfG, Urt. v. 26.4.2022 – 1 BvR 1619/17, NJW 2022, 1583, 1601 Rn. 272.

264 BVerfG, Beschl. v. 9.4.2003 – 1 BvL 1/01 und 1 BvR 1749/01, BVerfGE 108, 52 = NJW 2003, 2733, 2735.

265 BVerfG, Beschl. v. 21.9.2016 – 2 BvL 1/15, BVerfGE 143, 38 = NJW 2016, 3648, 3649 Rn. 37; BVerfG, Urt. v. 26.4.2022 – 1 BvR 1619/17, NJW 2022, 1583, 1601 Rn. 272, das von „Bürgerinnen und Bürgern“ spricht.

266 BVerfG, Urt. v. 10.6.2009 – 1 BvR 706/08 u.a., BVerfGE 123, 186 = NJW 2009, 2033, 2042 Rn. 198; BVerfG, Beschl. v. 5.1.2021 – 1 BvR 1771/20, NZA 2021, 271, 273 Rn. 13.

267 EuGH, Urt. v. 22.1.2013 – C-283/11 (*Sky Österreich*), BeckRS 2013, 80140 Rn. 43; EuGH, Urt. v. 21.12.2016 – C-201/15 (*AGET Iraklis*), NZA 2017, 167, 171 Rn. 67; *Gundel*, ZHR 190 (2016), 323, 350 f.; vgl. für das nationale Recht BVerfG, Urt. v. 1.3.1979 – 1 BvR 532/77 u.a., BVerfGE 50, 290 = NJW 1979 699, 708.

(Änderungs-)Kündigungsfreiheit in den Schutzbereich der unternehmerischen Freiheit fällt.[268]

Teilweise wird die Eröffnung des Schutzbereichs der unternehmerischen Freiheit für die MERL und §§ 17, 18 KSchG mit Hinweis auf die Entscheidung des EuGH in der Rechtssache *AGET Iraklis*[269] verneint oder angezweifelt.[270] Demnach sei die MERL lediglich teilharmonisierend und enthalte keine Verpflichtungen an die Mitgliedstaaten, die den Schutzbereich der in Art. 16 GRC geregelten unternehmerischen Freiheit berühren würden. Allen voran bleibe der Arbeitgeber in seiner Entscheidung frei, ob er seine Betriebsstätte schließt oder einschränkt.[271] Deshalb habe der EuGH auch in der Rechtssache *AGET Iraklis* Art. 16 GRC nur in Verbindung mit der Niederlassungsfreiheit hinsichtlich der MERL geprüft.[272] Auch der Zweite Senat des BAG verneint deshalb nunmehr die Eröffnung des Schutzbereichs.[273]

Gegen diese Ansicht spricht aber, dass der EuGH in ständiger Rechtsprechung die ebenfalls nur teilharmonisierende[274] Betriebsübergangsrichtlinie RL 2001/23/EG an Art. 16 GRC misst,[275] obwohl diese die unternehmerische Entscheidung zur Betriebsveräußerung ebenfalls unberührt lässt. Nach Ansicht des EuGH sind Unionsgrundrechte somit auch bei lediglich teilharmonisierenden Richtlinien zu berücksichtigen. Das zeigt sich auch daran, dass die Auslegung der MERL nicht dazu führen darf, dass dem Arbeitgeber Massenentlassung rechtlich oder tatsächlich unmöglich werden,

268 Vgl. EuGH, Urt. v. 22.1.2013 – C-283/11 (*Sky Österreich*), BeckRS 2013, 80140 Rn. 43; EuGH, Urt. v. 18.7.2013 – C-426/11 (*Alemo-Herron u.a.*), NZA 2013, 835, 836 Rn. 33; vgl. für das nationale Recht BVerfG, Beschl. v. 7.2.1990 – 1 BvR 26/84, BVerfGE 81, 242 = NZA 1990, 389 f.

269 EuGH, Urt. v. 21.12.2016 – C-201/15 (*AGET Iraklis*), NZA 2017, 167, 169 f. Rn. 45–57.

270 EuArbRK/*Schubert*, Art. 16 GRC Rn. 29; Franzen, ZfA 2018, 73, 75; *Spelge* in MünchHdbArbR, § 121 Rn. 26; offengelassen von BAG, Beschl. v. 10.9.2020 – 6 AZR 136/19 (A), BAGE 172 175 = NZA 2021, 149, 150 Rn. 25; allgemein schon vor der Rechtssache *AGET Iraklis* ablehnend *Hinrichs*, Kündigungsschutz, S. 194 f.

271 *Hinrichs*, Kündigungsschutz, S. 194 f., nach der der Kündigungsentschluss nur bloße Folge einer unternehmerischen Entscheidung wie einer Betriebsschließung sei und deshalb nicht in den Schutzbereich der unternehmerischen Freiheit falle.

272 *Spelge* in MünchHdbArbR, § 121 Rn. 26.

273 BAG, Vorlagebeschl. v. 14.12.2023 – 6 AZR 157/22, NZA 2024, 119, 120 Rn. 13.

274 GA Trstenjak, Schlussantrag v. 26.10.2010 – C-463/09 (*Clece*), BeckRS 2010, 91247 Rn. 27 u. 76; EuArbRK/*Winter*, Art. 8 RL 2001/23/EG Rn. 1.

275 StRspr. EuGH, Urt. v. 18.7.2013 – C-426/11 (*Herron*), NZA 2013, 835, 836 Rn. 30 f. m.w.N.

da ansonsten seine unternehmerische Freiheit verletzt sei.[276] Im Umkehrschluss sind Vorgaben zu Massenentlassungen somit ein Eingriff in die unternehmerische Freiheit, der allerdings grundsätzlich gerechtfertigt ist, sofern Massenentlassungen nicht unzulässig erschwert werden. Der EuGH hat in der Rechtssache *AGET Iraklis* allein ergänzend auf die Niederlassungsfreiheit Bezug genommen, da ein grenzüberschreitender Sachverhalt vorlag und Niederlassungsfreiheit und unternehmerische Freiheit in der Rechtssache identische Schutzbereiche aufwiesen.[277] Eben diesen Schutzbereich berühren alle Regelungen, die wirtschaftliche Möglichkeiten des Arbeitgebers durch formelle Vorgaben beschränken.[278]

Ein Eingriff in den Schutzbereich der unternehmerischen Freiheit kann als Teil der Berufsfreiheit bereits durch legitime Interessen der Allgemeinheit gerechtfertigt werden.[279] Der Arbeitnehmerschutz ist ein solches legitimes Interesse.[280] Dem Gesetzgeber kommt wegen der ungewissen Auswirkungen der einzelnen wirtschaftlichen Maßnahmen und zur Wahrung des Gewaltenteilungsgrundsatzes ein weiter Beurteilungs- und Prognosespielraum zu.[281]

3. Prämissen für die weitere Untersuchung

Der weiteren Untersuchung wird grundsätzlich das inhaltliche Verständnis des BVerfG zugrunde gelegt. Allerdings muss der fiktive Normadressat

276 EuGH, Urt. v. 21.12.2016 – C-201/15 (*AGET Iraklis*), NZA 2017, 167, 169 f. Rn. 45–57; *Bakopoulos*, RdA 2018, 257, 262; EuArbRK/*Spelge*, Art. 1 RL 98/59/EG Rn. 6; *Schubert/Schmitt*, JbArbR 2022 (59), S. 81, 83 f.; *dies.*, ZESAR 2020, 53, 59.

277 EuGH, Urt. v. 21.12.2016 – C-201/15 (*AGET Iraklis*), NZA 2017, 167, 171 Rn. 69, wonach Rahmenregelungen über Massenentlassungen auch Beschränkungen des Art. 16 GRC seien; EuArbRK/*Schubert*, Art. 16 GRC Rn. 29; *Krebber*, RdA 2018, 271, 286; i.E. ebenso ErfK/*Schlachter*, Vorb. zum AEUV Rn. 7; *Frey*, FS Pulte, S. 77; *Plehn/Hützen* in Kunz/Henssler/Nebeling/Beck, § 30 Rn. 887. Zur generellen Überlagerung der unternehmerischen Freiheit durch die Grundfreiheiten *Gundel*, ZHR 180 (2016), 323, 329 f.

278 Vgl. Calliess/Ruffert/*Ruffert*, Art. 15 GRC Rn. 10 f.; *Lieske*, Unternehmerische Freiheit, S. 84.

279 EuGH, Urt. v. 21.12.2016 – C-201/15 (*AGET Iraklis*), NZA 2017, 167, 171 Rn. 70; EuGH, Urt. v. 24.9.2020 – C-223/19 (*NK*), NZA 2020, 1385, 1390 Rn. 88.

280 EuGH, Urt. v. 21.12.2016 – C-201/15 (*AGET Iraklis*), NZA 2017, 167, 172 Rn. 72 f.

281 Vgl. EuGH, Urt. v. 12.5.2005 – C-347/03 (*ERSA*), Slg. I 2005, 3820 = BeckRS 2005, 70447 Rn. 131; EuGH, Urt. v. 21.7.2011 – C-15/10 (*Etimine*), Slg. I 2011, 6725 = BeckRS 2011, 81146 Rn. 125; vgl. für das nationale Recht BVerfG, Beschl. v. 19.7.2000 – 1 BvR 539/96, BVerfGE 102, 197 = BeckRS 2000, 22589 Rn. 80.

von Umsetzungsgesetzen näher bestimmt werden, um die Anwendung des Bestimmtheitsgebots für die Untersuchung zu erleichtern.

Zunächst muss bei den Bestimmtheitsanforderungen an Umsetzungsgesetze berücksichtigt werden, dass die durch das Bestimmtheitsgebot bezweckte Rechtssicherheit auch durch Kontinuität geschaffen wird und Gesetze deshalb eine gewisse Dauerhaftigkeit für sich beanspruchen.[282] Somit kann nicht jede Neuinterpretation der Richtlinie durch den EuGH eine Verletzung des Bestimmtheitsgebots nach sich ziehen, wenn die Interpretation sich nicht unmittelbar aus dem Wortlaut des Umsetzungsgesetzes ergibt. Die durch den unionrechtlichen Einfluss gegebene besondere Dynamik eines Umsetzungsgesetzes muss deshalb durch weichere Bestimmtheitsanforderungen an die Norm berücksichtigt werden.[283]

Deshalb ist der fiktive Adressat des Bestimmtheitsgebots bei Umsetzungsgesetzen weiter zu bestimmen. Adressat eines Umsetzungsgesetzes ist der durch das Gesetz betroffene Bürger, der in voller Kenntnis über den Gesetzes- und Richtlinientext sowie über die Erwägungsgründe zur Auslegung der Norm nach den anerkannten Methodiken fähig ist.[284] Anders als nach der Rechtsprechung des BVerfG wird einem Adressaten somit die Kenntnis des Richtlinientexts und der Erwägungsgründe unterstellt. Demgegenüber würden noch weitere Anforderungen an den Adressaten den Bestimmtheitsgrundsatz leerlaufen lassen, da im Ergebnis ein umfassend informierter Adressat unterstellt würde, der seine Rechte und Pflichten stets erkennt; eine Norm wäre dann aber immer bestimmt genug.[285]

---

282 *Mödinger*, Bessere Rechtsetzung, S. 93 f.; *Schulze-Fielitz*, Parlamentarische Gesetzgebung, S. 205.

283 Vgl. BVerfG, Beschl. v. 21.9.2016 – 2 BvL 1/15, BVerfGE 143, 38 = NJW 2016, 3648, 3652 Rn. 57; BVerfG, Beschl. v. 11.3.2020 – 2 BvL 5/17, BVerfGE 153, 310 = BeckRS 2020, 5226 Rn. 103 f.

284 Ähnlich Calliess/Ruffert/*Calliess*, Art. 1 EUV Rn. 82, nach dem das in Art. 1 EUV verankerte Prinzip der Bürgernähe fordert, dass eine rechtlich getroffene Entscheidung wie ein Gesetz ohne Rechtsbeistand verständlich sein müsse; vgl. auch *Lohse*, Rechtsangleichungsprozesse, S. 240 f., die unter Hinweis auf die Rechtsprechung des EuGH davon ausgeht, dass der Inhalt des Umsetzungsgesetzes mit Wortlaut und Erwägungsgründen der Richtlinie zu verstehen sein müsse sowie *Gsell*, AcP 214 (2014), 99, 138, die die Richtlinie bei zu geringen Anforderungen an die Bestimmtheit des Umsetzungsgesetzen für „gefährlicher" als die Verordnung hält.

285 Diese überzogenen Anforderungen würden auch der Rechtsprechung des EuGH widersprechen EuGH, Urt. v. 14.3.2006 – C-177/04 (*Kommission/Frankreich*), Slg. I 2006, 2461 = BeckRS 2006 70220 Rn. 48–51.

III. Zusammenfassung

Richtlinien sind systemkonform in das bereits bestehende innerstaatliche Regelungssystem einzufügen. Die Umsetzungspflicht trifft alle Träger öffentlicher Gewalt und somit auch die Gerichte. Sie umfasst nicht nur die Auslegung, sondern auch die Rechtsfortbildung von Normen, sofern für letzteres eine planwidrige Regelungslücke nach nationalen Auslegungsmethoden feststellbar ist. Sie gilt allerdings nicht grenzenlos. Die Norm muss stets einen Auslegungsspielraum für eine richtlinienkonforme Auslegung bieten, der sich nach den nationalen Auslegungsmethoden bestimmt. Zudem darf die richtlinienkonforme Rechtsfindung nicht zu einem Judizieren *contra legem* führen, indem sie gegen den Willen des Gesetzgebers und den Wortsinn der Norm erfolgt.

Das in Art. 43 AEUV und in Art. 20 Abs. 3 GG verankerte Bestimmtheitsgebot legt fest, dass der Normgeber eine Norm bestimmt genug zu fassen hat, damit ihr Adressat in zumutbarer Weise feststellen kann, ob die tatsächlichen Voraussetzungen der Norm für ihre Rechtsfolgen vorliegen und er hieran sein Verhalten ausrichten kann. Es ist allerdings als Optimierungsgebot zu verstehen, das insbesondere bei Umsetzungsgesetzen nur selten verletzt ist.

Der Schutzbereich der unternehmerischen Freiheit gem. Art. 12 GG und Art. 16 GRC umfasst die selbstständige und wirtschaftliche Bestätigungsfreiheit des Arbeitgebers. Hierzu gehören neben der Wahl des Vertragspartners auch Vertragsänderungen, sodass die (Änderungs-)Kündigungsfreiheit in den Schutzbereich der unternehmerischen Freiheit fällt. Die MERL und §§ 17, 18 KSchG berühren diesen Schutzbereich, sodass der hiermit verbundene Eingriff durch legitime Interessen der Allgemeinheit wie den Arbeitnehmerschutz gerechtfertigt sein muss.

C. Zusammenfassung

Die Untersuchung hat zunächst gezeigt, dass die MERL vor allem kollektiven Arbeitnehmerschutz bezweckt und damit dem arbeitnehmerschützenden Ansatz folgt. Demgegenüber bezwecken §§ 17, 18 KSchG traditionell den Schutz des Arbeitsmarktes und verfolgen den arbeitsmarktpolitischen Ansatz. Eine Ausnahme gilt allerdings für § 17 Abs. 2 KSchG, der kollektiven Arbeitnehmerschutz vermittelt und somit Ausfluss des arbeitnehmerschützenden Ansatzes ist. Er ist gedanklich als eigenständige Norm mit eigenständigem Zweck zu behandeln.

Zudem hat die Untersuchung ergeben, dass drei höherrangige Vorgaben die Auslegung und Rechtsfortbildung der §§ 17, 18 KSchG begrenzen: die Grundsätze der richtlinienkonformen Rechtsfindung, das Bestimmtheitsgebot und die unternehmerische Freiheit.

Ausgangspunkt der richtlinienkonformen Rechtsfindung ist stets der Wille des Gesetzgebers, der sich aus allen schriftlichen Dokumente über das Gesetzgebungsverfahren und das entstandene Gesetz ergibt. Nur wenn sich ein Wille des Gesetzgebers hiernach nicht ermitteln lässt, ist zu untersuchen, was der Gesetzgeber vernünftigerweise regeln wollte. Es kommt zu keiner Kompetenzverschiebung im richtlinienuntermauertem Recht. Deshalb ist die contra-legem-Grenze auch bei der richtlinienkonformen Rechtsfortbildung erreicht, wenn analog zur nationalen Rechtsfindung ein eindeutiger Wortlaut oder eine Übereinstimmung von Wortsinn und Wille des Gesetzesgebers gegeben ist. Das ist stets gegeben, wenn die Rechtsfortbildung zu einem vollständigem Funktionsverlust oder einer wesentlichen Umstrukturierung der Norm führt.

Die Untersuchung hat schließlich gezeigt, dass §§ 17, 18 KSchG in den Schutzbereich der unternehmerischen Freiheit eingreifen, sodass dieser Eingriff durch Allgemeininteressen wie den Arbeitnehmerschutz zu rechtfertigen ist. §§ 17, 18 KSchG müssen zudem dem Bestimmtheitsgebot genügen, wobei die durch den unionrechtlichen Einfluss gegebene besondere Dynamik eines Umsetzungsgesetzes durch weichere Bestimmtheitsanforderungen an §§ 17, 18 KSchG zu berücksichtigen ist.

2. Teil: Analyse des geltenden Massenentlassungsrechts

Im zweiten Teil der Arbeit wird das geltende Massenentlassungsrecht auf seinen Reformbedarf hin untersucht. Die Arbeit unterscheidet zwischen notwendiger Reform und Reformvorschlägen, die angesichts des sich wandelnden Verständnisses des Massenentlassungsrechts zumindest sinnvoll wären. Dafür sind zunächst die Maßstäbe für zwingenden Reformbedarf und die Maßstäbe für sinnvolle Reformmöglichkeiten zu analysieren (A.).

Aufbauend auf diesen Maßstäben und den Prämissen des ersten Teils werden dann die Tatbestandsmerkmale und Rechtsfolgen der §§ 17, 18 KSchG auf ihren Reformbedarf hin untersucht. Die Untersuchung folgt dem systematischen Aufbau der §§ 17, 18 KSchG (B.-G.).

A. Maßstäbe für Reformbedarf

Um im Folgenden sachgerecht unterscheiden zu können, welche Teile des Massenentlassungsrechts zwingend zu reformieren sind und welche Teile zumindest reformiert werden sollten, sind die Maßstäbe für das Entstehen von Reformbedarf entscheidend. Diese lassen sich in Maßstäbe für eine zwingende Reform (I.) und Maßstäbe für zumindest sinnvolle Reformmöglichkeiten (II.) unterscheiden.

I. Maßstäbe für eine zwingende Reform

Eine Reform ist dort zwingend, wo geltendes Recht gegen höherrangige Rechtsvorgaben verstößt.[286]

Das ist zunächst der Fall, wenn nationale Gerichte methodische Vorgaben überspannen und somit den Gewaltenteilungsgrundsatz verletzen. Wenn sich Norm und rechtliche Anforderungen an sie derart unterscheiden, dass die Norm mittels Auslegung nicht mehr an diese angepasst werden kann, muss der Gesetzgeber die Norm verändern, um ihren Geltungs-

286 *Steinbach*, Gesetzgebung, S. 245 f.; vgl. auch *Jacobs*, NZA 2016, 733, 734, nach dem die Reform von unionsrechtlich determiniertem Recht durch die Grundrechtecharta und die einschlägigen Richtlinienbestimmungen bestimmt wird.

anspruch zu wahren.[287] Diese Gefahr der Divergenz besteht vor allem im richtlinienuntermauerten Recht, da der EuGH den Richtlinieninhalt und somit die rechtlichen Anforderungen an das Umsetzungsgesetz typischerweise erst nach dessen Erlass konkretisiert.[288]

Der Gesetzgeber kann dann auf zwei Arten die Divergenz zwischen Umsetzungsgesetz und rechtlichen Anforderungen beseitigen: Erstens kann er deklaratorisch tätig werden, d.h. die bestehende Rechtsprechung kodifizieren, damit der Adressat seine bestehenden Rechte und Pflichten künftig wieder dem Gesetzestext entnehmen kann.[289] Für die deklaratorische Gesetzgebung bedarf es allerdings zumindest im rein nationalen Kontext einer gewissen „Kodifizierungsreife", um der Rechtsprechung nicht die Möglichkeit der Entwicklung eines ausdifferenzierten Systems zu nehmen.[290] Er kann aber auch zweitens die vorgefundene Divergenz zum Anlass für eine weitergehende Reform nehmen und die Rechtsprechung fortentwickeln oder modifizieren.[291] Der Gesetzgeber kann so versuchen, die sich aus den bisherigen Vorgaben der Rechtsprechung etwaig ergebenden Folgeprobleme zu lösen und seine Gesetze vorausschauender zu gestalten.

Weiterhin ist eine zwingende Reform der §§ 17, 18 KSchG vor allem wegen etwaiger Verstöße gegen die unternehmerische Freiheit des Arbeitgebers oder gegen das Bestimmtheitsgebot als höherrangige Rechtsvorgaben denkbar.[292]

---

287 *Steinbach*, Gesetzgebung, S. 240; vgl. auch BVerfG, Beschl. v. 26.9.2011 – 2 BvR 2216/06 u.a., BVerfGK 18, 89 = NJW 2012, 669, 672 Rn. 57; *Heckmann*, Rechtsnormen, S. 459 f.; *Hennecke*, DÖV 1988, 768, 775; *Schulze-Fielitz*, Parlamentarische Gesetzgebung, S. 204 f.

288 Vgl. *Payrhuber/Stelkens*, EuR 2019, 190, 196; *Steinbach*, Gesetzgebung, S. 154, 245 f. Eine „1:1-Umsetzung" des Richtlinientexts ist wegen der stetigen Konkretisierungen des EuGH deshalb keine Universallösung. Im Ergebnis ebenso EuGH, Urt. v. 19.12.2013 – C-281/11 (*Kommission/Polen*), BeckRS 2013, 82377 Rn. 60; *Payrhuber/Stelkens*, EuR 2019, 190, 203 f.; vgl. auch *Burmeister/Staebe*, EuR 2009, 444, 449 sowie *Lohse*, Rechtsangleichungsprozesse, S. 544 f., die aufgrund sprachlicher und systematischer Unterschiede innerhalb der Mitgliedstaaten eine „1:1-Umsetzung" der Richtlinie ablehnen; anders der Koalitionsvertrag v. 12.3.2018, S. 13 Zeile 396, wonach eine „1:1-Umsetzung" von Richtlinien erfolgen soll; siehe auch BT-Drs. 19/4724, S. 22; BT-Drs. 19/4673, S. 42. In dem Koalitionsvertrag v. 7.12.2021 findet sich keine entsprechende Aussage.

289 *Feix*, Gelungene richterliche Rechtsfortbildung, S. 198 f. m.w.N.

290 *Feix*, Gelungene richterliche Rechtsfortbildung, S. 201; *Fleischer/Wedemann*, AcP 209 (2009), 597, 612.

291 *Feix*, Gelungene richterliche Rechtsfortbildung, S. 200 f. m.w.N.

292 Siehe zu deren Grundsätzen bereits näher unter 1. Teil, B. II. (S. 59 ff.).

Schließlich besteht dort zwingender Reformbedarf, wo das nationale Recht hinter dem Mindestschutz der MERL zurückbleibt. Der zwingende Reformbedarf folgt aus der Pflicht des Mitgliedstaats zur ordnungsgemäßen Umsetzung einer Richtlinie, die aus Art. 288 Abs. 3 AEUV und somit aus höherrangigem (Primär-)Recht folgt.[293]

II. Maßstäbe für eine sinnvolle Reform

Reformbedarf kann zudem aus den Vorgaben der Gesetzgebungslehre entstehen.[294] Allerdings sind die Anforderungen der Gesetzgebungslehre verfassungsrechtlich nicht zwingend; dem Gesetzgeber steht vielmehr eine umfassende Normänderungsbefugnis zu, d.h. er kann auch nur aus seiner Sicht nützliche Änderungen vornehmen, mit denen Rechtsprechung und Literatur nicht übereinstimmen.[295] Nichtsdestotrotz beschreiben die Anforderung der Gesetzgebungslehre den Idealfall eines Gesetzes, dem der Gesetzgeber nicht entsprechen muss, aber sollte.[296] Sie sind somit Maßstab für eine sinnvolle Reform und bestimmen deshalb auch, inwieweit noch herauszuarbeitende Missstände der §§ 17, 18 KSchG zu korrigieren sind.[297] Die drei für diese Arbeit maßgeblichen Vorgaben der Gesetzgebungslehre sind die *Effektivität*, die *Kohärenz* und die *Konsistenz* eines Gesetzes.[298]

293 EuGH, Urt. v. 5.10.2004 – C-397–403/01 (*Pfeiffer u.a.*), Slg. 2004, I-8878 = NZA 2004, 1145, 1151 Rn. 115. Siehe hierzu bereits näher unter 1. Teil, B. I. 1. (S. 36 ff.).

294 Vgl. *Gsell*, AcP 214 (2014), 99, 113, die kohärente Gesetzgebung im Mehrebenensystem fordert.

295 *Heckmann*, Rechtsnormen, S. 201 f.; *Steinbach*, Gesetzgebung, S. 240.

296 Insoweit hat der Gesetzgeber nach weit verbreiteter Ansicht im Schrifttum schlichtweg ein Gesetz zu produzieren, das den Anforderungen der Art. 76 ff. GG genügt. Siehe hierzu *Wieckhorst*, DÖV 2018, 845, 849 f. Fn. 62 für entsprechende Nachweise. Trotzdem hat das BVerfG auch eine Beobachtungs- und Verbesserungspflicht für den Gesetzgeber statuiert BVerfG, Urt. v. 28.5.1993 – 2 BvF 2/90 u.a., BVerfGE 88, 203 = NJW 1993, 1751, 1767.

297 Politische Besonderheiten, die sich in jedem interessengeführten Gesetzgebungsprozess niederschlagen, werden bewusst ausgelassen. Sie sind unmöglich zu antizipieren. Näher zu den Besonderheiten *Hennecke*, DÖV 1988, 768, 775 f.; *Schulze-Fielitz*, DÖV 1988, 758; *ders.*, Parlamentarische Gesetzgebung, S. 246–254 u. 375–384.

298 Das hat auch der Gesetzgeber u.a. für die Effektivität eines Gesetzes anerkannt und in § 2 Abs. 1 NKRG den Erfüllungsaufwand eines Gesetzes als Aufgabe des Normenkontrollrats festgelegt; vgl. auch § 44 Abs.4 GGO. Siehe hierzu näher *Fliedner*, Rechtsetzung, S. 75; *ders.*, Gute Gesetzgebung, S. 14; *Karpen*, Gesetzgebungslehre, S. 39; *Schulze-Fielitz*, Parlamentarische Gesetzgebung, S. 503 f.; *Steinbach*, Gesetzgebung, S. 104–106.

Effektivität meint den Grad der Zielerreichung staatlichen Handelns. Es umschreibt, inwieweit Gesetze verbindlich, zielgenau, praktisch vollziehbar und rechtzeitig wirken. Teil der Effektivität eines Gesetzes ist seine äußerlich klare und stringente Gestaltung, die dessen Umgehung verhindert.[299] Zur Effektivität eines Gesetzes führt ebenfalls dessen Verständlichkeit durch eine möglichst einfache und klare Sprache.[300] Zu ihr gehört auch die Verschlankung eines Gesetzes, sodass Überflüssiges aussortiert gehört.[301] Schließlich ist auch eine Gesetzesbegründung mit festgeschriebenen Gesetzgebungszielen Teil der Effektivität eines Gesetzes,[302] obgleich für sie keine verfassungsrechtliche Pflicht besteht[303]. Sie trägt allerdings formell zur Verständlichkeit und Effektivität bei, da sie Maßstäbe für die Auslegung des Gesetzes liefert.[304]

Demgegenüber sind *Kohärenz* und *Konsistenz* verwandte, sich überschneidende Begriffe.[305] Beide Begriffe meinen die innere und äußere Widerspruchsfreiheit eines Gesetzes, die auf einer inhaltlich-konzeptionellen

---

299 *Noll*, FS Germann, S. 164; vgl. auch *Redeker*, NJW 2002, 2756, 2757, wonach der Bürger sich dem vom Gesetz gewünschten Verhalten bei einem misslungenen Gesetz entziehe.

300 *Bundesministerium der Justiz*, Handbuch der Rechtsförmlichkeit, S. 33 Rn. 53 f.; *Fliedner*, Rechtsetzung, S. 73; *Kirchhof*, NJW 2002, 2760; *Mödinger*, Bessere Rechtsetzung, S. 16; *Redeker*, NJW 2002, 2756, 2757; *Steinbach*, Gesetzgebung, S. 75; *Wysk*, FS Brandner, S. 137, 148.

301 *Mödinger*, Bessere Rechtsetzung, S. 13 u. 172 ff.; *Noll*, FS Germann, S. 164 f.; *Schulze-Fielitz*, Parlamentarische Gesetzgebung, S. 533 f.

302 *Mödinger*, Bessere Rechtsetzung, S. 16; *Redeker*, NJW 2002, 2756, 2759; *Schulze-Fielitz*, Parlamentarische Gesetzgebung, S. 517; *Spitzlei*, JuS 2022, 315, 316; *Steinbach*, Gesetzgebung, S. 86 f.

303 BVerfG, Urt. v. 9.2.2010 – 1 BvL 1/09 u.a., BVerfGE 125, 175 = NJW 2010, 505, 509 Rn. 144; *Frieling*, Gesetzesmaterialien, S. 27; *Schwarz/Bravidor*, JZ 2011, 653, 659; *Steinbach*, Gesetzgebung, S. 85 f.; vgl. auch BVerfG, Urt. v. 6.12.2016 – 1 BvR 2821/11 u.a., BVerfGE 143, 246 = NJW 2017, 217, 228 Rn. 279, wonach Gesetze grundsätzlich ebenfalls nicht zu begründen sind.

304 *Spitzlei*, JuS 2022, 315, 316; *Steinbach*, Gesetzgebung, S. 86.

305 Das Erfordernis der Kohärenz und Konsistenz leitet sich vor allem aus der Rechtsprechung des BVerG ab. Siehe beispielsweise BVerfG, Urt. v. 30.7.2008 – 1 BvR 3262/07 u.a., BVerfGE 121, 317 = NJW 2008, 2409, 2417 Rn. 145 f., wonach nach Ansicht des BVerfG Ausnahmen im baden-württembergischen Nichtrauchergesetz dem mit dem Gesetz insgesamt bezweckten Gesundheitsschutz widersprachen und deshalb verfassungswidrig waren; in diese Richtung bereits BVerfG, Urt. v. 15.7.2003 – 2 BvF 6/98, BVerfGE, 108, 169 = BeckRS 2003, 22882 Rn. 47. Umfassend zur BVerfG-Rspr. *Fliedner*, Rechtsetzung, S. 81; *O'Hara*, Konsistenz und Konsens, S. 117–138 u. 175–187; *Steinbach*, Gesetzgebung, S. 86 f.

Abstimmung von Regelungen und Rechtsakten beruht.[306] Sie sind Ausfluss des Bestimmtheitsgebots (Widerspruchsfreiheit der Rechtsordnung) und des Gleichheitssatzes (Systemgerechtigkeit und Folgerichtigkeit).

III. Zusammenfassung

Es ist somit zwischen zwingender Reform und bloß sinnvollen Reformmöglichkeiten zu unterscheiden, die unterschiedlichen Maßstäben folgen.

Eine Reform ist demnach zwingend, wenn das geltende Recht gegen höherrangige Rechtsvorgaben verstößt, indem eine Rechtsnorm bspw. Grundrechte verletzt oder nicht mehr durch Rechtsfindung an tatsächlich geltende rechtliche Anforderungen angepasst werden kann, ohne den Gewaltenteilungsgrundsatz zu verletzen, oder indem das geltende Recht hinter unionsrechtlichen Vorgaben zurückbleibt.

Sinnvolle Reformmöglichkeiten bestehen demgegenüber dort, wo Gesetze nach der Gesetzgebungslehre ineffektiv, inkohärent oder inkonsistent sind. Effektivität meint den Grad der Zielerreichung staatlichen Handelns; Kohärenz und Konsistenz die Widerspruchsfreiheit eines Gesetzes. Aus den verfassungsrechtlich nicht zwingenden Vorgaben der Gesetzgebungslehre kann allerdings kein Reformzwang des Gesetzgebers hergeleitet werden.

B. Persönlicher Anwendungsbereich

Für die Bestimmung des persönlichen Anwendungsbereichs der §§ 17, 18 KSchG ist der unionsrechtliche Arbeitnehmerbegriff maßgeblich,[307] der weiter als der nationale Arbeitnehmerbegriff des § 611a Abs. 1 BGB zu verstehen ist. Ob die uneingeschränkte Anwendung des unionsrechtlichen

---

306 BVerfG, Urt. v. 30.7.2008 – 1 BvR 3262/07 u.a., BVerfGE 121, 317 = NJW 2008, 2409, 2417 Rn. 145 f., wonach Ausnahmen im baden-württembergischen Nichtrauchergesetz einen Wertungswiderspruch zu dem verfolgten Gesundheitsschutz begründeten und deshalb verfassungswidrig seien. Somit erkennt auch das BVerfG das Erfordernis der Kohärenz an; vgl. auch BVerfG, Urt. v. 15.7.2003 – 2 BvF 6/98, BVerfGE, 108, 169 = BeckRS 2003, 22882 Rn. 47. Vgl. ebenso *Fliedner*, Rechtsetzung, S. 81; *Karpen*, Gesetzgebungslehre, S. 39; *Steinbach*, Gesetzgebung, S. 86 f., die systemgerechte Gesetze fordern, die sich möglichst in bestehende Gesetze einfügen müssen.

307 EuGH, Urt. v. 9.7.2015 – C-229/14 (*Balkaya*), NZA 2015, 861, 862 Rn. 33.

Arbeitnehmerbegriffs im Massenentlassungsrecht sachgerecht ist,[308] kann dahinstehen, da der EuGH auch künftig seine Rechtsprechung nicht ändern dürfte. Somit unterfällt eine Person, die während einer bestimmten Zeit für eine andere nach deren Weisung Leistungen erbringen muss, für die sie als Gegenleistung eine Vergütung erhält, §§ 17, 18 KSchG.[309] Auf die einzelnen Kriterien der Definition wird im Verlauf der Untersuchung eingegangen.[310]

Einfluss könnte der unionsrechtliche Arbeitnehmerbegriff zunächst auf atypische Beschäftigungsverhältnisse wie die Leiharbeit haben. Zwar gelten für Leiharbeitnehmer im Verleiherbetrieb als „normale" Arbeitnehmer des Betriebs keinerlei Besonderheiten, d.h. bei einer Massenentlassung im Verleiherbetrieb unterfallen sie nach allgemeiner Ansicht §§ 17, 18 KSchG. Besonderheiten könnten allerdings im Entleiherbetrieb gelten, da das Unionsrecht den „nichtvertraglichen Arbeitgeber" kennt. Hiernach können Leiharbeitnehmer anders als nach nationalem Recht in einem „Arbeitsverhältnis" zum Entleiher stehen. Sie könnten somit ggf. durch den Entleiher entlassen werden und deshalb bei der Berechnung der Schwellenwerte und/oder bei der Berechnung der Zahl der regelmäßig beschäftigten Arbeitnehmer im Entleiherbetrieb zu berücksichtigen sein (I.). Eine eventuell notwendige Berücksichtigung könnte eine gesetzliche Anpassung des § 17 Abs. 1 KSchG notwendig machen, da dieser bislang noch keine Regelung für die Zuordnung von Leiharbeitnehmern im Entleiherbetrieb enthält.

Zudem darf der Gesetzgeber einzelne, unionsrechtlich als Arbeitnehmer einzuordnende Personen aus dem Anwendungsbereich des Massenentlassungsrechts nicht ausschließen. Das folgt spiegelbildlich aus der unionsrechtlichen Definitionshoheit über den persönlichen Anwendungsbereich. Deshalb ist die Tatbestandsausnahme des § 17 Abs. 5 Nr. 1–3 KSchG auf ihre Vereinbarkeit mit dem unionsrechtlichen Arbeitnehmerbegriff hin zu untersuchen (II.).

308 Kritisch beispielsweise hierzu *Hohenstatt/Naber*, EuZA 2016, 22, 24 f., die aufgrund der unterschiedlichen Arbeitnehmerbegriffe in den Mitgliedstaaten die Definitionsbefugnis weiterhin den nationalen Gesetzgebern zuschreiben; für eine nähere Diskussion *Brams*, Unionsrechtliche Impulse, S. 140 f.

309 Vgl. zum Arbeitnehmerbegriff der MERL EuGH, Urt. v. 11.11.2010 – C-232/09 (*Danosa*), Slg. I 2010, 11435 = NZA 2011, 143, 145 Rn. 39.

310 Siehe hierzu noch näher unter 2. Teil, B. II. 1. a) (S. 83 ff.).

I. Leiharbeitnehmer im Lichte der Massenentlassungsrichtlinie

Ungeklärt ist höchstrichterlich bislang, ob Leiharbeitnehmer im Entleiherbetrieb Massenentlassungsschutz genießen. Denkbar wären zwei Varianten: Sie könnten zum einen als „vollwertige" Arbeitnehmer gelten, sodass ihre Entlassung die Schwellenwerte und ihre Beschäftigung die Betriebsgröße des Entleiherbetriebs beeinflussen würden. Zum anderen könnte eine „gespaltene Auslegung" geboten sein, nach der Leiharbeitnehmer nur die Betriebsgröße des Entleiherbetriebs beeinflussen. Zu Letzterem tendierte das BAG in einem Vorlagebeschluss an den EuGH, der sich allerdings wegen Erledigung der Hauptsache erübrigte.[311]

Das Problem der Zuordnung von Leiharbeitnehmern zum Entleiherbetrieb ist nicht neu – es beschäftigte die Rechtsprechung in der Vergangenheit vor allem im Mitbestimmungsrecht. Das BAG entwickelte zur Lösung des Problems zunächst die sog. Zwei-Komponenten-Lehre. Demnach waren Arbeitnehmer dem Entleiherbetrieb nur zuzuordnen, wenn neben der faktischen Eingliederung in den Entleiherbetrieb (erste Komponente) ein Arbeitsvertrag zwischen ihnen und dem Entleiher (zweite Komponente) bestand.[312]

Anders der EuGH: Er differenziert zwischen „Arbeitsvertrag" und „Arbeitsverhältnis" und entwickelte im Zuge dessen den Begriff des „nichtvertraglichen Arbeitgebers".[313] Der Arbeitsvertrag bestehe immer zum Verleiher; das Arbeitsverhältnis könne hingegen zum Entleiher bestehen, da für ein Arbeitsverhältnis kein Arbeitsvertrag notwendig sei.[314] Die zweite Komponente der Zwei-Komponenten-Lehre gibt es somit nach Ansicht

311 BAG, Vorlagebeschl. v. 16.11.2017 – 2 AZR 90/17, BAGE 161, 81 = NZA 2018, 245, 246 f. Rn. 22–36; a.A. LAG Düsseldorf, Urt. v. 8.9.2016 – 11 Sa 705/15, BeckRS 2016, 116155 Rn. 54–67.

312 BAG, Beschl. v. 18.1.1989 – 7 ABR 21/88, BAGE 61, 7 = NZA 1989, 724, 725; BAG, Beschl. v. 29.1.1992 – 7 ABR 27/91, BAGE 69, 286 = NZA 1992, 894, 896 f.

313 EuGH, Urt. v. 21.10.2010 – C-242/09 (*Albron Catering*), Slg. I 2010, 10324 = NZA 2010, 1225, 1226 Rn. 20; in der Sache *Oreste* spricht der EuGH sogar von einem „doppelten Arbeitsverhältnis" zu dem Ent- und Verleiher, EuGH, Urt. v. 11.4.2013 – C-290/12 (*Oreste*), NZA 2013, 495, 497 Rn. 40. Auch in der nationalen Literatur gibt es Stimmen, die für die Eingliederung in den Betrieb i.S.d. „Zwei-Komponenten-Lehre" allein ein Arbeitsverhältnis zum Betriebsinhaber fordern, das Weisungen des Betriebsinhabers ermöglicht *Benecke*, FS Wank, S. 27, 34–37; *Reichhold*, NZA 2001, 857, 861 m.w.N.

314 EuGH, Urt. v. 21.10.2010 – C-242/09 (*Albron Catering*), Slg. I 2010, 10324 = NZA 2010, 1225, 1226 Rn. 20 u. 24; ebenso *Brams*, Unionsrechtliche Impulse, S. 252; *Forst*, RdA 2014, 157, 161.

des EuGH für die Zuordnung zum Entleiherbetrieb nicht. Im Einzelfall kann der Leiharbeitnehmer deshalb sowohl im Verleiher- als auch im Entleiherbetrieb als Arbeitnehmer gelten. Entscheidend hierfür sei, ob die Bestimmungen und der Schutzzweck der einschlägigen Richtlinie die Einbeziehung erfordern.[315] Dem hat sich das BAG zwischenzeitlich angeschlossen und beurteilt nunmehr auch anhand des Normzwecks, ob Leiharbeitnehmer dem Entleiherbetrieb zuzuordnen sind.[316]

1. Leiharbeitnehmer als Teil der Schwellenwerte

Ob Leiharbeitnehmer vom Entleiher „entlassen" werden und somit die Beendigung ihres Einsatzes zur Erreichung der Schwellenwerte im Entleiherbetrieb beitragen kann, beurteilt sich also anhand des § 17 KSchG und dessen Zweck.

Aus der maßgeblichen Rechtsprechung des EuGH folgt, dass eine Entlassung i.S.d. § 17 Abs. 1 KSchG jede vom Arbeitnehmer nicht gewollte, d.h. ohne seine Zustimmung erfolgende Beendigung des Arbeits*vertrags* ist.[317] Zwischen Leiharbeitnehmern und dem Entleiher kann aber allenfalls ein Arbeits*verhältnis*, nicht aber ein Arbeits*vertrag* bestehen. Die Beendigung ihres Einsatzes im Entleiherbetrieb unterfällt somit nicht der Definition des EuGH, sodass sie auch nicht durch den Entleiher entlassen werden können. Gegenteiliges wäre allenfalls denkbar, wenn unionrechtliche Besonderheiten eine Erweiterung der Definition erfordern würden, sodass als „Entlassung" auch die Beendigung eines Arbeits*verhältnisses* zu verstehen wäre. Dafür müsste allerdings zunächst ein Arbeitsverhältnis zwischen Entleiher und Leiharbeitnehmer nach der MERL anzunehmen sein.

Der EuGH nimmt ein Arbeitsverhältnis zwischen Entleiher und Leiharbeitnehmer nur an, wenn das Sekundärrecht auch zwischen Arbeitsvertrag und -verhältnis differenziert. Demgegenüber verneint der EuGH die Anwendbarkeit von Sekundärrecht auf das Verhältnis von Entleiher und

315 Vgl. EuGH, Urt. v. 21.10.2010 – C-242/09 (*Albron Catering*), Slg. I 2010, 10324 = NZA 2010, 1225, 1226 Rn. 23 f., in dem der EuGH allein auf den bezweckten Schutz der Richtlinie abstellt.

316 BAG, Urt. v. 18.10.2011 – 1 AZR 335/10, BAGE 139, 342 = NZA 2012, 221, 222 Rn. 14–20; BAG, Urt. v. 24.1.2013 – 2 AZR 140/12, BAGE 144, 222 = NZA 2013, 726, 727 Rn. 11 u. 20; BAG, Beschl. v. 13.3.2013 – 7 ABR 69/11, BAGE 144, 340 = NZA 2013, 789, 790 f. Rn. 21.

317 EuGH, Urt. v. 11.11.2015 – C-422/14 (*Pujante Rivera*), NZA 2015, 1441, 1443 Rn. 48.

Leiharbeitnehmer, wenn eine Differenzierung zwischen Arbeitsvertrag und -verhältnis im Sekundärrecht fehlt.[318] Dann gebe es keine Anhaltspunkte dafür, dass der Unionsgesetzgeber die Bestimmungen des Sekundärrechts auf das Verhältnis von Entleiher und Leiharbeitnehmer erstrecken wolle. Dass der Gesetzgeber aber vereinzelt auch dieses Verhältnis kennt und regeln wollte, zeige sich an Richtlinien wie der RL 96/71/EG, die ihren Anwendungsbereich ausdrücklich auf das Verhältnis zwischen Entleiher und Leiharbeitnehmer erstrecke.

Diese Differenzierung belegen im Übrigen die Rechtssachen *Albron*[319] und *Oreste*,[320] denen die RL 2001/23/EG[321] und eine im Anhang zur RL 1990/70/EG genannte Rahmenvereinbarung über befristete Arbeitsverträge zugrunde[322] lagen. Auch deren sachlicher Anwendungsbereich forderte einen Arbeitsvertrag oder ein -verhältnis.[323]

Überträgt man diese Grundsätze auf die MERL, ergibt sich folgendes Bild: Den Begriff des „Arbeitsverhältnisses" verwendet die Richtlinie nicht. Art. 1 UAbs. 2 MERL bezieht sich auf den Entlassungsbegriff des Art. 1 Abs. 1 UAbs. 1 lit a) und spricht allein von „Arbeitsverträgen". Auch Art. 2 Abs. 4 MERL unterwirft nur den Vertragsarbeitgeber den Vorschriften des Massenentlassungsrechts[324] und belegt somit, dass auch in „Drei-Personen-Konstellationen" nur der Vertragsarbeitgeber verpflichtet werden soll. Nach den Bestimmungen der MERL können Leiharbeitnehmer somit nicht durch den Entleiher entlassen werden und beeinflussen deshalb nicht das Erreichen der Schwellenwerte im Entleiherbetrieb. Das ist sachgerecht, da die Beendigung ihres Einsatzes das Arbeitsverhältnis zum Verleiher nicht berührt, sodass Leiharbeitnehmer nicht arbeitslos werden.[325] Sie können

---

318 Hierzu und zum Folgenden EuGH, Urt. v. 11.4.2013 – C-290/12 (*Oreste*), NZA 2013, 495, 497 f. Rn. 39–44.

319 EuGH, Urt. v. 21.10.2010 – C-242/09 (*Albron Catering*), Slg. I 2010, 10324 = NZA 2010, 1225.

320 EuGH, Urt. v. 11.4.2013 – C-290/12 (*Oreste*), NZA 2013, 495.

321 EuGH, Urt. v. 21.10.2010 – C-242/09 (*Albron Catering*), Slg. I 2010, 10324 = NZA 2010, 1225, 1226 Rn. 23 f.

322 EuGH, Urt. v. 11.4.2013 – C-290/12 (*Oreste*), NZA 2013, 495, 497 Rn. 34.

323 EuGH, Urt. v. 21.10.2010 – C-242/09 (*Albron Catering*), Slg. I 2010, 10324 = NZA 2010, 1225, 1226 Rn. 23 f.; EuGH, Urt. v. 11.4.2013 – C-290/12 (*Oreste*), NZA 2013, 495, 497 Rn. 34.

324 Siehe hierzu noch näher unter 2. Teil, D. I. 2. (S. 146 ff.).

325 So auch das BAG und ihm folgend die herrschende Ansicht im Schrifttum BAG, Vorlagebeschl. v. 16.11.2017 – 2 AZR 90/17, BAGE 161, 81 = NZA 2018, 245, 246 Rn. 23; BeckOGK/*Naber*, § 17 KSchG Rn. 42; *Brams*, Unionsrechtliche Impulse, S. 253; ErfK/*Kiel*, § 17 KSchG Rn. 8; *Lembke/Ludwig*, FA 2015, 350, 352 f.; *ders./*

nur vom Verleiher entlassen werden und ihre Entlassung beeinflusst deshalb nur die Schwellenwerte im Verleiherbetrieb.[326]

2. Leiharbeitnehmer als in der Regel Beschäftigte des Entleiherbetriebs

Eine andere Frage ist, ob Leiharbeitnehmer zu den „in der Regel Beschäftigten" i.S.d. § 17 Abs. 1 S. 1 KSchG im Entleiherbetrieb zählen und somit dessen Betriebsgröße beeinflussen.[327] Die Betriebsgröße wirkt sich auf die zu erreichenden Schwellenwerte und somit auf die Mindestanzahl an Entlassungen im Entleiherbetrieb aus. Veränderte Schwellenwerte würden allerdings nur den Entleiher und dessen Stammbelegschaft betreffen, da Leiharbeitnehmer durch den Entleiher nicht entlassen werden können. Entscheidend sind somit die Auswirkungen einer Berücksichtigung für den Entleiher und dessen Stammbelegschaft.

a) Ambivalenz für den Arbeitnehmerschutz

Betrachtet man zunächst den bezweckten kollektiven Arbeitnehmerschutz, hätte die Berücksichtigung von Leiharbeitnehmern bei der Betriebsgröße ambivalente Folgen für die Stammbelegschaft.[328] Sie hätte Vor- und Nachteile, die aus den dreistufigen Schwellenwerten folgen. Auf der ersten Stufe wäre die Berücksichtigung von Leiharbeitnehmern für die Stammbelegschaft vorteilhaft, da die Mindestbetriebsgröße von in der Regel 21 beschäftigten Arbeitnehmern eher erreicht würde. Zudem würde die Entlassungsquote auf erster und dritter Stufe mit steigender Beschäftigtenzahl sinken.

Oberwinter in Thüsing/Rachor/Lembke, § 17 KSchG Rn. 64; LKB/*Bayreuther*, § 17 KSchG Rn. 25 f.; *Mückl/Vielmeier*, NJW 2017, 2956; *Seidel/Wagner*, BB 2018, 692, 693; WHSS/*Schweibert*, Kap. C. V. Rn. 412 f.

326 BeckOGK/*Naber*, § 17 KSchG Rn. 41 f.; *Brams*, Unionsrechtliche Impulse, S. 253; EuArbRK/*Spelge*, Art. 1 RL 98/59/EG Rn. 32; *Lembke/Oberwinter* in Thüsing/Rachor/Lembke, § 17 KSchG Rn. 64; LKB/*Bayreuther*, § 17 KSchG Rn. 25 f.; *ders.*, NZA 2016, 1304, 1306.

327 Vgl. EuGH, Urt. v. 11.11.2015 – C-422/14 (*Pujante Rivera*), NZA 2015, 1441, 1442 f. Rn. 25 u. 37–40, der beide Fragen im Fall eines befristet beschäftigten Arbeitnehmers ebenfalls getrennt betrachtete.

328 Hierzu und zum Folgenden BAG, Vorlagebeschl. v. 16.11.2017 – 2 AZR 90/17, BAGE 161, 81 = NZA 2018, 245, 247 Rn. 31–35.

Letzteres dürfte allerdings nur ein mathematischer Vorteil für die Stammbelegschaft sein, da die Schwellenwerte der ersten und der dritten Stufe stets eine absolute Anzahl sind.[329] Zur Erreichung der Anzahl können aber nur Entlassungen der Stammbelegschaft beitragen, sodass es trotz niedrigerer Quote für betroffene Arbeitnehmer keinen tatsächlichen Unterschied macht, wie groß ihr Betrieb innerhalb der jeweiligen Stufe ist. Es bedarf – mit oder ohne Berücksichtigung von Leiharbeitnehmern – derselben Anzahl an Entlassungen innerhalb der Stammbelegschaft. Die geringere Entlassungsquote bei größeren Betrieben ist deshalb ein rein mathematischer Vorteil. Die Berücksichtigung von Leiharbeitnehmern für die Bestimmung der Betriebsgröße hätte somit nur lediglich auf der ersten Stufe einen Vorteil für die Stammbelegschaft, sofern sie zur Erreichung von 21 Arbeitnehmern und somit der Mindestbetriebsgröße beiträgt.

Demgegenüber hätte die Berücksichtigung für die Stammbelegschaft zwei Nachteile: Erstens würde auf der zweiten Stufe in der Regel ein Nachteil für die Stammbelegschaft aufgrund der prozentualen Berechnung entstehen. Denn bei einer höheren Beschäftigtenzahl müssten mehr Entlassungen vorgenommen werden, sofern die Zahl der Entlassungen geringer als 26 ist. Der Nachteil verstärkt sich dadurch, dass Leiharbeitnehmer nicht vom Entleiher entlassen werden können. Folglich würde ihre Beschäftigung die Mindestanzahl der Entlassungen im Entleiherbetrieb zwar erhöhen, sie könnte allerdings nicht zur Erreichung der Schwellenwerte beitragen. Zweitens ergäbe sich, wie von *Spelge*[330] zutreffend erkannt, ein Nachteil aus dem durch die Berücksichtigung von Leiharbeitnehmern bedingten Wechsel von der ersten auf die zweite und von der zweiten auf die dritte Stufe, der aus der anwachsenden Betriebsgröße folgt. Es müsste bei einem Wechsel von der ersten auf die zweite Stufe zu mindestens sieben oder mehr statt wie zuvor sechs Entlassungen kommen; bei einem Wechsel von der zweiten auf die dritte Stufe zu mindestens 30 statt wie zuvor 25 Entlassungen.

Der Arbeitnehmerschutz fordert somit aufgrund der ambivalenten Auswirkungen für die Stammbelegschaft keine Berücksichtigung von Leiharbeitnehmern bei der Bestimmung der Betriebsgröße des Entleiherbetriebs.

329 Hierzu und zum Folgenden EuArbRK/*Spelge*, Art. 1 RL 98/59/EG Rn. 33; *dies.* in MünchHdbArbR, § 121 Rn. 88; in diese Richtung auch *Lembke/Ludwig*, FA 2015, 350, 353.

330 Hierzu und zum Folgenden EuArbRK/*Spelge*, Art. 1 RL 98/59/EG Rn. 35; in diese Richtung auch *Boemke* in Oetker/Preis, EAS, B7100 Rn. 74.

b) Auswirkungen der Pujante Rivera Entscheidung

Brams[331] entkräftet die beschriebene Ambivalenz allerdings mit den Ausführungen des EuGH in der Rechtssache *Pujante Rivera*[332]. In der Rechtssache urteilte der EuGH, dass befristet beschäftigte Arbeitnehmer bei der Bestimmung der Betriebsgröße zu berücksichtigen sind.[333] Aufgrund der Entstehungsgeschichte der MERL sei davon auszugehen, dass die Einführung der verschiedenen (Mindest-)Betriebsgrößen dafür sorgen sollte, dass sich die Vorgaben der MERL der wirtschaftlichen Stärke der Betriebe anpassen.[334] In der Sache bezieht sich der EuGH auf die durch die MERL bezweckte Verbesserung des Binnenmarkts durch angeglichene Belastungen für Arbeitgeber bei Massenentlassungen.[335] Auch das BAG stellt auf die wirtschaftliche Stärke des Betriebs ab, wenn nach seiner Ansicht für die Berücksichtigung von Leiharbeitnehmern bei der Bestimmung der Betriebsgröße im Entleiherbetrieb sprechen soll, dass tatsächlich ähnliche Personalkosten wie bei einer direkten Anstellung entstehen würden.[336]

Brams[337] stellt ebenfalls heraus, dass sich die Generalanwältin *Kokott* in ihrem Schlussantrag zu der Rechtssache *Pujante Rivera* mit der für den Arbeitnehmerschutz entstehenden Ambivalenz auseinandersetzte, die bei der Berücksichtigung von befristet beschäftigten Arbeitnehmern für die Betriebsgröße entstünde. Auch die Berücksichtigung von befristet beschäftigten Arbeitnehmern würde die Mindestanzahl an notwendigen Entlassungen erhöhen, ohne dass diese Arbeitnehmer allerdings zu deren Erreichung beitragen können, da auslaufende befristete Arbeitsverträge nach Ansicht des EuGH keine „Entlassungen" i.S.d. MERL sind.[338] Generalanwältin *Kokott* verwarf allerdings das Argument der ambivalenten Auswirkungen, da

331 *Brams*, Unionsrechtliche Impulse, S. 258 f.

332 EuGH, Urt. v. 11.11.2015 – C-422/14 (*Pujante Rivera*), NZA 2015, 1441.

333 Vgl. EuGH, Urt. v. 11.11.2015 – C-422/14 (*Pujante Rivera*), NZA 2015, 1441, 1443 Rn. 41.

334 GA Kokott, Schlussantrag v. 3.9.2015 – C-422/14 (*Pujante Rivera*), BeckRS 2015, 81112 Rn. 32 Fn. 13 unter Bezugnahme auf die Stellungnahme des Wirtschafts- und Sozialausschusses der Europäischen Gemeinschaften vom 27.6.1973, Abl.EG v. 22.11.1973, Nr. C 100/11, S. 13.

335 Siehe hierzu bereits unter 1. Teil, A. I. 1. (S. 23 f.).

336 BAG, Vorlagebeschl. v. 16.11.2017 – 2 AZR 90/17, BAGE 161, 81 = NZA 2018, 245, 247 Rn. 30 mit Verweis auf EuGH, Urt. v. 11.11.2015 – C-422/14 (*Pujante Rivera*), NZA 2015, 1441, 1443 Rn. 40.

337 *Brams*, Unionsrechtliche Impulse, S. 258.

338 EuGH, Urt. v. 13.5.2015 – C-392/13 (*Rabal Cañas*), NZA 2015, 669, 673 Rn. 67.

allenfalls auf zweiter Schwellenwertstufe Nachteile für unbefristet beschäftigte Arbeitnehmer entstünden.[339] Im Übrigen sei die Berücksichtigung befristet beschäftigter Arbeitnehmer bei der Bestimmung der Betriebsgröße vorteilhaft für unbefristet beschäftigte Arbeitnehmer, da die Mindestanzahl der Entlassungen insgesamt einfacher erreicht werden könne. Da der EuGH den Ausführungen nicht widersprach, ist grundsätzlich davon auszugehen, dass auch er die ambivalenten Auswirkungen für irrelevant hält.[340] Widerspricht der EuGH Ausführungen in Schlussanträgen nicht, lässt sich vermuten, dass er sich ihnen anschließt.[341]

c) Fehlende Übertragbarkeit der Rechtssache Pujante Rivera

Richtigerweise sind die Ausführungen in der Rechtssache *Pujante Rivera* allerdings nicht auf die Berücksichtigung von Leiharbeitnehmern bei der Bestimmung der Betriebsgröße des Entleiherbetriebs zu übertragen.[342]

Sowohl in dieser Rechtssache als auch in der in Bezug genommenen Rechtssache *Balkaya*[343] bejahte der EuGH die Arbeitnehmereigenschaft von befristet beschäftigten Arbeitnehmern und von Fremdgeschäftsführern i.S.d. Art. 1 MERL. Nur deshalb sei aber auch die Ambivalenz für die übrigen Arbeitnehmer hinzunehmen, da die Beschäftigtengruppen Arbeitnehmer i.S.d. MERL seien und somit bei der Bestimmung der Betriebsgröße berücksichtigt werden müssten.[344] Ob allerdings auch Personen bei der Bestimmung der Betriebsgröße zu berücksichtigen sind, die nicht Arbeitnehmer des Betriebs sind, beantwortet die Rechtssache *Pujante Rivera* gerade nicht.

---

339 Hierzu und zum Folgenden GA Kokott, Schlussantrag v. 3.9.2015 – C-422/14 (*Pujante Rivera*), BeckRS 2015, 81112 Rn. 33 f.

340 Vgl. EuGH, Urt. v. 11.11.2015 – C-422/14 (*Pujante Rivera*), NZA 2015, 1441, 1442 Rn. 34, der betont, dass bestimmte Arbeitnehmergruppen bei der Bestimmung der Betriebsgröße nicht unberücksichtigt bleiben dürfen. Sonst bliebe Arbeitnehmern in Betrieben mit 20 oder weniger Arbeitnehmern der Schutz verwehrt. Zu diesem Ergebnis gelangt auch *Brams*, Unionsrechtliche Impulse, S. 258 f.

341 *Daum*, Betrieb als Organisation, S. 184; *Elking*, Nichtvertragliche Arbeitgeber, S. 201. Von dieser Vermutung geht die gesamte Arbeit ebenfalls aus.

342 So ohne nähere Begründung auch *Boemke* in Oetker/Preis, EAS, B7100 Rn. 72 f.; EuArbRK/*Spelge*, Art. 1 RL 98/59/EG Rn. 37; *Krebber*, RdA 2018, 271, 275 Fn. 64; LKB/*Bayreuther*, § 17 KSchG Rn. 26.

343 EuGH, Urt. v. 9.7.2015 – C-229/14 (*Balkaya*), NZA 2015, 861.

344 Vgl. EuGH, Urt. v. 11.11.2015 – C-422/14 (*Pujante Rivera*), NZA 2015, 1441, 1442 Rn. 34 f.

Leiharbeitnehmer sind aber im Verhältnis zum Entleiher keine Arbeitnehmer i.S.d. MERL, da sie vom Entleiher kein Entgelt erhalten und auch im Übrigen wesentliche Arbeitnehmerrechte – Entgeltfortzahlungspflicht im Krankheitsfall, Sozialversicherungspflicht –[345] nur gegenüber dem Verleiher bestehen. Ihre Berücksichtigung bei der Bestimmung der Betriebsgröße des Entleiherbetriebs folgt also nicht aus ihrer ohnehin bestehenden Arbeitnehmereigenschaft zum Entleiher; das ist ein entscheidender Unterschied zur Rechtssache *Pujante Rivera.*

Fallen Leiharbeitnehmer aber im Verhältnis zum Entleiher nicht in den Anwendungsbereich der MERL, muss gerechtfertigt sein, weshalb sie dessen Betriebsgröße trotzdem beeinflussen sollen. Ein solcher Rechtfertigungsgrund besteht allerdings nicht; er folgt insbesondere nicht aus der durch die Rechtsprechung betonten Berücksichtigung der wirtschaftlichen Betriebsstärke.[346]

Der ursprüngliche Entwurf einer Massenentlassungsrichtlinie statuierte Konsultations- und Anzeigepflichten bei einer bestimmten Anzahl von Entlassungen, die unabhängig von der Betriebsgröße galten.[347] Um allerdings Kleinbetriebe nicht übermäßig zu belasten, führte der Unionsgesetzgeber die Mindestbetriebsgröße ein.[348] Somit bezwecken die Schwellenwerte die Herausnahme von wirtschaftlich schwächeren Betrieben, nicht aber die generelle Orientierung an der wirtschaftlichen Leistungsfähigkeit des Arbeitgebers.[349] Zudem verfolgen die gestaffelten Schwellenwerte den arbeitsmarktpolitischen Zweck, auch kleinere Arbeitsmärkte innerhalb der Europäischen Union zu berücksichtigen, bei denen schon Entlassungen von mehr als 30 Arbeitnehmern Probleme für den Arbeitsmarkt und die Arbeitsverwaltung bereiten können.[350] Die Schwellenwerte sind somit

---

345 Vgl. zu diesen wesentlichen Kriterien EuGH, Urt. v. 17.11.2016 – C-216/15 (*Ruhrlandklinik*), NZA 2017, 41, 43 Rn. 41–43; EuArbRK/*Kolbe*, Art. 3 RL 2008/104/EG Rn. 6.

346 EuArbRK/*Spelge*, Art. 1 RL 98/59/EG Rn. 31; *Lembke/Oberwinter* in Thüsing/Rachor/Lembke, § 17 KSchG Rn. 64 f.; vgl. auch *Senk*, Betriebsbegriffe, S. 80, nach der die Schwellenwerte vor allem die Vermeidung von Problemen auf dem örtlichen Arbeitsmarkt bezwecken.

347 Ursprünglicher Vorschlag für eine Richtlinie des Rates zur Angleichung der Rechtsvorschriften der Mitgliedstaaten über Massenentlassungen der Kommission der Europäischen Gemeinschaften vom 8.11.1972, KOM (72) 1400, S. 5.

348 Stellungnahme des Wirtschafts- und Sozialausschusses der Europäischen Gemeinschaften vom 27.6.1973, Abl.EG v. 22.11.1973, Nr. C 100/11, S. 13 f.

349 EuArbRK/*Spelge*, Art. 1 RL 98/59/EG Rn. 31.

350 So der deutsche Gesetzgeber zum Zweck der Schwellenwerte in der Gesetzesbegründung zum Entwurf eines Zweiten Gesetzes zur Änderung des Kündigungsschutzgesetzes, BT-Drs. 8/1041 S. 4 f.

mit der Berücksichtigung von Wirtschaftsschwäche, nicht aber von Wirtschaftsstärke zu erklären. Sie taugen somit nicht als Argument für die Berücksichtigung von Leiharbeitnehmern bei der Bestimmung der Betriebsgröße des Entleiherbetriebs. Leiharbeitnehmer sind folglich bei der Bestimmung der Betriebsgröße des Entleiherbetriebs nicht zu berücksichtigen.[351] Nur so wird auch systemgerecht eine doppelte Berücksichtigung von Leiharbeitnehmern im Verleiher- und Entleiherbetrieb vermieden.[352]

Das Ergebnis genügt auch den Anforderungen des EuGH zur Herausnahme einzelner Arbeitnehmergruppen aus dem Anwendungsbereich einer Richtlinie. Hiernach muss die Auslegung einer Richtlinie die Sicherung gegen beliebige Ausnahmen und somit einen möglichst umfassenden Schutz gewährleisten, um die praktische Wirksamkeit der Richtlinie zu garantieren.[353] Eine Ausnahme sei nicht beliebig, wenn ein sachlicher Grund für sie und ein hinreichendes Schutzniveau trotz Herausnahme bestünden. Nach diesen Grundsätzen ist die Herausnahme von Leiharbeitnehmern im Entleiherbetrieb nicht beliebig. Der sachliche Grund ist ihre fehlende Arbeitnehmereigenschaft zum Entleiher; ein hinreichendes Schutzniveau ist durch ihre Berücksichtigung im Verleiherbetrieb gewährleistet.

II. Nationaler Ausschlusstatbestand

§ 17 Abs. 5 Nr. 1–3 KSchG nimmt bestimmte Gruppen aus dem Anwendungsbereich der §§ 17, 18 KSchG aus, indem sie nicht als Arbeitnehmer im Sinne der Vorschrift gelten. Der Gesetzgeber führte § 17 Abs. 5 Nr. 1–3 KSchG vor der ersten Massenentlassungsrichtlinie und somit zu einer Zeit ein, zu der er noch davon ausging, die Bestimmung des Arbeitnehmerbegriffs obliege allein ihm. Spätestens seit der Rechtssache *Balkaya* ist allerdings klar, dass der unionsrechtliche Arbeitnehmerbegriff und somit der EuGH darüber entscheidet, wer Arbeitnehmer im Sinne der MERL ist.[354]

---

351 *Boemke* in Oetker/Preis, EAS, B7100 Rn. 74 f.; EuArbRK/*Spelge*, Art. 1 RL 98/59/EG Rn. 31; *dies.* in MünchHdbArbR, § 121 Rn. 33; *Lembke/Ludwig*, FA 2015, 350, 352 f.; *ders./Oberwinter* in Thüsing/Rachor/Lembke, § 17 KSchG Rn. 64 f.

352 EuArbRK/*Spelge*, Art. 1 RL 98/59/EG Rn. 31; *dies.* in MünchHdbArbR, § 121 Rn. 33; *Lembke/Ludwig*, FA 2015, 350, 352 f.

353 Hierzu und zum Folgenden EuGH, Urt. v. 1.3.2012 – C-393/10 (*O'Brien*), NZA 2012, 313, 315 Rn. 36; EuGH, Urt. v. 17.11.2016 – C-216/15 (*Ruhrlandklinik*), NZA 2017, 41, 42 Rn. 36 f.; EuArbRK/*Kolbe*, Art. 3 RL 2008/104/EG Rn. 5.

354 EuGH, Urt. v. 9.7.2015 – C-229/14 (*Balkaya*), NZA 2015, 861, 862 Rn. 33.

Es fehlt dem nationalen Gesetzgeber somit an der Kompetenz für die Bereichsausnahme des § 17 Abs. 5 Nr. 1–3 KSchG.[355]

Zu untersuchen ist folglich, ob der Ausnahmetatbestand mit dem unionsrechtlichen Arbeitnehmerbegriff zu vereinbaren oder ob er zu reformieren ist. Hierfür wird die unionsrechtliche Arbeitnehmereigenschaft der ausgeschlossenen Gruppen untersucht: Zu unterscheiden sind vertretungsberechtigte Personen einer juristischen Person und einer Personengesamtheit (1.) sowie leitende Angestellte (2.).

1. Vertretungsberechtigte Personen einer juristischen Person und einer Personengesamtheit

§ 17 Abs. 5 Nr. 1 u. 2 KSchG schließen vertretungsberechtigte Personen einer juristischen Person und einer Personengesamtheit aus dem persönlichen Anwendungsbereich der §§ 17, 18 KSchG aus. Seit der Rechtssache *Balkaya* ist allerdings für das nationale Recht geklärt, dass zumindest Fremdgeschäftsführer einer GmbH ohne beherrschenden Einfluss unionsrechtlich Arbeitnehmer i.S.d. der MERL sein können.[356] Der nationale Fremdgeschäftsführer ist aufgrund dieser Entscheidung nach nunmehr herrschender Ansicht im Schrifttum in der Regel Arbeitnehmer i.S.d. § 17 KSchG, wenn er den allgemeinen Regeln des GmbHG unterliegt.[357] Das gilt auch für Minderheitsgeschäftsführer, die über keine Sperrminorität verfügen.[358] Unter diesem Aspekt ist § 17 Abs. 5 Nr. 1 KSchG teilweise unionsrechtswidrig, da er die genannten Personengruppen aus dem Schutzbereich der §§ 17, 18 KSchG ausschließt. Aufgrund der zahllosen Beiträge zur Einordnung der Rechtssache *Balkaya* erfolgt keine Untersuchung der verschiede-

355 Der nationale Gesetzgeber ist zwar trotz Vorgaben des Sekundärrechts weiterhin souverän in seiner Gesetzgebung, d.h. kann auch unionsrechtwidrige Ausnahmetatbestände beibehalten. Faktisch wird das nationale Recht aber in der Regel den Vorgaben des EuGH und somit dem Sekundärrecht folgen.

356 Die Auffassung, dass nationale Geschäftsführer nach unionsrechtlichem Verständnis Arbeitnehmer sein können, bestätigte der EuGH mit Urt. v. 10.9.2015 – C-47/14 (*Holtermann*), NZA 2016, 183, 185 f. Rn. 41–49. Kritisch *Hohe*, Arbeitnehmerbegriffe, S. 198 ff.; *Junker*, ZfA 2018, 73, 85.

357 APS/*Moll*, § 17 KSchG Rn. 20; ErfK/*Kiel*, § 17 KSchG Rn. 9; *Hohenstatt/Naber*, EuZA 2016, 22, 26 f.; *Lunk/Rodenbusch*, GmbHR 2012, 188, 190; Zwarg/*Alles*, DB 2014, 2287, 2289.

358 ErfK/*Kiel*, § 17 KSchG Rn. 9; *Hohenstatt/Naber*, EuZA 2016, 22, 26 f.; *Lunk/Rodenbusch*, GmbHR 2012, 188, 190; *Zwarg/Alles*, DB 2014, 2287, 2289.

nen Konstellationen rund um den Geschäftsführer.[359] Es wird vielmehr untersucht, ob die Rechtssache *Balkaya* Auswirkungen auf Vorstandsmitglieder[360] einer Aktiengesellschaft oder auf organschaftliche Vertreter einer Personengesamtheit hat und zur Unionsrechtswidrigkeit des § 17 Abs. 5 KSchG im Übrigen führt. Denn die Kriterien der Rechtssache *Balkaya* sind auf „alle Mitglieder der Unternehmensleitung einer Kapitalgesellschaft" anzuwenden.[361] Hierzu werden die maßgeblichen Kriterien des EuGH (a) auf die genannten Gruppen übertragen (b).

a) Kriterien der unionsrechtlichen Rechtsprechung

Der EuGH formuliert in ständiger Rechtsprechung, dass ein Mitglied der Unternehmensleitung einer Kapitalgesellschaft, das gegen Entgelt Leistungen gegenüber der Gesellschaft erbringt, die es bestellt hat und in die es eingegliedert ist, das seine Tätigkeit nach Weisung oder unter Aufsicht eines anderen Organs dieser Gesellschaft ausübt und das jederzeit ohne Einschränkungen von seinem Amt abberufen werden kann, als Arbeitnehmer im Unionsrecht gelten kann.[362] Entscheidend stellt der EuGH somit auf ein Unterordnungsverhältnis zwischen Gesellschaft und Leitungsorgan ab.[363] Zur Bestimmung des Unterordnungsverhältnisses lassen sich sechs maßgebliche Kriterien ausmachen.

---

359 Siehe hierzu beispielsweise instruktiv und mit weiteren Nachweisen *Brams*, Unionsrechtliche Impulse, S. 147–182.

360 Als „Vorstandsmitglied" definiert die Arbeit gleichlaufend zu den beschriebenen Arten von Geschäftsführern ein Mitglied des Vorstands einer nicht mitbestimmten Aktiengesellschaft, das kein Aktionär oder allenfalls ein Minderheitsaktionär ohne beherrschenden Einfluss ist.

361 EuGH, Urt. v. 9.7.2015 – C-229/14 (*Balkaya*), NZA 2015, 861, 862 Rn. 39.

362 EuGH, Urt. v. 11.11.2010 – C-232/09 (*Danosa*), Slg. I 2010, 11435 = NZA 2011, 143, 146 Rn. 51; EuGH, Urt. v. 9.7.2015 – C-229/14 (*Balkaya*), NZA 2015, 861, 862 Rn. 39.

363 Auf die (berechtigte) Kritik an der Rechtsprechung des EuGH zur Auslegung des unionsrechtlichen Arbeitnehmerbegriffs bei Organmitgliedern wird nicht eingegangen, da die Rechtsprechung bis auf Weiteres maßgebend für die Auslegung des § 17 KSchG ist. Siehe zur Kritik eingehend EuArbRK/*Spelge*, Art. 1 RL 98/59/EG Rn. 97 m.w.N.

aa) Weisungsrecht

Wesentliches Merkmal für die Bestimmung des Unterordnungsverhältnisses ist das Weisungsrecht, dem eine Person grundsätzlich unterliegen muss, um unionsrechtlich als Arbeitnehmer gelten zu können.[364] Ein ausreichendes Weisungsrecht kann nach dem EuGH angenommen werden, wenn das Gesellschaftsorgan dem Leitungsorgan seine Arbeitsaufgaben sowie die Art der Erledigung zuweisen kann.[365] Unerheblich ist die Rechtsgrundlage des Weisungsrecht, da der EuGH die in Deutschland vorgenommene Trennung zwischen arbeitsvertraglichem und gesellschaftsrechtlichem Weisungsrecht ablehnt. Das ArbG Verden hatte als vorlegendes Gericht in der Rechtssache *Balkaya* auf diese Trennung hingewiesen,[366] der EuGH ging hierauf aber in seiner Entscheidung nicht ein.[367] Im Ergebnis reicht es dem EuGH somit aus, dass ein Weisungsrecht gleich welchen Ursprungs besteht. Das Weisungsrecht ergibt sich zwar nach Ansicht des EuGH vor allem aus den tatsächlichen Umständen des Einzelfalls wie z.B. der Erteilung von Weisungen.[368] Allerdings berücksichtigt er auch die bloße gesetzliche Weisungsmöglichkeit, da diese ebenfalls die Gefahr eines Unterordnungsverhältnisses begründe, die den Schutz des Arbeitnehmers notwendig machen könnte.[369]

bb) Jederzeitige Möglichkeit der Abberufung

Ein neben dem Unterordnungsverhältnis (mit-)entscheidendes Merkmal ist die Möglichkeit der jederzeitigen Abberufung des Leitungsorgans ohne wichtigen Grund. In ihr zeige sich das beschriebene Unterordnungsverhältnis, wenn ein Organ der Gesellschaft das Leitungsorgan gegen dessen Wil-

---

364 EuGH, Urt. v. 27.6.1996 – C-107/94 (*Asscher*), Slg. I 1996, 3089 = NJW 1996, 2921, 2922 Rn. 25; EuGH, Urt. v. 9.7.2015 – C-229/14 (*Balkaya*), NZA 2015, 861, 862 Rn. 34 m.w.N.

365 EuGH, Urt. v. 9.7.2015 – C-229/14 (*Balkaya*), NZA 2015, 861, 862 Rn. 41.

366 ArbG Verden, Beschl. v. 6.5.2014 – 1 Ca 35/13, NZA 2014, 665, 666 f.

367 Vgl. *Commandaeur/Kleinebrink*, NZA-RR 2017, 449, 451; *Lunk/Rodenbusch*, GmbHR 2012, 188, 190.

368 Vgl. EuGH, Urt. v. 11.11.2010 – C-232/09 (*Danosa*), Slg. I 2010, 11435 = NZA 2011, 143, 145 Rn. 39–41; *Commandaeur/Kleinebrink*, NZA-RR 2017, 449, 451.

369 Vgl. EuGH, Urt. v. 9.7.2015 – C-229/14 (*Balkaya*), NZA 2015, 861, 863 Rn. 44–47; a.A. *Brams*, Unionsrechtliche Impulse, S. 161, die allein auf die tatsächlichen Verhältnisse abstellt.

len von seinen Pflichten entbinden und somit mittelbar sein Weisungsrecht durchsetzen könne, da bei Widersetzung durch das Leitungsorgan dessen jederzeitige Abberufung drohe.[370]

cc) Kontrolle durch ein anderes Organ

Nach der eingangs dargestellten Formulierung des EuGH kann sich die Arbeitnehmereigenschaft eines Leitungsorgans aus einem Weisungsrecht *oder* aus der Kontrolle durch ein anderes Organ ergeben. Für die Arbeitnehmereigenschaft ist es somit ausreichend, dass eine der beiden Voraussetzungen (mit-)erfüllt ist.[371]

Demgegenüber hat der EuGH die Anforderungen an die Kontrollbefugnis bislang nicht weitergehend präzisiert. Im Einklang mit dem weiten unionsrechtlichen Arbeitnehmerbegriff wird man allerdings bereits ausreichen lassen müssen, dass das Leitungsorgan bestimmten Berichts- und Informationspflichten gegenüber dem Kontrollorgan unterliegt.[372] In diese Richtung deutet nämlich der Schlussantrag des Generalanwalts *Bot* in der Rechtssache *Danosa* hin, der das Merkmal als erfüllt ansieht, wenn der Geschäftsführer Berichte und Informationsschreiben an das Kontrollorgan zu senden hat.[373] Da der EuGH diesen Ausführungen nicht widersprochen hat, spricht eine Vermutung dafür, dass er die Ausführungen teilt.[374]

dd) Eingliederung in die Gesellschaft

Weiteres Merkmal im Rahmen der vorzunehmenden Gesamtabwägung ist die Eingliederung in die Gesellschaft.[375] Nach Ansicht des Generalanwalts *Bot* dient das Kriterium der Abgrenzung von Selbstständigen und freien Mitarbeitern und ist dementsprechend weit auszulegen.[376] Deshalb sei be-

370 *Brams*, Unionsrechtliche Impulse, S. 163 f.

371 *Brams*, Unionsrechtliche Impulse, S. 162; *Giesen*, ZfA 2016, 47, 54; *Kliemt*, RdA 2015, 232, 237.

372 *Brams*, Unionsrechtliche Impulse, S. 162 f.

373 GA Bot, Schlussantrag v. 2.9.2010 – C-232/09 (*Danosa*), BeckRS 2010, 91028 Rn. 79; so auch *Brams*, Unionsrechtliche Impulse, S. 162 f.

374 Siehe hierzu bereits näher unter 2. Teil, B. I. 2. b) (S. 79).

375 EuGH, Urt. v. 11.11.2010 – C-232/09 (*Danosa*), Slg. I 2010, 11435 = NZA 2011, 143, 146 Rn. 51.

376 GA Bot, Schlussantrag v. 2.9.2010 – C-232/09 (*Danosa*), BeckRS 2010, 91028 Rn. 78.

reits die tatsächliche Integration in den Betrieb auf Grundlage eines zur Tätigkeit verpflichtenden Vertrags für die Eingliederung in den Betrieb ausreichend.[377] Das Merkmal dürfte somit bei tatsächlicher Tätigkeit für die Gesellschaft in der Regel erfüllt sein, sofern mit der Tätigkeit ein Rückgriff auf die internen Strukturen und Ressourcen der Gesellschaft verbunden ist.[378]

ee) Kapitalbeteiligung

Der EuGH deutete erstmals in der Rechtssache *Balkaya* an, dass für die Arbeitnehmereigenschaft auch sprechen könne, dass das Leitungsorgan an der Gesellschaft kapitalmäßig nicht beteiligt ist.[379] Nationale Gerichte müssten prüfen, ob die Einflussmöglichkeit des Leitungsorgans durch eine etwaige Beteiligung auf die Gesellschaft so stark ist, dass kein Unterordnungsverhältnis bestehe.[380] Obwohl der EuGH keine festen Grenzwerte nannte, sind Mehrheitsgesellschafter und beherrschende Gesellschafter dennoch im Allgemeinen keine Arbeitnehmer i.S.d. Unionsrechts.[381] Das gilt aber nur, wenn aus der Beteiligung auch tatsächlich erhebliche Einflussmöglichkeiten des Leitungsorgans auf die Gesellschaft erwachsen.[382]

ff) Umfang der Befugnisse

Demgegenüber streitet nach Ansicht des EuGH indiziell gegen die Arbeitnehmereigenschaft ein großer und eigenständiger Tätigkeitsumfang; dieser spricht nach Auffassung des Gerichtshofs vielmehr für eine Selbstständig-

---

377 GA Bot, Schlussantrag v. 2.9.2010 – C-232/09 (*Danosa*), BeckRS 2010, 91028 Rn. 88; vgl. auch *Brams*, Unionsrechtliche Impulse, S. 167, die bereits den Rückgriff auf Betriebsmittel der Gesellschaft ausreichen lässt.

378 *Preis/Sagan*, ZGR 2013, 26, 41.

379 EuGH, Urt. v. 9.7.2015 – C-229/14 (*Balkaya*), NZA 2015, 861, 862 Rn. 40.

380 EuGH, Urt. v. 10.9.2015 – C-47/14 (*Holtermann*), NZA 2016, 183, 185 f. Rn. 47.

381 Vgl. EuGH, Urt. v. 27.6.1996 – C-107/94 (*Asscher*), Slg. I 1996, 3089 = NJW 1996, 2921, 2922 Rn. 25 f., wonach ein alleiniger Gesellschafter-Geschäftsführer in keinem Unterordnungsverhältnis steht; vgl. auch *Forst*, EuZW 2015, 664, 666; *Hohenstatt/Naber*, ZIP 2012, 1989, 1990.

382 EuGH, Urt. v. 10.9.2015 – C-47/14 (*Holtermann*), NZA 2016, 183, 185 f. Rn. 47; *Brams*, Unionsrechtliche Impulse, S. 172; *Lücke*, NJOZ 2009, 3469, 3476; *Stenslik*, DStR 2015, 2334, 2335.

keit und gegen ein Unterordnungsverhältnis des Leitungsorgans.[383] Im Umkehrschluss sprechen somit für die Arbeitnehmereigenschaft gesetzliche oder in der Satzung festgelegte Zustimmungsvorbehalte, sofern diese gegenüber dem kontrollierenden und weisungsbefugten Organ bestehen.[384] Unerheblich sind hingegen etwaige Einschränkungen der Vertretungsbefugnis im Außenverhältnis. Ein anderes Leitungsorgan (z.B. ein anderer Geschäftsführer), das nicht dem kontrollierenden und weisungsbefugten Organ entspricht, muss dann allein zustimmen.[385] Nur zu diesem kann aber das Unterordnungsverhältnis bestehen.

b) Übertragung auf die einzelnen Ausschlusstatbestände

aa) Vorstandsmitglieder einer Aktiengesellschaft

Die herrschende Ansicht im Schrifttum verneint die unionsrechtliche Arbeitnehmereigenschaft des Vorstandsmitglieds einer Aktiengesellschaft.[386] Maßgeblich gegen die Arbeitnehmereigenschaft spreche die sich in §§ 76 Abs. 1, 111 AktG manifestierende Weisungsfreiheit des Vorstands, der die Gesellschaft in eigener Verantwortung leite. Zudem könne die Abberufung eines Vorstandsmitglieds gem. § 84 Abs. 4 S. 1 AktG nur aus wichtigem Grund erfolgen, sodass zwei wesentliche Merkmale des EuGH nicht erfüllt seien – es fehle somit an einem Unterordnungsverhältnis zwischen Gesellschaft und Vorstandsmitglied.

(1) Unterordnungsverhältnis trotz fehlender Weisungsbefugnis?

Zuzugeben ist der herrschenden Meinung zunächst, dass es an einem zu § 37 Abs. 1 GmbHG vergleichbaren Weisungsrecht gegenüber dem Vorstandsmitglied einer Aktiengesellschaft fehlt. Zwar unterliegen Vorstands-

383 EuGH, Urt. v. 11.11.2010 – C-232/09 (*Danosa*), Slg. I 2010, 11435 = NZA 2011, 143, 145 Rn. 47.

384 *Brams*, Unionsrechtliche Impulse, S. 169 f.

385 *Brams*, Unionsrechtliche Impulse, S. 169 f.; *Stenslik*, DStR 2015, 2334, 2335.

386 Hierzu und zum Folgenden BeckOGK/*Naber*, § 17 KSchG Rn. 34.2; ErfK/*Kiel*, § 17 KSchG Rn. 9 f.; *Hohenstatt/Naber*, EuZA 2016, 22, 27; *Lembke/Oberwinter* in Thüsing/Rachor/Lembke, § 17 KSchG Rn. 71; *Lunk*, NZA 2015, 917, 919; *ders./Rodenbusch*, GmbHR 2012, 188, 190; *Oberthür*, NZA 2011, 253, 254; *Weber/Zimmer*, EuZA 2016, 224, 237.

mitglieder gem. § 111 Abs. 1 AktG der generellen Überwachung des Aufsichtsrats. Diese ist allerdings im Vergleich zu einem Weisungsrecht vor allem vergangenheitsbezogen und kann deshalb das Unterordnungsverhältnis allein nicht begründen.[387] Demgegenüber ist das Weisungsrecht aus § 308 Abs. 1 S. 1 AktG ein Sonderfall, da es nur gegenüber dem Vorstandsmitglied eines beherrschten Unternehmens besteht und deshalb nicht dem gesetzlichen Leitbild eines Vorstandsmitglieds entspricht.[388]

Allerdings reicht es für die unionsrechtliche Arbeitnehmereigenschaft dem ersten Anschein nach aus, dass ein Leitungsorgan „[...] seine Tätigkeit nach Weisung oder unter Aufsicht eines anderen Organs dieser Gesellschaft ausübt und [...].“[389] Der gewählte Wortlaut („oder“ und bei den folgenden Voraussetzungen „und“) suggeriert ein Alternativverhältnis, sodass auch die weisungsfreie Tätigkeit unter Aufsicht eines Gesellschaftsorgans für die Arbeitnehmereigenschaft ausreichen kann. Für diese Lesart spricht, dass Art. 223 Abs. 4 des lettischen Handelsgesetzbuches *Komerclikums* (LHGB) ein zu § 37 Abs. 1 GmbHG ähnliches Weisungsrecht enthält, das der EuGH allerdings in der Rechtssache *Danosa* nicht als maßgeblichen rechtlichen Rahmen zitierte. Die Norm war also für die rechtliche Bewertung irrelevant, da die Arbeitnehmereigenschaft auch ohne Weisungsrecht bejaht werden konnte. Deshalb hat der EuGH trotz der unbestrittenen Weisungsunabhängigkeit der Geschäftsführerin in der Rechtssache *Danosa*[390] ihre Arbeitnehmerstellung dem ersten Anschein nach angenommen, d.h. ein etwaiges Weisungsrecht zwar als wesentliches, aber im Rahmen der vorzunehmenden Gesamtabwägung verzichtbares Merkmal eines Arbeitsverhältnisses angesehen, wenn ausreichende Kontrollbefugnisse eines Gesellschaftsorgans über das Leitungsorgan bestehen.[391]

---

387 Für den vorrangigen Vergangenheitsbezug MüKoAktG/*Spindler*, § 111 AktG Rn. 15 m.w.N; *Kliemt*, RdA 2015, 232, 237.

388 In diesem Fall dürfte das betroffene Vorstandsmitglied unionsrechtlich allenfalls als Arbeitnehmer der Muttergesellschaft gelten, da es gem. § 308 Abs. 2 S. 1 AktG ähnlich wie ein Geschäftsführer gem. § 37 Abs 1 GmbHG deren Weisungen zu folgen hat *Kort*, NZG 2013, 601, 606.

389 Hierzu und zum Folgenden EuGH, Urt. v. 11.11.2010 – C-232/09 (*Danosa*), Slg. I 2010, 11435 = NZA 2011, 143, 145 Rn. 51; vgl. auch EuGH, Urt. v. 9.7.2015 – C-229/14 (*Balkaya*), NZA 2015, 861, 862 Rn. 39.

390 Siehe auch GA Bot, Schlussantrag v. 2.9.2010 – C-232/09 (*Danosa*), BeckRS 2010, 91028 Rn. 81, der auch davon ausgeht, dass dem Geschäftsführer weder durch den Aufsichtsrat noch durch die Gesellschafter Weisungen erteilt werden konnten. Zustimmend *Giesen*, ZfA 2016, 47, 54.

391 So im Ergebnis auch *Annuß*, FS Willemsen, S. 11, 15 f.; *Giesen*, ZfA 2016, 47, 57; *Kliemt*, RdA 2015, 232, 237; wohl auch *Lunk/Rodenbusch*, GmbHR 2012, 188, 190;

(2) Kontrollbefugnisse über Vorstandsmitglieder

Entscheidend ist somit, ob die durch das LHGB eingeräumten Kontrollbefugnisse der Gesellschafterversammlung über die Geschäftsführerin als Teil des Vorstands (lett.: *valde*; engl.: *board*) den nationalen Kontrollbefugnissen des Aufsichtsrats über einzelne Vorstandsmitglieder entsprechen. Dazu müssen die Befugnisse des lettischen Rechts mit denen des nationalen Rechts verglichen werden.

Der EuGH entschied über die Arbeitnehmerstellung einer Geschäftsführerin einer lettischen *Sabiedrība ar ierobežotu atbildību* (SIA), die in den Art. 185–224 LHGB geregelt ist. Gemäß Art. 209 LHGB sind ihre Organe die Gesellschafterversammlung, der Vorstand (samt Geschäftsführer) sowie wahlweise der Aufsichtsrat.

Der Geschäftsführer unterliegt gemäß Art. 171 Abs. 1, 184 Abs. 2 LHGB Zustimmungsvorbehalten gegenüber der Gesellschafterversammlung oder – soweit vorhanden – gegenüber dem Aufsichtsrat bezüglich der Aufnahme von Konkurrenztätigkeiten und Geschäften mit nahestehenden Personen. Vergleichbaren Zustimmungsvorbehalten unterliegt auch das nationale Vorstandsmitglied gegenüber dem Aufsichtsrat, §§ 88 Abs. 1, 111b Abs. 1 AktG. Zudem unterliegt der Geschäftsführer gemäß Art. 221 Abs. 5, 6 LHGB Bericht- und Unterrichtungspflichten gegenüber der Gesellschafterversammlung hinsichtlich bestimmter abgeschlossener Rechtsgeschäfte und der finanziellen Aktivitäten sowie Umstände der Gesellschaft, wobei die Gesellschaftsversammlung die Informationen jederzeit verlangen kann. Vergleichbaren Berichts- und Unterrichtungspflichten unterliegt der Vorstand einer nationalen Aktiengesellschaft gegenüber dem Aufsichtsrat gemäß § 90 AktG, wobei der Aufsichtsrat wie im lettischen Recht ebenfalls bestimmte Informationen jederzeit verlangen kann, vgl. § 90 Abs. 3 S. 1 AktG.

Im Ergebnis sind die Kontrollrechte des Aufsichtsrats gegenüber einem Vorstandsmitglied somit mit denen der lettischen Gesellschafterversammlung gegenüber einem Geschäftsführer vergleichbar, sodass bei konsequenter Anwendung der in der Rechtssache *Danosa* aufgestellten Grundsätze das nationale Vorstandsmitglied in einem unionrechtlichen Unterordnungsverhältnis zum Aufsichtsrat und somit zur Aktiengesellschaft steht.

---

ebenfalls bereits angedeutet von EuGH, Urt. v. 13.1.2004 – C-256/01 (*Allonby*), Slg. I 2004, 903 = NZA 2004, 201, 204 Rn. 68–72, der maßgeblich auf das Kriterium des Unterordnungsverhältnisses abstellt.

Die Vergleichbarkeit scheitert auch nicht etwa daran, dass die Berichts- und Unterrichtungspflichten des § 90 AktG allein der besseren Kommunikation zwischen Vorstand und Aufsichtsrat für die vorbeugende Überwachung der Geschäftsführung dienen.[392] Der EuGH lässt ausdrücklich die Pflicht zur Rechenschaft *und* zur Zusammenarbeit mit einem Leitungsorgan für die Kontrollbefugnisse genügen,[393] sodass die in § 90 AktG festgelegte Zusammenarbeit zwischen Vorstandsmitglied und Aufsichtsrat hiervon umfasst ist.

(3) Jederzeitige Möglichkeit der Abberufung trotz Voraussetzung des wichtigen Grundes?

Die herrschende Meinung erkennt allerdings zutreffend, dass die Abberufung eines Vorstandsmitglieds durch den Aufsichtsrat nur aus wichtigem Grund erfolgen kann. Sie unterscheidet sich somit von der jederzeitigen Abberufungsmöglichkeit bei Geschäftsführern, sodass die Tätigkeit des Vorstandmitglieds grundsätzlich unabhängiger als die des Geschäftsführers ist.

Allerdings versteht der EuGH den „wichtigen Grund“ enger als das AktG. Nach § 84 Abs. 4 S. 2 Var. 3 AktG ist ein wichtiger Grund für die Abberufung des Vorstandsmitglieds der Vertrauensentzug durch Beschluss des Aufsichtsrats. Genau diesen Fall setzt Generalanwalt *Bot* allerdings in seinem Schlussantrag zur Rechtssache *Danosa* mit der Möglichkeit der jederzeitigen Abberufung gleich.[394] Da der EuGH explizit auf die genannte Passage des Schlussantrags in seinem Urteil Bezug nimmt,[395] entspricht die Ansicht des Generalanwalts der Ansicht des EuGH. Generalanwalt *Bot* stellt darauf ab, inwieweit die Abberufungsmöglichkeit die Unabhängigkeit des einzelnen Leitungsorgans einschränkt und ob das Leitungsorgan durch eigenes Verhalten seine Abberufung verhindern kann.

---

392 So aber *Kort*, NZG 2013, 601, 606, der § 90 AktG und etwaigen Zustimmungsvorbehalten einen reinen „gesellschaftsrechtlichen Zweck“ zuschreibt, der die Arbeitnehmereigenschaft nicht begründen könne.

393 EuGH, Urt. v. 11.11.2010 – C-232/09 (*Danosa*), Slg. I 2010, 11435 = NZA 2011, 143, 145 Rn. 49.

394 GA Bot, Schlussantrag v. 2.9.2010 – C-232/09 (*Danosa*), BeckRS 2010, 91028 Rn. 6, 80–82 u. 99; vgl. auch *Brams*, Unionsrechtliche Impulse, S. 174.

395 EuGH, Urt. v. 11.11.2010 – C-232/09 (*Danosa*), Slg. I 2010, 11435 = NZA 2011, 143, 145 Rn. 48; siehe auch *Ziemons*, KSzW 2013, 19, 20.

Übertragen auf § 84 Abs. 4 S. 2 Var. 3 AktG ergibt sich folgendes Bild: Der Abberufungsbeschluss des Aufsichtsrats muss nicht begründet sein und die das Vertrauen zerstörenden Gründe müssen nicht einmal tatsächlich vorliegen.[396] Die Abberufung wegen Vertrauensverlusts erfolgt zudem verschuldensunabhängig, sodass das Vorstandsmitglied die Abberufung nicht in der eigenen Hand hat.[397] Die Wirksamkeit des Beschlusses unterliegt einzig der Willkürgrenze. Zwar ist diese Grenze nach herrschender Literatur stärker als der Schutz des Fremdgeschäftsführers, da für seine Abberufung nur die Grenzen der §§ 226, 826 BGB gelten und somit nur die vorsätzlich schädigende Abberufung des Fremdgeschäftsführers unzulässig ist.[398] Das darf allerdings nicht darüber hinwegtäuschen, dass das Schutzniveau tatsächlich vergleichbar ist, da willkürliche Gründe für die Abberufung eines Vorstandsmitglieds wegen Vertrauensentzugs i.S.d. § 84 Abs. 4 S. 2 2. Hs. AktG kaum angenommen werden.[399] Deshalb kann eine Abberufung des Vorstandsmitglieds auch bereits erfolgen, wenn dem Aufsichtsrat die Leitung der Gesellschaft missfällt.[400] Jedenfalls aber für den Minderheitsgesellschafter-Geschäftsführer, der nach herrschender Meinung ebenfalls Arbeitnehmer im Unionsrecht sein kann, überzeugt das Argument der herrschenden Literatur nicht. Sein Schutz vor der Abberufung ist ebenso stark wie der des Vorstandsmitglieds, da für seine Abberufung wegen der zwischen Gesellschaftern bestehenden Treuepflicht § 84 Abs. 4 S. 2 2. Hs. AktG und dessen Willkürgrenze analog gilt.[401]

Ein Teil der Literatur verneint die jederzeitige Möglichkeit der Abberufung eines Vorstandsmitglieds allerdings wegen des zusätzlich notwendigen Vertrauensentzugs durch die Hauptversammlung, der formelle Voraussetzung für die Abberufung eines Vorstandsmitglieds ist.[402] Tatsächlich sind

396 BGH, Urt. v. 15.11.2016 – II ZR 217/15, NJW-RR 2017, 490, 491 Rn. 15 f.

397 Vgl. BGH, Urt. v. 15.11.2016 – II ZR 217/15, NJW-RR 2017, 490, 491 Rn. 16 f.; MüKoAktG/*Spindler*, § 84 AktG Rn. 170.

398 MüKoGmbHG/*Stephan*/*Tieves*, § 38 GmbHG Rn. 8; NSH/*Beurskens*, § 38 GmbHG Rn. 2; a.A. Scholz/*Schneider*, § 38 GmbHG Rn. 16, für den analog zu § 84 Abs. 3 S. 2 2. Hs. AktG bereits unsachliche Gründe ausreichen.

399 BGH, Urt. v. 28.1.1954 – II ZR 211/53, NJW 1954, 998, 999; MüKoAktG/*Spindler*, § 84 AktG Rn. 178.

400 Das dürfte das maßgebliche Kriterium im Unionsrecht sein, vgl. GA Bot, Schlussantrag v. 2.9.2010 – C-232/09 (*Danosa*), BeckRS 2010, 91028 Rn. 82.

401 Vgl. BGH, Beschl. v. 29.11.1993 – II ZR 61/93, DStR 1994, 214, 215 f.; OLG Koblenz, Beschl. v. 21.6.2007 – 6 W 298/07, BeckRS 2007, 10829; OLG Zweibrücken, Urt. v. 5.6.2003 – 4 U 117/02, NJW-RR 2003, 1398, 1399.

402 *Hildebrand*, Arbeitnehmerschutz, S. 89 f.; *Kliemt*, RdA 2015, 232, 237; *Kort*, NZG 2013, 601, 605 f.

deshalb für die Abberufung zwei Beschlüsse notwendig, sodass die formellen Hürden höher als bei der Abberufung eines Geschäftsführers sind. Allerdings kommt es unionsrechtlich entscheidend darauf an, dass eine Abberufung ohne besondere Begründung jederzeit durch ein Leitungsorgan erfolgen kann, auf das das Vorstandsmitglied keinen Einfluss hat und dessen Kontrolle es unterliegt. Beides ist im Verhältnis zwischen Vorstandsmitglied und Hauptversammlung gegeben.

Im Ergebnis ist die Abberufung wegen Vertrauensentzugs nach § 84 Abs. 4 S. 2 Var. 3 AktG somit ein Druckmittel, das die Unabhängigkeit des Vorstandsmitglieds einschränkt und deshalb die Voraussetzungen der jederzeitigen Abberufungsmöglichkeit erfüllt.[403]

(4) Umfang der Befugnisse, Eingliederung und Kapitalbeteiligung

Das Vorstandsmitglied erfüllt auch in der Regel die übrigen Kriterien des EuGH.[404] Es unterliegt Zustimmungsvorbehalten gegenüber dem Aufsichtsrat und ist in der Regel tatsächlich und unter Rückgriff auf etwaige Personal- und Betriebsmittel für die Gesellschaft tätig, d.h. in sie eingegliedert. Fremdvorstandsmitglieder und Minderheitsvorstandsmitglieder ohne beherrschenden Einfluss besitzen zudem nicht die notwendige Kapitalbeteiligung, die ihre Arbeitnehmereigenschaft ausschließen könnte. Schließlich sind Vorstandsmitglieder gemäß § 84 Abs. 1 S. 1 AktG befristet zu bestellen und haben aus ihrem Anstellungsverhältnis in der Regel einen Entgeltanspruch, vgl. § 87 Abs. 1 S. 1 AktG.

Auch wenn rechtspolitisch ein gegenteiliges Ergebnis wünschenswert wäre, können Fremdvorstandsmitglieder und Minderheitsvorstandsmitglieder ohne beherrschenden Einfluss auf die Gesellschaft bei konsequenter Anwendung der Grundsätze des EuGH und unter Berücksichtigung des weiten unionsrechtlichen Arbeitnehmerbegriffs jedenfalls im Einzelfall als Arbeitnehmer anzusehen sein und ihnen ist entgegen § 17 Abs. 5 Nr. 1

403 So im Ergebnis auch *Fischer*, NJW 2011, 2329, 2331; *Ziemons*, KSzW 2013, 19, 20; wohl auch *Leopold*, ZESAR 2011, 362, 366, der eine Arbeitnehmerstellung des Vorstandsmitglied im Ergebnis allerdings dennoch ohne nähere Begründung verneint.

404 Hierzu und zum Folgenden *Hildebrand*, Arbeitnehmerschutz, S. 85; vgl. auch EuGH, Urt. v. 11.11.2010 – C-232/09 (*Danosa*), Slg. I 2010, 11435 = NZA 2011, 143, 145 f. Rn. 39 u. 48.

KSchG und der herrschenden Meinung der Massenentlassungsschutz nicht kategorisch zu verwehren.[405]

(5) Möglichkeit der unionsrechtskonformen Rechtsfortbildung

§ 17 Abs. 5 Nr. 1 KSchG nimmt als Negativfiktion somit Vorstandsmitglieder aus dem Anwendungsbereich der §§ 17, 18 KSchG aus, obwohl sie im Einzelfall Arbeitnehmer sein können. Der Ausschluss widerspricht deshalb unionsrechtlichen Vorgaben, sofern er nicht richtlinienkonform ausgelegt oder fortgebildet werden kann.

Allerdings scheitert eine richtlinienkonforme Auslegung schon deshalb, weil Fremdvorstandsmitglieder und Minderheitsvorstandsmitglieder ohne beherrschenden Einfluss eindeutig unter den Wortlaut des § 17 Abs. 5 Nr. 1 KSchG fallen. Sie sind somit ein positiver Kandidat i.S.d. semantischen „Drei-Bereiche-Modells", der nur durch eine teleologischen Reduktion aus dem Anwendungsbereich einer Norm genommen werden kann.[406]

Diese scheitert aber an der Übereinstimmung von noch möglichem Wortsinn und eindeutigem Willen des Gesetzgebers.[407] Bei dem in § 17 Abs. 5 Nr. 1 KSchG vorgenommenen Ausschluss handelt es sich um eine gesetzgeberische Grundentscheidung, die dort genannten Gruppen vom Schutz des Arbeitsrechts auszuschließen.[408] Das hat der Gesetzgeber durch Normen wie § 5 Abs. 2 BetrVG, § 5 Abs. 1 S. 3 ArbGG oder eben §§ 14 und 17 Abs. 5 KSchG deutlich gemacht.[409] Um sicherzugehen, dass die Verantwortlichen für Personalentscheidungen nicht systemwidrig den Schutz des nationalen Arbeitsrechts genießen, wählte der Gesetzgeber eine Negativfiktion in all den aufgezählten Normen, die ohne Prüfung des Einzelfalls einen Ausschluss sicherstellen sollte. Demgegenüber würde eine teleologische Reduktion des § 17 Abs. 5 Nr. 1 KSchG diese gesetzgeberische Grundentscheidung unterlaufen, wenn Gerichte im Einzelfall doch die Arbeit-

405 *Giesen*, ZfA 2016, 47, 57; zustimmend jedenfalls für den Arbeitnehmerbegriff des AGG *Annuß*, FS Willemsen, S. 11, 17.

406 Siehe zum semantischen „Drei-Bereiche-Modell" bereits näher unter 1. Teil, B. I. 4. b) (S. 54).

407 Siehe zu dieser Grenze bereits näher unter 1. Teil, B. I. 4. c) (S. 57 ff.).

408 APS/*Moll*, § 17 KSchG Rn. 22 f.; LKB/*Bayreuther*, § 17 KSchG Rn. 29; *Weber/Zimmer*, EuZA 2016, 224, 239 f.; vgl. auch *Lunk*, FS Bauer, S. 705, 707.

409 LKB/*Bayreuther*, § 17 KSchG Rn. 29.

nehmereigenschaft der ausgeschlossenen Personen prüfen müssten. Eine teleologische Reduktion des § 17 Abs. 5 Nr. 1 KSchG ist somit unzulässig.[410]

bb) Organschaftliche Vertreter einer Personengesamtheit

Zu den organschaftlichen Vertretern einer Personengesamtheit gehören u.a. die vertretungsberechtigten Gesellschafter einer GbR, einer OHG, einer KG sowie die Vorstandsmitglieder eines rechtsfähigen Vereins.[411] Diese Gruppen erfüllen nach dem gesetzlichen Leitbild – vorbehaltlich des Einzelfalls – nicht die Voraussetzungen des unionsrechtlichen Arbeitnehmerbegriffs.

(1) Vertretungsberechtigte Gesellschafter einer GbR

Bei vertretungsberechtigten Gesellschaftern einer GbR fehlt in der Regel ein Unterordnungsverhältnis zur Gesellschaft. Sie unterliegen nicht den Weisungen der Gesellschaft, da § 665 BGB auf den geschäftsführenden Gesellschafter nach allgemeiner Ansicht nicht anzuwenden ist.[412] Zudem können dem vertretungsberechtigtem Gesellschafter gem. § 720 Abs. 4 BGB i.V.m. § 715 Abs. 5 BGB seine Befugnisse nur aus wichtigem Grund entzogen werden, wobei der bloße Vertrauensverlust kein wichtiger Grund ist.[413] Deshalb ist das Merkmal der jederzeitigen Abberufungsmöglichkeit nicht erfüllt. Allein die gem. § 717 BGB weitgehenden Auskunfts- und Rechenschaftspflichten des geschäftsführenden Gesellschafters ggü. der Gesellschaft können nicht dessen Arbeitnehmerstellung begründen.[414]

(2) Vertretungsberechtigte Gesellschafter einer OHG und einer KG

Ebenfalls sind vertretungsberechtigte Gesellschafter einer OHG oder einer KG unionsrechtlich keine Arbeitnehmer, da es in der Regel an einem Un-

410 APS/*Moll*, § 17 KSchG Rn. 22 f.; *Hohenstatt/Naber*, NZA 2015, 637, 640; LKB/*Bayreuther*, § 17 KSchG Rn. 29; *Weber/Zimmer*, EuZA 2016, 224, 239 f.; a.A. ErfK/*Kiel*, § 17 KSchG Rn. 10; EuArbRK/*Spelge*, Art. 1 RL 98/59/EG Rn. 98; NK-ArbR/*Boemke*, § 17 KSchG Rn. 40; *Stenslik*, DStR 2015, 2334, 2335.

411 MüKoBGB/*Hergenröder*, § 14 KSchG Rn. 6 u. 9.

412 Vgl. zu § 713 BGB a.F., dem Vorgänger von § 717 BGB MüKoBGB/*Schäfer*, § 713 BGB Rn. 7 m.w.N.

413 BeckOK/*Schöne*, § 720 BGB Rn. 20 m.w.N.

414 Vgl. für den Umfang der Rechenschaftspflichten zu § 713 BGB a.F. BeckOGK/*Geibel*, § 713 BGB Rn. 28–33 m.w.N.

terordnungsverhältnis zur Gesellschaft fehlt. Notwendig für den Entzug der Geschäftsführung oder der Vertretungsbefugnis ist ein Gerichtsbeschluss, d.h. die Abberufung kann bereits nicht durch ein Leitungsorgan erfolgen. Es muss zudem ein wichtiger Grund vorliegen, der nicht in einem Vertrauensverlust bestehen kann, §§ 116 Abs. 5, 124 Abs. 5, 161 Abs. 2 HGB. Schließlich unterliegen weder Gesellschafter einer OHG noch einer KG umfassenden Rechenschafts- oder Befolgungspflichten.

(3) Vorstandsmitglieder eines rechtsfähigen Vereins

Das Vorstandsmitglied eines rechtsfähigen Vereins ist ebenfalls unionsrechtlich kein Arbeitnehmer, da es keinen gesetzlichen Entgeltanspruch gegen den Verein hat, vgl. § 27 Abs. 3 S. 2 BGB. Dieser ist allerdings nach unionsrechtlichem Verständnis konstitutiv für die Arbeitnehmerstellung.[415] Sollte das Vorstandsmitglied hingegen ausnahmsweise einen Entgeltanspruch bspw. aus Vertrag haben, wäre es unionsrechtlich im Einzelfall Arbeitnehmer. Die Mitgliederversammlung verfügt über ein umfassendes Weisungsrecht gegenüber dem einzelnen Vorstandsmitglied, das verbindliche Einzelweisungen ohne Weiteres hinsichtlich der gesamten Geschäftsführung zulässt, §§ 27 Abs. 3 S. 1, 665 BGB.[416] Das Weisungsrecht ist vergleichbar mit dem Weisungsrecht der Gesellschafterversammlung aus § 37 Abs. 1 GmbHG, sodass das notwendige Unterordnungsverhältnis schon aufgrund umfassender Weisungsgebundenheit zu bejahen wäre. Die weiteren Voraussetzungen wären ebenfalls in der Regel erfüllt.

2. Leitende Angestellte

Leitende Angestellte sind sowohl nach dem nationalen als auch nach dem Arbeitnehmerbegriff der MERL Arbeitnehmer, da sie in der Regel ihre Tätigkeit in persönlicher Abhängigkeit und weisungsgebunden ausüben.[417] Die Herausnahme der leitenden Angestellten gem. § 17 Abs. 5 Nr. 3 Var. 3

415 Vgl. EuGH, Urt. v. 9.7.2015 – C-229/14 (*Balkaya*), NZA 2015, 861, 863 Rn. 50, wonach Praktikanten nur unter den Arbeitnehmerbegriff fallen, wenn sie eine Vergütung erhalten.

416 BeckOGK/*Segna*, § 27 BGB Rn. 91–94 m.w.N.

417 EuArbRK/*Spelge*, Art. 1 RL 98/59/EG Rn. 100 m.w.N.

KSchG ist somit unionsrechtswidrig,[418] wenn sie nicht unionrechtskonform ausgelegt oder fortgebildet werden kann.

Eine richtlinienkonforme Auslegung scheitert zunächst am klaren Wortlaut der Vorschrift, die ebenso wie § 14 Abs. 2 KSchG den leitenden Angestellten definiert und festlegt.[419] Es handelt sich um einen positiven Kandidaten i.S.d. semantischen „Drei-Bereiche-Modells",[420] sodass die Richtlinienkonformität der Norm allenfalls mithilfe einer teleologischen Reduktion hergestellt werden kann.

Diese scheitert aber jedenfalls am vollständigen Funktionsverlust des § 17 Abs. 5 Nr. 3 Var. 3 KSchG, der mit ihr eintreten würde. Anders als bei Organmitgliedern einer juristischen Person sind leitende Angestellte i.S.d. § 14 Abs. 2 KSchG stets Arbeitnehmer,[421] sodass kein sinnvoller Anwendungsbereich für § 17 Abs. 5 Nr. 3 Var. 3 KSchG verbliebe.[422] Würde man auch in diesem Fall Rechtsfortbildung durch den Richter zulassen, könnte er bloße Normhüllen ohne praktische Bedeutung schaffen. Hierdurch wäre der Gewaltenteilungsgrundsatz verletzt, der es allein dem Gesetzgeber gestattet, geltendes Recht aufzuheben.[423]

III. Zusammenfassung

Die Untersuchung hat gezeigt, dass für Leiharbeitnehmer keinerlei Besonderheiten im Massenentlassungsrecht gelten. Im Verleiherbetrieb sind sie Arbeitnehmer i.S.d. §§ 17, 18 KSchG, sodass sie durch den Verleiher entlassen werden können und als „in der Regel Beschäftigte" i.S.d. § 17 Abs. 1 S. 1 KSchG gelten. Demgegenüber hat ihre Beschäftigung keinerlei Einfluss auf den Entleiherbetrieb, da sie weder durch den Entleiher entlassen werden können noch ihre Beschäftigung die Betriebsgröße des Entleiherbetriebs beeinflusst. Die Zwecke der MERL erfordern eine Berücksichtigung von

418 Allgemeine Ansicht und schon früh erkannt von *Hinrichs*, Kündigungsschutz, S. 94; *Wißmann*, RdA 1998, 221, 222; *Zwanziger*, AuR 2001, 384, 385.

419 Kneip, *Konsultationsverfahren*, S. 86; vgl. auch *Hohenstatt/Naber*, NZA 2014, 637, 640; a.A. *Boemke* in Oetker/Preis, EAS, B7100 Rn. 90.

420 Siehe zum semantischen „Drei-Bereiche-Modell" bereits näher unter 1. Teil, B. I. 4. b) (S. 54).

421 Statt aller APS/*Moll*, § 17 KSchG Rn. 18 m.w.N.

422 Siehe zu dieser Grenze bereits näher unter 1. Teil, B. I. 4. c) (S. 57 ff.).

423 Deshalb ist die Ansicht abzulehnen, die § 17 Abs. 5 Nr. 3 Var. 3 KSchG teleologisch reduziert. Für diese Ansicht *Boemke* in Oetker/Preis, EAS, B7100 Rn. 90; NK-ArbR/*ders.*, § 17 KSchG Rn. 33; ErfK/*Kiel*, § 17 KSchG Rn. 10; EuArbRK/*Spelge*, Art. 1 RL 98/59/EG Rn. 101; *Lunk/Hildebrand*, NZA 2016, 129, 132.

Leiharbeitnehmern im Entleiherbetrieb nicht. Aufgrund der fehlenden Besonderheiten müssen §§ 17, 18 KSchG für die Leiharbeit auch nicht reformiert werden.

Die Untersuchung hat zudem ergeben, dass der Ausschlusstatbestand des § 17 Abs. 5 Nr. 1–3 KSchG einige Personengruppen (leitende Angestellte, Fremd- und Minderheitsgeschäftsführer sowie Fremd- und Minderheitsvorstandsmitglieder) aus dem Massenentlassungsschutz ausschließt, obwohl sie im Einzelfall Arbeitnehmer i.S.d. der MERL sein können. Eine unionsrechtskonforme Auslegung oder Rechtsfortbildung des § 17 Abs. 5 Nr. 1–3 KSchG ist unzulässig, da die als Negativfiktion ausgestaltete Norm eine Grundsatzentscheidung des Gesetzgebers ist, die durch eine teleologische Reduktion nicht unterlaufen werden darf. § 17 Abs. 5 Nr. 1–3 KSchG ist deshalb teilweise unionsrechtswidrig. Allerdings folgt spiegelbildlich aus der unionsrechtlichen Definitionshoheit über den Arbeitnehmerbegriff der MERL, dass der Gesetzgeber diese Personen nicht (sanktionslos) aus dem Anwendungsbereich des Massenentlassungsrechts ausschließen darf. Es bedarf vielmehr zukünftig einer einzelfallbezogenen gerichtlichen Prüfung, die die Kriterien des unionsrechtlichen Arbeitnehmerbegriffs abwägt.

C. Sachlicher Anwendungsbereich

Der sachliche Anwendungsbereich der §§ 17, 18 KSchG wird durch den Betriebs- und den Entlassungsbegriff definiert. Beide Begriffe sind zwar wie der Arbeitnehmerbegriff unionsautonom auszulegen. Sie werden allerdings weiterhin national beeinflusst. So hat das BVerfG trotz unionsrechtlicher Deutungshoheit den Entlassungsbegriff des § 17 Abs. 1 KSchG verfassungskonform erweitert. Zudem wird national die Vereinbarkeit des unionsrechtlichen Betriebsbegriffs mit dem Bestimmtheitsgebot angezweifelt, da der unionsrechtliche Betriebsbegriff deutlich weiter auszulegen sei als der nationale. Die sich hieraus ergebenden Schwierigkeiten haben sich jüngst eindrucksvoll an den *Air Berlin*-Entscheidungen des BAG gezeigt.

Der zu beobachtende nationale Einfluss auf Tatbestandsmerkmale, die der Deutungshoheit des Unionsgesetzgebers unterliegen, könnte dafür sprechen, dass sich unionsrechtliche Vorgaben nicht reibungslos in die nationale Systematik einzufügen. Das wiederum könnte ein Indiz für möglichen Reformbedarf im sachlichen Anwendungsbereich der §§ 17, 18 KSchG sein. Um diesen allerdings sachgerecht feststellen zu können, müssen der Betriebsbegriff und der Entlassungsbegriff näher erläutert werden.

Im Folgenden wird deshalb untersucht, ob das geltende Betriebsverständnis im Massenentlassungsrecht nationalen Bestimmtheitsanforderungen genügt oder ob der Betriebsbegriff des § 17 KSchG gesetzlich anzupassen ist, sodass er (wieder) bestimmt genug für den Rechtsanwender ist (I.). Zudem untersucht die Arbeit, welche Auswirkungen der verfassungskonforme Entlassungsbegriff des BVerfG auf das europäische und das nationale Massenentlassungsrecht hat und ob er bei Widersprüchen zur geltenden Systematik zu einer Reform zwingt (II.).

I. Betriebsbegriffe und Bestimmtheitsanforderungen

Weder die MERL noch § 17 Abs. 1 KSchG enthalten eine Definition des Betriebsbegriffs. Das verwundert, da die Definition Einfallstor für das gesamte Massenentlassungsrecht ist.[424] Sie entscheidet darüber, ob Entlassungen nach § 17 Abs. 1 KSchG anzeigepflichtig sind, welcher Betriebsrat nach § 17 Abs. 2 KSchG zu konsultieren ist und bei welcher Agentur für Arbeit die Massenentlassungsanzeige nach § 17 Abs. 3 KSchG zu erfolgen hat. Mangels entsprechender Definition stehen Rechtsanwender vor dem Problem, den einschlägigen Betriebsbegriff zu ermitteln und korrekt auf den Einzelfall anzuwenden.

Jüngstes Beispiel des Dilemmas ist der Fall der insolventen Fluggesellschaft Air Berlin PLC & Co. KG (nachfolgend: Air Berlin). Nach Ansicht des BAG legte Air Berlin den betriebsverfassungsrechtlichen und somit den falschen Betriebsbegriff dem Massenentlassungsverfahren zugrunde, weshalb die Massenentlassungsanzeige bei der unzuständigen Agentur für Arbeit erstattet worden war und die betroffenen Kündigungen unwirksam waren.[425] Im Zuge der Entscheidung setzte sich der Sechste Senat – wenn auch kurz – mit der Vereinbarkeit der geltenden Betriebsbegriffe des § 17 KSchG mit dem Gebot der Normenklarheit als Teil des Bestimmtheitsgebots auf Vorbringen Air Berlins auseinander und bejahte sie.[426] In der

424 Kritisch ebenfalls *Senk*, Betriebsbegriffe, S. 82.

425 Siehe beispielsweise BAG, Urt. v. 13.2.2020 – 6 AZR 146/19, BAGE 169, 363 = NZA 2020, 1006, 1010 Rn. 31 sowie BAG, Urt. v. 27.2.2020 – 8 AZR 215/19, NZA 2020, 1303, 1322 Rn. 169.

426 BAG, Urt. v. 13.2.2020 – 6 AZR 146/19, BAGE 169, 363 = NZA 2020, 1006, 1010 Rn. 31.

Literatur hat sich – soweit ersichtlich – bislang nur *Spelge* zu dieser Frage geäußert und die Vereinbarkeit ebenfalls bejaht.[427]

Dieser Befund ist kritisch zu hinterfragen, da weder das BAG noch *Spelge* sich vertieft mit den nationalen Bestimmtheitsanforderungen auseinandergesetzt haben. Dafür ist zunächst auf die Besonderheiten und die Entwicklung des Betriebsbegriffs im Massenentlassungsrecht einzugehen (1.). Sodann sind die wesentlichen Aussagen der *Air Berlin*-Entscheidungen hinsichtlich der verschiedenen Betriebsbegriffe zu untersuchen (2.). Abschließend erfolgt eine kritische Würdigung der derzeitigen Anforderungen und eine Stellungnahme zur Vereinbarkeit der geltenden Betriebsbegriffe mit dem Bestimmtheitsgebot (3.).

1. Betriebsbegriffe im Massenentlassungsrecht

Die MERL enthält wie bereits angedeutet keine Betriebsdefinition.[428] Einen entsprechenden Vorschlag des Wirtschafts- und Sozialausschusses, der den Betrieb als örtliche Beschäftigungseinheit definierte, übernahm der Unionsgesetzgeber nicht.[429] Er verzichtete auf eine nähere Betriebsdefinition und überließ die inhaltliche Ausgestaltung dem EuGH.[430]

Ebenfalls enthält § 17 KSchG keine Betriebsdefinition. Der nationale Gesetzgeber hätte sich allerdings trotz unionsrechtlicher Deutungshoheit über den Betriebsbegriff für eine solche entscheiden können, da die MERL zumindest die nationale Zuständigkeitsverteilung für das Konsultationsverfahren nicht berührt.[431] Deshalb beeinflusst auch der betriebsverfassungsrechtliche Betriebsbegriff mittelbar § 17 KSchG.[432] Aufgrund der durch die

427 *Spelge* in MünchHdbArbR, § 121 Rn. 25, die aufgrund des Mehrebenensystems und seiner Komplexität das Gebot der Normenklarheit für noch gewahrt ansieht; vgl. zumindest aber auch *Bauer*, NZA-Beilage 2019, 21, 23, der eine Vorlage an das BVerfG hinsichtlich der Verfassungsmäßigkeit der geltenden Massenentlassungsvorschriften bei „passender Gelegenheit" empfiehlt.

428 EuGH, Urt. v. 7.12.1995 – C-449/93 (*Rockfon*), Slg. I 1995, 4291 = NZA 1996, 471, 472 Rn. 23.

429 Stellungnahme des Wirtschafts- und Sozialausschusses der Europäischen Gemeinschaften vom 27.6.1973, Abl.EG v. 22.11.1973, Nr. C 100/11, S. 14; *Senk*, Betriebsbegriffe, S. 75–77.

430 StRspr. erstmals EuGH, Urt. v. 7.12.1995 – C-449/93 (*Rockfon*), Slg. I 1995, 4291 = NZA 1996, 471, 473 Rn. 25.

431 Siehe hierzu bereits näher unter 1. Teil, A. II. 2. (S. 30).

432 BAG, Urt. v. 13.2.2020 – 6 AZR 146/19, BAGE 169, 363 = NZA 2020, 1006, 1014 Rn. 61; Beck/Depré/Ampferl/*Zobel*, 8. Teil § 28 Rn. 179; *Benecke/Groß*, EuZW 2015,

MERL bedingten Spaltung sind somit zwei Betriebsbegriffe für das Massenentlassungsrecht (mit-)entscheidend: der unionsrechtliche (a) und der betriebsverfassungsrechtliche (b); den Inhalt beider legte die Rechtsprechung in der Vergangenheit fest.

a) Betriebsbegriff der Massenentlassungsrichtlinie

Der EuGH äußerte sich erstmals in der Rechtssache *Rockfon*[433] zum Betriebsbegriff der MERL. Danach kenne das Unionsrecht keinen einheitlichen Betriebsbegriff, sondern der Begriff sei stets anhand der Richtlinienziele zu entwickeln und auszulegen.[434] Eine wirkliche Auseinandersetzung mit den Richtlinienzielen nimmt der EuGH sodann allerdings nicht vor,[435] sondern definiert einen Betrieb i.S.d. Art. 1 Abs. 1 MERL als die Einheit, der die von der Entlassung betroffenen Arbeitnehmer zur Erfüllung ihrer Aufgaben angehören.[436] Ob die fragliche Einheit hingegen eine Leitung habe, die selbstständig Massenentlassungen vornehmen könne, sei für die Definition des Betriebs unerheblich.[437] Den klarstellenden zweiten Satz bedingte die Vorlagefrage, da das nationale Gericht wissen wollte, ob eine einheitliche Leitung und die Befugnis zur Vornahme von Massenentlassungen konstitutive Kriterien eines Betriebs i.S.d. MERL sind.[438]

Ein knappes Jahrzehnt später entwickelte der EuGH seine aufgestellte Betriebsdefinition in der Rechtssache *Athinaïki Chartopoiïa*[439] weiter. Er stellte fest, dass „unter anderem eine unterscheidbare Einheit von einer gewissen Dauerhaftigkeit und Stabilität, die zur Erledigung einer oder mehrerer bestimmter Aufgaben bestimmt ist und über eine Gesamtheit

---

506, 507 f.; *Senk*, Betriebsbegriffe, S. 83. Siehe näher zur Bestimmung der zuständigen Arbeitnehmervertretung für das Konsultationsverfahren noch unter 2. Teil, D. I. (S. 144 ff.).

433 EuGH, Urt. v. 7.12.1995 – C-449/93 (*Rockfon*), Slg. I 1995, 4291 = NZA 1996, 471.

434 EuGH, Urt. v. 7.12.1995 – C-449/93 (*Rockfon*), Slg. I 1995, 4291 = NZA 1996, 471, 472 Rn. 28.

435 *Senk*, Betriebsbegriffe, S. 102, die zutreffend feststellt, dass die „angekündigte Auslegung bedauerlicherweise nicht stattfindet."

436 EuGH, Urt. v. 7.12.1995 – C-449/93 (*Rockfon*), Slg. I 1995, 4291 = NZA 1996, 471, 473 Rn. 32.

437 EuGH, Urt. v. 7.12.1995 – C-449/93 (*Rockfon*), Slg. I 1995, 4291 = NZA 1996, 471, 473 Rn. 32.

438 Näher hierzu *Senk*, Betriebsbegriffe, S. 102.

439 Hierzu und zum Folgenden EuGH, Urt. v. 26.10.2005 – C-270/05 (*Athinaïki Chartopoiïa*), Slg. I 2007, 1502 = NZA 2007, 319, 320 Rn. 27–29.

von Arbeitnehmern sowie über technische Mittel und eine organisatorische Struktur zur Erfüllung dieser Aufgaben verfügt, ein ‚Betrieb' für den Zweck der Anwendung der Richtlinie 98/59 sein [kann]." Demgegenüber bedürfe es keiner wirtschaftlichen, finanziellen, verwaltungsmäßigen oder technologischen Autonomie, um ein „Betrieb" i.S.d. MERL zu sein, da die durch die MERL zu verhindernden örtlichen sozioökonomischen Auswirkungen unabhängig hiervon eintreten könnten. Schließlich sei für einen Betrieb auch keine räumliche Trennung von anderen Einheiten oder Einrichtungen des Unternehmens notwendig. Allerdings stellte der EuGH durch die Wörter „kann" und „unter anderem" auch klar, dass die Definition keineswegs endgültig ist und es vorrangig auf den Einzelfall ankommen dürfte.[440] Hierfür spricht, dass der EuGH seine Definition erkennbar allein auf die Merkmale der in der Rechtssache fraglichen Einheit bezogen hat und dementsprechend auch auf die Vorlagefrage mit einer konkreten Subsumtion des Einzelfalls statt wie üblich mit abstrakten Ausführungen geantwortet hat.[441]

In den nachfolgenden Rechtssachen *USDAW*,[442] *Rabal Cañas*[443] und *Lyttle u.a.*[444] präzisierte der EuGH den Betriebsbegriff nicht weiter, sondern wiederholte seine bisherigen Grundsätze.[445] Materielle Auswirkungen auf den Inhalt des Betriebsbegriff ergaben sich hieraus nicht.[446]

Zusammenfassend setzt sich der Betriebsbegriff der MERL somit aus einer positiven Definition („unterscheidbare Einheit von einer gewissen Dauerhaftigkeit und Stabilität, die zur Erledigung einer oder mehrerer Aufgaben bestimmt ist und über eine Gesamtheit von Arbeitnehmern sowie über technische Mittel und eine organisatorische Struktur zur Erfüllung dieser Aufgaben verfügt, der die von der Entlassung betroffenen Arbeitneh-

440 *Senk*, Betriebsbegriffe, S. 115.

441 *Senk*, Betriebsbegriffe, S. 114 f., die den Einzelfallbezug vor allem mit der (zu) konkreten Vorlagefrage begründet und deshalb ebenfalls keine Allgemeingültigkeit der Definition annimmt; vgl. zu den Ausführungen des Gerichtshofs EuGH, Urt. v. 26.10.2005 – C-270/05 (*Athinaïki Chartopoïïa*), Slg. I 2007, 1502 = NZA 2007, 319, 321 Rn. 38.

442 EuGH, Urt. v. 30.4.2015 – C-80/14 (*USDAW*), NZA 2015, 601.

443 EuGH, Urt. v. 13.5.2015 – C-392/13 (*Rabal Cañas*), NZA 2015, 669.

444 EuGH, Urt. v. 13.5.2015 – C-182/13 (*Lyttle u.a.*), NZA 2015, 731.

445 EuGH, Urt. v. 30.4.2015 – C-80/14 (*USDAW*), NZA 2015, 601, 602 Rn. 47–51; EuGH, Urt. v. 13.5.2015 – C-182/13 (*Lyttle u.a.*), NZA 2015, 731, 732 Rn. 28–32; EuGH, Urt. v. 13.5.2015 – C-392/13 (*Rabal Cañas*), NZA 2015, 669, 671 Rn. 44–47.

446 *Benecke/Groß*, EuZW 2015, 506, 507 f.; *Maschmann*, EuZA 2015, 488, 491–494; *Senk*, Betriebsbegriffe, S. 135.

mer zur Erfüllung ihrer Aufgaben angehören“) und drei negativen Abgrenzungsmerkmalen („keine Berechtigung zur Vornahme von Massenentlassungen, keine Autonomie und keine örtliche Trennung“) zusammen.[447]

b) Betriebsverfassungsrechtlicher Betriebsbegriff

Demgegenüber legte das BAG den §§ 17, 18 KSchG zunächst ein nationales Betriebsverständnis zugrunde, das es später vereinzelt in einem zweiten Schritt unionsrechtlich modifizierte.[448] Mangels eigenständiger Definition in den §§ 17, 18 KSchG war die auf *Jacobi*[449] zurückgehende Definition der §§ 1, 4 BetrVG im Ausgangspunkt entscheidend: „Ein Betrieb ist eine organisatorischen Einheit, innerhalb derer ein Unternehmer allein oder in Gemeinschaft mit seinen Mitarbeitern mit Hilfe von technischen und immateriellen Mitteln bestimmte, arbeitstechnische Zwecke fortgesetzt verfolgt.“[450] Im Unterschied zum Betriebsbegriff der MERL stellt der betriebsverfassungsrechtliche Betriebsbegriff entscheidend auf das Bestehen einer Leitungsstruktur ab und ist deshalb enger.

Grund für die Übertragung des betriebsverfassungsrechtlichen Betriebsbegriffs auf das nationale Massenentlassungsrecht war die der Anzeige gem. § 17 Abs. 3 S. 2 KSchG beizufügende Stellungnahme des Betriebsrats.[451] Hierdurch habe der Gesetzgeber eine Verbindung zwischen dem BetrVG und dem nationalen Massenentlassungsrecht geschaffen. So habe er die Auswirkungen für den lokalen Arbeitsmarkt abmildern wollen, da der betriebsverfassungsrechtliche Betriebsbegriff dazu führe, dass gem. § 3 BetrVG Betriebsteile und Nebenbetriebe als eigenständige Betriebe gelten und deshalb die örtliche Agentur für Arbeit bei jeder Massenentlassung zu beteiligen sei.

447 So auch *Senk*, Betriebsbegriffe, S. 135 f.

448 BAG, Urt. v. 13.12.2012 – 6 AZR 348/11, BAGE 144, 125 = NZA 2013, 669, 677 Rn. 84 m.w.N.; bereits BAG, Urt. v. 26.1.2017 – 6 AZR 442/16, BAGE 158, 104 = NZA 2017, 577, 579 Rn. 21 deutete allerdings einen Umschwung an, da das BAG dort erstmals für den Betriebsbegriff auf die Entscheidung des EuGH in der Rechtssache *USDAW* verwies.

449 *Jacobi*, FS Ehrenberg, S. 1 ff.

450 BAG, Urt. v. 13.3.1969 – 2 AZR 157/68, AP Nr. 10 zu § 15 KSchG 1951.

451 Hierzu und zum Folgenden BAG, Urt. v. 13.3.1969 – 2 AZR 157/68, AP Nr. 10 zu § 15 KSchG 1951 zur alten Rechtslage des BetrVG 1952 und des KSchG 1951, deren maßgebliche Bestimmungen aber unverändert blieben.

2. Air Berlin-Entscheidungen

Die *Air Berlin*-Entscheidungen machten jüngst deutlich, welche Probleme das bisherige Nebeneinander von betriebsverfassungsrechtlichem Betriebsbegriff und Betriebsbegriff der MERL dem Rechtsanwender bereiten können. Air Berlin erstattete trotz eines vermeintlich „hinreichend geklärten“[452] Betriebsbegriffs und trotz juristischem Beistands eine Massenentlassungsanzeige bei einer für den Betriebssitz unzuständigen Agentur für Arbeit, sodass die Kündigungen von über 1000 Beschäftigten vorbehaltlich der Fiktionswirkung der §§ 4 S. 1, 7 KSchG unwirksam waren. Da der Sachverhalt aller *Air Berlin*-Entscheidungen im Wesentlichen gleich ist, sich aber nur die Entscheidung des Sechsten Senats mit Fragen des Massenentlassungsrechts befasst,[453] wird vorrangig dessen Entscheidung dargestellt.

a) Tatbestand

Air Berlin betrieb Flughafenstationen u.a. am Standort Düsseldorf.[454] Von diesen Flughafenstationen begann und beendete das Personal seinen Dienst und hielt sich zur Vorbereitung des Dienstes in entsprechenden Crewräumen auf. Der Kläger war ein in Düsseldorf stationierter Pilot und gehörte der Gruppe Cockpit an.

Am Sitz der Gesellschaft in Berlin wurden auf Grundlage des § 117 Abs. 2 BetrVG i.V.m. dem „Tarifvertrag Personalvertretung“ (TVPV) für die Gruppen Cockpit (PV Cockpit) und Kabine (PV Kabine) zwei Personalvertretungen gebildet. Das Bodenpersonal wurde aufgrund eines Zuordnungstarifvertrags nach § 3 Abs. 1 BetrVG durch drei Betriebsräte und einen Gesamtbetriebsrat repräsentiert.

---

452 BVerfG, Nichtannahmebeschl. v. 5.1.2021 – 1 BvR 1771/20, NZA 2021, 271, 273 Rn. 12; BAG, Urt. v. 13.2.2020 – 6 AZR 146/19, BAGE 169, 363 = NZA 2020, 1006, 1022 Rn. 115, für die der maßgebliche Betriebsbegriff der §§ 17, 18 KSchG erkennbar war; ebenfalls kritisch zu dieser Feststellung *Senk*, Betriebsbegriffe, S. 142 f.

453 Die Entscheidung des Achten Senats bejahte vor allem einen Betriebsteilübergang und stellte nur am Rande im Einklang mit der Rechtsprechung des Sechsten Senats fest, dass die ausgesprochene Kündigung mangels ordnungsgemäßer Anzeige unwirksam ist und der Betriebsteilübergang somit auch nicht an einem etwaig nicht mehr bestehenden Arbeitsverhältnis scheitert BAG, Urt. v. 27.2.2020 – 8 AZR 215/19, NZA 2020, 1303, 1313 f., 1322 Rn. 92 u. 169.

454 Hierzu und zum Folgenden BAG, Urt. v. 13.2.2020 – 6 AZR 146/19, BAGE 169, 363 = NZA 2020, 1006, 1007–1010 „Zum Sachverhalt“.

In Berlin war auch der Leiter des Flugbetriebs tätig, der für das operative Geschäft der Gruppe Cockpit zuständig war. Ihm oblag die Durchsetzung der Einhaltung von Weisungen sowie die Personal- samt Einsatzplanung. Die gesamte Dienstplanung erfolgte somit vom Sitz in Berlin aus. Zudem gab es insgesamt vier „Area Manager Cockpit", die an den einzelnen Flughafenstationen tätig und für diese zuständig waren. Zu ihren Aufgaben gehörten u.a. die Aufsicht und Leitung des Flugpersonals der Station, Verwarnungen und die Erteilung notwendiger Anweisungen.

Im Zuge eines über Air Berlin eröffneten Insolvenzverfahrens beabsichtigte das Unternehmen die Entlassungen des gesamten Personals. Deshalb wendete es sich an die für den Unternehmenssitz zuständige Agentur für Arbeit Berlin-Nord und erstatte nach abgeschlossenem Konsultationsverfahren die Massenentlassungsanzeige bei der Agentur Berlin-Nord und erklärte daraufhin die streitgegenständliche Kündigung.

b) Entscheidungsgründe

Um die Wirksamkeit der Massenentlassungsanzeige und somit der Kündigung zu beurteilen, stellten sich dem Sechsten Senat zwei Fragen: Folgen die Betriebseinheiten den nach § 117 BetrVG gebildeten Personalvertretungseinheiten, sodass ihr Sitz in Berlin und somit die Massenentlassungsanzeige bei der Agentur für Arbeit Berlin-Nord zu erstatten war? Oder bilden die einzelnen Flughafenstationen eigenständige Betriebe mit Sitz in der jeweiligen Stadt, sodass Anzeigen bei den örtlichen Agenturen für Arbeit erstattet hätten werden müssen?

Der Sechste Senat verneinte die erste und bejahte die zweite Frage, indem er die Flughafenstation in Düsseldorf als eigenständigen Betrieb i.S.d. § 17 Abs. 1, 3 KSchG mit Sitz in Düsseldorf einordnete.[455] Die Massenentlassungsanzeige hätte somit bei der örtlich zuständigen Agentur für Arbeit in Düsseldorf erstattet werden müssen, sodass die streitgegenständliche Kündigung bereits deshalb unwirksam sei. Dadurch sei die Massenentlassungsanzeige auch inhaltlich fehlerhaft, da sie u.a. 1301 zu entlassende Beschäftigte aufgelistet habe, obwohl nicht alle Beschäftigten dem Betrieb in Düsseldorf zuzuordnen seien.

455 Hierzu und zum Folgenden BAG, Urt. v. 13.2.2020 – 6 AZR 146/19, BAGE 169, 363 = NZA 2020, 1006, 1010 Rn. 29.

Der Senat begründet seine Ansicht mit dem nunmehr für § 17 Abs. 1, 3 KSchG allein maßgeblichen Betriebsbegriff der MERL.[456] In Anwendung der Grundsätze des EuGH sieht der Senat in der Flughafenstation Düsseldorf einen eigenständigen Betrieb, da die Station in ihrer Einheit unterscheidbar von anderen Stationen sei.[457] Sie diene dem Flugbetrieb von Air Berlin am Standort Düsseldorf und sei somit zur Erledigung von Aufgaben gedacht. Die notwendige Gesamtheit von Arbeitnehmern ergebe sich aus dem ansässigen Flug- und Bodenpersonal. Die Zuordnung zur Station erfolge über den täglichen Beginn und das tägliche Ende der Arbeit am Standort. Die notwendige organisatorische Struktur sei durch die Crewräume an den Standorten gegeben und eine hinreichende Leitung erfolge u.a. durch den „Area Manager Cockpit", da dieser für einen reibungslosen Betriebsablauf sorge.

Der Sechste Senat betont allerdings auch, dass der europäische Betriebsbegriff nur für § 17 Abs. 1, 3 KSchG maßgebend ist.[458] Hingegen habe er keine unmittelbaren Auswirkungen auf das Konsultationsverfahren und die zuständige Mitarbeitervertretung. § 17 Abs. 2 KSchG sei eine mitbestimmungsrechtliche Regelung, für die die Zuständigkeitsverteilungen des BetrVG maßgeblich blieben. Die Zuständigkeit der bei Air Berlin gebildeten Personalvertretungen bleibe deshalb unberührt, sodass das Konsultationsverfahren trotz der verkannten Betriebsstruktur mit der zuständigen PV Cockpit erfolgt sei. Demgegenüber könne der Betriebsbegriff der MERL allenfalls zu einer Zuständigkeitserweiterung der Arbeitnehmervertretung auf Arbeitsstätten führen, die nur nach unionsrechtlichem Verständnis als Betrieb gelten. Der Effektivitätsgrundsatz gebiete es dann, dass auch diese Arbeitnehmer im Konsultationsverfahren repräsentiert werden.

---

456 *Moll*, RdA 2021, 49, 51, der allerdings zutreffend darauf hinweist, dass das BAG bereits in früheren Entscheidungen zwar auf erster Stufe vom betriebsverfassungsrechtlichen Betriebsbegriff ausging, diesen aber auf zweiter Stufe unionsrechtlich korrigierte.

457 Hierzu und zum Folgenden BAG, Urt. v. 13.2.2020 – 6 AZR 146/19, BAGE 169, 363 = NZA 2020, 1006, 1011–1013 Rn. 35–38 u. 48–54.

458 Hierzu und zum Folgenden BAG, Urt. v. 13.2.2020 – 6 AZR 146/19, BAGE 169, 363 = NZA 2020, 1006, 1014 f. Rn. 60–63; so auch die bis dahin herrschende Meinung in der Literatur *Dzida/Hohenstatt*, NJW 2012, 27, 29; *Grau/Sittard*, BB 2011, 1845, 1847; *Schramm/Kuhnke*, NZA 2011, 1071, 1072; *Sturner*, FS Willemsen, S. 541, 550 f. mit Hinweis auf EuGH, Urt. v. 8.6.1994 – C-383/92 (*Kommission/Vereinigtes Königreich*), Slg. 1994, I-2479 = BeckRS 2004, 76908 Rn. 19.

3. Würdigung des geltenden Betriebsverständnisses

Mit den *Air Berlin*-Entscheidungen integrierte das BAG die Betriebsdefinition der MERL in das nationale Massenentlassungsrecht und übernahm deren Grundsätze. Es verpasste allerdings, eine weitere Klärung des Betriebsbegriffs durch ein Vorabentscheidungsverfahren herbeizuführen. Der Betriebsbegriff der MERL ist keineswegs „hinreichend geklärt", da die bislang geltenden Grundsätze nicht ohne Weiteres auf jegliche nationale Fälle übertragbar sind (a). Zudem hat es die ohnehin schon schwachen Konturen des Betriebsbegriffs weiter aufgeweicht und somit für mehr Rechtsunsicherheit statt -sicherheit gesorgt; auch wenn ein Verstoß gegen das Bestimmtheitsgebot (noch) nicht vorliegt (b).

a) Örtliche Beschäftigungseinheit als Teil der Betriebsdefinition?

Der Sechste Senat sieht den Betriebsbegriff der MERL durch die bislang ergangene Rechtsprechung des EuGH als „hinreichend geklärt" an und verzichtet – nach Ansicht des BVerfG verfassungskonform –[459] auf ein Vorabentscheidungsverfahren. Er würdigt allerdings nicht hinreichend, dass sich die bislang durch den EuGH zu entscheidenden Fälle nicht ohne Weiteres auf den Sachverhalt der *Air Berlin*-Entscheidungen übertragen lassen.[460]

Allen bisherigen Entscheidungen des EuGH lagen Produktionseinheiten (meist Ladengeschäfte) mit eigenen Betriebsmitteln und einer Gesamtheit von Arbeitnehmern zugrunde.[461] Hingegen verfügten die Flughafenstationen nur über Crewräume für das Check-in-Verfahren und ansonsten über keine weiteren Betriebsmittel. Die Flughafenstationen waren somit mit einer Betriebshalle vergleichbar: Mitarbeiter stempeln sich am Eingang der Halle ein, erledigen in ihr aber keine eigenständigen Aufgaben und es gab in ihr auch keine Betriebsmittel.[462] Die zu beurteilenden Arbeitsstätten unterscheiden sich somit signifikant, sodass keineswegs „hinreichend geklärt" ist, ob unionsrechtlich ein Betrieb angenommen werden musste oder ob

459 BVerfG, Nichtannahmebeschl. v. 5.1.2021 – 1 BvR 1771/20, NZA 2021, 271, 272 Rn. 6.
460 *Moll*, RdA 2021, 49, 53; *Senk*, Betriebsbegriffe, S. 147 f.
461 *Moll*, RdA 2021, 49, 53 m.w.N.
462 In diese Richtung ebenfalls *Moll*, RdA 2021, 49, 53; *Senk*, Betriebsbegriffe, S. 147 f.

auch das Unionsrecht ein solch „entkerntes“[463] Betriebsverständnis nicht verlangt.

Diese Unsicherheit besteht vor allem deshalb, weil es noch keine detaillierte Betriebsdefinition gibt.[464] Das BAG hält die vom EuGH bislang entwickelte Betriebsdefinition hingegen für allgemeinverbindlich und abschließend („muss“[465]), obwohl der EuGH selbst nur ausführt, dass ein Betrieb „unter anderem“ bei Vorliegen der Voraussetzungen vorliegen „kann“,[466] d.h. keinesfalls muss.[467] Das BAG stellt zudem für die Betriebsbestimmung maßgeblich auf die örtliche Beschäftigungseinheit und somit auf ein Merkmal ab, das der Unionsgesetzgeber auf Vorschlag des Wirtschafts- und Sozialausschusses gerade nicht in die MERL übernahm.[468]

Begreifen allerdings sowohl das BAG als auch der EuGH (jedenfalls nach Ansicht des BAG) die örtliche Komponente als entscheidendes und wohl schlagendes Argument, muss sie sich auch in irgendeiner Form in der geltenden Definition niederschlagen.[469] Andernfalls sind auch künftig Fehlsubsumtionen wie in den *Air Berlin*-Entscheidungen zu erwarten.

b) Vereinbarkeit mit dem Bestimmtheitsgebot

Die Betriebsdefinition i.S.d. MERL darf also als mindestens unvollständig gewertet werden. Die *Air Berlin*-Entscheidungen zeigten zudem, dass das BAG von einem nahezu uferlosen Verständnis ausgeht, was den Rechtsanwender zukünftig zu der Frage führt, was überhaupt kein Betrieb i.S.d. MERL sein soll.[470] Zudem differenziert § 17 KSchG – anders als die Rechtsprechung – nicht zwischen nationalem Betriebsbegriff und Betriebsbegriff

---

463 *Moll*, RdA 2021, 49, 53; *Plehn/Hützen* in Kunz/Henssler/Nebeling/Beck, § 30 Rn. 851.

464 *Senk*, Betriebsbegriff, S. 148–155; zustimmend *Spelge*, NZA-Beilage 2021, 34, 36.

465 BAG, Urt. v. 13.2.2020 – 6 AZR 146/19, BAGE 169, 363 = NZA 2020, 1006, 1011 f. Rn. 33.

466 EuGH, Urt. v. 26.10.2005 – C-270/05 (*Athinaïki Chartopoiïa*), Slg. I 2007, 1502 = NZA 2007, 319, 320 Rn. 27.

467 *Senk*, Betriebsbegriff, S. 148–155; zustimmend *Spelge*, NZA-Beilage 2021, 34, 36.

468 *Senk*, Betriebsbegriff, S. 148–155; zustimmend *Spelge*, NZA-Beilage 2021, 34, 36.

469 *Daum*, Betrieb als Organisation, S. 85 f.; *Senk*, AP Nr. 480 zu § 613a BGB; *dies.*, Betriebsbegriffe, S. 152 f.

470 Vgl. auch Moll, RdA 2021, 49, 54; MüKoBGB/*Hergenröder*, § 17 KSchG Rn. 16, die zurecht fragen, ob der Arbeitgeber angesichts der durch den Betriebsbegriff der MERL entstehenden kleinteiligen Betriebsstrukturen überhaupt noch Massenentlassungsanzeigen vornehmen sollte; vgl. auch *Brams*, Unionsrechtliche Impulse, S. 64,

der MERL. Verstößt § 17 KSchG deshalb gegen das Bestimmtheitsgebot? Die Frage stellt sich vor allem deshalb, weil der Betriebsbegriff wie eingangs erwähnt das „Eingangstor" des Massenentlassungsrechts ist und somit aus Sicht des Rechtsanwenders besonders bestimmt sein muss, damit er seine Rechte und Pflichten aus dem Massenentlassungsrecht erkennen kann.[471]

aa) Hinzunehmende Rechtsunsicherheit im Mehrebenensystem?

Nach *Spelge* verstößt § 17 KSchG noch nicht gegen das Bestimmtheitsgebot, da eine gewisse Unbestimmtheit des Betriebsbegriffs durch das Zusammenspiel von unionsrechtlichen Vorgaben und nationaler Umsetzung hinzunehmen sei.[472] Diese Ansicht liegt auf einer Linie mit dem BVerfG, das die Bestimmtheitsanforderungen an eine Norm maßgeblich von den sie prägenden Gesamtumständen und somit von der Anzahl der sie prägenden Rechtserkenntnisquellen abhängig macht.[473] Allerdings wird gerade im Mehrebenensystem die Rechtsanwendung aufgrund der unterschiedlichen Rechtsquellen komplizierter. Die notwendige Rechtssicherheit ist somit eher höher, damit der Adressat seine Pflichten und Rechte erkennen kann. Anderenfalls würde das Argument zu einem Freifahrtschein für den Gesetzgeber führen, der unklare Normen bedingt und deshalb zulasten des Adressaten geht.[474]

bb) Unbestimmtheit wegen fehlender gesetzlicher Definition?

Auch im Mehrebenensystem gelten somit unverändert die Anforderungen des Bestimmtheitsgebots. Deshalb müssen unbestimmte Rechtsbegriffe wie der Betriebsbegriff grundsätzlich gesetzlich definiert werden. In der

---

nach der die Anforderungen an die eigene Leitungsstruktur auf fast jede Einheit zutreffen würden.

471 Vgl. in diese Richtung *Papier/Möller*, AöR 122 (1997), 177, 209, die erhöhte Bestimmtheitsanforderungen jedenfalls für den Arbeitnehmer- und Beschäftigtenbegriff im Arbeits- und Sozialrecht annehmen.

472 *Spelge* in MünchHdbArbR, § 121 Rn. 25.

473 Nach Ansicht des BVerfG lässt eine notwendige verfassungskonforme Auslegung die Norm nicht unbestimmt werden BVerfG, Beschl. v. 10.11.2020 – 1 BvR 3214/15, BVerfGE 156, 11 = BeckRS 2020, 34607 Rn. 130. Siehe hierzu bereits näher unter 1. Teil, B. II. 1. (S. 59 ff.).

474 *Zellerhoff*, Unbestimmte Selbstständigkeit, S. 29 f.

Rechtsprechung des BVerfG ist allerdings anerkannt, dass der Gesetzgeber die Ausgestaltung eines unbestimmten Rechtsbegriffs der Rechtsprechung überlassen kann.[475] Aus einer gefestigten Rechtsprechung könne sich ebenso eine zuverlässige Grundlage für die Auslegung einer Norm gewinnen lassen wie aus einer gesetzlichen Definition. Eine gefestigte Rechtsprechung kann somit eine gesetzliche Definition ersetzen.

Der EuGH verwendet seit der Rechtssache *Athinaïki Chartopoïïa* und somit seit dem Jahr 2005 einen gleichbleibenden Betriebsbegriff, den das BAG erst zögerlich und seit den *Air Berlin*-Entscheidungen im Jahr 2020 nunmehr vollständig für das nationale Recht übernommen hat.[476] Insofern kann von einer gefestigten Rechtsprechung ausgegangen werden, die im Ausgangspunkt gegen eine notwendige gesetzliche Betriebsdefinition und die Unbestimmtheit des § 17 KSchG spricht.

(1) (Un-)Zulässige Rechtsunsicherheit durch eine nicht abschließende Definition?

Allerdings ist die Betriebsdefinition des EuGH nicht abschließend, da selbst bei Vorliegen von bestimmten, nicht erschöpfend aufgezählten Merkmalen ein Betrieb i.S.d. MERL allein vorliegen kann, nicht aber muss.[477]

Das Vorgehen des EuGH erinnert deshalb an den nationalen Typusbegriff.[478] Er ist die Antwort auf sich schnell wandelnde tatsächliche Umstände, die eine Betrachtung anhand des Einzelfalls und des Gesamtbilds notwendig machen, um eine starre Regelung zu verhindern.[479] Dazu wird ein unbestimmter Rechtsbegriff ausgehend vom Normalfall durch für diesen typische Merkmale beschrieben.[480] Über einen (nicht abschließenden) Katalog typischer Merkmale wird sich an den Sachverhalt angenähert, wobei ihre konkrete Gewichtung und ihre Notwendigkeit anhand des Ein-

475 Hierzu und zum Folgenden etwa zuletzt BVerfG, Beschl. v. 27.4.2022 – 1 BvR 2649/21, BVerfGE 161, 299 = NJW 2022, 1999, 2022 f. Rn. 272 m.w.N.

476 Siehe hierzu bereits näher unter 2. Teil, C. I. 1. b) (S. 102).

477 Siehe hierzu bereits näher unter 2. Teil, C. I. 1. a) (S. 100 ff.).

478 In diese Richtung bereits *Wank*, AP Nr. 133 zu § 613a BGB zum Betriebsverständnis des EuGH bei der alten Betriebsübergangsrichtlinie 77/187/EWG; vgl. allgemein zur Einordnung der nationalen Betriebsbegriffe als Typusbegriff *Daum*, Betrieb als Organisation, S. 39 f. m.w.N.

479 *Larenz*, Methodenlehre, S. 303; *Zellerhoff*, Unbestimmte Selbstständigkeit, S. 145.

480 BVerfG, Beschl. v. 20.5.1996 – 1 BvR 21/96, NZA 1996, 1063; siehe auch *Zellerhoff*, Unbestimmte Selbstständigkeit, S. 144 m.w.N.

zelfalls zu bestimmen sind.[481] Mit den Worten von *Canaris*: „Unter die Typenbeschreibung kann man nicht subsumieren, man kann mit ihrer Hilfe beurteilen, ob eine Erscheinung dem Typus zugeordnet werden kann oder nicht."[482] Häufig sind deshalb nur wenige Merkmale des Typus konstitutiv.[483]

Der EuGH definiert den Betrieb ebenfalls anhand von typischen, aber nicht abschließenden Indizien („unter anderem") oder negativen Merkmalen, die je nach Einzelfall in unterschiedlicher Gewichtung vorliegen und in einer Gesamtbetrachtung anhand des verfolgten Zwecks der MERL beurteilt werden müssen.[484] Durch die Gesamtabwägung entsteht Rechtsunsicherheit, da der Typus die sich wandelnden – häufig unbekannten – Lebensverhältnisse berücksichtigen muss. Eine typischerweise weite Auslegung ist die Konsequenz.

Was folgt aber nun aber aus der Vergleichbarkeit von Typusbegriff und Vorgehensweise des EuGH? Die Maßstäbe für die weitere Prüfung: Ist das Vorgehen nach den nationalen Zulässigkeitsvoraussetzungen für eine Typusbildung gerechtfertigt, kann das geltende Betriebsverständnis des EuGH auch nicht gegen das Bestimmtheitsgebot verstoßen. Entscheidend ist somit, unter welchen Voraussetzungen eine Typusbildung zulässig ist.

Das BVerfG legt für die Zulässigkeit des Typusbegriffs einen gelockerten Prüfungsmaßstab an. Es reiche bereits ein durch den Typusbegriff geschaffenes „Mehr" an Bestimmtheit im Vergleich zum Gesetzestext aus, um die mit dem Typusbegriff einhergehende Rechtsunsicherheit zu rechtfertigen.[485] Eine Rechtfertigung komme vor allem in Betracht, wenn der Norm eine eindeutige Zielrichtung zugrunde liegt, die als Leitlinie für die Zuord-

481 BVerfG, Beschl. v. 13.4.2017 – 2 BvL 6/13, BVerfGE 145, 171 = NJW 2017, 2249, 2251 Rn. 65.

482 *Larenz/Canaris*, Methodenlehre, S. 42. Der Typusbegriff ist insgesamt auf *Larenz* und *Canaris* zurückzuführen.

483 BVerfG, Beschl. v. 13.4.2017 – 2 BvL 6/13, BVerfGE 145, 171 = NJW 2017, 2249, 2251 Rn. 65; *Zellerhoff*, Unbestimmte Selbstständigkeit, S. 169 m.w.N. zu den umstrittenen Details des Typusbegriffs.

484 So versteht auch der Sechste Senat die Rechtsprechung des EuGH, wenn er die Flugstationen vor allem aufgrund von regional zu befürchtenden sozioökonomischen Auswirkungen als Betriebe einordnet und im Ergebnis auch sehr schwache bis kaum vorhandene Organisationsstrukturen für die Annahme eines Betriebs ausreichen lässt.

485 Vgl. BVerfG, Beschl. v. 10.1.1995 – 1 BvR 718/89 u.a., BVerfGE 92, 1 = NJW 1995, 1141, 1143, wonach die Auslegung der Rechtsprechung nicht zu mehr Rechtsunsicherheit führen dürfe; hierzu auch *Papier/Möller*, AöR 122 (1997), 177, 195.

nung des Einzelfalls fungiert.[486] Eine verbleibende Rechtsunsicherheit sei dann aufgrund von sich schnell wandelnden Lebensverhältnissen und der Vielzahl an denkbaren Einzelfällen hinzunehmen.

Diese Voraussetzungen erfüllt der Betriebsbegriff. Ihn prägen wie das gesamte Arbeitsrecht Organisationsstrukturen, Unternehmensziele und personellen Besonderheiten.[487] Er muss zudem auf sich schnell wandelnde Lebensverhältnisse durch fortschreitende Digitalisierung und Mobilisierung der Arbeit reagieren können und darf nicht durch eine zu starre Definition neue Arbeitsmodelle verhindern.[488] Als Leitlinie für die Zuordnung des Einzelfalls liegt § 17 Abs. 1, 3 KSchG auch eine eindeutige Zielrichtung zugrunde: Die Bewältigung von sozioökonomischen Auswirkungen für den örtlichen Arbeitsmarkt durch eine Massenentlassung, was mit den Vorstellungen des Gesetzgebers und der Rechtsprechung übereinstimmt.[489] Dass dem Zweck eine gewisse Ambivalenz innewohnt, weil er auch zu kleinteiligen Betriebsstrukturen führen und deshalb Betriebe unterhalb der Mindestgröße schaffen kann,[490] ist irrelevant, da die grundsätzliche Zweckrichtung eindeutig ist. Die mit dem Typusbegriff einhergehende Unbestimmtheit ist somit nach den Maßstäben des BVerfG im Ausgangspunkt gerechtfertigt.

---

486 *Papier/Möller*, AöR 122 (1997), 177, 207 f.; *Zellerhoff*, Unbestimmte Selbstständigkeit, S. 34, 148 m.w.N.

487 Die das Arbeitsrecht prägenden Besonderheiten sind schon früh durch das BVerfG und das BAG anerkannt worden. Siehe hierzu etwa BVerfG, Beschl. v. 24.11.1981 – 2 BvL 4/80, BVerfGE 59, 104 = NJW 1982, 1275 m.w.N.; BAG, Beschl. v. 29.1.1980 – 1 ABR 45/79, BAGE 32, 381 = AP Nr. 22 zu § 5 BetrVG 1972.

488 Auch deshalb wird seit vielen Jahren eine Modernisierung des BetrVG diskutiert. Siehe zu der Diskussion beispielsweise *Haußmann/Thieme*, NZA 2019, 1612; *Klebe*, NZA-Beilage 2017, 77; *Schwarze*, RdA 2019, 115. Ähnliche Diskussionen gibt es auch für andere Bereich wie bspw. das Arbeitszeitrecht. Siehe hierzu beispielsweise näher *Jacobs*, NZA 2016, 733.

489 Siehe zu diesem Zweck bereits näher unter 1. Teil, A. I. 2. (S. 24 ff.). Der durch den unionsrechtlichen Einfluss in den Vordergrund getretene kollektive Arbeitnehmerschutz bezieht sich nur auf das Konsultationsverfahren, das nur mittelbar durch den unionsrechtlichen Betriebsbegriff beeinflusst wird. Deshalb ist die Zielrichtung für die Bestimmung des Betriebsbegriffs eindeutig.

490 BAG, Urt. v. 13.2.2020 – 6 AZR 146/19, BAGE 169, 363 = NZA 2020, 1006, 1013 Rn. 54.

(2) Fehlende Regelungsalternative?

Ist der Typusbegriff somit grundsätzlich gerechtfertigt, darf es dennoch keine rechtssichere Regelungsalternative zur bestehenden Rechtslage geben.[491] Wo eine präzise und möglichst allumfassende Definition möglich ist, verbietet sich auch die (gerechtfertigte) Rechtsfigur des Typus.[492] Selbst die Regelung von Teilbereichen muss deshalb wegen der Vielzahl von Lebensverhältnissen unmöglich sein.[493] Allerdings bedarf es für einen Verstoß gegen das Bestimmtheitsgebot erheblich mehr als die bloße Möglichkeit, ein Gesetz bestimmter – etwa durch Regelbeispiele – zu fassen.[494] Ein Verstoß gegen das Bestimmtheitsgebot kann somit nur angenommen werden, wenn die denkbare Alternative nicht nur einzelne Fälle präzisiert, sondern insgesamt vollständiger und somit rechtssicherer wäre. Ein Beispiel für eine rechtssichere Regelungsalternative ist die gesetzliche Negativfiktion, vgl. § 17 Abs. 5 KSchG. Sie zeigt dem Normadressaten abschließend, welche Fälle die Norm nicht erfasst und ist somit eine rechtssichere Regelungsalternative verglichen zu bspw. einem unbestimmten Rechtsbegriff. Die Anforderungen sind aber streng, da der Wunsch nach besseren Gesetzen nicht mit der Verfassungswidrigkeit eines Gesetzes wegen seiner Unbestimmtheit gleichgestellt werden darf.[495]

Zu untersuchen ist somit, inwieweit eine feststehende (gesetzliche) Betriebsdefinition (a) oder jedenfalls eine gesetzliche Teilbereichsregelung (b) alternative rechtssichere Regelungen wären, die den Typusbegriff verbieten.

---

491 Vgl. BVerfG, Beschl. v. 11.1.1994 – 1 BvR 434/87, BVerfGE 90, 1 = NJW 1994, 1781 1783; BVerfG, Beschl. v. 10.1.1995 – 1 BvR 718/89 u.a., BVerfGE 92, 1 = NJW 1995, 1141, 1143; BVerfG, Urt. v. 16.1.2003 – 2 BvR 716/01, BVerfGE 107, 104 = NJW 2003, 2004, 2008, das entscheidend für die Unbestimmtheit auf die Alternative einer hinreichend klaren und vollständigen Regelung abstellt.

492 v. Münch/Kunig/*Kotzur*, Art. 20 GG Rn. 148; *Zellerhoff*, Unbestimmte Selbstständigkeit, S. 149.

493 BVerfG, Beschl. v. 24.11.1981 – 2 BvL 4/80, BVerfGE 59, 104 = NJW 1982, 1275; *Papier/Möller*, AöR 122 (1997), 177, 185 f.

494 *Papier/Möller*, AöR 122 (1997), 177, 185; hierzu auch Dreier/*Schulze-Fielitz*, Art. 20 GG (Rechtsstaat) Rn. 130, der bei nahezu jedem Gesetz die Möglichkeit einer bestimmteren Fassung sieht; *Zellerhoff*, Unbestimmte Selbstständigkeit, S. 153, der ebenfalls nicht jede Möglichkeit einer präziseren Regelungsalternative für einen Verstoß ausreichen lässt.

495 Ähnlich BeckOK/*Rux*, Art. 20 GG Rn. 183.1; DHG/*Grzeszick*, Art. 20 GG Rn. 57, die u.a. die Widerspruchsfreiheit eines Gesetzes – abgesehen von evidenten Widersprüchen – nicht als verfassungsrechtliches Prinzip, sondern als Leitlinien gelungener Gesetzgebung einordnen.

(a) Feststehende (gesetzliche) Definition als Regelungsalternative

Das Gegenstück zur nicht abschließenden Betriebsdefinition des EuGH wäre eine feststehende (gesetzliche) Definition mit „harten" Kriterien, bei deren Fehlen kein Betrieb gegeben wäre.[496] Durch eine abschließende, positive Definition könnte der Rechtsanwender – zumindest theoretisch – zu rechtssicheren Ergebnissen gelangen, da er „allein" eine Subsumtion des Einzelfalls vornehmen müsste.

Einen entsprechenden Vorschlag erarbeitete in neuerer Zeit *Senk*. Sie definiert den Betrieb im Rahmen der § 17 Abs. 1, 3 KSchG als „örtliche Beschäftigungseinheit, in der eine Gesamtheit von Arbeitnehmern dauerhaft zur Erfüllung einer oder mehrerer bestimmter Aufgaben zusammengefasst ist und hierüber eine – nicht notwendigerweise autonom gesetzte – organisatorische Struktur verfügt."[497] Die Definition betont die örtliche Komponente und somit den für die Rechtsprechung entscheidenden Zweck der sozioökonomischen Auswirkungen für den regionalen Arbeitsmarkt.[498] Der Rechtsanwender kann somit rechtssicher den hinter § 17 Abs. 1, 3 KSchG liegenden Zweck erkennen.

Allerdings dürfte dieser Zweck seit den *Air Berlin*-Entscheidungen für den Rechtsanwender ohnehin ersichtlich sein, da das BAG ihn mehrmals deutlich herausgearbeitet hat.[499] Zudem vereint *Senks* Definition bloß auch für den EuGH wohl zwingende Merkmale eines Betriebs. Bei aller Unbestimmtheit der Grundsätze des EuGH lässt sich dennoch festhalten, dass sich ein Kern an konstitutiven Merkmalen – eine Gesamtheit von Arbeitnehmern, eine abgrenzbare Funktion und eine organisatorische Struktur – gebildet hat.[500] Unter diesem Aspekt hat die Rechtsprechung bereits eine

496 In der Literatur wird der Typusbegriff häufig dem Klassenbegriff gegenübergestellt, der unbestimmte Rechtsbegriffe durch zwingend zu fordernde Kriterien konkretisiert, sodass es zu einer „Entweder-Oder-Entscheidung" kommt. Siehe hierzu näher *Zellerhoff*, Unbestimmte Selbstständigkeit, S. 144 f. m.w.N. Eine trennscharfe Abgrenzung beider Begriffe ist aber nur selten möglich, sodass der Klassenbegriff für die Untersuchung keinen Mehrwert bietet.

497 *Senk*, Betriebsbegriffe, S. 156.

498 Siehe zu diesem Zweck bereits näher unter 1. Teil, A. I. 2. (S. 24 ff.).

499 Siehe beispielsweise BAG, Urt. v. 13.2.2020 – 6 AZR 146/19, BAGE 169, 363 = NZA 2020, 1006, 1010 ff. Rn. 33, 49, 54. Vgl. auch *Spelge* in MünchHdbArbR, § 121 Rn. 7, die ebenfalls die Abmilderung der Auswirkungen auf den regionalen Arbeitsmarkt als maßgeblichen Zweck für das Anzeigeverfahren ansieht.

500 Vgl. *Moll*, RdA 2021, 49, 52, der die Einheit von Arbeitnehmern zur Erfüllung einer Aufgabe zwingend als Ausganspunkt für die Betriebsbestimmung ansieht; vgl. auch *Brams*, Unionsrechtliche Impulse, S. 60 f., die jedenfalls die Verbindung von

Konkretisierung der Rechtslage herbeigeführt.[501] Zusammen mit der für das Anzeigeverfahren klaren Zweckrichtung und den sich schnell wandelnden tatsächlichen Verhältnissen wäre eine abschließende, positive Betriebsdefinition zwar wünschenswert; sie ist allerdings keine Regelungsalternative, die einen Verstoß gegen das Bestimmtheitsgebot begründet. Sie wäre größtenteils eine bloße Kodifizierung der geltenden Rechtsprechung, die das Kernproblem – die Anwendung auf eine Vielzahl denkbarer Einzelfälle – nicht lösen würde.

(b) Teilbereichsregelungen als Regelungsalternative

Schließlich dürfen einzelne Lebensbereiche nicht präziser durch Teilbereichsregelungen normiert werden, da anderenfalls selbst ein grundsätzlich gerechtfertigter Typusbegriff ausscheiden müsste.[502] Das Arbeitsrecht kennt eine Vielzahl von Teilbereichsregelungen wie beispielsweise § 24 KSchG für Betriebe der Schifffahrt und des Luftverkehrs oder § 118 BetrVG für Tendenzbetriebe.

Allerdings folgt die Rechtsunsicherheit bei der Betriebsbestimmung nicht aus den Besonderheiten einzelner, abgrenzbarer Teilbereiche. Es gibt gerade keine einzelnen Branchen, bei denen immer wieder fraglich ist, ob ihre Arbeitsstätten einen Betrieb konstituieren.[503] Die Unsicherheit folgt vielmehr aus der Vielfalt der Unternehmen und deren unterschiedlichen Organisations- und Personalstrukturen. Deshalb hat auch das BVerfG das gesetzliche Leitbild eines leitenden Angestellten in § 5 Abs. 3 Nr. 3 BetrVG 1972, der im Gegensatz zum heutigen § 5 Abs. 3 S. 2 Nr. 3 BetrVG keine Konkretisierung für „wesentliche eigenverantwortliche Aufgaben" enthielt, als für mit dem Bestimmtheitsgebot vereinbar erklärt.[504] Danach sei das Arbeitsrecht allgemein von verschiedenen denkbaren betrieblichen und unternehmerischen Strukturen geprägt, die eine präzise und umfassende Teilbereichsregelung für leitende Angestellte unmöglich machen würden.

Arbeitnehmern und dem jeweiligen Unternehmensteil in der Rechtsprechung des EuGH als konstitutiv ansieht.

501 Vgl. *Zellerhoff*, Unbestimmte Selbstständigkeit, S. 169 m.w.N., der in diesen Fällen von einem „Typuskern" spricht.

502 Siehe hierzu bereits näher unter 2. Teil, C. I. 3. b) bb) (S. 108 ff.).

503 Anders ist das beispielsweise bei immer wieder aufkommenden Problemen der Arbeitnehmereigenschaft im „Crowdworking".

504 Hierzu und zum Folgenden BVerfG, Beschl. v. 24.11.1981 – 2 BvL 4/80, BVerfGE 59, 104 = NJW 1982, 1275.

Schließlich würden Teilbereichsregelungen auch nicht dazu führen, dass die Auffangregelung des § 17 Abs. 1, 3 KSchG und die hierzugehörige allgemeine Betriebsdefinition hinfällig würden. Dem Gesetzgeber wäre es unmöglich, alle denkbaren Teilbereiche zu regeln, sodass es auch weiterhin einer allgemeinen, auffangenden Definition bedürfte. Dann sind Teilbereichsregelungen aber keine hinreichend präzisere Regelungsalternative, da sie bestehende Unsicherheiten im Ergebnis nicht vollständig beseitigen könnten.[505]

cc) Widerspruch zur bestehenden Rechtslage?

Air Berlin argumentierte allerdings auch, dass § 17 Abs. 1, 3 KSchG gegen das Bestimmtheitsgebot verstoße, da der Betriebsbegriff der MERL zu Widersprüchen mit der nationalen Systematik führe.[506] Als Beispiel nannte es hierfür § 3 Abs. 1 BetrVG i.V.m. einem Tarifvertrag. Unter bestimmten Voraussetzungen können Tarifparteien – wie in den *Air Berlin*-Entscheidungen – abweichend von §§ 1, 4 BetrVG gewillkürte betriebliche Strukturen schaffen, die gem. § 3 Abs. 5 BetrVG als Betriebe gelten und die Bildung von Arbeitnehmervertretungen beeinflussen. Diese gesetzlich gestattete gewillkürte Betriebsstruktur sei für das Anzeigeverfahren aber obsolet, wenn der Betriebsbegriff der MERL vorgehe und deshalb zusammengefasste Betriebe nach § 3 Abs. Nr. 1 lit. b) BetrVG trotz § 3 Abs. 5 BetrVG nicht als ein Betrieb gelten würden. Der Betriebsbegriff der MERL würde nämlich wegen seiner schwachen Konturen in der Regel zu mehreren Betrieben führen und deshalb einen unauflösbaren Widerspruch mit der gesetzlichen Systematik bedingen, der mit dem Bestimmtheitsgebot unvereinbar sei.

Dieser Widerspruch besteht aber nicht. § 3 Abs. 1 BetrVG ermöglicht die sachgerechte Wahrnehmung von Arbeitnehmerinteressen durch gewillkürte Betriebsstrukturen.[507] Dem widerspricht der Betriebsbegriff der MERL allerdings nicht, da sich die zuständige Arbeitnehmervertretung auch weiterhin nach den Zuständigkeitsregelungen des BetrVG und somit u.a. nach § 3 BetrVG bestimmt. Selbst bei gewillkürten Betrieben nach

505 *Zellerhoff*, Unbestimmte Selbstständigkeit, S. 153; vgl. auch *Papier/Möller*, AöR 122 (1997), 177, 185 f.

506 Vgl. hierzu und zum Folgenden BAG, Urt. v. 13.2.2020 – 6 AZR 146/19, BAGE 169, 363 = NZA 2020, 1006, 1022 Rn. 114.

507 Düwell/*Kloppenburg*, § 3 BetrVG Rn. 8; ErfK/*Koch*, § 3 BetrVG Rn. 1; Richardi/*Maschmann*, § 3 BetrVG Rn. 3.

§ 3 Abs. 1 BetrVG, die mehrere Betriebe nach dem Betriebsbegriff der MERL sind, wäre somit für alle Betriebe die nach § 3 Abs. 1 BetrVG gebildete Arbeitnehmervertretung zuständig. Der Zweck des § 3 BetrVG ist weiterhin gewahrt und es besteht kein Widerspruch zur Norm.

Zudem gibt § 3 BetrVG den Tarifparteien keine Gestaltungsmacht über Betriebsstrukturen außerhalb des BetrVG.[508] Das Anzeigeverfahren des § 17 Abs. 1, 3 KSchG ist allerdings ein Verwaltungsverfahren und keine mitbestimmungsrechtliche Angelegenheit, die durch § 3 BetrVG festgelegt werden kann; ein Widerspruch zwischen beiden Regelungen ist somit auch deshalb ausgeschlossen. Das gilt auch für andere vermeintliche Widersprüche zu Regelungen des BetrVG.[509] Der Betriebsbegriff der MERL ändert grundsätzlich nichts an der Zuständigkeit der nationalen Arbeitnehmervertretung, sodass keine Widersprüche zu den Regelungen des BetrVG auftreten können.

Um vermeintlichen Widersprüchen dennoch entgegenzuwirken, wäre eine Verweis in § 17 Abs. 2 KSchG auf die allgemeinen Zuständigkeitsvorschriften und somit auch auf das BetrVG *de lege ferenda* wünschenswert.[510] Er würde das Nebeneinander von Betriebsbegriff der MERL und Betriebsbegriff des BetrVG andeuten, da der Verweis anderenfalls bei ohnehin geltendem betriebsverfassungsrechtlichen Betriebsbegriff sinnlos wäre. Zwingend ist er aber nicht, da das Zusammenspiel beider Betriebsbegriffe nicht gegen den Bestimmtheitsgrundsatz verstößt.

II. Entlassungsbegriffe

Neben dem Betriebsbegriff bestimmt der Entlassungsbegriff den sachlichen Anwendungsbereich der §§ 17, 18 KSchG. Sein Verständnis entscheidet für den Arbeitgeber darüber, welche Handlung seine Pflichten nach §§ 17, 18 KSchG auslöst.

---

508 *Brams*, Unionsrechtliche Impulse, S. 76 f.

509 Für den Zuordnungsbeschluss nach § 4 Abs. 1 S. 2 BetrVG *Brams*, Unionsrechtliche Impulse, S. 72 f.

510 Vgl. *Senk*, Betriebsbegriffe, S. 157, die durch das Einfügen einer Definition des europäischen Betriebsbegriffs in § 17 Abs. 1, 3 S. 2 KSchG dem Rechtsanwender verdeutlichen will, dass für § 17 Abs. 2 KSchG im Umkehrschluss der nationale Betriebsbegriff gilt.

In nationaler Rechtsprechung[511] und Literatur[512] galt jahrzehntelang als „Entlassung" die faktische Beendigung des Arbeitsverhältnisses (Ablauf der Kündigungsfrist). Diesem Verständnis setzte der EuGH allerdings in der Rechtssache *Junk* ein Ende und deutete stattdessen die Kündigungserklärung als „Entlassung" im Sinne der MERL.[513] Das BAG schloss sich dieser Ansicht an und definierte die Kündigungserklärung als „Entlassung" i.S.d. § 17 Abs. 1 S. 1 KSchG.[514] Gemeint ist damit deren Zugang nach § 130 Abs. 1 S. 1 BGB.[515] Ob das BAG durch seine Rechtsprechungsänderung die Grenzen der Pflicht zur unionsrechtskonformen Rechtsfindung missachtete, ist bereits Gegenstand unzähliger Beiträge[516] und deshalb kein Teil der Arbeit.

Stattdessen lohnt sich ein Blick auf eine mit den Betriebsbegriffen vergleichbare Problematik. Das BVerfG und ihm folgend das BAG vertreten nunmehr neben dem unionsrechtlichen Entlassungsbegriff einen verfassungskonformen Entlassungsbegriff für Arbeitnehmer mit Sonderkündigungsschutz. Demnach sei nicht der Zugang der Kündigungserklärung, sondern der Zugang des Zustimmungsantrags bei der zuständigen Behörde die „Entlassung", sodass die Rechtsprechung im Ergebnis den Entlassungszeitpunkt ein weiteres Mal nach vorne verlagert. Das Tatbestandsmerkmal „Entlassung" prägen somit wie das Tatbestandsmerkmal „Betrieb" zwei verschiedene Begriffsverständnisse.

Im Folgenden sind deshalb die Auswirkungen des verfassungskonformen Entlassungsbegriffs auf die Systematik des Massenentlassungsrechts zu untersuchen, die zu einer Reform zwingen können (3.). Weder höchstrichterlich noch in der Literatur sind die Auswirkungen bislang abschließend geklärt.[517] Dafür erfolgt zunächst eine kurze Analyse (1.) sowie eine kritische Würdigung der Entscheidung des BVerfG (2.).

---

511 BAG, Urt. v. 24.10.1996 – 2 AZR 895/95, BAGE 84, 267 = NZA 1997, 372, 374.

512 *Braun*, ArbRB 2005, 209; *Opolony*, NZA 1999, 791, 792; *Vogt*, BB 1985, 1141, 1142.

513 EuGH, Urt. v. 27.1.2005 – C-188/03 (*Junk*), Slg I 2005, 903 = NZA 2005, 213, 214 Rn. 39.

514 BAG, Urt. v. 23.3.2006 – 2 AZR 343/05, BAGE 117, 281 = NZA 2006, 971, 972 Rn. 18.

515 BAG, Urt. v. 19.5.2022 – 2 AZR 467/21, BAGE 178, 66 = NZA 2022, 1051, 1052 Rn. 9 m.w.N.

516 Siehe beispielsweise *Bauer/Krieger/Powietzka*, DB 2005, 445, 446; *Dornbusch/Wolff*, DB 2005, 885, 886; *v. Hoyningen-Huene/Kneip*, FS Wank, S. 161, 162–166; *Jacobs/Naber*, SAE 2006, S. 63–67; *Kliemt*, FS ARGE, S. 1243 f.; *Riesenhuber/Domröse*, EWS 2005, 97, 101.

517 *Moll*, FS Willemsen, S. 319; MüKoBGB/*Hergenröder*, § 17 KSchG Rn. 36; *Spelge* in MünchHdbArbR, § 121 Rn. 84.

1. Tatbestand und Entscheidungsgründe der Entscheidung des BVerfG

Arbeitgeber können Kündigungen gegenüber Arbeitnehmern mit Sonderkündigungsschutz wirksam nur mit vorheriger Zustimmung der zuständigen Behörde oder der zuständigen Interessenvertretung erklären. Folglich nahm das BAG eine „Entlassung" i.S.d. § 17 Abs. 1 S. 1 KSchG an, wenn dem Arbeitnehmer eine Kündigung nach Abschluss des vorgeschriebenen (behördlichen) Verfahrens zuging.[518]

Gegen diese Rechtsprechung wendete sich die betroffene Klägerin als Beschwerdeführerin einer Verfassungsbeschwerde.[519] Die Rechtsprechung führe wegen des Zuwartens auf die Entscheidung im behördlichen Zustimmungsverfahren in der Regel dazu, dass Arbeitnehmern mit Sonderkündigungsschutz die Kündigung erst nach dem 30-tägigen Zeitraum des § 17 Abs. 1 KSchG zugehe und ihnen deshalb Massenentlassungsschutz ohne sachlichen Grund verwehrt werde.

Die Beschwerdeführerin war zum Zeitpunkt einer geplanten Betriebsschließung in Elternzeit, sodass ihre Kündigung nur mit vorheriger behördlicher Zustimmung erfolgen konnte.[520] Da die Behörde ihre Zustimmung erst nach dem 30-tägigen Zeitraum erteilte und somit die Kündigungserklärung außerhalb des Zeitraums bei der Beschwerdeführerin zuging, war die Kündigung nach Ansicht des BAG *ex post* nicht anzeigepflichtig. Die auch *ex post* anzeigepflichtigen Entlassungen der übrigen Mitarbeiter waren hingegen wegen fehlerhafter Anzeigenerstattung unwirksam. Zwar hatte die Arbeitgeberin die beabsichtigte Kündigung der Beschwerdeführerin vorsorglich in das Konsultationsverfahren eingeführt und diese gegenüber der zuständigen Agentur für Arbeit angezeigt. Allerdings konnte sich die Beschwerdeführerin auf die Unwirksamkeit ihrer Kündigung berufen, da ihre Kündigung *ex post* nicht anzeigepflichtig gewesen sei.[521]

Das BVerfG sah in dieser Rechtsprechung einen Verstoß gegen Art. 3 Abs. 1 i.V.m. Art. 6 Abs. 1 GG sowie Art. 3 Abs. 3 S. 1 GG i.V.m. Art. 3 Abs. 2

---

518 BAG, Urt. v. 25.4.2013 – 6 AZR 49/12, AP Nr. 1 zu § 343 InsO Rn. 152–158.

519 Hierzu und zum Folgenden BVerfG, Beschl. v. 8.6.2016 – 1 BvR 3634/13, NZA 2016, 939, 940 „Zum Sachverhalt".

520 Hierzu und zum Folgenden BVerfG, Beschl. v. 8.6.2016 – 1 BvR 3634/13, NZA 2016, 939 f. „Zum Sachverhalt".

521 Siehe zu diesem besonderen Mechanismus bereits näher unter 1. Teil, A. II. 2. (S. 30 f.)

GG begründet.[522] Sie führe in der Regel zu Nachteilen für Arbeitnehmer mit Sonderkündigungsschutz, die aus dem Zustimmungserfordernis ihrer Kündigung erwachsen würden. Denn zum Zeitpunkt des Zugangs der Kündigungserklärung eines Arbeitnehmers in Elternzeit seien die Schwellenwerte im 30-tägigen Zeitraum nur deshalb nicht erreicht worden, weil die Zustimmung zur Kündigung gefehlt habe. Das sie schützende Zustimmungserfordernis benachteilige sie, indem es im Ergebnis den Schutz der §§ 17 ff. KSchG nehme. Zur Vermeidung dieser Benachteiligung müsse die Entlassung auch in den 30-tägigen Zeitraum der Entlassungen der übrigen Mitarbeiter fallen, wenn nur der Zustimmungsantrag innerhalb dieses Zeitraums bei der zuständigen Behörde eingegangen ist. Das müsse zumindest gelten, wenn das behördliche Zustimmungsverfahren Arbeitnehmer nicht gleichwertig im Vergleich zum Massenentlassungsverfahren schütze. Die Gleichwertigkeit sei jedenfalls zu verneinen, wenn die Behörde der Kündigung in der Regel zustimme. Ein solcher Regelfall sei die vollständige Betriebsschließung.

Das BAG übernahm die Grundsätze des BVerfG und sah bei Arbeitnehmern in Elternzeit nicht mehr den Zugang der Kündigungserklärung, sondern den Zugang des Zustimmungsantrags bei der zuständigen Behörde als Entlassung an.[523]

2. Missachtung von methodischen Vorgaben und der Vorlagepflicht

Der Beschluss des BVerfG ist aus zwei Gründen zu kritisieren:

Erstens nimmt das Gericht eine verfassungskonforme Auslegung vor, die ebenso wie die richtlinienkonforme Auslegung durch den möglichen Wortsinn begrenzt ist.[524] Als „Entlassung" ist allerdings zwingend eine aktive Handlung zu verstehen, die zur Beendigung des Arbeitsverhältnisses führt.[525] Das kann zwar auch die Antragsstellung bei der zuständigen Behörde sein, da sie allein zur späteren Beendigung des Arbeitsverhältnisses erfolgt. Ebenfalls spricht auch der Wortlaut des § 17 Abs. 2, Abs. 3 S. 4 KSchG nur von „beabsichtigten" und „geplanten" Entlassungen, d.h. Ent-

522 Hierzu und zum Folgenden BVerfG, Beschl. v. 8.6.2016 – 1 BvR 3634/13, NZA 2016, 939, 940 f. Rn. 15–24.

523 BAG, Urt. v. 26.1.2017 – 6 AZR 442/16, BAGE 158, 104 = NZA 2017, 577, 580 Rn. 29.

524 Statt aller *Canaris*, FS Kramer, S. 141, 155.

525 *Jacobs/Naber*, SAE 2006, 61, 64.

lassungen müssen nicht bereits feststehen oder zulässig sein.[526] Allerdings liegen nach Ansicht des EuGH noch keine „beabsichtigten Entlassungen" vor, wenn Massenentlassungen nur wahrscheinlich und die einschlägigen Faktoren für das Konsultationsverfahren noch unbekannt seien.[527]

Nach diesen Grundsätzen kann die bloße Antragsstellung aber noch keine beabsichtigte Entlassung sein, da der Arbeitgeber die Kündigung erst durch die positive Entscheidung der Behörde wirksam erklären kann. Der Entscheidung liegt allerdings ein verwaltungsrechtliches Verfahren zugrunde, das für den Arbeitgeber einen ungewissen Ausgang mit sich bringt und bei einem sich anschließenden verwaltungsgerichtlichen Verfahren mehrere Monate bis Jahre dauern kann.[528] Die Entlassung ist bei der Antragsstellung somit weder wahrscheinlich, noch sind die einschlägigen Faktoren bekannt, da der Arbeitgeber zu diesem Zeitpunkt notwendige Informationen wie den voraussichtlichen Zeitraum der Entlassung gem. § 17 Abs. 2 Nr. 4 KSchG nicht mitteilen kann. Die Entlassungsentscheidung liegt zu diesem Zeitpunkt schlichtweg noch nicht in seiner Hand.[529] Nach der Rechtsprechung des EuGH ist die bloße Antragsstellung somit keine beabsichtigte Entlassung. Die Auslegung des BVerfG überspannt somit den Wortsinn des Merkmals „Entlassung".[530] Es hätte sich mit den Voraussetzungen einer verfassungskonformen Rechtsfortbildung auseinandersetzen und in erster Linie die Planwidrigkeit der Regelungslücke begründen müssen.[531]

Zweitens missachteten das BVerfG und ihm folgend das BAG ihre aus Art. 267 Abs. 3 AUEV folgende Vorlagepflicht.[532] Der Entlassungsbegriff ist unionsrechtsautonom und somit durch den EuGH auszulegen. Legen BVerfG und BAG einen früheren Zeitpunkt als „Entlassung" fest, betrifft das die Auslegung des Entlassungsbegriffs, die durch den EuGH zu erfolgen

526 EuGH, Urt. v. 27.1.2005 – C-188/03 (*Junk*), Slg. I 2005, 903 = NZA 2005, 213, 214 Rn. 35–39; so auch *Jacobs/Naber*, SAE 2006, 61, 64.

527 EuGH, Urt. v. 10.9.2009 – C-44/08 (*Fujitsu Siemens Computers*), Slg. I 2009, 8188 = NZA 2009, 1083, 1085 Rn. 46.

528 *Laskawy*, EWiR 2016, 711, 712; *Mazurek*, Sonderkündigungsschutz, S. 241; *Moll*, FS Willemsen, S. 319, 327.

529 *Moll*, FS Willemsen, S. 319, 327.

530 *Mazurek*, Sonderkündigungsschutz, S. 239 f.; *Moll*, FS Willemsen, S. 319, 327.

531 Die Planwidrigkeit ablehnend *Mazurek*, Sonderkündigungsschutz, S. 242 f.; *Moll*, FS Willemsen, S. 319, 327.

532 *Lembke/Oberwinter* in Thüsing/Rachor/Lembke, § 17 KSchG Rn. 29; *Mazurek*, Sonderkündigungsschutz, S. 137. Grundlegend zur Vorlagepflicht des BVerfG bei der Auslegung eines Umsetzungsgesetzes *Schönemeyer*, Pflicht des BVerfG zur Vorlage an den EuGH, S. 108 ff.

hat. Demgegenüber verneinte das BAG seine Vorlagepflicht, weil der verfassungskonforme Entlassungsbegriff günstiger als der Entlassungsbegriff der MERL sei und die Rechtsprechung deshalb unter Art. 5 MERL falle.[533] Es berücksichtigt dabei allerdings nicht, dass Art. 5 MERL nur den Mitgliedstaaten und somit allein dem Gesetzgeber erlaubt, günstigere Rechts- und Verwaltungsvorschriften für Arbeitnehmer einzuführen; eine Befugnis der Rechtsprechung folgt hieraus gerade nicht.[534] Hieran ändert auch die vom BAG angeführte faktische Bindungskraft der Entscheidung des BVerfG aus § 31 Abs. 1 BVerfGG[535] nichts.[536] Schließlich stellt bereits § 31 Abs. 2 S. 1 BVerfGG klar, dass Entscheidungen des BVerfG nur in den dort genannten Konstellationen Gesetzeskraft zukommt. Ein Beschluss des BVerfG ist aber keine in § 31 Abs. 2 S. 1 BVerfGG genannte Konstellation, sodass auch Art. 5 MERL nicht ohne Weiteres einschlägig ist.[537] Ebenfalls geht die vom BAG zur Begründung seiner nicht bestehenden Vorlagepflicht zitierte Entscheidung *AGET Iraklis*[538] an der Sache vorbei. Sie betraf ein griechisches Gesetz, das zweifelsohne unter Art. 5 MERL fällt und hat deshalb keinerlei Aussagekraft darüber, ob nationale Gerichte günstigere Entscheidungen auf Art. 5 MERL ohne Vorlage an den EuGH stützen können.[539]

Die Frage betrifft vielmehr die direkte Auslegung von Art. 5 MERL und hätte durch den EuGH beantwortet werden müssen.[540] Das belegt die

---

533 BAG, Urt. v. 26.1.2017 – 6 AZR 442/16, BAGE 158, 104 = NZA 2017, 577, 580 Rn. 30.

534 *Moll*, FS Willemsen, S. 319, 326; a.A. *Mazurek*, Sonderkündigungsschutz, S. 137, nach dem Art. 5 MERL die Schaffung günstigerer Regelungen durch die nationalen Gerichte erlaube.

535 BAG, Urt. v. 26.1.2017 – 6 AZR 442/16, BAGE 158, 104 = NZA 2017, 577, 580 Rn. 29.

536 A.A. *Mazurek*, Sonderkündigungsschutz, S. 148 f., wonach Gerichte und andere staatliche Organe auch an Entscheidungen des BVerfG ohne Gesetzeskraft gebunden seien.

537 *Moll*, FS Willemsen, S. 319, 326; a.A. EuArbRK/*Spelge*, Art. 5 RL 98/59/EG Rn. 1; *Mazurek*, Sonderkündigungsschutz, S. 148 f.

538 EuGH, Urt. v. 21.12.2016 – C-201/15 (*AGET Iraklis*), NZA 2017, 167.

539 *Moll*, FS Willemsen, S. 319, 326.

540 A.A. *Mazurek*, Sonderkündigungsschutz, S. 151 ff., der einen *acte clair* bejaht, da das BVerfG zur Ansicht habe kommen dürfen, dass aus Art. 5 MERL offenkundig folge, dass Gerichte im Vergleich zur MERL günstigere Regelungen schaffen dürften und dass die Gerichte der anderen Mitgliedsstaaten gleicher Ansicht wären. Das überzeugt aber nicht, da der Wortlaut von Art. 5 MERL („Mitgliedsstaaten") schon gegen eine offenkundige Auslegung spricht und das BVerfG in seinem Beschluss nicht auf einen möglich *acte clair* eingegangen ist. Es handelt sich um eine reine Vermutung.

Rechtssache *Lyttle u.a.*,[541] in der der EuGH eine (vermeintlich) günstigere gerichtliche Auslegung als unzulässigen Eingriff in sein Auslegungsmonopol über das Sekundärrecht wertete. Das vorlegende Gericht rechnete alle Entlassungen von verschiedenen Betrieben innerhalb des Unternehmens zusammen, um die Schwellenwerte zu erreichen und somit Massenentlassungsschutz für die betroffenen Arbeitnehmer zu gewähren. Trotz der jedenfalls im konkreten Fall günstigeren Auslegung mahnte der EuGH, dass maßgeblich für die Eröffnung des sachlichen Anwendungsbereichs der MERL allein der europäische Betriebsbegriff sein könne. Demgegenüber sei es allein den Mitgliedstaaten überlassen, günstigere Rechtsvorschriften zu erlassen.

3. Auswirkungen auf die Systematik des Massenentlassungsrechts

Der verfassungskonforme Entlassungsbegriff ist aber trotz der methodischen Bedenken geltende Rechtsprechung, sodass seine Auswirkungen auf die Systematik des Massenentlassungsrechts zu untersuchen sind. Führt der verfassungskonforme Entlassungsbegriff zu unlösbaren Widersprüchen zum geltenden Recht, könnte eine Reform des Massenentlassungsrechts zwingend oder zumindest sinnvoll sein. Dem Gesetzgeber könnte sich insgesamt die Chance bieten, mögliche Folgeprobleme des verfassungskonformen Entlassungsbegriffs durch eine Kodifizierung ebenfalls zu lösen.[542] Das BAG hat schließlich selbst in (überraschender) Deutlichkeit Folgeprobleme des verfassungskonformen Entlassungsbegriffs adressiert, deren Klärung höchstrichterlich offen ist.[543]

So sei zunächst offen, ob der Entlassungsbegriff für alle Entlassungen von Arbeitnehmern mit Sonderkündigungsschutz oder nur für Arbeitnehmer mit Sonderkündigungsschutz gelte, zu deren Entlassung die behördliche Zustimmung generell zu erwarten sei (a). Unklar sei auch, wann behördliche Zustimmungsverfahren einen dem Massenentlassungsverfahren gleichwertigen Schutz gewähren (b). Zudem sei das Verhältnis zwischen verfassungskonformem und unionsrechtlichem Entlassungsbegriff bei mehreren Kündigungswellen ungeklärt (c). Schließlich sei offen, ob sich der Be-

541 Hierzu und zum Folgenden EuGH, Urt. v. 13.5.2015 – C-182/13 (*Lyttle u.a.*), NZA 2015, 731, 733 Rn. 42–50.

542 Siehe hierzu bereits näher unter 2. Teil, A. I. (S. 68).

543 Hierzu und zum Folgenden BAG, Urt. v. 26.1.2017 – 6 AZR 442/16, BAGE 158, 104 = NZA 2017, 577, 581 Rn. 36.

schluss in die Systematik der Freifrist widerspruchsfrei einordnen lasse (d) und ob die bislang zulässige bewusste Kündigungs- oder Antragsstaffelung künftig unzulässig sei (e). Sofern sich diese Folgeprobleme nicht überzeugend nach dem geltenden Massenentlassungsrecht lösen lassen, wäre eine Kodifizierung des Gesetzgebers zur Lösung der Folgeprobleme notwendig.

a) Verfassungskonformer Entlassungsbegriff für alle Entlassungen von Arbeitnehmern mit Sonderkündigungsschutz?

Ungeklärt ist zunächst, ob der verfassungskonforme Entlassungsbegriff für alle Entlassungen von Arbeitnehmern mit Sonderkündigungsschutz oder nur für Entlassungen von Arbeitnehmern mit Sonderkündigungsschutz gilt, bei denen die behördliche Zustimmung generell zu erwarten ist.

Für ersteres spricht im Ausgangspunkt die vergleichbare Situation der Arbeitnehmer innerhalb dieser Gruppe: Ihr gesetzlicher Sonderkündigungsschutz geht jeweils auf spezielle Grundrechte zurück, die die Rechtfertigungsanforderungen an Ungleichbehandlungen verschärfen (z.B. Art. 3 Abs. 3 S. 2 GG oder Art. 6 Abs. 4 GG).[544] Da auch das BVerfG mit den betroffenen speziellen Grundrechten der Beschwerdeführerin argumentierte, wird in der Literatur deshalb überwiegend vertreten, dass der verfassungskonforme Entlassungsbegriff einschränkungslos auf alle Arbeitnehmer mit Sonderkündigungsschutz anzuwenden sei.[545]

Allerdings darf nicht übersehen werden, dass das BVerfG die Rechtfertigung der Benachteiligung vor allem ablehnte, weil die Behörde bei einer Betriebsstilllegung ihre Zustimmung zur Kündigung wegen interner Verwaltungsvorschriften grundsätzlich erteile und deshalb eine nähere behördliche Prüfung des Sachverhalts entfalle.[546] Maßgeblich für die Anwendbarkeit des verfassungskonformen Entlassungsbegriffs ist folglich ein Vergleich

544 Bei schwerbehinderten Menschen Art. 3 Abs. 3 S. 2 GG; bei Schwangeren Art. 6 Abs. 4 GG; bei familiärer Pflege nach dem PflegeZG Art. 6 Abs. 1 GG. Siehe hierzu näher *Moll*, FS Willemsen, S. 319, 328.

545 APS/*Moll*, § 17 KSchG Rn. 57; *ders.*, FS Willemsen, S. 319, 325; BeckOGK/*Naber*, § 17 KSchG Rn. 79; *Bezani*, FS Willemsen, S. 55, 59; *Freckmann/Hendricks*, BB 2018, 1205, 1207; Gaul/*Gaul/Ludwig*, Umstrukturierung, § 25 Rn. 25.484; *Graf*, ArbRB 2017, 50, 53, *Kortmann/Brungs*, ArbRAktuell 2017, 355, 357; *Lembke/Oberwinter* in Thüsing/Rachor/Lembke, § 17 KSchG Rn. 32; *Wind*, KSzW 2017, 76, 80; zweifelnd hingegen *Plehn/Hützen* in Kunz/Henssler/Nebeling/Beck, § 30 Rn. 865.

546 BVerfG, Beschl. v. 8.6.2016 – 1 BvR 3634/13, NZA 2016, 939, 940 Rn. 18; so auch *Spelge* in MünchHdbArbR, § 121 Rn. 87.

zwischen behördlichem Verfahren und Massenentlassungsverfahren bzgl. der jeweiligen Prüfdichte beider Verfahren im Einzelfall.[547] Aus diesem Vergleich ergibt sich folgender Prüfungsmaßstab:

Im Konsultationsverfahren soll über die Möglichkeit beraten werden, Entlassungen zu vermeiden oder einzuschränken und ihre Folgen zu mildern. Art. 2 Abs. 2 MERL spricht insoweit von „Hilfen für eine anderweitige Verwendung und Umschulung" für den zu entlassenden Arbeitnehmer. Der verfassungskonforme Entlassungsbegriff ist deshalb zunächst dort anzuwenden, wo das behördliche Zustimmungsverfahren im Einzelfall oder generell hinter diesen Anforderungen zurückbleibt.[548]

Allerdings bemängelte das BVerfG den generellen Ausschluss der betroffenen Arbeitnehmerin von „den Schutzwirkungen der Regeln zur Massenentlassung".[549] Somit darf das behördliche Zustimmungsverfahren auch nicht generell oder im Einzelfall hinter den Anforderungen des Anzeigeverfahrens zurückbleiben, das ebenfalls zu den „Regeln zur Massenentlassung gehört".[550] Das behördliche Zustimmungsverfahren muss somit vergleichbare Informationen über den Arbeitnehmer wie § 17 Abs. 3 S. 4 und 5 KSchG fordern. Anderenfalls ist auch dann der verfassungskonforme Entlassungsbegriff anzuwenden.

Wegen der jeweils betroffenen speziellen Grundrechte müssen Zustimmungsverfahren und Konsultations- und Anzeigeverfahren gleichwertig sein, um die Herausnahme einzelner Arbeitnehmer mit Sonderkündigungsschutz zu rechtfertigen.[551]

---

547 *Spelge* in MünchHdbArbR, § 121 Rn. 87; vgl. auch *Mazurek*, Sonderkündigungsschutz, S. 259, der i.E. auch den gleichwertigen Schutz als entscheidendes Kriterium ansieht.

548 Im Ergebnis ebenso LAG Hamm, Urt. v. 26.11.2020 – 15 Sa 497/20, BeckRS 2020, 43247 Rn. 67; ErfK/*Koch*, § 17 KSchG Rn. 17a; *Spelge* in MünchHdbArbR, § 121 Rn. 87; enger LKB/*Bayreuther*, § 17 KSchG Rn. 34, der den verfassungskonformen Entlassungsbegriff nur auf Sachverhalte erstreckt, die in den Schutzbereich des Art. 6 GG eingreifen.

549 BVerfG, Beschl. v. 8.6.2016 – 1 BvR 3634/13, NZA 2016, 939, 940 Rn. 18.

550 Dieser zusätzliche Prüfungsschritt ist grundsätzlich abzulehnen, da das Anzeigeverfahren keinen Arbeitnehmerschutz vermittelt und dem Arbeitnehmer mit Sonderkündigungsschutz folglich auch kein Schutz verwehrt wird, wenn er nicht Teil des Anzeigeverfahrens ist. Da er aber den Vorgaben des BVerfG entspricht, folgt die Untersuchung dem Zweischritt.

551 *Mazurek*, Sonderkündigungsschutz, S. 265 f.; vgl. auch ErfK/*Schlachter*, § 17 MuSchG Rn. 15, die bereits aufgrund der drohenden Benachteiligung wegen des Geschlechts strenge Anforderungen an die Rechtfertigung stellt.

b) Schutzniveau sonstiger Zustimmungserfordernisse

Entscheidend für die Anwendbarkeit des verfassungskonformen Entlassungsbegriffs ist also, ob andere behördliche Zustimmungsverfahren hinter den Anforderungen des Konsultations- oder des Anzeigeverfahrens zurückbleiben.

aa) Schwangere und Mütter

Die oberste Landesbehörde muss der beabsichtigten Kündigung von schwangeren Frauen und Müttern i.S.d. § 17 Abs. 1 S. 1 Nr. 3 MuSchG zustimmen, § 17 Abs. 2 S. 1 MuSchG.

Die Landesbehörde hört in der Regel sowohl den Arbeitgeber als auch die Arbeitnehmerin vor dem Kündigungsausspruch zwecks unternehmensinterner Weiterbeschäftigungsmöglichkeiten an und holt während der Anhörung Informationen über die Arbeitnehmerin ein, die mit § 17 Abs. 2 KSchG vergleichbar sind.[552] Hierdurch soll wie im Konsultationsverfahren die Entlassung vermieden oder ihre Folgen beschränkt werden. Inhalt und Zeitpunkt des Zustimmungs- und des Konsultationsverfahrens sind somit gleichwertig. In einem Punkt geht das Zustimmungsverfahren sogar über das Konsultationsverfahren hinaus: Der Arbeitgeber kann anders als im Konsultationsverfahren ohne die behördliche Zustimmung keine wirksame Kündigung erklären.

Faktisch gleichwertig sind auch Anzeige- und behördliches Verfahren. Der bei der zuständigen obersten Landesbehörde zu stellende Antrag enthält den Namen und die Anschrift der Arbeitnehmerin, ihren Beschäftigungsort und ihre Tätigkeit, die Kündigungsgründe, den Sitz und die Anschrift des Arbeitgebers sowie die Stellungnahme der etwaig vorhandenen Arbeitnehmervertretung.[553] Die anzugebenden Daten sind somit nahezu identisch mit denen des Anzeigeverfahrens aus § 17 Abs. 3 S. 2–5 KSchG. Zwar kann die Behörde anders als im Anzeigeverfahren[554] trotz eines

552 Vgl. für das Pflichtenprogramm der Behörde nach § 17 MuSchG BeckOK/*Dahm*, § 17 MuSchG Rn. 59.

553 APS/*Rolfs*, § 17 MuSchG Rn. 112; BeckOK/*Dahm*, § 17 MuSchG Rn. 56.1.

554 Fehler im Anzeigeverfahren können hingegen nach bisheriger Rechtsprechung nicht durch die Zustimmung der zuständigen Agentur für Arbeit geheilt werden BAG, Urt. v. 13.2.2020 – 6 AZR 146/19, BAGE 169, 363 = NZA 2020, 1006, 1021 Rn. 111 m.w.N.

fehlerhaften oder unvollständigen Antrags wirksam ihre Zustimmung zur Kündigung erteilen, sodass sich das Schutzniveau beider Verfahren auf den ersten Blick unterscheidet. Allerdings erteilt die Behörde faktisch nur ihre Zustimmung, wenn der Zustimmungsantrag inhaltlich korrekt und vollständig ist.[555] Im Ergebnis führen deshalb fehlende Informationen im Antrag zur Verweigerung der Zustimmung und machen eine sanktionslose Kündigung wie bei Fehlern im Anzeigeverfahren grundsätzlich unmöglich.

Behördliches Verfahren und Massenentlassungsverfahren sind somit gleichwertig, sodass grundsätzlich der unionsrechtliche Entlassungsbegriff bei beabsichtigten Entlassungen von Schwangeren und Müttern gilt.[556] Eine Ausnahme von diesem Grundsatz ist allerdings zu machen, wenn die Behörde ihre Zustimmung nach § 17 Abs. 2 S. 1 MuSchG ohne nähere Prüfung erteilt. Das ist bei betriebsbedingten Gründen nur der Fall, wenn die Beratungen ergeben, dass keinerlei Weiterbeschäftigungsmöglichkeiten im Unternehmen bestehen.[557] Die bloße Stilllegung eines Betriebs im Unternehmen ist hierfür nicht ausreichend, vielmehr muss der einzige oder der letzte Betrieb im Unternehmen stillgelegt werden.[558] Handelt es sich demgegenüber um einen stillzulegenden Gemeinschaftsbetrieb, kommt es auf die Beschäftigungsmöglichkeiten innerhalb des anderen Unternehmens des Gemeinschaftsbetriebs an.[559] In Konzernsachverhalten wird die Zustimmung nur erteilt werden, wenn keine konzernweite Übernahmepflicht besteht.[560] Insgesamt wird die Zustimmung somit in der Regel nur erteilt, wenn der Arbeitgeber gleichzeitig alle oder seinen einzigen Betrieb(e) schließt und keine konzernbezogene Weiterbeschäftigungspflicht besteht; nur in diesem Fall ist der verfassungskonforme Entlassungsbegriff anzuwenden.[561]

555 APS/*Rolfs*, § 17 MuSchG Rn. 109; *Spelge* in MünchHdbArbR, § 121 Rn. 88.

556 *Spelge* in MünchHdbArbR, § 121 Rn. 88; a.A. ErfK/*Schlachter*, § 17 MuSchG Rn. 15; wohl auch LKB/*Bayreuther*, § 17 KSchG Rn. 34.

557 BVerwG, Urt. v. 18.8.1977 – V C 8.77, AP Nr. 5 zu § 9 MuSchG 1968; GMN/*Böhm*, § 17 MuSchG Rn. 32.

558 BVerwG, Urt. v. 18.8.1977 – V C 8.77, AP Nr. 5 zu § 9 MuSchG 1968; *Spelge* in MünchHdbArbR, § 121 Rn. 88.

559 *Spelge* in MünchHdbArbR, § 121 Rn. 88.

560 APS/*Rolfs*, § 17 MuSchG Rn. 122; *Spelge* in MünchHdbArbR, § 121 Rn. 88.

561 *Mazurek*, Sonderkündigungsschutz, S. 278; *Spelge* in MünchHdbArbR, § 121 Rn. 88.

bb) Schwerbehinderte Arbeitnehmer

Diese Überlegungen sind auf den Sonderkündigungsschutz von schwerbehinderten Arbeitnehmern übertragbar, da die Zustimmungsverfahren nach dem SGB IX und dem MuSchG strukturell ähnlich sind.

Im Antragsverfahren nach § 170 SGB IX wird ebenfalls geprüft, ob eine Weiterbeschäftigung in demselben oder in einem anderen Betrieb des Unternehmens möglich ist.[562] Zudem sind Kündigungen ohne die Zustimmung des Integrationsamts wie bei Fehlern im Konsultationsverfahren unwirksam. Auch muss der Arbeitgeber in seinem Antrag Angaben zu sich und dem betroffenen Arbeitnehmer, d.h. insbesondere zum Kündigungsgrund, zu der Beschäftigungsart und zum Entlassungstermin tätigen.[563] Ein unvollständiger Antrag führt generell zur Zurückweisung und somit wie eine unvollständige Anzeige mangels Zustimmung ebenfalls zur Unwirksamkeit der ausgesprochenen Kündigung.[564] Schließlich enthält § 168 SGB IX eine vierwöchige Mindestkündigungsfrist, die mit der Sperrfrist des § 18 Abs. 1 KSchG vergleichbar ist. Für die Entlassung eines Schwerbehinderten oder diesem gleichgestellten Arbeitnehmer ist somit grundsätzlich weiterhin der unionsrechtliche Entlassungsbegriff maßgeblich.[565]

Demgegenüber ist der verfassungskonforme Entlassungsbegriff ausnahmsweise anzuwenden, wenn eine vollständige Betriebsstillegung des einzigen oder des letzten Betriebs im Unternehmen erfolgen soll und es somit keine anderweitige Beschäftigungsmöglichkeit oder es keine konzernweite Beschäftigungspflicht gibt.[566] Dann erfolgt keine Prüfung des Einzelfalls und die Zustimmung wird in der Regel erteilt. Zudem ist der verfassungskonforme Entlassungsbegriff für ein Unternehmen in der Insolvenz anzuwenden. Das dem Integrationsamt grundsätzlich zukommende

---

562 LAG Hamm, Urt. v. 26.11.2020 – 15 Sa 497/20, BeckRS 2020, 43247 Rn. 67.

563 BAG, Urt. v. 9.6.2011 – 2 AZR 703/09, NZA-RR 2011, 516, 518 Rn. 31; APS/*Vossen*, § 170 SGB IX Rn. 6.

564 Für das Schwerbehindertenrecht APS/*Vossen*, § 170 SGB IX Rn. 6a.

565 LAG Hamm, Urt. v. 26.11.2020 – 15 Sa 497/20, BeckRS 2020, 43247 Rn. 64–68; *Spelge* in MünchHdbArbR, § 121 Rn. 91; a.A. LAG Hessen, Urt. v. 23.9.2019 – 17 Sa 1564/18, BeckRS 2019, 4941 Rn. 183, wonach „es keinen Unterschied machen kann, ob die Benachteiligung wegen des Geschlechts oder der Behinderung erfolgt" und das deshalb den verfassungskonformen Entlassungsbegriff ohne nähere Begründung seiner Entscheidung zugrunde legte.

566 *Mazurek*, Sonderkündigungsschutz, S. 281 f.

Ermessen wird in diesen Fällen so stark eingeschränkt, dass ebenfalls von einer Zustimmung der Behörde zur Kündigung auszugehen ist.[567]

cc) Arbeitnehmervertreter

Keine praktische Bedeutung hat der verfassungskonforme Entlassungsbegriff für Arbeitnehmervertreter.[568] Zwar lassen sich die Grundsätze des BVerfG ohne Weiteres auch auf innerbetriebliche Zustimmungsverfahren übertragen, da es nach Ansicht des BVerfG entscheidend darauf ankomme, ob durch zeitlich versetzte Zustimmungserfordernisse eines Dritten dem betroffenen Arbeitnehmer der Massenentlassungsschutz ohne gleichwertigen Ersatz verwehrt werde, obwohl der Arbeitnehmer nach dem Willen des Gesetzgebers besonders schutzwürdig sei.[569]

Diese Situation ist bei § 103 BetrVG ebenfalls gegeben. Arbeitnehmervertreter sind als Gegenspieler des Arbeitgebers besonders schutzwürdig, und zumindest vergeht bei einem notwendigen Zustimmungsersetzungsverfahren nach § 103 Abs. 2 BetrVG in der Regel ein Zeitraum von mehr als 30 Tagen, ehe der Arbeitgeber wirksam die Kündigung erklären kann.[570]

Allerdings können Arbeitnehmervertreter gem. § 15 Abs. 1 S. 1 KSchG grundsätzlich nur außerordentlich gekündigt werden. Außerordentliche Kündigungen sind aber gem. § 17 Abs. 4 S. 2 KSchG vom Anwendungsbereich des Massenentlassungsrechts ausgenommen, sodass Kündigungen von Arbeitnehmervertretern von vornherein nicht unter den Massenentlassungsschutz fallen können.[571] Zwar ist die Ausnahme in der MERL nicht vorgesehen und daher unionsrechtswidrig.[572] Das gilt aber nur für außeror-

567 *Mazurek*, Sonderkündigungsschutz, S. 281 f.; *Spelge* in MünchHdbArbR, § 121 Rn. 91; weiter hingegen *Bezani*, FS Willemsen, S. 55, 59, der bei personen- und betriebsbedingten Kündigungen in der Regel keinen Zusammenhang zwischen Kündigung und Schwerbehinderung sieht und somit grundsätzlich von einer Zustimmung des Integrationsamts zur Kündigung ausgeht und deshalb den verfassungskonformen Entlassungsbegriff auch in diesen Fällen anwendet.

568 In diese Richtung *Kloppenburg*, jurisPR-ArbR 3/2017, Anm. 1, nach dem „die Problematik nicht oft virulent" werde; *Mazurek*, Sonderkündigungsschutz, S. 263 f.

569 BVerfG, Beschl. v. 8.6.2016 – 1 BvR 3634/13, NZA 2016, 939, 940 Rn. 18.

570 Häufig wird der Arbeitgeber erst nach Eintritt der formellen Rechtskraft des Zustimmungsersetzungsbeschlusses rechtsicher die Kündigung erklären (können), vgl. BAG, Urt. v. 16.11.2017 – 2 AZR 14/17, BAGE 161, 69 = NZA 2018, 240, 241 Rn. 18.

571 *Mazurek*, Sonderkündigungsschutz, S. 263.

572 APS/*Moll*, § 17 KSchG Rn. 73; *Boemke* in Oetker/Preis, EAS, B7100 Rn. 40; NK-ArbR/*ders.*, § 17 KSchG Rn. 55; EuArbRK/*Spelge*, Art. 1 RL 98/59/EG Rn. 75.

dentliche Kündigungen aus betriebsbedingten Gründe, da die MERL nur diese erfasst.[573] Außerordentliche Kündigungen aus personen- oder verhaltensbedingten Kündigungen können deshalb wirksam aus dem Anwendungsbereich der §§ 17, 18 KSchG herausgenommen werden,[574] sodass der Massenentlassungsschutz für diese Kündigungen nicht greifen kann. Die Problematik des verfassungskonformen Entlassungsbegriffs kann sich somit für außerordentliche Kündigungen aus diesen Gründen von vornherein nicht stellen.

Bei denen nach der MERL zu beachtenden außerordentlichen betriebsbedingten Kündigungen kommt praktisch nur eine außerordentliche Kündigung aus betriebsbedingten Gründen wegen einer sofortigen Betriebsschließung in Betracht.[575] Eine Betriebsschließung lässt aber gem. § 15 Abs. 4 KSchG ausnahmsweise auch die ordentliche Kündigung eines Arbeitnehmervertreters zu. Dann muss der Betriebsrat aber auch nicht nach § 103 BetrVG zustimmen,[576] sodass der Arbeitnehmervertreter auch nicht zeitlich aus dem Massenentlassungsschutz wegen der notwendigen Zustimmung des Betriebsrats herausfallen kann. Der verfassungskonforme Entlassungsbegriff kann somit bei der Kündigung von Arbeitnehmervertreten nicht relevant werden.

c) Antragsstellung und Kündigungserklärung in verschiedenen Kündigungswellen

Offengelassen hat das BVerfG auch, ob derselbe Kündigungssachverhalt bei verschiedenen Kündigungswellen mehrfach zu berücksichtigen ist. Das ist beispielsweise denkbar, wenn Antragsstellung in einen ersten und Kündigungserklärung in einen zweiten 30-Tage-Zeitraum fallen. Gelten beide

573 Siehe hierzu bereits näher unter 1. Teil, A. II. 1. (S. 28 f.).

574 *Boemke* in Oetker/Preis, EAS, B7100 Rn. 40; NK-ArbR/*ders.*, § 17 KSchG Rn. 55; EuArbRK/*Spelge*, Art. 1 RL 98/59/EG Rn. 75; *dies.* in MünchHdbArbR, § 121 Rn. 61.

575 Eine außerordentliche betriebsbedingte Kündigung kommt nach der Rechtsprechung bei tariflich ordentlich unkündbaren Arbeitnehmern in Betracht, da der Arbeitgeber sonst Arbeitnehmer trotz einer Betriebsschließung weiterbeschäftigen müsse, obgleich er deren Arbeitsleistung unter keinen Umständen mehr annehmen könne BAG, Urt. v. 24.9.2015 – 2 AZR 562/14, BAGE 152, 345 = NZA 2016, 366, 368 f. Rn. 29 m.w.N. Die außerordentliche betriebsbedingte Druckkündigung bleibt mangels praktischer Relevanz unberücksichtigt.

576 BAG, Urt. v. 21.6.2001 – 2 AZR 137/00, NZA 2002, 212, 216; BAG, Urt. v. 22.9.2016 – 2 AZR 276/16, BAGE 157, 1 = NZA 2017, 175, 181 Rn. 67.

Handlungen dann als Entlassung, sodass durch ihre dann notwendige Hinzurechnung die Entlassungen des jeweiligen Zeitraums anzeigepflichtig werden könnten? Derselbe Kündigungssachverhalt würde dann zwei Entlassungen begründen und die Schwellenwerte beider Kündigungswellen beeinflussen.[577] Wie aber würden sich dann Fehler in den einzelnen Massenentlassungsverfahren auf die Wirksamkeit der Kündigung auswirken?[578]

Angesprochen ist somit das Verhältnis zwischen unionsrechtlichem und verfassungskonformem Entlassungsbegriff und die Frage, ob beide Begriffe nebeneinander oder in einem Rangverhältnis stehen. Um das Verhältnis zwischen beiden Begriffen zu bestimmen, muss die Begründung des BVerfG näher analysiert werden.

aa) Keine doppelte Berücksichtigung desselben Sachverhalts

Der durch das Massenentlassungsverfahren bezweckte Arbeitnehmerschutz fordert nach dem BVerfG, dass einem Arbeitnehmer dieser Schutz nicht ohne sachlichen Grund verwehrt bleibe. Anderenfalls liege ein Verstoß gegen Art. 3 GG vor. Kerngehalt des Art. 3 GG ist aber auch, dass seine Rechtsfolge nicht zu einer Besserstellung einer Gruppe, sondern nur zu deren Gleichstellung mit einer vergleichbaren Gruppe führen darf.[579] Notwendig, aber auch ausreichend ist somit, dass Arbeitnehmer mit Sonderkündigungsschutz einmalig zu irgendeinem Zeitpunkt – Zugang des Zustimmungsantrags oder der Kündigungserklärung – den durch §§ 17 ff. KSchG vermittelten Arbeitnehmerschutz genießen und sich auf diesen *ex post* berufen können.[580] Die Vergleichsgruppe der Arbeitnehmer ohne Sonderkündigungsschutz unterfällt in keiner denkbaren Konstellationen zwei

577 In diese Richtung *Bezani*, FS Willemsen, S. 55, 62 f.; vgl. auch *Mazurek*, Sonderkündigungsschutz, S. 292.

578 *Wind* wirft u.a. auf, ob Fehler im zweiten Massenentlassungsverfahren die Wirksamkeit der Kündigung beeinflussen können, wenn das erste Massenentlassungsverfahren fehlerfrei verlief *Wind*, KSzW 2017, 76, 78.

579 Vgl. hierzu Art. 3 Abs. 3 S. 1 GG, der als spezielle Ausprägung des allgemeinen Gleichheitssatzes die Bevorzugung wegen eines bestimmten Merkmals untersagt. Im Arbeitsrecht kann der benachteiligte Arbeitnehmer verlangen, nach Maßgabe der begünstigten Arbeitnehmergruppe behandelt zu werden stRspr. BAG, Urt. v. 15.1.2013 – 3 AZR 169/10, BAGE 144, 160 = NZA 2013, 1028, 1032 Rn. 31 m.w.N.

580 LKB/*Bayreuther*, § 17 KSchG Rn. 34; *Mazurek*, Sonderkündigungsschutz, S. 293 f.; *Naber/Sittard* in: Preis/Sagan, Europäisches Arbeitsrecht, § 14 Rn. 14.59; *Spelge* in MünchHdbArbR, § 121 Rn. 86; *dies.*, NZA-Beilage 2017, 108, 112; a.A. *Wind*, KSzW 2017, 76, 79 f.

verschiedenen Massenentlassungsverfahren, da für sie nur ein Entlassungszeitpunkt gilt – der Zugang der Kündigung. Demgegenüber würde ein Nebeneinander von verfassungskonformem und unionsrechtlichem Entlassungsbegriff zu zwei zeitlichen Anknüpfungspunkten führen – Zugang des Antrags und Zugang der Kündigung. Arbeitnehmer mit Sonderkündigungsschutz hätten dann als Teil von zwei Massenentlassungsverfahren die „doppelte Chance" auf die Unwirksamkeit ihrer Kündigung.[581] Die doppelte Berücksichtigung desselben Kündigungssachverhalts und somit ein Nebeneinander beider Entlassungsbegriffe sind deshalb abzulehnen.[582]

bb) Subsidiarität des verfassungskonformen Entlassungsbegriffs

Somit ist stets nur einer der beiden Entlassungsbegriffe einschlägig, sodass das Rangverhältnis beider Begriffe zu untersuchen ist. Denkbar sind entweder der Vorrang des unionsrechtlichen und somit die Subsidiarität des verfassungskonformen Entlassungsbegriffs oder der Vorrang des verfassungskonformen und somit die Subsidiarität des unionsrechtskonformen Entlassungsbegriffs.

Zur Bestimmung des Rangverhältnisses sind die jeweiligen Auswirkungen auf den vom BVerfG herausgestellten Arbeitnehmerschutz entscheidend. Dafür sind zwei Fehlerkategorien[583] zu unterscheiden: Fehler nur in der ersten und Fehler nur in der zweiten Kündigungswelle.[584] Insoweit können sich betroffene Arbeitnehmer *ex post* nur auf Fehler in dem Massenentlassungsverfahren berufen, dessen Teil sie waren, sodass der Entlassungsbegriff ihre Zuordnung zur jeweiligen Fehlerkategorie bestimmt.

581 *Wind*, KSzW 2017, 76, 79.

582 BeckOGK/*Naber*, § 17 KSchG Rn. 86; *ders./Sittard* in: Preis/Sagan, Europäisches Arbeitsrecht, § 14 Rn. 14.59; *Spelge* in MünchHdbArbR, § 121 Rn. 86; *dies.*, NZA-Beilage 2017, 108, 112; *Wind*, KSZW 2017, 76, 79 f.; a.A. wohl *Bezani*, FS Willemsen, S. 55, 62 f.

583 Gemeint sind nur Fehler, die jedenfalls nach bisheriger Rechtsprechung auch zur Unwirksamkeit der Kündigung führen.

584 Bei Fehlern in beiden Kündigungswellen können sich Arbeitnehmer ohnehin auf die Fehler berufen, da dann auch Fehler in der sie betreffenden ersten oder zweiten Welle passiert sind.

(1) Vorrang des verfassungskonformen Entlassungsbegriffs

Bei Vorrang des verfassungskonformen Entlassungsbegriffs können sich Arbeitnehmer mit Sonderkündigungsschutz nur auf Fehler in der ersten Kündigungswelle berufen, da ihre Antragsstellung als Entlassung dann in die erste Kündigungswelle fällt. Verläuft das Massenentlassungsverfahren allerdings in der ersten Kündigungswelle fehlerfrei, wäre die Kündigung unabhängig von Fehlern in der zweiten Kündigungswelle wirksam.[585] Vorteilhaft wäre der Vorrang für sie also lediglich, wenn nur in der ersten Kündigungswelle Fehler passieren.

(2) Vorrang des unionsrechtskonformen Entlassungsbegriffs

Demgegenüber führt der Vorrang des unionsrechtskonformen Entlassungsbegriffs dazu, dass Arbeitnehmer mit Sonderkündigungsschutz der zeitlich späteren Kündigungswelle unterfallen. Passiert somit ein Fehler in der ersten Kündigungswelle, können sie sich nicht auf diesen Fehler berufen, da ihr Entlassungszeitpunkt der Zugang der Kündigung ist, der erst in die zweite, zeitlich spätere Kündigungswelle fällt.[586] Das ist ein Nachteil gegenüber dem Vorrang des verfassungskonformen Entlassungsbegriffs. Allerdings können sich Arbeitnehmer mit Sonderkündigungsschutz bei Vorrang des unionsrechtskonformen Entlassungsbegriffs anders als bei Vorrang des verfassungskonformen Entlassungsbegriffs auf Fehler in der zweiten Kündigungswelle berufen.

(3) Deutungshoheit des EuGH als entscheidendes Argument

Beide Rangverhältnisse haben somit einen Schwachpunkt und sind deshalb vergleichbar – welcher Begriff ist nun aber vorrangig? Eine denkbare „Rosinenpickerei"[587] zwischen beiden Begriffen wäre eine Besserstellung der betroffenen Arbeitnehmer, die Art. 3 GG nicht verlangt. Der Gleichheitssatz fordert nur die Gleichstellung, nicht aber die Besserstellung der benachtei-

585 *Wind*, KSzW 2017, 76, 78.

586 BeckOGK/*Naber*, § 17 KSchG Rn. 86; *ders./Sittard* in: Preis/Sagan, Europäisches Arbeitsrecht, § 14 Rn. 14.59; *Spelge*, NZA-Beilage 2017, 108, 112.

587 *Naber/Sittard* in: Preis/Sagan, Europäisches Arbeitsrecht, § 14 Rn. 14.59; vgl. auch *Mazurek*, Sonderkündigungsschutz, S. 293.

ligten Gruppe.[588] Können Arbeitnehmer mit Sonderkündigungsschutz den Entlassungsbegriff frei bestimmen, können sie auch entscheiden, welcher Entlassungswelle sie angehören möchten. Diese Entscheidungsmöglichkeit haben Arbeitnehmer ohne Sonderkündigungsschutz allerdings nicht, da sie ohne Wahlmöglichkeit einer Entlassungswelle zugeordnet werden.

Da die Begriffe vergleichbar sind, muss aufgrund der Deutungshoheit des EuGH der unionsrechtliche Entlassungsbegriff vorrangig zu dem verfassungskonformen sein.[589] Daraus ergibt sich folgendes, von *Spelge*[590] entwickeltes System:

Unterfällt der Arbeitnehmer mit Sonderkündigungsschutz bereits nach dem unionsrechtlichen Entlassungsbegriff dem Massenentlassungsschutz und kann er sich *ex post* somit auf Fehler im Verfahren berufen, kommt es auf den verfassungskonformen Entlassungsbegriff – unabhängig von einer etwaigen Anzeigepflicht in der anderen Kündigungswelle – nicht an; er wird dann einmalig geschützt. Genießt der Arbeitnehmer nach dem unionsrechtlichen Entlassungsbegriff *ex post* hingegen keinen Massenentlassungsschutz, ist der Schutzgehalt des behördlichen Zustimmungsverfahrens entscheidend: Bleibt dieser im Einzelfall hinter dem Schutzgehalt von Konsultations- und Anzeigeverfahren zurück, ist der verfassungskonforme Entlassungsbegriff anzuwenden;[591] anderenfalls unterfällt der betroffene Arbeitnehmer mit Sonderkündigungsschutz nicht dem Massenentlassungsschutz. Ist der Arbeitnehmer hingegen nach keinem der Begriffe Teil einer anzeigepflichtigen Entlassung, muss sich auch nicht festgelegt werden.

d) Systematischer Bruch mit der Freifrist?

Offen sind auch die Auswirkungen des verfassungskonformen Entlassungsbegriffs auf die Freifrist des § 18 Abs. 4 KSchG. § 18 Abs. 4 KSchG verlangt, dass der Arbeitgeber die Entlassungen spätestens 90 Tage nach Ablauf der Sperrfrist des § 18 Abs. 1 und 2 KSchG durchführt. Anderenfalls hat er unter den Voraussetzungen des § 17 Abs. 1 KSchG eine erneute Anzeige zu erstatten. Unter „Durchführung der Entlassung" ist seit der Rechtssache

588 *Mazurek*, Sonderkündigungsschutz, S. 293.

589 *Spelge* in MünchHdbArbR, § 121 Rn. 86; zustimmend *Mazurek*, Sonderkündigungsschutz, S. 294.

590 Hierzu und zum Folgenden *Spelge* in MünchHdbArbR, § 121 Rn. 86; zustimmend *Mazurek*, Sonderkündigungsschutz, S. 294.

591 Siehe hierzu bereits näher unter 2. Teil, C. II. 3. a) (S. 123 ff.).

Junk der Ausspruch der Kündigung und somit nach herrschender Meinung der Zugang der Kündigungserklärung innerhalb von 90 Tagen nach Ablauf der Sperrfrist zu verstehen.[592]

Demgegenüber ist nach dem verfassungskonformen Entlassungsbegriff die Antragsstellung die „Entlassung" i.S.d. § 17 Abs. 1 S. 1 KSchG. Wirkt sich dieses Verständnis dann auch auf das Merkmal der „Durchführung der Entlassung" i.S.d. § 18 Abs. 4 KSchG aus? Denkbar wären zwei Auslegungsvarianten: Entweder wäre der Zugang des Antrags oder weiterhin der Zugang der Kündigung die „Durchführung der Entlassung". Entscheidend für die Auslegung ist der Zweck des § 18 Abs. 4 KSchG.

Die Norm soll Vorratsanzeigen[593] vermeiden, die dazu führen, dass die Agentur für Arbeit das tatsächliche Maß an Arbeitslosigkeit anhand der Anzeige nicht überblicken kann.[594] Arbeitslosigkeit kann aber erst aus dem Ausspruch der Kündigung und nicht aus der Antragsstellung folgen. § 18 Abs. 4 KSchG verbietet also nur den verzögerten Ausspruch der Kündigung, nicht aber die verzögerte Antragsstellung. „Durchführung der Entlassung" meint somit auch bei Arbeitnehmern mit Sonderkündigungsschutz den Zugang der Kündigung.

Allerdings führt diese Auslegung zu der Folgefrage, was passiert, wenn der Arbeitgeber den Kündigungszugang nicht innerhalb von 90 Tagen nach Ablauf der Sperrfrist[595] bewirken kann, weil die Behörde ihre Zustimmung immer noch nicht erteilt hat? Muss dann trotzdem eine erneute Anzeige für die Nachkündigung des Arbeitnehmers mit Sonderkündigungsschutz erstattet werden, wenn die Voraussetzungen des § 17 Abs. 1 KSchG aufgrund weiterer beabsichtigter Entlassungen vorliegen?[596] Nach dem Wortlaut des

592 Siehe beispielsweise APS/*Moll*, § 17 KSchG Rn. 72; BeckOK ArbR/*Volkening*, § 17 KSchG Rn. 19; ErfK/*Kiel*, § 17 KSchG Rn. 7.

593 „Vorratsanzeigen" sind Anzeigen, die der Arbeitgeber ohne konkrete Planung von Massenentlassungen stellt, um sich die Zustimmung der Agentur für Arbeit für einzelne Arbeitnehmer vorrätig zu verschaffen, damit er diese später einfacher kündigen kann.

594 BAG, Urt. v. 23.2.2010 – 2 AZR 268/08, BAGE 133, 240 = NZA 2010, 944, 947 Rn. 33; BAG, Urt. v. 9.6.2016 – 6 AZR 405/15, BAGE 155, 245 = NZA 2016, 1198, 1201 Rn. 27; ErfK/*Kiel*, § 18 KSchG Rn. 7.

595 Die Sperrfrist würde schon mit Eingang der Anzeige beginnen, in der feststehende Antragsstellung aufzuführen wäre.

596 Demgegenüber stellt sie sich für die bloß einzelne Nachkündigung des Arbeitnehmers mit Sonderkündigungsschutz nicht, da sie die Schwellenwerte des §§ 18 Abs. 4 i.V.m. 17 Abs. 1 KSchG nicht erfüllt, vgl. Bayreuther/Salamon/*Bayreuther*, Kündigungsschutz, Kap. 3 Rn. 31; *Spelge* in MünchHdbArbR, § 121 Rn. 203 f.; *Wind*, KSzW 2017, 76, 79.

§ 18 Abs. 4 KSchG wäre eine Anzeige auch für Arbeitnehmer mit Sonderkündigungsschutz zu erstatten.

Allerdings kann von einer durch § 18 Abs. 4 KSchG bezweckten Vermeidung von Vorratsanzeigen nur gesprochen werden, wenn der Zeitpunkt der Kündigung in der Dispositionsbefugnis des Arbeitgebers steht und ihm deshalb missbräuchliches Verhalten vorgeworfen werden kann. Diese Dispositionsbefugnis fehlt aber bei einer Kündigung, die einzig wegen fehlender behördlicher Zustimmung außerhalb der Freifrist ausgesprochen wird.[597] Zudem würde § 18 Abs. 4 KSchG nur dazu führen, dass das Anzeigeverfahren erneut durchzuführen wäre.[598] Das Verfahren schützt den einzelnen Arbeitnehmer aber nicht, sodass § 18 Abs. 4 KSchG auch nicht den vom BVerfG herausgestellten Arbeitnehmerschutz verstärken würde.[599] Deshalb gilt der vom BVerfG fingierte Massenentlassungskontext auch nur für „die Gestaltungsoption des Betriebsrats und die frühzeitige Einschaltung der Agentur für Arbeit schon vor Ausspruch der Kündigung".[600]

Arbeitnehmer mit Sonderkündigungsschutz können sich somit im Ergebnis nicht auf § 18 Abs. 4 KSchG berufen, sofern bei ihnen der verfassungskonforme Entlassungsbegriff ausnahmsweise maßgeblich ist.[601] Die Norm ist dann teleologisch zu reduzieren. Die notwendige Regelungslücke folgt daraus, dass bei diesen Nachkündigungen keine Gefahr der Vorratsanzeigen besteht und die ordnungsgemäße Durchführung der Entlassungen anderenfalls für den Arbeitgeber ohne sachlichen Grund erheblich erschwert würde.[602] Der sich aus den Gesetzesmaterialien ergebende Zweck des § 18 Abs. 4 KSchG spricht somit für eine teleologische Reduktion der Norm.

---

597 *Spelge* in MünchHdbArbR, § 121 Rn. 203; vgl. auch *Mazurek*, Sonderkündigungsschutz, S. 297 f.

598 Vgl. *Holler*, SAE 2017, 65, 67 sowie *Spelge* in MünchHdbArbR, § 121 Rn. 204, die eine Konsultationspflicht in Fällen des § 18 Abs. 4 KSchG ebenfalls ablehnen.

599 *Spelge* in MünchHdbArbR, § 121 Rn. 203.

600 BVerfG, Beschl. v. 8.6.2016 – 1 BvR 3634/13, NZA 2016, 939, 940 Rn. 19; so auch *Spelge* in MünchHdbArbR, § 121 Rn. 203.

601 Ist ohnehin wie häufig der unionsrechtliche Entlassungsbegriff maßgeblich, gelten für sie keine Besonderheiten und sie können sich auf § 18 Abs. 4 KSchG berufen.

602 In diese Richtung auch *Mazurek*, Sonderkündigungsschutz, S. 299.

e) Bewusste Entlassungsstaffelung als (un-)zulässige Umgehung?

Schließlich wirft das BAG die Frage auf, ob der Beschluss des BVerfG Auswirkungen auf die bislang zulässige Praxis der bewussten Entlassungsstaffelung habe.[603]

Durch Entlassungsstaffelungen versuchen Arbeitgeber die Schwellenwerte innerhalb des 30-Tage Zeitraums zu unterschreiten und den Massenentlassungsschutz zu umgehen. Bislang erachteten das BAG in einer älteren Entscheidung[604] und die herrschende Ansicht im Schrifttum[605] diese Praxis als zulässig, da der Arbeitgeber nur einen Spielraum des Gesetzes ausnutze und im Übrigen der Arbeitsmarkt durch die Entlassungsstaffelung vor größeren Belastungen geschützt werde. Somit diene die Staffelung dem arbeitsmarktpolitischen Zweck der §§ 17 ff. KSchG.

Es darf aber nicht übersehen werden, dass eine Staffelung auch die Konsultationspflicht des Arbeitgebers entfallen lässt. Betroffenen Arbeitnehmern wird durch die Staffelung somit auch der kollektive Arbeitnehmerschutz des § 17 Abs. 2 KSchG genommen. Genau diesen Schutz hob das BVerfG aber noch einmal hervor und betonte, dass dieser Arbeitnehmern mit Sonderkündigungsschutz nicht sachgrundlos genommen werden dürfe. Es ist somit zu untersuchen, ob die bislang zulässige Entlassungsstaffelung (aa) oder jedenfalls die Antragsstaffelung bei Arbeitnehmern mit Sonderkündigungsschutz (bb) aufgrund des Beschlusses des BVerfG künftig unzulässig sind, da sie Arbeitnehmern den Schutz des Konsultationsverfahrens sachgrundlos nehmen.

aa) Zulässigkeit der bewussten Entlassungsstaffelung

Die bewusste Entlassungsstaffelung führt zwar dazu, dass Arbeitnehmern mit Sonderkündigungsschutz der Massenentlassungsschutz verweht bleibt. Allerdings unterfallen bei ihr weder Arbeitnehmer mit noch Arbeitnehmer ohne Sonderkündigungsschutz dem Massenentlassungsschutz. Es gibt

---

603 BAG, Urt. v. 26.1.2017 – 6 AZR 442/16, BAGE 158, 104 = NZA 2017, 577, 581 Rn. 36.

604 BAG, Urt. v. 6.12.1973 – 2 AZR 10/73, BAGE 25, 430 = AP Nr. 1 zu § 17 KSchG 1969; vgl. aber auch BAG, Urt. v. 26.1.2017 – 6 AZR 442/16, BAGE 158, 104 = NZA 2017, 577, 579 Rn. 26.

605 APS/*Moll*, § 17 KSchG Rn. 72; BeckOGK/*Naber*, § 17 KSchG Rn. 144; *Boemke* in Oetker/Preis, EAS, B7100 Rn. 58; *Lembke/Oberwinter*, NJW 2007, 721, 724; MüKo-BGB/*Hergenröder*, § 17 KSchG Rn. 35; *Spelge* in MünchHdbArbR, § 121 Rn. 80.

somit weder eine Benachteiligung von Arbeitnehmern mit Sonderkündigungsschutz noch eine für Art. 3 GG notwendige vergleichbare Gruppe, da kein Arbeitnehmer Massenentlassungsschutz genießt.[606] Folglich führen auch der Beschluss des BVerfG und der verfassungskonforme Entlassungsbegriff nicht zur Unzulässigkeit der bewussten Entlassungsstaffelung.[607]

Nichts anderes folgt aus dem vom BVerfG betonten kollektiven Arbeitnehmerschutz. Dieser ist nur bei erreichten Schwellenwerten notwendig, da nur dann die mit Massenentlassungen einhergehenden sozioökonomischen Auswirkungen auftreten, vor denen das Konsultationsverfahren die Arbeitnehmer schützt.[608] Es ist eine bewusste Entscheidung des (Unions-)Gesetzgebers, dass das Konsultationsverfahren nur bei innerhalb eines bestimmten Zeitraums erreichten Schwellenwerten durchzuführen ist. Zudem sind Arbeitnehmer bei einer bewussten Entlassungsstaffelung nicht schutzlos gestellt, da der Arbeitgeber immer noch die Verfahren nach §§ 102, 111 BetrVG zu durchlaufen hat.

Der ursprüngliche Entwurf einer Massenentlassungsrichtlinie sah zudem keinen Zeitraum für die Erreichung der Schwellenwerte vor,[609] sodass sie wie bei §§ 111 ff. BetrVG erreicht waren, wenn die Entlassungen auf einem einheitlichen Kündigungsentschluss basierten.[610] Der Unionsgesetzgeber führte den Zeitraum allerdings bewusst nach der Stellungnahme des Wirtschafts- und Sozialausschusses ein, um die unternehmerische Freiheit des Arbeitgebers zu respektieren.[611]

Wäre eine Staffelung der Entlassungen somit unzulässig, wären jedenfalls bei einem einheitlichen Kündigungsentschluss und bei entsprechender An-

606 *Spelge* in MünchHdbArbR, § 121 Rn. 85; *dies*, NZA-Beilage 2017, 108, 111; *dies*, RdA 2018, 297, 302; vgl. auch *Moll*, FS Willemsen, S. 319, 321 f., nach dem das Herausfallen einzelner Kündigungssachverhalte in der Systematik des Massenentlassungsschutzes angelegt und hinzunehmen sei. Zustimmend *Mazurek*, Sonderkündigungsschutz, S. 288.

607 *Spelge* in MünchHdbArbR, § 121 Rn. 85; *dies*, NZA-Beilage 2017, 108, 111 f.; *dies*, RdA 2018, 297, 302; *von Steinau-Steinrück*, NJW-Spezial 2018, 242, 243; im Ergebnis wohl auch *Hangarter*, FA 2017, 130, 132; *Moll*, FS Willemsen, S. 319, 321 f.

608 BAG, Urt. v. 26.1.2017 – 6 AZR 442/16, BAGE 158, 104 = NZA 2017, 577, 579 Rn. 26.

609 Vorschlag für eine Richtlinie des Rates zur Angleichung der Rechtsvorschriften der Mitgliedstaaten über Massenentlassungen der Kommission der Europäischen Gemeinschaften vom 8.11.1972, KOM (72) 1400.

610 BAG, Urt. v. 28.6.2012 – 6 AZR 682/10, BAGE 142, 225 = NZA 2012, 1090, 1091 Rn. 19; BAG, Urt. v. 17.3.2016 – 2 AZR 182/15, BAGE 154, 303 = NZA 2016, 1072, 1075 Rn. 30.

611 Stellungnahme des Wirtschafts- und Sozialausschusses der Europäischen Gemeinschaft vom 27.6.1973, Abl.EG v. 22.11.1973, Nr. C 100/11, S. 13.

zahl von beabsichtigten Entlassungen immer Anzeige- und Konsultationsverfahren durchzuführen, d.h. der Arbeitgeber könnte sich dem Massenentlassungsverfahren nicht entziehen. Im Ergebnis bliebe eine Systematik wie bei §§ 111 ff. BetrVG, die allerdings dem ursprünglichen Entwurf einer Massenentlassungsrichtlinie und somit dem Wilen des Unionsgesetzgebers widerspricht. Auch deshalb führte jüngst Generalanwalt *Bobek* in der Rechtssache *Marclean Technologies SLU* aus, dass es für die Anwendbarkeit der MERL allein darauf ankomme, dass objektiv, unabhängig von einer etwaigen Absicht des Arbeitsgebers, die erforderliche Anzahl an Entlassungen innerhalb des Referenzzeitraums veranlasst werde.[612] Im Umkehrschluss ergibt sich hieraus, dass bei bewusster oder unbewusster Unterschreitung der Schwellenwerte innerhalb des Referenzzeitraums der Anwendungsbereich der MERL nicht eröffnet ist.[613]

bb) Zulässigkeit der bewussten Antragsstaffelung

Die bewusste Entlassungsstaffelung ist somit weiterhin zulässig. Demgegenüber ist die bewusste Antragsstaffelung ein hiervon zu unterscheidendes Problem. Sie ermöglicht es dem Arbeitgeber, Zustimmungsanträge bewusst außerhalb des 30-tägigen-Zeitraums des § 17 Abs. 1 S. 1 KSchG bei der zuständigen Behörde zu stellen. Sie bietet für die Umgehung des Massenentlassungsschutzes neben der allgemeinen Entlassungsstaffelung somit einen zweiten Anknüpfungspunkt, der allerdings nur bei Arbeitnehmern mit Sonderkündigungsschutz gegeben ist. Es besteht somit anders als bei der bewussten Entlassungsstaffelung, die alle Arbeitnehmer betreffen kann, die Gefahr einer Benachteiligung von Arbeitnehmern mit Sonderkündigungsschutz. Unterschreiten die späteren Kündigungen der Arbeitnehmer mit Sonderkündigungsschutz – wie häufig – in einer nachfolgenden Kündigungswelle die Schwellenwerte, wäre ihnen der Massenentlassungsschutz

612 GA Bobek, Schlussantrag v. 11.6.2020 – C-300/19 (*UQ/Marclean Technologies SLU*), BeckRS 2020, 12072 Rn. 18 u. 32.

613 Anderenfalls sei die Bestimmung des Anwendungsbereichs der MERL nicht mehr „vorhersehbar und feststellbar", GA Bobek, Schlussantrag v. 11.6.2020 – C-300/19 (*UQ/Marclean Technologies SLU)*, BeckRS 2020, 12072 Rn. 32 und ihm folgend EuGH, Urt. v. 11.11.2020 – C-300/19 (*UQ/Marclean Technologies SLU*), NZA 2020, 1611, 1612 Rn. 37; zustimmen *Krebber*, ZfA 2022, 376, 426.

genommen. Arbeitnehmer ohne Sonderkündigungsschutz würden hingegen Massenentlassungsschutz in der ersten Kündigungswelle genießen.[614]

(1) Geteiltes Meinungsbild

Wohl auch deshalb hat das LAG Hessen in zwei Parallelentscheidungen entschieden, dass die bewusste Antragsstellung außerhalb des 30-Tage-Zeitraums eine unzulässige Benachteiligung wegen einer Behinderung[615] und wegen des Geschlechts[616] sei. Das LAG ist – soweit ersichtlich – bislang das einzige Gericht, das sich mit der Unzulässigkeit der bewussten Antragsstaffelung beschäftigt hat, ohne sie allerdings näher zu begründen. In der Literatur zeigt sich ein ähnliches, allerdings im Ergebnis anderes Bild: Begründungen fehlen ebenfalls, die Zulässigkeit wird allerdings bejaht.[617]

(2) Keine Benachteiligung

Allerdings hat die bisherige Untersuchung gezeigt, dass die bewusste Antragsstaffelung nur scheinbar Arbeitnehmer mit Sonderkündigungsschutz benachteiligt. Denn unionsrechtlicher und verfassungskonformer Entlassungsbegriff stehen in einem Rangverhältnis, sodass als Entlassung entweder der Zugang des Antrags oder der Zugang der Kündigung gilt.[618]

Zwei Anknüpfungspunkte für Entlassungsstaffelungen kann es deshalb bei Arbeitnehmern mit Sonderkündigungsschutz nicht geben. Vielmehr ist die Antragsstaffelung eine gesetzlich zulässige Staffelung von Entlassungen, die allein wegen des verfassungskonformen Entlassungsbegriffs einen anderen zeitlichen und rechtlichen Anknüpfungspunkt hat. Der Zugang des Antrags ersetzt den Zugang der Kündigung, der allerdings ohne Weiteres

614 Erfolgt die spätere Kündigung allerdings wegen des Zuwartens auf die Zustimmungserklärung in einer ohnehin anzeigepflichtigen zweiten Entlassungswelle, genießen die betroffenen Arbeitnehmer mit Sonderkündigungsschutz nach dem unionsrechtlichen Entlassungsbegriff allein für diese Entlassungswelle Massenentlassungsschutz, vgl. *Bezani*, FS Willemsen, S. 55, 61 f.; *Spelge* in MünchHdbArbR, § 121 Rn. 85. Es gelten die unter 2. Teil, C. II. 3. c) (S. 129 ff.) dargestellten Grundsätze.

615 LAG Hessen, Urt. v. 23.9.2019 – 17 Sa 1564/18, BeckRS 2019, 49411 Rn. 186.

616 LAG Hessen, Urt. v. 4.11.2019 – 17 Sa 1570/18, BeckRS 2019, 5649 Rn. 116.

617 So bislang *Hangarter*, FA 2017, 130, 132; *Spelge* in MünchHdbArbR, § 121 Rn. 92. Vgl. aber nunmehr *Mazurek*, Sonderkündigungsschutz, S. 286 ff.

618 Siehe hierzu bereits näher unter 2. Teil, C. II. 3. c) (S. 129 ff.).

gestaffelt werden darf.[619] Im Ergebnis bleibt sowohl bei Arbeitnehmern mit als auch bei Arbeitnehmern ohne Sonderkündigungsschutz die einmalige Möglichkeit zur Staffelung von Entlassungen – durch Staffelung des Zugangs von Anträgen oder des Zugangs von Kündigungen. Arbeitnehmer mit oder ohne Sonderkündigungsschutz können somit gleichermaßen aus dem Massenentlassungsschutz hinausfallen; eine Benachteiligung liegt hierin nicht.[620]

cc) Unzulässige Beschränkung der unternehmerischen Freiheit

Schließlich wäre ein Verbot der bewussten Staffelung von Entlassungen und Anträgen ein ungerechtfertigter Eingriff in die unternehmerische Freiheit des Arbeitgebers.[621] Der Arbeitgeber kann den Zeitpunkt des Kündigungsausspruchs samt aller dazugehörigen Maßnahmen wie den Zustimmungsantrag frei bestimmen.[622] Darf der Arbeitgeber somit Entlassungen und Anträge nicht staffeln, wäre das ein rechtfertigungsbedürftiger Eingriff in dessen unternehmerische Freiheit. Das Verbot müsste deshalb einem Allgemeininteresse dienen.

Möglich wäre allenfalls eine Rechtfertigung aus Gründen des Arbeitnehmerschutzes. Denkbar wäre einer Ungleichbehandlung von Arbeitnehmern, deren Entlassung und Antragsstellung trotz einheitlichen Kündigungsentschlusses des Arbeitgebers außerhalb oder innerhalb des 30-tägigen-Zeitraums erfolgt. Vergleichbaren Gruppen wäre deshalb wiederum der Massenentlassungsschutz genommen.

Allerdings ist der Beurteilungsspielraum des Gesetzgebers zu beachten, da die Staffelungsmöglichkeit eine gesetzlich angelegte Ungleichbehandlung von Arbeitnehmern ist. Für ihre Rechtfertigung reichen wiederum vernünftige und nachvollziehbare Erwägungen des Gesetzgebers aus.[623]

---

619 Siehe hier bereits näher unter 2. Teil, C. II. 3. e) (S. 136 ff.).

620 So wohl auch *Mazurek*, Sonderkündigungsschutz, S. 286 f.

621 *Mazurek*, Sonderkündigungsschutz, S. 288.

622 Vgl. *Spelge* in MünchHdbArbR, § 121 Rn. 92, die hierin ebenfalls eine Freiheit des Arbeitgebers sieht; für das Unionsrecht vgl. die Stellungnahme des Wirtschafts- und Sozialausschusses der Europäischen Gemeinschaft vom 27.6.1973, Abl.EG v. 22.11.1973, Nr. C 100/11, S. 13, der zur Wahrung der unternehmerischen Freiheit des Arbeitgebers begrenzte Zeiträume für den Massenentlassungsschutz forderte.

623 BVerfG, Beschl. v. 14.3.1963 – 1 BvL 28/62, BVerfGE 15, 313 = NJW 1963, 851 f. sowie Jarass/Pieroth/*Jarass*, Art. 3 GG Rn. 18 f. m.w.N., wonach auch die mit dem

Die Entscheidung des Gesetzgebers ist aber durch die vernünftige Erwägung gerechtfertigt, dass Entlassungen außerhalb des 30-tägigen-Zeitraums nicht durch die sozioökonomischen Auswirkungen einer Massenentlassung berührt werden und betroffene Arbeitnehmer folglich auch keinen besonderen Schutz genießen müssen.[624] Der Gesetzgeber hat die bewusste Entscheidung getroffen, dass etwaige Ungleichbehandlungen, die für betroffene Arbeitnehmer innerhalb und außerhalb des 30-tägigen Zeitraums entstehen, durch die unternehmerische Freiheit des Arbeitgebers gerechtfertigt und mangels belastender sozioökonomischer Auswirkungen hinzunehmen seien.[625] Zudem sind Arbeitnehmer mit Sonderkündigungsschutz ausreichend durch das notwendige Zustimmungsverfahren, den individuellen Kündigungsschutz und andere Beteiligungsrechte des Betriebsrats geschützt.[626]

III. Zusammenfassung

Die Untersuchung des sachlichen Anwendungsbereichs der §§ 17, 18 KSchG hat gezeigt, dass dieser trotz unionsrechtlicher Deutungshoheit weiterhin national beeinflusst wird.

Zwar gilt bei der Betriebsbestimmung der Betriebsbegriff der MERL. Dieser ist allerdings unvollständig, da sich die bisherige „Definition" vor allem in negativen Abgrenzungen und nicht abschließenden Kriterien erschöpft. Demgegenüber umfasst der Betriebsbegriff bislang nicht den für EuGH und BAG entscheidenden örtlichen Bezug der Betriebseinheit. Der bisherige Ansatz der Rechtsprechung ist mit dem nationalen Typusbegriff vergleichbar, der kaum zwingende Kriterien verlangt und somit für Rechtsunsicherheit sorgt. Die geltende Rechtslage verstößt allerdings nicht gegen das Bestimmtheitsgebot, da das als Optimierungsgebot zu ver-

feststehenden Zeitraum bezweckte Rechtssicherheit ein Differenzierungsgrund sein könne.

624 *Burg/von Medem/Hütter-Brungs/Pötters/Fütterer/Forst*, NZA 2021, 449, 451 f.; *Mazurek*, Sonderkündigungsschutz, S. 290; *Moll*, FS Willemsen, S. 319, 323 f.

625 *Moll*, FS Willemsen, S. 319, 323 f.; *Spelge* in MünchHdbArbR, § 121 Rn. 92; vgl. auch *Bezani*, FS Willemsen, S. 55, 57, nach dem der Schutz des Arbeitnehmers bei berechtigten Interessen des Arbeitgebers zurücktreten müsse. Zur grundsätzlichen Möglichkeit der Rechtfertigung von Ungleichbehandlungen durch die unternehmerische Freiheit BGH, Urt. v. 27.5.2020 – VIII ZR 401/18, BGHZ 226, 145 = BeckRS 2020, 15084 Rn. 28 f.

626 *Moll*, FS Willemsen, S. 319, 322 f.

stehende Bestimmtheitsgebot nur verletzt ist, wenn es eine rechtssichere Regelungsalternative zur geltenden Rechtslage gibt. Eine solche besteht allerdings nicht, da vor allem eine gesetzliche Betriebsdefinition nur bestehende Anforderungen kodifizieren und nicht genügend Flexibilität für die Vielzahl an denkbaren Einzelfällen gewährleisten würde.

Nichtsdestotrotz bereitet die „schwammige" Vorgehensweise des EuGH dem Rechtsanwender erhebliche Schwierigkeiten, die richtige Betriebseinheit zu bestimmen. Hierzu trägt das Betriebsverständnis des BAG seit den *Air Berlin*-Entscheidungen bei, das einen entkernten Betriebsbegriff vertritt, der künftig zu einer Vielzahl von Betriebseinheiten führen dürfte. Um in der Zukunft weitere Fehlsubsumtionen zu vermeiden, sollte die Rechtsprechung wenigstens die für sie entscheidende örtliche Betriebskomponente in ihre „Definition" aufnehmen. Allerdings wäre hierfür ein Vorabentscheidungsverfahren notwendig.

Für die Bestimmung der zuständigen Arbeitnehmervertretung sind demgegenüber weiterhin die nationalen Zuständigkeitsbestimmungen entscheidend, sodass der betriebsverfassungsrechtliche Betriebsbegriff zumindest für § 17 Abs. 2 KSchG maßgeblich bleibt.

Ebenfalls gelten im Massenentlassungsrecht mit dem unionsrechtlichen und verfassungskonformen Entlassungsbegriff zwei Entlassungsbegriffe. Die Einführung des verfassungskonformen Entlassungsbegriffs durch BVerfG und BAG für Arbeitnehmer mit Sonderkündigungsschutz ist methodisch allerdings nicht überzeugend, da hierfür ein Vorabentscheidungsverfahren zum EuGH notwendig gewesen wäre.

Nichtsdestotrotz sind die durch den verfassungskonformen Entlassungsbegriff zu erwartenden Auswirkungen auf das Massenentlassungsrecht überschaubar. Er gilt nur für Arbeitnehmer mit Sonderkündigungsschutz, wenn das behördliche Zustimmungsverfahren keinen mit dem Anzeige- und dem Konsultationsverfahren vergleichbaren Schutz bietet. Das ist nur wenigen Fällen wie bspw. der Schließung des einzigen oder des letzten Betriebs im Unternehmen anzunehmen.

Die dann durch den verfassungskonformen Entlassungsbegriff entstehenden Folgeprobleme sind durch eine konsequente Anwendung der Grundsätze des BVerfG und der Zwecke des Massenentlassungsrechts lösbar. So ist der unionsrechtsrechtliche Entlassungsbegriff gegenüber dem verfassungskonformen Entlassungsbegriff vorrangig, sodass derselbe Kündigungssachverhalt bei mehreren Kündigungswellen nur einmalig zu berücksichtigen ist. Demgegenüber ist § 18 Abs. 4 KSchG bei der Nachkündigung eines Arbeitnehmers mit Sonderkündigungsschutz teleologisch zu reduzieren, da der Arbeitgeber nicht missbräuchlich handelt, wenn er wegen fehlender behördlicher Zustimmung den betroffenen Arbeitnehmer in einer zweiten Entlassungswelle erst außerhalb der Freifrist kündigt. Schließlich ist künftig auch weiterhin die bewusste Staffelung von Entlassungen und Anträgen zulässig, da beide Vorgehen keine Benachteiligung von Arbeitnehmern mit Sonderkündigungsschutz sind und den durch das BVerfG herausgestellten Arbeitnehmerschutz nicht beeinträchtigen.

Der verfassungskonforme Entlassungsbegriff bedingt deshalb auch keinen Reformbedarf und der Gesetzgeber muss somit zur Lösung seiner Folgeprobleme nicht tätig werden.

D. Konsultationsverfahren

Das „Herzstück" der MERL ist das Konsultationsverfahren. In diesem Verfahrensabschnitt setzen sich zwei bereits untersuchte Probleme fort: das Nebeneinander von Betriebsbegriff der MERL und betriebsverfassungsrechtlichem Betriebsbegriff[627] sowie die unionrechtswidrige Herausnahme von einzelnen Arbeitnehmergruppen[628].

Das Nebeneinander beider Betriebsbegriffe führt im Konsultationsverfahren dazu, dass der für das Verfahren zuständige Betriebsrat bei betriebsübergreifenden Umstrukturierungen unterschiedlich bestimmt wird (I.). So könnte der herausgearbeitete örtliche Bezug des Betriebsbegriffs der MERL dazu führen, dass eine originäre Zuständigkeit des örtlichen Betriebsrats für das Konsultationsverfahren anzunehmen ist.[629] Denkbar ist aber auch die uneingeschränkte Zuständigkeitsverteilung des BetrVG für das Verfahren,[630] sodass bei betriebsübergreifenden Umstrukturierungen der Gesamt- oder der Konzernbetriebsrat originär zuständig wären.

Wegen der unionsrechtswidrigen Herausnahme einzelner Gruppen durch § 17 Abs. 5 KSchG ist zudem offen, ob die für sie zuständige Vertretung zu beteiligen ist und ob der nationale Gesetzgeber bei Fehlen einer zuständigen Vertretung diese gesetzlich einzuführen hat (II.). § 17 Abs. 2 KSchG sieht nämlich bislang nur die Beteiligung des Betriebsrats vor, so-

627 Siehe hierzu bereits näher unter 2. Teil, C. I. (S. 98 ff.).

628 Siehe hierzu bereits näher unter 2. Teil, B. II. (S. 81 ff.).

629 So etwa *Moll*, RdA 2021, 49, 55; angedeutet von BAG, Urt. v. 20.9.2012 – 6 AZR 155/11, BAGE 143, 150 = NZA 2013, 32, 34 f. Rn. 40 f.

630 So wohl BAG, Urt. v. 12.2.2019 – 1 AZR 279/17, BAGE 165, 336 = NZA 2019, 719, 721 Rn. 20.

dass die Norm abhängig vom Ergebnis der Untersuchung zu reformieren wäre.

Schließlich muss der Arbeitgeber bei der Durchführung einer Massenentlassung nicht nur das Beteiligungsrecht des § 17 Abs. 2 KSchG, sondern auch andere Beteiligungsrechte beachten. Durch den veränderten Entlassungsbegriff seit der Rechtssache *Junk* besteht allerdings ein zeitlicher Gleichlauf zwischen diesen Beteiligungsrechten, den der Gesetzgeber bei der Einführung des § 17 Abs. 2 KSchG nicht vor Augen hatte.[631] Deshalb wird auch untersucht, ob § 17 Abs. 2 KSchG und andere Beteiligungsrechte sich überschneiden und deshalb zwingend oder jedenfalls sinnvoll gesetzlich zu verbinden sind (III.).

I. Zuständigkeit bei betriebsübergreifenden Umstrukturierungen

Erreichen betriebsübergreifende Umstrukturierungen die Schwellenwerte des § 17 Abs. 1 S. 1 KSchG, muss der Arbeitgeber den zuständigen Betriebsrat über die beabsichtigten Entlassungen informieren und mit diesem konsultieren. Führt der Arbeitgeber das Konsultationsverfahren mit dem unzuständigen Betriebsrat durch, sind die betroffenen Entlassungen unwirksam.[632]

Zur Bestimmung des zuständigen Betriebsrats hilft dem Arbeitgeber ein Blick in Art. 1 Abs. 1 UAbs. 1 lit. b) MERL: Die Arbeitnehmervertretung ist nach den Rechtsvorschriften oder der Praxis der Mitgliedstaaten zu bestimmen. Die Bestimmung kann deshalb einfach erfolgen, weil sie vom nationalen Recht nicht abweicht. Allerdings könnte sich aus der MERL etwas anderes ergeben, da diese die sozioökonomischen lokalen Auswirkungen von Massenentlassungen verhindern will.[633] Diese lokalen Auswirkungen kann aber der örtliche Betriebsrat am besten einschätzen. Ist deshalb trotz entgegenstehender Zuständigkeitsverteilung des BetrVG von einer originären Zuständigkeit des örtlichen Betriebsrats auch bei betriebsübergreifenden Umstrukturierungen auszugehen? Oder können auch Gesamt- oder Konzernbetriebsrat zu informieren und zu konsultieren sein?

631 Siehe hierzu noch näher unter 2. Teil, D. III. (S. 166 ff.).

632 BAG, Urt. v. 21.3.2013 – 2 AZR 60/12, BAGE 144, 366 = NZA 2013, 966, 967 Rn. 19; BAG, Urt. v. 12.2.2019 – 1 AZR 279/17, BAGE 165, 336 = NZA 2019, 719, 721 Rn. 20.

633 Deshalb ist beispielsweise auch die für den Sitz des Betriebs zuständige Agentur für Arbeit zu informieren. StRspr. BAG, Urt. v. 13.2.2020 – 6 AZR 146/19, BAGE 169, 363 = NZA 2020, 1006, 1017 Rn. 78 m.w.N.

1. Zuständigkeit des Gesamtbetriebsrats

Das BAG hat sich erstmals im Jahr 2013[634] mit der Frage auseinandergesetzt, ob ein mit dem Gesamtbetriebsrat in der Insolvenz abgeschlossener Interessenausgleich mit Namensliste gem. § 125 Abs. 2 InsO die nach § 17 Abs. 3 S. 2 KSchG erforderliche Stellungnahme des Betriebsrats in der Anzeige ersetzt.

Es bejahte die Frage, da der örtliche Betriebsrat durch den Gesamtbetriebsrat während der Konsultationen ausreichend informiert werde, sodass die Stellungnahme der originär zuständigen örtlichen Betriebsräte nicht notwendig sei.[635] Die für den bezweckten Arbeitnehmerschutz erforderlichen regionalen und betrieblichen Kenntnisse seien dadurch gewährleistet, dass jeder Betriebsrat mindestens ein Mitglied in den Gesamtbetriebsrat entsende. Somit könnte der Gesamtbetriebsrat ebenso die von der MERL bezweckte Verhinderung von sozioökonomischen lokalen Auswirkungen wie der örtliche Betriebsrat erreichen, da er die Interessen der lokalen Arbeitnehmer durch das entsendete lokale Mitglied ausreichend repräsentiere.

Aus der Entscheidung schließt die herrschende Ansicht im Schrifttum einen Gleichlauf der Zuständigkeit des (Konzern-, Gesamt-)Betriebsrats im Interessenausgleichs- und im Konsultationsverfahren, da die Ausführungen des BAG ebenfalls erkennen ließen, dass ein bereits mit der Umstrukturierung im Interessenausgleichsverfahren befasster (Konzern-, Gesamt-)Betriebsrat nicht durch einen anderen, örtlichen Betriebsrat im Konsultationsverfahren verdrängt werden solle.[636] Diese Schlussfolgerung hat das BAG in einer der *Air Berlin*-Entscheidungen nunmehr zumindest für den Gesamtbetriebsrat bestätigt.[637]

Der Schlussfolgerung ist zuzustimmen, da der Gesamtbetriebsrat ebenso wie der örtliche Betriebsrat die Interessen der betroffenen Arbeitnehmer repräsentiert. Durch seine gem. § 47 Abs. 2 BetrVG vorgeschriebene Zusammensetzung ist die notwendige regionale und betriebliche Kompetenz

634 BAG, Urt. v. 20.9.2012 – 6 AZR 155/11, BAGE 143, 150 = NZA 2013, 32.

635 Hierzu und zum Folgenden BAG, Urt. v. 20.9.2012 – 6 AZR 155/11, BAGE 143, 150 = NZA 2013, 32, 34 f. Rn. 40 f.

636 Beck/Depré/Ampferl/*Zobel*, 8. Teil § 28 Rn. 179; *Dzida/Hohenstatt*, NJW 2012, 27, 29, *Grau/Sittard*, BB 2011, 1845, 1847; *Lelley/Tatorka*, DB 2013, 2564, 2566; *Lunk*, NZA 2013, 233, 237; *Salamon*, BB 2015, 1653, 1656; *Schramm/Kuhnke*, NZA 2011, 1071, 1072; *Stamer*, FS Willemsen, S. 541, 550 f.

637 BAG, Urt. v. 13.2.2020 – 6 AZR 146/19, BAGE 169, 363 = NZA 2020, 1006, 1014 Rn. 61; so auch *Senk*, Betriebsbegriffe, S. 145.

gewährleistet, die die entsandten Mitglieder der örtlichen Betriebsräte vermitteln. Die Beteiligung des Gesamtbetriebsrats genügt somit dem Zweck der MERL bzgl. der örtlichen sozioökonomischen Auswirkungen. Liegen die Voraussetzungen des § 50 Abs. 1 BetrVG vor, ist das Konsultationsverfahren mit dem Gesamtbetriebsrat durchzuführen.

2. Zuständigkeit des Konzernbetriebsrats

Hingegen ließ das BAG bislang offen, ob auch der Konzernbetriebsrat unter den Voraussetzungen des § 58 Abs. 1 BetrVG zuständiger Konsultationspartner sein kann.[638] Das ist richtigerweise in Einklang mit den beschriebenen Grundsätzen zur Zuständigkeit des Gesamtbetriebsrats zu bejahen.[639]

Im Konsultationsverfahren sollen Massenentlassungen vermieden oder in ihren sozialen Folgen gemildert werden, um ihre Auswirkungen für die Arbeitnehmer des Betriebs einzuschränken. Deshalb muss der Arbeitgeber das Verfahren zu einem Zeitpunkt einleiten, in dem er Massenentlassungen aufgrund eines Plans bislang nur erwägt, sodass deren Auswirkungen überhaupt noch einschränkbar sind.[640] Das legt ein zweistufiges Verfahren bei Entscheidungen im Konzern durch das beherrschende Unternehmen nahe.[641]

Ist der Konzernbetriebsrat gem. § 58 Abs. 1 BetrVG für die Beteiligungsrechte nach §§ 111 ff. BetrVG originär zuständig, haben die Konzernleitung und er auf einer ersten Stufe ein Sanierungsgrundkonzept zu entwickeln.[642] Das Konzept ist dann der genannte Plan, der den Arbeitgeber des beherrschten Unternehmens Massenentlassungen erwägen lässt und die Pflichten nach § 17 Abs. 2 KSchG für ihn auslöst. Auf einer zweiten Stufe ist dann das Konsultationsverfahren zwischen dem Arbeitgeber des beherrsch-

638 BAG, Urt. v. 22.11.2012 – 2 AZR 371/11, BAGE 144, 47 = NZA 2013, 845, 846 Rn. 23.

639 BeckOGK/*Naber*, § 17 KSchG Rn. 100; MüKoBGB/*Hergenröder*, § 17 KSchG Rn. 41; *Niklas/Koehler*, NZA 2010, 913, 916; WHSS/*Schweibert*, Kap. C. V. Rn. 419.

640 EuGH, Urt. v. 10.9.2009 – C-44/08 (*Fujitsu Siemens Computers*), Slg. I 2009, 8188 = NZA 2009, 1083, 1085 Rn. 48.

641 EuGH, Urt. v. 10.9.2009 – C-44/08 (*Fujitsu Siemens Computers*), Slg. I 2009, 8188 = NZA 2009, 1083, 1086 f. Rn. 67–71; EuArbRK/*Spelge*, Art. 2 RL 98/59/EG Rn. 16; *dies.* in MünchHdbArbR, § 121 Rn. 109; *dies.*, NZA-Beilage 2017, 108, 109 f.; LKB/*Bayreuther*, § 17 KSchG Rn. 63; *Schubert/Schmitt* in Oetker/Preis, EAS, B8300 Rn. 560.

642 *Spelge* in MünchHdbArbR, § 121 Rn. 109 und ihr folgend *Schubert/Schmitt* in Oetker/Preis, EAS, B8300 Rn. 560.

ten Unternehmens als Vertragsarbeitgeber und dem Konzernbetriebsrat durchzuführen, da der Konzernbetriebsrat durch die Verhandlungen auf der ersten Stufe bereits den notwendigen konzernweiten Überblick über die Gründe der beabsichtigten Entlassungen hat.[643] Erst nach Abschluss der Konsultationen auf der zweiten Stufe darf die Konzernleitung dann die endgültige Entscheidung über die beabsichtigten Entlassungen treffen, damit die Konsultationen zwischen Vertragsarbeitgeber und Konzernbetriebsrat nicht leerlaufen.[644]

Diese Zweistufigkeit ist zwar auf den ersten Blick ungewöhnlich, da Verhandlungspartner des Konzernbetriebsrats stets die Konzernleitung und nicht der Vertragsarbeitgeber ist.[645] Deshalb befürwortet *Spelge*[646] in Konzernsachverhalten die originäre Zuständigkeit des örtlichen Betriebsrats oder des Gesamtbetriebsrats für das Konsultationsverfahren, die spiegelbildlich aus der Zuständigkeit des Vertragsarbeitgebers nach § 17 Abs. 3a KSchG für diese Sachverhalte folge. So habe der EuGH in der Rechtssache *Fujitsu Siemens Computers* zu Art. 2 Abs. 1, 4 Uabs. 1 MERL, dem § 17 Abs. 3a KSchG entspricht, selbst ausgeführt, dass der Vertragsarbeitgeber mit der Arbeitnehmervertretung „seiner Arbeitnehmer“ konsultieren müsse.[647]

Hieraus kann zwar durchaus gefolgert werden, dass der örtliche Betriebsrat oder der Gesamtbetriebsrat des Tochterunternehmens für das Konsultationsverfahren zuständig sind, da nur diese die Arbeitnehmer des Vertragsarbeitgebers und somit „seine Arbeitnehmer“ repräsentieren könnten.[648] Zwingend ist dieser Schluss allerdings nicht, da auch der Konzernbetriebsrat die Arbeitnehmer des Tochterunternehmens – inklusive betriebsratsloser Betriebe nach § 58 Abs. 1 S. 2 2. Hs. BetrVG –[649]

643 In diese Richtung auch APS/*Moll*, § 17 KSchG Rn. 197; *Stamer*, FS Willemsen, S. 541, 551.

644 So ausdrücklich EuGH, Urt. v. 10.9.2009 – C-44/08 (*Fujitsu Siemens Computers*), Slg. I 2009, 8188 = NZA 2009, 1083, 1087 Rn. 71.

645 Zum Verhandlungspartner des Konzernbetriebsrats BAG, Beschl. v. 12.11.1997 – 7 ABR 78/96, NZA 1998, 497 f.; BeckOK ArbR/*Mauer*, § 58 BetrVG Rn. 2; ErfK/*Koch*, § 58 BetrVG Rn. 1; *Fitting*, § 58 BetrVG Rn. 6.

646 EuArbRK/*Spelge*, Art. 2 RL 98/59/EG Rn. 16 f. m.w.N.; *dies.* in MünchHdbArbR, § 121 Rn. 109; *dies.*, NZA-Beilage 2017, 108, 109 f.

647 *Spelge* in MünchHdbArbR, § 121 Rn. 109 mit Hinweis auf EuGH, Urt. v. 10.9.2009 – C-44/08 (*Fujitsu Siemens Computers*), Slg. I 2009, 8188 = NZA 2009, 1083, 1086 Rn. 62.

648 *Spelge* in MünchHdbArbR, § 121 Rn. 109.

649 Zur Zuständigkeitserweiterung nach § 58 Abs. 1 S. 2 2. Hs. BetrVG *Fitting*, § 58 BetrVG Rn. 28 f.

repräsentiert. Zudem werden die Konsultationen von einem Vertretungsorgan geführt, das bereits durch die vorherigen Verhandlungen mit der Konzernleitung die konzernweiten Zusammenhänge überblickt. Nur von einem die gesamte Konzern- und Beschäftigungsstruktur überblickenden Konzernbetriebsrat sind aber die von der MERL geforderten Vermeidungs- und Milderungsmaßnahmen zwischen den Verhandlungsparteien sinnvoll zu vermitteln.[650] Zudem sprach sich der Wirtschafts- und Sozialausschuss der Europäischen Gemeinschaft im Gesetzgebungsverfahren zur Richtlinie 75/129/EWG für eine Konsultationspflicht mit den Vertretern der „betroffenen Arbeitnehmer“ aus – statt wie vorgesehen mit den Vertretern des „betroffenen Unternehmens“.[651] Die Änderung ist aber im endgültigen Richtlinientext nicht übernommen worden, weil sie zu sehr auf das nationale System der Zuständigkeitsverteilung übergreifen würde. Die Richtlinie normiert deshalb gerade keinen Zusammenhang zwischen dem Bezugsmerkmal des örtlichen Betriebs und der zu konsultierenden Arbeitnehmervertretung.[652] Vielmehr sollte mit der Einführung des Art. 2 Abs. 1, 4 Uabs. 1 MERL nur sichergestellt werden, dass der Vertragsarbeitgeber und nicht die Konzernleitung auch in Konzernsachverhalten Adressat der Konsultationspflicht ist.[653] Dem entspricht § 17 Abs. 3a KSchG, der einzig festlegt, dass auf der zweiten Stufe zwingend der Vertragsarbeitgeber das Konsultationsverfahren einzuleiten und zu führen hat.[654] Überlässt die MERL aber ansonsten dem nationalen Recht die Bestimmung der zuständigen Arbeitnehmervertretung, ist der Konzernbetriebsrat bei Vorliegen der Voraussetzungen des § 58 Abs. 1 BetrVG sowohl auf der ersten als auch auf der zweiten Stufe originär zuständig.[655]

---

650 *Kneip*, Konsultationsverfahren, S. 114; *Niklas/Koehler*, NZA 2010, 913, 916.

651 Stellungnahme des Wirtschafts- und Sozialausschusses der Europäischen Gemeinschaften vom 27.6.1973, Abl.EG v. 22.11.1973, Nr. C 100/11, S. 16; *Senk*, Betriebsbegriffe, S. 77 f., 81.

652 *Senk*, Betriebsbegriffe, S. 77 f., 81.

653 Erwägungsgründe 14 und 16 der Kommission für die Änderung der RL 75/129/EWG, KOM (91), 292 endg. S. 6; bestätigt durch EuGH, Urt. v. 10.9.2009 – C-44/08 (*Fujitsu Siemens Computers*), Slg. I 2009, 8188 = NZA 2009, 1083, 1086 Rn. 61 f.

654 EuArbRK/*Spelge*, Art. 2 RL 98/59/EG Rn. 15; *dies.*, NZA-Beilage 2017, 108, 109 f.; vgl. auch Erwägungsgrund 16 der Kommission für die Änderung der RL 75/129/EWG, KOM (91), 292 endg. S. 6, wonach ein Konsultationsrecht mit der Konzernleitung gerade nicht eingeführt werden sollte.

655 APS/*Moll*, § 17 KSchG Rn. 107; GMN/*Pfeiffer*, § 17 KSchG Rn. 46; *Schramm/Kuhnke*, NZA 2011, 1071, 1072.

Schließlich würde *Spelges* Ansicht zu einer teleologischen Reduktion des § 58 Abs. 1 BetrVG in Fällen des § 17 Abs. 3a KSchG führen, die aber nicht allein mit unionsrechtlichen Besonderheiten begründbar ist.[656] Systemgerechter ist es deshalb, dass die Zuständigkeitsregelungen des BetrVG unberührt bleiben und der Konzernbetriebsrat auch auf zweiter Stufe in Konzernsachverhalten zuständig ist.

In jedem Fall ist eine Verbindung von Interessenausgleichsverfahren und Konsultationsverfahren in Konzernsachverhalten wegen unterschiedlicher Verhandlungspartner in beiden Verfahren unmöglich, da der Vertragsarbeitgeber zwingend das Konsultationsverfahren durchzuführen hat.[657]

II. Beteiligung anderer Mitarbeitervertretungen

Entgegen § 17 Abs. 5 KSchG unterfallen leitende Angestellte, Fremd- und Minderheitengesellschafter-Geschäftsführer sowie Fremd- und Minderheitenvorstandsmitglieder jeweils ohne beherrschenden Einfluss jedenfalls im Einzelfall dem Anwendungsbereich der §§ 17, 18 KSchG.[658] Sie sind dann aber auch im Konsultationsverfahren zu berücksichtigen.

Es ist deshalb in einem ersten Schritt zu untersuchen, ob und ggf. von welcher Arbeitnehmervertretung die genannten Arbeitnehmergruppen im Konsultationsverfahren repräsentiert werden müssen. Für leitende Angestellte kommt der Sprecherausschuss als Vertretung in Betracht (1.). Für Geschäftsführer und Vorstandsmitglieder kommen mangels originären Vertretungsorganen andere gesetzliche Vertretungen wie der Betriebsrat oder ebenfalls der Sprecherausschuss in Betracht; denkbar wäre auch eine Selbstrepräsentation (2).

In einem zweiten Schritt wäre bei einer entsprechenden Repräsentationspflicht zu untersuchen, ob eine unionsrechtskonforme Auslegung oder Rechtsfortbildung des § 17 Abs. 2 KSchG möglich ist. Die Vorschrift nennt insoweit allein die Pflicht des Arbeitgebers zur Information und Konsultation des Betriebsrats, sodass u.U. andere gesetzliche Arbeitnehmervertretungen nicht als Konsultationspartner durch den Gesetzgeber vorgesehen sind.

656 Siehe zu den Voraussetzungen einer teleologischen Reduktion bereits näher unter 1. Teil, B. I. 4. b) (S. 54 ff.).
657 EuArbRK/*Spelge*, Art. 2 RL 98/59/EG Rn. 72.
658 Siehe hierzu bereits näher unter 2. Teil, B. II. 1. (S. 82 ff.).

1. Beteiligung des Sprecherausschusses

Leitende Angestellte sind gemäß § 5 Abs. 3 S. 1 BetrVG aus dem Anwendungsbereich des BetrVG ausgenommen, sodass der Betriebsrat ihre Interessen nicht repräsentiert. Um die Schutzlücke zu schließen, hat der Gesetzgeber das Sprecherausschussgesetz (SprAuG)[659] eingeführt.

Gemäß § 1 Abs. 1 SprAuG können leitende Angestellte in Betrieben mit mindestens zehn leitenden Angestellten i.S.d. § 5 Abs. 3 BetrVG einen Sprecherausschuss wählen, der ihre Interessen vertritt. Aufgrund seiner Nähe zum Betriebsrat und der Arbeitnehmereigenschaft von leitenden Angestellten ist der Sprecherausschuss eine Arbeitnehmervertretung i.S.d. Art. 1 Abs. 1 lit. b MERL, die im Konsultationsverfahren zu beteiligen ist.[660] Das folgt aus dem Urteil des EuGH in der Rechtssache *Kommission/Italien*,[661] wonach leitende Angestellte Arbeitnehmer i.S.d. der MERL seien und deshalb den vollständigen Schutz der MERL genießen.

Die Pflicht zur Beteiligung des Sprecherausschusses ist aber für die Gerichte für Arbeitssachen nur umsetzbar, wenn § 17 Abs. 2 KSchG richtlinienkonformen ausgelegt oder fortgebildet werden kann,[662] da § 17 Abs. 2 KSchG nur die Information und Konsultation des Betriebsrats vorsieht.

Eine richtlinienkonforme Auslegung scheitert zunächst am möglichen Wortsinn der Vorschrift. Dieser lässt keinen Auslegungsspielraum zu, da „Betriebsrat" ein im BetrVG klar definiertes Repräsentationsorgan ist, das nicht mit dem Sprecherausschuss gleichgesetzt werden kann.[663] Es handelt sich somit um einen negativen Kandidaten i.S.d. semantischen „Drei-Bereiche-Modells".[664]

---

659 BGBl. I, S. 2312, 2316.

660 So nunmehr auch BAG, Urt. v. 13.2.2020 – 6 AZR 146/19, BAGE 169, 363 = NZA 2020, 1006, 1016 Rn. 69, das richtigerweise der herrschenden Ansicht im Schrifttum gefolgt ist. Für die herrschende Ansicht ErfK/*Kiel*, § 17 KSchG Rn. 19d; EuArbRK/*Spelge*, Art. 1 RL 98/59/EG Rn. 144 f.; LKB/*Bayreuther*, § 17 KSchG Rn. 70; *Schubert/Schmitt*, ZESAR 2020, 53, 55; WHSS/*Schweibert*, Kap. C. V. Rn. 419; Wißmann, RdA 1998, 221, 224; a.A. APS/*Moll*, § 17 KSchG Rn. 82; *ders*, RdA 2021, 49, 55; *Deinert* in Däubler/Deinert/Zwanziger, § 17 KSchG Rn. 38; NK-ArbR/*Boemke*, § 17 KSchG Rn. 71, die leitende Angestellte als vom Betriebsrat mitrepräsentiert ansehen. Auf diese Ansicht wird noch näher unter 2. Teil, D. II. 1. c) (S. 155 ff.) eingegangen.

661 EuGH, Urt. v. 13.2.2014 – C-596/12 (*Kommission/Italien*), BeckRS 2014, 81554 Rn. 24 (franz. Urteilsbegründung).

662 Siehe zu den Grundsätzen bereits näher unter 1. Teil, B. I. 4. a.) (S. 51 ff.).

663 ErfK/*Kiel*, § 17 KSchG Rn. 19d; EuArbRK/*Spelge*, Art. 1 RL 98/59/EG Rn. 144 f.

664 Siehe zum semantischen „Drei-Bereiche-Modell" bereits näher unter 1. Teil, B. I. 4. b) (S. 54).

Möglich wäre eine Beteiligung deshalb nur über eine richtlinienkonforme Rechtsfortbildung durch analoge Anwendung des § 17 Abs. 2 KSchG auf den Sprecherausschuss.[665] Hierfür muss das Fehlen des Sprecherausschusses als Konsultationspartner eine planwidrige gesetzliche Regelungslücke sein.[666]

a) Regelungslücke

Der Wortsinn des § 17 Abs. 2 KSchG umfasst lediglich die Information und Konsultation des Betriebsrats, der leitende Angestellte nicht repräsentiert. § 17 Abs. 2 KSchG ist somit für die Repräsentation von leitenden Angestellten lückenhaft. Andere Gesetze der nationalen Rechtsordnung enthalten ebenfalls keine entsprechende Regelung. Zwar statuiert § 32 Abs. 2 SprAuG bei Betriebsänderungen eine Informationspflicht des Sprecherausschusses, die zumindest bei entstandenen wirtschaftlichen Nachteilen für leitende Angestellte mit § 17 Abs. 2 KSchG vergleichbar ist,[667] da dann nicht nur eine Informations-, sondern auch eine Beratungspflicht besteht. Allerdings bezieht sich die Vorschrift nur auf Fälle des § 111 BetrVG, die nicht deckungsgleich mit den Schwellenwerten des § 17 Abs. 1 S. 1 KSchG und somit der Konsultationspflicht sind.[668] Eine partielle Regelungslücke liegt somit vor.[669]

665 So die herrschende Ansicht in der Literatur ErfK/*Kiel*, § 17 KSchG Rn. 19d; EuArbRK/*Spelge*, Art. 1 RL 98/59/EG Rn. 145; *dies.* in MünchHdbArbR, § 121 Rn. 109; *Hinrichs*, AuR 2019, 348, 353; LKB/*Bayreuther*, § 17 KSchG Rn. 69; MüKoBGB/*Hergenröder*, § 17 KSchG Rn. 43; *Schubert/Schmitt*, ZESAR 2020, 53, 56; *Wißmann*, RdA 1998, 221, 224. Das BAG hat den methodischen Weg offengelassen BAG, Urt. v. 13.2.2020 – 6 AZR 146/19, BAGE 169, 363 = NZA 2020, 1006, 1016 Rn. 69.

666 Siehe zu den Voraussetzungen einer Analogie bereits näher unter 1. Teil, B. I. 4. a.) (S. 51 ff.).

667 Die Beratungs- und Informationspflicht folgt den Grundsätzen des § 111 S. 1 BetrVG, sodass die Informations- und Konsultationspflichten der MERL miterfüllt wären und eine Verbindung beider Verfahren möglich wäre. Vgl. zum Gleichlauf der Informations- und Beratungspflichten von § 32 Abs. 2 SprAuG und § 111 S. 1 BetrVG ErfK/*Oetker*, § 32 SprAuG Rn. 9 f. m.w.N.

668 Siehe für eine entsprechende Abbildung der unterschiedlichen Schwellenwerte *Kneip*, Konsultationsverfahren, S. 106 sowie für ein entsprechendes Beispiel WHSS/*Schweibert*, Kap. C. V. Rn. 412b f.

669 Vgl. *Brams*, Unionsrechtliche Impulse, S. 243; *Mauthner*, Massenentlassungsrichtlinie, S. 133, die allerdings eine vollständige Regelungslücke annehmen.

b) Planwidrigkeit

Entscheidend ist somit, ob die partielle Regelungslücke planwidrig ist oder ob der Gesetzgeber die Beteiligung des Sprecherausschusses bewusst nicht vorgesehen hat. Hierüber entscheidet der Wille des Gesetzgebers und subsidiär die übrigen Auslegungsmittel unter Berücksichtigung des sich aus den Gesetzesmaterialien ergebenden gesetzgeberischen Ziels.

aa) Wille des Gesetzgebers

Ein Blick in die Gesetzesmaterialien lässt zunächst keinen eindeutigen Schluss zu. Es fehlt an Äußerungen des Gesetzgebers zu § 17 Abs. 2 KSchG und § 17 Abs. 5 Nr. 3 Var. 3 KSchG und deren Ausschluss von leitenden Angestellten samt Sprecherausschuss.[670] Zwar deutet der Gesetzgeber bei § 14 Abs. 2 KSchG und dessen partiellem Ausschluss von leitenden Angestellten vom individuellen Kündigungsschutz an, dass er von einer besonderen Vertrauensstellung der Gruppe der leitenden Angestellten ausgeht.[671] Allerdings lässt sich allein mutmaßen, dass der Gesetzgeber aus diesem Grund auch leitende Angestellte aus dem Massenentlassungsrecht herausnahm. Gegen die Mutmaßung spricht aber, dass der Gesetzgeber traditionell zwischen dem individuellen und somit durch § 14 Abs. 2 KSchG vermittelten Kündigungsschutz und dem Schutz des Massenentlassungsverfahrens trennt.[672] Deshalb kann aus der Gesetzesbegründung zu § 14 Abs. 2 KSchG als Teil des ersten Abschnitts nicht ohne Weiteres auf die Auslegung der Massenentlassungsvorschriften als Teil des dritten Abschnitts des KSchG geschlossen werden.

Demgegenüber sieht *Kneip* den eindeutigen Willen des Gesetzgebers für den Ausschluss der leitenden Angestellten und somit des Sprecherausschusses in § 1 Abs. 5 der Stilllegungsverordnung als Vorgängerregelung des § 17

670 BT-Drs. Nr. 2090, S. 15; Regierungsentwurf eines Kündigungsschutzgesetzes (KSchG) vom 23.1.1951, RdA 1951, 58, 65. Bei der Anpassung des § 17 KSchG an die erste Massenentlassungsrichtlinie sah der Gesetzgeber keinen Handlungsbedarf für § 17 Abs. 5 KSchG, BT-Ds. 8/1041, S. 4; in diese Richtung auch EuArbRK/*Spelge*, Art. 1 RL 98/59/EG Rn. 101.

671 BT-Drs. V/3913, S. 9.

672 „Schutz des einzelnen Arbeitsnehmers ist nicht der Zweck dieses Verfahrens; dieser regelt sich nach den Vorschriften des ersten Abschnittes.", BT.-Drs. Nr. 2090, S. 16 f.; Regierungsentwurf eines Kündigungsschutzgesetzes (KSchG) vom 23.1.1951, RdA 1951, 58, 67.

KSchG begründet.[673] Die Norm definierte Arbeitnehmer i.S.d. Stilllegungsverordnung als Arbeitnehmer i.S.d. Betriebsrätegesetz (BRG[674]). § 12 Abs. 2 S. 3 BRG legte fest, dass u.a. Betriebsleiter, die den heutigen leitenden Angestellten entsprechen, nicht als Arbeitnehmer i.S.d. BRG galten. Diese Ausnahme begründete der Gesetzgeber in der damaligen Gesetzesbegründung eindeutig mit dem Konflikt zwischen der Stellung der Betriebsleiter und den vielfältigen Aufgaben der Betriebsvertretung.[675]

Die Ansicht von *Kneip* berücksichtigt allerdings nicht, dass der Gesetzgeber mit dem Erlass des KSchG 1951 den Regelungszusammenhang des KSchG 1951 mit dem BRG ausdrücklich aufgehoben hat.[676] Zudem kannte das nationale Recht auch kein dem heutigen Konsultationsverfahren entsprechendes Verfahren. Einzig § 74 BRG regelte eine Konsultationspflicht des Arbeitgebers mit dem Betriebsrat, die sich allerdings auf geplante Betriebsänderungen beschränkte und somit eine Vorgängerregelung des § 111 S. 1 BetrVG ist. § 17 Abs. 2 KSchG ist hingegen erst mit der RL 75/129/EWG im Jahr 1978[677] und somit zeitlich später durch den Gesetzgeber eingeführt worden. Deshalb können keinerlei Rückschlüsse aus damaligen Verweisungen auf den heutigen Willen des Gesetzgebers gezogen werden.

bb) Eindeutige Systematik

Lässt sich kein eindeutiger Wille des Gesetzgebers aus den Gesetzesmaterialien ermitteln, ist die Lücke allerdings nicht automatisch planwidrig. Vielmehr dürfen subsidiär auch andere Auslegungsmethoden nicht zu einem überzeugenden Auslegungsergebnis führen.

Systematisch zeigt sich aber an § 17 Abs. 5 Nr. 3 Var. 3 KSchG, dass der Gesetzgeber leitende Angestellte aus dem Anwendungsbereich der § 17 Abs. 1–4 KSchG herausnehmen wollte und somit auch der Sprecherausschuss nicht unter § 17 Abs. 2 KSchG fällt.[678] Die Wertung des § 17 Abs. 5

673 Zumindest für den Ausschluss von leitenden Angestellten aus dem persönlichen Anwendungsbereich der §§ 17 ff. KSchG *Kneip*, Konsultationsverfahren, S. 86 m.w.N.

674 RGBl. 1920, S. 147.

675 Verhandlungen der verfassungsgebenden Deutschen Nationalversammlung, Ds. Nr. 928 v. 16.8.1919, S. 19–21; *Kneip*, Konsultationsverfahren, S. 86 ebenfalls mit Nachweisen für die damalige Gesetzesbegründung.

676 BT.-Drs. Nr. 2090, S. 12 f.; *Senk*, Betriebsbegriffe, S. 63 m.w.N.

677 BGBl. I, S. 550; näher hierzu etwa *Becker*, NJW 1976, 2057; *Löwisch*, NJW 1978, 1237.

678 So auch APS/*Moll*, § 17 KSchG Rn. 82; BeckOGK/*Naber*, § 17 KSchG Rn. 37; *Brams*, Unionsrechtliche Impulse, S. 244 f.; NK-ArbR/*Boemke*, § 17 KSchG Rn. 71.

Nr. 3 Var. 3 KSchG ist auch weiterhin aktuell, da der Gesetzgeber seit der Schaffung des Sprecherausschussgesetzes tätig geworden ist, indem er den § 17 Abs. 2 KSchG mit dem Gesetz zur Anpassung arbeitsrechtlicher Bestimmungen an das EG-Recht[679] angepasst hat, ohne allerdings leitende Angestellte und den Sprecherausschuss in das Massenentlassungsverfahren zu intergieren.[680]

Abzulehnen ist deshalb die Ansicht,[681] die die Planwidrigkeit mit einem Verweis auf die Gesetzesbegründung[682] für das Zweite Gesetz zur Änderung des KSchG begründet, das § 17 Abs. 2 KSchG einführte. Der Gesetzgeber habe mit dieser Einführung die Vorgaben der MERL umsetzen und deshalb unionsrechtskonform handeln wollen.[683] Diese Annahme ist reine Fiktion, da die Gesetzesbegründung zur Einführung des § 17 Abs. 2 KSchG aus dem Jahr 1978 stammt und somit vor der Einführung des Sprecherausschussgesetzes im Jahr 1998 entstand. Dem Gesetzgeber war das SprAuG somit unbekannt, sodass er auch nicht die Beteiligung des Sprecherausschusses mit der Einführung des § 17 Abs. 2 KSchG bezweckt haben kann. Zudem konkretisiert der EuGH in aller Regel – und so auch im Fall der richtlinienwidrigen Herausnahme von leitenden Angestellten –[684] erst nach der Umsetzung der Richtlinie deren Inhalt. Die Ansicht unterstellt dem Gesetzgeber somit einen Willen zur Richtlinienkonformität, den er in Bezug auf den Sprecherausschuss nicht haben konnte.[685]

Aufgrund der eindeutigen Wertung des § 17 Abs. 5 Nr. 3 Var. 3 KSchG ist die Lücke somit nicht planwidrig, sodass eine Analogie des § 17 Abs. 2 KSchG für die Beteiligung des Sprecherausschusses ausscheidet. § 17 Abs. 2 KSchG ist somit unionsrechtswidrig.[686] Die Unionsrechtswidrigkeit ist al-

679 BGBl. 1995 I, S. 946.

680 APS/*Moll*, § 17 KSchG Rn. 82; NK-ArbR/*Boemke*, § 17 KSchG Rn. 71.

681 *Schubert/Schmitt*, ZESAR 2020, 53, 55; *Spelge* in MünchHdbArbR, § 121 Rn. 110.

682 BT-Drs. 8/1041, S. 1 ff.

683 *Schubert/Schmitt*, ZESAR 2020, 53, 55; *Spelge* in MünchHdbArbR, § 121 Rn. 110 jeweils mit Verweis auf BT-Drs. 8/1041, S. 4.

684 Vgl. EuGH, Urt. v. 13.2.2014 – C-596/12 (*Kommission/Italien*), BeckRS 2014, 81554 Rn. 24 (franz. Urteilsbegründung), wonach die Herausnahme von italienischen „Dirigenti" richtlinienwidrig sei. „Dirigenti" sind mit leitenden Angestellten i.S.d. KSchG gleichzusetzen.

685 Siehe zu der abzulehnenden Willenstheorie bereits näher unter 1. Teil, B. I. 3. a) bb) (S. 46 f.).

686 Im Ergebnis ebenso *Brams*, Unionsrechtliche Impulse, S. 246 f.; *Forst*, EuZW 2015, 664, 667; a.A. BAG, Urt. v. 13.2.2020 – 6 AZR 146/19, BAGE 169, 363 = NZA 2020, 1006, 1016 Rn. 69.

lerdings nur partiell und auf die Fälle beschränkt, in denen keine Beratungen nach § 32 Abs. 2 S. 2 SprAuG stattfinden müssen.

c) (Subsidiäre) Zuständigkeit des Betriebsrats?

Teile der Literatur bejahen wohl auch deshalb eine (subsidiäre) Zuständigkeit des Betriebsrats für leitende Angestellte.[687] Der eindeutige Wortlaut des § 17 Abs. 2 KSchG führe dazu, dass der Betriebsrat alle als Arbeitnehmer geltenden Personen repräsentieren müsse. Bei leitenden Angestellten sei zudem zu berücksichtigen, dass es häufig keinen im Betrieb gebildeten Sprecherausschuss gebe; etwa, weil im Betrieb weniger als zehn leitende Angestellte beschäftigt seien oder etwa, weil nicht die Mehrheit der leitenden Angestellten für die Errichtung eines Sprecherausschusses stimme, vgl. §§ 4 Abs. 1, 6 Abs. 2 SprAuG.[688] Durch die (subsidiäre) Zuständigkeit des Betriebsrats sei stets die Repräsentation und somit der Schutz der leitenden Angestellten sichergestellt.[689] Die ausnahmslos notwendige Repräsentation von Arbeitnehmern im Konsultationsverfahren folge aus der Rechtssache *Kommission/Vereinigtes Königreich*, weil der EuGH in der Rechtssache entschieden habe, dass die Errichtung einer Arbeitnehmervertretung nicht derart hohen Hürden unterliegen dürfe, dass sie nur sehr schwer möglich sei.[690]

687 Für eine originäre Zuständigkeit des Betriebsrats APS/*Moll*, § 17 KSchG Rn. 82; *Callsen* in Däubler/Deinert/Zwanziger, § 17 KSchG Rn. 38; Gaul/*Gaul/Ludwig*, Umstrukturierung, § 25 Rn. 25.508; NK-ArbR/*Boemke*, § 17 KSchG Rn. 71; für eine subsidiäre Zuständigkeit, sofern kein Sprecherausschuss gebildet ist *Forst*, EuZW 2015, 664, 667; *Mauthner*, Massenentlassungsrichtlinie, S. 133.

688 *Mauthner*, Massenentlassungsrichtlinie, S. 133 f.

689 *Forst*, EuZW 2015, 664, 667; *Mauthner*, Massenentlassungsrichtlinie, S. 133 f.

690 *Forst*, EuZW 2015, 664, 667; vgl. auch *Mauthner*, Massenentlassungsrichtlinie, S. 132, nach der eine „Konsultationslücke nach den Vorgaben des EuGH nicht entstehen“ dürfe sowie EuArbRK/*Spelge*, Art. 1 RL 98/59/EG Rn. 139 und *Naber/Sittard* in: Preis/Sagan, Europäisches Arbeitsrecht, § 14 Rn. 14.76, die den Gedanken ebenfalls bei den Schwellenwerten des § 1 Abs. 1 BetrVG aufbringen, ihn allerdings mangels praktischer Relevanz verwerfen. Die Ansicht bezieht sich auf EuGH, Urt. v. 8.6.1994 – C-383/92 (*Kommission/Vereinigtes Königreich*), Slg. 1994, I-2479 = BeckRS 2004, 76908 Rn. 27 f.

Dem ist zumindest in Bezug auf leitende Angestellte und der subsidiären Zuständigkeit des Betriebsrats nicht zu folgen.[691] Der zuständige Betriebsrat folgt den Regelungen des BetrVG.[692] Dann steht § 5 Abs. 3 S. 1 BetrVG aber der Repräsentation von leitenden Angestellte durch den Betriebsrat entgegen, der diese aus dem Anwendungsbereich des BetrVG und somit ihre Repräsentation durch den Betriebsrat ausschließt.[693] Der Gesetzgeber hat mit § 5 Abs. 3 S. 1 BetrVG eine zu § 17 Abs. 5 KSchG identische Negativfiktion eingeführt, sodass die systematischen Überlegungen zu § 17 Abs. 5 KSchG und der Beteiligung des Sprecherausschusses zu einem Ausschluss der leitenden Angestellten aus dem BetrVG führen.[694]

Dem steht auch nicht die Rechtssache *Kommission/Vereinigtes Königreich* entgegen. In der Rechtssache erklärte der EuGH eine Reglung des britischen *Employment Proteciton Act 1975* (EPA) für mit Art. 2 und 3 MERL unvereinbar, da sie die Errichtung einer Arbeitnehmervertretung unter die Anerkennung des Arbeitgebers stellte und diese somit gegen den Willen des Arbeitgebers unmöglich machte.[695] Der Arbeitgeber konnte jede Errichtung verhindern und damit im Ergebnis die Konsultationspflicht der MERL umgehen.[696] Das EPA sah also nur die scheinbar freie Möglichkeit der Errichtung vor.

Demgegenüber ermöglicht § 1 Abs. 1 SprAuG auch die tatsächlich freie Möglichkeit der Errichtung. Das gilt zunächst, wenn gem. § 6 Abs. 2 SprAuG die erforderliche Stimmenmehrheit zur Errichtung eines Sprecherausschusses nicht erreicht wird. Die verhinderte Errichtung und somit der fehlende Konsultationspartner sind im Unterschied zur Rechtssache *Kommission/Vereinigtes Königreich* nur auf die leitenden Angestellten zurückzuführen, deren Handeln der Arbeitgeber nicht beeinflussen kann.[697]

---

691 BeckOGK/*Naber*, § 17 KSchG Rn. 38; *ders./Sittard* in: Preis/Sagan, Europäisches Arbeitsrecht, § 14 Rn. 75; *Morgenbrodt*, ZESAR 2017, 17, 25; *Spelge*, NZA-Beilage 2017, 108, 111; *Weber* in Schlachter/Heinig, § 9 Rn. 65.

692 Siehe hierzu bereits näher unter 2. Teil, D. I. (S. 144 ff.).

693 *Brams*, Unionsrechtliche Impulse, S. 244 f.; EuArbRK/*Spelge*, Art. 1 RL 98/59/EG Rn. 144 u. 146.

694 Siehe zu diesen Überlegungen bereits näher unter 2. Teil, B. II. 2. (S. 95 f.).

695 EuGH, Urt. v. 8.6.1994 – C-383/92 (*Kommission/Vereinigtes Königreich*), Slg. 1994, I-2479 = BeckRS 2004, 76908 Rn. 13.

696 Vgl. *Lunk/Hildebrand*, NZA 2016, 129, 131, nach denen die Richtlinie allein eine „Totalvermeidung" von Information und Konsultation nach Ansicht des EuGH verbiete; in diese Richtung auch EuArbRK/*Spelge*, Art. 1 RL 98/59/EG Rn. 139.

697 EuGH, Urt. v. 5.10.2023 – C-496/22 (*EI/SC Brink's Cash Solutions SRL*), NZA 2023, 1454, 1456 Rn. 42 f.; ebenso wie die Behinderung einer Betriebsratswahl ist auch die Behinderung einer Sprecherausschusswahl gem. § 34 Abs. 1 SprAuG strafbar, sodass

Nichts anderes gilt aber auch, wenn ein Sprecherausschuss nicht zustande kommt, weil die Mindestanzahl an leitenden Angestellten im Betrieb nicht erreicht wird. Denn der EuGH stellt in der Rechtssache *Kommission/Vereinigtes Königreich* fest, dass die MERL die Modalitäten der Bestellung einer Arbeitnehmervertretung unberührt lasse. Er führt aus:

> *„Artikel 1 I Buchstabe b der Richtlinie verweist nämlich nicht einfach auf die Rechtsvorschriften, die in den Mitgliedstaaten für die Bestellung von Arbeitnehmervertretern gelten. Er überlässt den Mitgliedstaaten lediglich die Entscheidung, wie die Arbeitnehmervertreter, die nach den Artikeln 2 und 3 II der Richtlinie am Verfahren für die Massenentlassung je nach den Umständen beteiligt werden müssen oder können, zu bestellen sind.“*[698]

Es ist somit eine zulässige Bedingung der Bestellung, die die MERL grundsätzlich nicht beeinflussen kann, wenn ein Sprecherausschuss wegen fehlender betrieblicher Mindestanzahl an leitenden Angestellten nicht zustande kommt.[699] Gegenteiliges könnte nur gelten, wenn die Mindestanzahl derart hoch wäre, dass eine Errichtung faktisch unmöglich wäre; das würde die Richtlinie umgehen. Die Mindestanzahl des § 1 Abs. 1 SprAuG von zehn leitenden Angestellten im Betrieb ist aber nicht unangemessen hoch und ermöglicht eine Errichtung; insbesondere erfolgt gem. § 1 Abs. 2 SprAuG eine Hinzurechnung von leitenden Angestellten aus nicht sprecherausschussfähigen Betrieben zum räumlich nächstgelegenen Betrieb, um deren Repräsentation zu sichern.[700]

Aus der Rechtssache *Kommission/Vereinigtes Königreich* folgt somit nicht die Notwendigkeit der ausnahmslosen Repräsentation von leitenden Angestellten, sodass wegen des eindeutigen § 5 Abs. 3 S. 1 BetrVG leitende Angestellte nicht durch den Betriebsrat im Konsultationsverfahren (sekundär) repräsentiert werden.

---

der Arbeitgeber keinen Einfluss auf das Handeln der leitenden Angestellten nehmen darf.

698 EuGH, Urt. v. 8.6.1994 – C-383/92 (*Kommission/Vereinigtes Königreich*), Slg. 1994, I-2479 = BeckRS 2004, 76908 Rn. 19.

699 So im Ergebnis auch *Schubert/Schmitt* in Oetker/Preis, EAS, B8300 Rn. 566 sowie *Spelge*, NZA-Beilage 2017, 108, 111, die zutreffend formulieren, dass die Mitgliedstaaten nur die Möglichkeit einer Wahl, nicht aber die tatsächliche Wahl einer Arbeitnehmervertretung sicherstellen müssen.

700 Siehe näher zur subsidiären Repräsentation ErfK/*Oetker*, § 1 SprAuG Rn. 4 m.w.N.

2. Repräsentation des Organmitglieds im Konsultationsverfahren

Fremd- und Minderheitengesellschafter-Geschäftsführer sowie Fremd- und Minderheitenvorstandsmitglieder jeweils ohne beherrschenden Einfluss können Arbeitnehmer i.S.d. MERL sein.[701] Sie sind somit grundsätzlich im Konsultationsverfahren zu repräsentieren. Unklar ist allerdings, ob für sie eine zuständige Vertretung besteht oder ob sie sich ggf. selbst repräsentieren müssen.

a) Zuständigkeit des Betriebsrats?

§ 5 Abs. 2 Nr. 1 BetrVG bestimmt, dass Vertretungsorgane einer juristischen Person keine Arbeitnehmer i.S.d. BetrVG sind. Als Negativfiktion gilt dieser Ausschluss unabhängig von einem etwaig bestehenden Arbeitsverhältnis. Es ergibt sich insoweit kein Unterschied zur fehlenden Zuständigkeit des Betriebsrats für leitende Angestellte.[702] Der Betriebsrat repräsentiert folglich weder Geschäftsführer noch Vorstandsmitglieder im Konsultationsverfahren.[703]

b) Zuständigkeit des Sprecherausschusses?

Vereinzelt wird die Zuständigkeit des Sprecherausschusses ohne nähere Begründung jedenfalls für Geschäftsführer bejaht, da diese leitende Angestellte i.S.d. SprAuG seien.[704] § 1 Abs. 1 SprAuG verweist allerdings auf den betriebsverfassungsrechtlichen Begriff des leitenden Angestellten aus § 5 Abs. 3 S. 2 BetrVG, sodass dessen Grundsätze gelten.[705] Hiernach kann leitender Angestellter aber nur sein, wer Arbeitnehmer i.S.d. BetrVG ist. Organmitglieder sind aber aufgrund der Negativfiktion des § 5 Abs. 2 Nr. 1

701 Siehe hierzu bereits näher unter 2. Teil, B. II. 1. (S. 82 ff.).

702 Siehe hierzu bereits näher unter 2. Teil, D. 1. c) (S. 155 ff.).

703 Generell für Fremdgeschäftsführer *Brams*, Unionsrechtliche Impulse, S. 217 f.; *Hohenstatt/Naber*, NZA 2014, 637, 641; *dies.*, EuZA 2016, 22, 30 f.; *Lunk/Hildebrand*, NZA 2016, 129, 131; *Schubert/Schmitt* in Oetker/Preis, EAS, B8300 Rn. 567; *Spelge* in MünchHdbArbR, § 121 Rn. 112; *Vielmeier*, NJW 2014, 2678, 2681; a.A. wohl *Wind*, KSzW 2017, 76, 77, die fordert, dass der Betriebsrat zumindest über die Entlassung des Geschäftsführers informiert werde.

704 *Forst*, EuZW 2015, 664, 667.

705 Statt aller ErfK/*Oetker*, § 1 SprAuG Rn. 1.

BetrVG keine Arbeitnehmer i.S.d. BetrVG, sodass der Sprecherausschuss sie auch nicht repräsentiert.[706] Die Zuständigkeit des Sprecherausschusses für Organmitglieder ist somit abzulehnen.

c) Repräsentation durch sich selbst?

Schließlich wird in der Literatur teilweise erwogen, dass das Konsultationsverfahren mangels zuständiger Arbeitnehmervertretung mit dem Organmitglied selbst vorgenommen werden müsse, da es anderenfalls schutzlos stünde.[707]

Festzuhalten ist allerdings, dass dieser Ansatz dem nationalen Recht fremd ist. National ist entweder eine Arbeitnehmervertretung vorhanden, die kollektive Mitwirkungsrechte wahrnimmt, oder es ist keine Arbeitnehmervertretung gebildet, sodass der Arbeitgeber auch keine kollektiven Mitwirkungsrechte beachten muss. Einen individuellen Anspruch des Arbeitnehmers auf Wahrnehmung der kollektiven Mitwirkungsrechte kennt das nationale Recht hingegen nicht. Somit kann dieser Ansatz allenfalls überzeugen, wenn der Einfluss der MERL auf das nationale Recht bei fehlender zuständiger Arbeitnehmervertretung eine individuelle Information und Konsultation der Arbeitnehmer fordern würde. Das hat der EuGH aber nunmehr richtigerweise verneint.[708]

Hiergegen spricht nämlich ein Vergleich mit der Betriebsübergangsrichtlinie 2001/23/EG.[709] Deren Art. 7 Abs. 6 sieht die individuelle Information der Arbeitnehmer über einen Betriebsübergang bei fehlender Arbeitnehmervertretung vor. Der Unionsgesetzgeber kennt somit die individuelle Repräsentation, ordnet sie aber nur in bestimmten Fällen an. Ein solcher Fall ist die MERL nicht. Der maßgebliche Art. 2 spricht durchgängig von „Arbeitnehmervertretern", d.h. verleiht dem einzelnen Arbeitnehmer gerade

706 Generell für Fremdgeschäftsführer *Brams*, Unionsrechtliche Impulse, S. 218 f.; EuArbRK/*Spelge*, Art. 1 RL 98/59/EG Rn. 147; *Hohenstatt/Naber*, EuZA 2016, 22, 30 f.; *Lunk/Hildebrand*, NZA 2016, 129, 131; *Schubert/Schmitt* in Oetker/Preis, EAS, B8300 Rn. 567.

707 *Brams*, Unionsrechtliche Impulse, S. 221, die den Ansatz allerdings im Ergebnis verwirft; vgl. auch *Forst*, EuZW 2015, 664, 667, der „privatautonome Unterrichtungsverfahren" erwägt und hierzu ein Gespräch zwischen u.a. dem Geschäftsführer und der Gesellschafterversammlung vorschlägt.

708 EuGH, Urt. v. 5.10.2023 – C-496/22 (*EI/SC Brink's Cash Solutions SRL*), NZA 2023, 1454, 1455 Rn. 32.

709 *Brams*, Unionsrechtliche Impulse, S. 222.

kein individuelles Informations- und Konsultationsrecht.[710] Entsprechend hat auch der EuGH in der Rechtssache *Mono Car Styling* festgestellt, dass das in der MERL vorgesehene Recht auf Information und Konsultation „allein den Arbeitnehmervertretern [...] und nicht dem einzelnen Arbeitnehmer“ zukomme.[711]

Die MERL kennt somit keine individuelle Information oder Konsultation, sodass Geschäftsführer und Vorstandsmitglieder sich nicht selbst im Konsultationsverfahren repräsentieren.[712]

d) Rechtsfolge: partielle Unionsrechtswidrigkeit?

Mangels zuständigem Konsultationspartner ist ein Konsultationsverfahren somit für beabsichtigte Entlassungen von Geschäftsführern und Vorstandsmitgliedern in Übereinstimmung mit der überwiegenden Ansicht[713] nicht durchzuführen. Welche Rechtsfolgen ergeben sich allerdings hieraus für die betroffenen Entlassungen (aa)? Und ist der bestehende Zustand mit dem Unionsrecht vereinbar (bb)?

aa) Rechtsfolge für die betroffenen Entlassungen bei fehlendem Konsultationspartner

Organmitglieder haben im Einzelfall Teil des Konsultationsverfahrens zu sein. Ist das Organmitglied somit mangels zuständiger Arbeitnehmervertretung kein Teil des Konsultationsverfahrens, ist das Konsultationsverfahren fehlerhaft und die betroffenen Kündigungen wären nach ständiger Recht-

710 EuGH, Urt. v. 5.10.2023 – C-496/22 (*EI/SC Brink's Cash Solutions SRL*), NZA 2023, 1454, 1455 Rn. 32 f.; *Brams*, Unionsrechtliche Impulse, S. 222.

711 EuGH, Urt. v. 16.7.2009 – C 12/08 (*Mono Car Styling*), Slg. I 2009, 6686 = AP Nr. 5 zur Richtlinie 98/59/EG Rn. 38; bestätigt durch EuGH, Urt. v. 5.10.2023 – C-496/22 (*EI/SC Brink's Cash Solutions SRL*), NZA 2023, 1454, 1455 Rn. 32. Zu diesem Ergebnis kommen auch BeckOGK/*Naber*, § 17 KSchG Rn. 104; *Brams*, Unionsrechtliche Impulse, S. 221 f. sowie *Lunk/Hildebrand*, NZA 2016, 129, 131.

712 *Brams*, Unionsrechtliche Impulse, S. 221.

713 *Brams*, Unionsrechtliche Impulse, S. 224; *Hohenstatt/Naber*, EuZA 2016, 22, 30 f.; *Klein/Hlava*, AuR 2016, 76, 79; *Lunk/Hildebrand*, NZA 2016, 129, 131; *Spelge* in MünchHdbArbR, § 121 Rn. 112.

sprechung des BAG nichtig.[714] Demgegenüber folgt nach überwiegender Ansicht aus dem fehlerhaften Konsultationsverfahren ausnahmsweise nicht die Nichtigkeit der Kündigung des Anstellungsvertrags und der übrigen Kündigungen.[715] Sie könne sich nicht aus einem Verstoß gegen § 17 Abs. 2 KSchG ergeben, da Organmitglieder im Konsultationsverfahren auf Seiten des Arbeitgebers stünden und somit § 17 Abs. 2 KSchG aus ihrer Sicht kein Verbotsgesetz i.S.d. § 134 BGB sei.[716] Die anderen Kündigungen seien durch die fehlende Information und Konsultation bezüglich des Organmitglieds nicht betroffen, sodass die übrigen Arbeitnehmer sich auch nicht auf den Fehler berufen könnten.[717] Dem ist im Ergebnis, nicht aber in der Begründung zuzustimmen.

Zunächst einmal kennt der EuGH die von der überwiegenden Ansicht vorgenommene Differenzierung zwischen schutzbedürftigen und nicht schutzbedürftigen Arbeitnehmern nicht.[718] Sofern Beschäftigte als Arbeitnehmer i.S.d. MERL gelten, unterfallen sie deren Schutz. Demgegenüber führt die überwiegende Ansicht dazu, das nationale Verständnis des arbeitgebernahen Organmitglieds über Umwege doch in § 17 KSchG zu implementieren. Der bezweckte Arbeitnehmerschutz der MERL verbietet allerdings eine unterschiedliche Behandlung einzelner Arbeitnehmergruppen.

714 Nach ständiger Rechtsprechung des BAG führen Fehler im Konsultationsverfahren grundsätzlich zur Nichtigkeit der betroffenen Kündigungen gem. § 17 Abs. 2 KSchG i.V.m. § 134 BGB, da es sich aus Sicht der Arbeitnehmer bei § 17 Abs. 2 KSchG um ein Schutz- und somit um ein Verbotsgesetz i.S.d. § 134 BGB handele BAG, Urt. v. 21.3.2013 – 2 AZR 60/12, BAGE 144, 366 = NZA 2013, 966, 967 f. Rn. 21–30; BAG, Urt. v. 22.9.2016 – 2 AZR 276/16, BAGE 157, 1 = NZA 2017, 175, 178 Rn. 36. Nur vereinzelt, etwa bei fehlender Nennung von Berufsgruppen im Fall einer Betriebsstillegung oder bei Fehlern aus der Sphäre des Betriebsrats macht das BAG eine Ausnahme von diesem Grundsatz BAG, Urt. v. 9.6.2016 – 6 AZR 405/15, BAGE 155, 245 = NZA 2016, 1198, 1201 Rn. 32 sowie BAG, Urt. v. 13.6.2019 – 6 AZR 459/18, BAGE 167, 102 = NZA 2019, 1638, 1644 Rn. 52.

715 Für den Geschäftsführeranstellungsvertrag *Brams*, Unionsrechtliche Impulse, S. 224 u. 229; *Lingemann/Otte*, BB 2015, 1965, 1966; *Lunk/Hildebrand*, NZA 2016, 129, 131; *Vielmeier*, NJW 2014, 2678, 2682; *Weber/Zimmer*, EuZA 2016, 224, 242; offenlassend *Hohenstatt/Naber*, NZA 2014, 637, 641 f.; a.A. *Forst*, EuZW 2015, 664, 666 f.

716 Für Geschäftsführer *Lunk/Hildebrand*, NZA 2016, 129, 131.

717 Für Geschäftsführer *Lingemann/Otte*, BB 2015, 1965, 1966; *Lunk/Hildebrand*, NZA 2016, 129, 131; *Vielmeier*, NJW 2014, 2678, 2682; zweifelnd hingegen *Hohenstatt/Naber*, NZA 2014, 637, 642.

718 Vgl. EuGH, Urt. v. 18.1.2007 – C-385/05 (*CGT/Premier ministre*), NZA 2007, 193, 195 Rn. 46, wonach bei der Berechnung der Schwellenwerte einzelne Arbeitnehmer durch die gewählte Berechnungsmethode nicht unberücksichtigt bleiben dürfen.

Dennoch muss die fehlende Repräsentation des Organmitglieds für den Arbeitgeber folgenlos bleiben, da die MERL und ihre Umsetzungsgesetze stets so auszulegen sind, dass Massenentlassungen für nationale Arbeitgeber möglich bleiben.[719] Das ist Ausfluss der unternehmerischen Freiheit[720] des Arbeitgebers. Sie setzt als (Unions-)Grundrecht Rechtsakten und der Rechtsprechung gem. Art. 12 Abs. 1 S. 2 GG und Art. 16 GRC Schranken.[721] Demgegenüber würde die bedingungslose Anwendung der Grundsätze des BAG dazu führen, dass die fehlerfreie Entlassung eines Organmitglieds unmöglich wäre. Denn mangels zuständigem Konsultationspartner wäre das Organmitglied nicht Teil des Konsultationsverfahrens, d.h. die Kündigungen wären gem. § 134 BGB i.V.m. § 17 Abs. 2 KSchG nichtig. Im Unterschied zu den bisherigen Fällen des BAG ist das unterlassende Konsultationsverfahren aber nicht durch ein Fehlverhalten des Arbeitgebers, sondern allein im geltenden Recht begründet.[722]

Die Ausnahme gilt dann auch für die übrigen Arbeitnehmer, deren Kündigungen sonst wegen eines fehlerhaften Konsultationsverfahrens mangels gesetzlicher Vertretung für Organmitglieder ebenfalls stets nichtig wären.

bb) Nicht hinnehmbare Schutzlücke?

Nach geltendem Recht können Organmitglieder kein Teil des Konsultationsverfahrens sein, selbst wenn sie es wollten.

Sie unterscheiden sich deshalb von der bereits diskutierten (subsidiären) Zuständigkeit des Betriebsrats für leitende Angestellte bei fehlendem Sprecherausschuss.[723] Während der Gesetzgeber für leitende Angestellte eine Arbeitnehmervertretung als Konsultationspartner vorgesehen hat, deren Errichtung allein an gesetzlichen Mindestvorgaben scheitern kann, fehlt von vornherein eine gesetzliche Vertretung für Organmitglieder. Enthält die aktuelle Gesetzeslage deshalb eine nicht hinnehmbare Schutzlücke?

---

719 EuGH, Urt. v. 21.12.2016 – C-201/15 (*AGET Iraklis*), NZA 2017, 167, 169 f. Rn. 45–57; *Bakopoulos*, RdA 2018, 257, 262; EuArbRK/*Spelge*, Art. 1 RL 98/59/EG Rn. 6.

720 Siehe zu den Grundsätzen bereits näher unter 1. Teil, B. II. 2. (S. 61 ff.).

721 Siehe hierzu bereits näher unter 1. Teil, B. II. (S. 59 ff.)

722 Das BAG begründet die Unwirksamkeitsfolge damit, dass der Arbeitgeber keine „unumkehrbaren Fakten“ schaffen dürfe und mit der Gefahr, dass anderenfalls trotz fehlendem Konsultationsverfahren eine wirksame Anzeige erstattet werden könne BAG, Urt. v. 21.3.2013 – 2 AZR 60/12, BAGE 144, 366 = NZA 2013, 966, 968 Rn. 26 u. 29.

723 *Weber* in Schlachter/Heinig, § 9 Rn. 65. Siehe hierzu bereits näher unter 2. Teil, D. II. 1. c) (S. 155 ff.).

Das verneint die überwiegende Ansicht in der Literatur durch einen Vergleich mit einem betriebsratslosen Betrieb, in dem ebenfalls kein Konsultationsverfahren durchzuführen ist – die MERL fordere bei Fehlen einer Arbeitnehmervertretung kein Konsultationsverfahren.[724] Organmitglieder können aber – selbst bei unterstelltem Errichtungswillen – anders als Arbeitnehmer in betriebsratlosen Betrieben kein Vertretungsgremium errichten. Der Vergleich ist deshalb unzutreffend, da der Schutz des Konsultationsverfahrens Organmitgliedern unabhängig von ihrem Willen verwehrt bleibt.

Vielmehr ist die entscheidende Frage, ob die MERL die gesetzliche Möglichkeit der Errichtung einer Arbeitnehmervertretung für Arbeitnehmer verlangt. Auch das verneint die überwiegende Ansicht in der Literatur.[725] Der Verweis der MERL auf die nationalen Zuständigkeitsbestimmungen für Arbeitnehmervertretungen zeige, dass der Unionsgesetzgeber nicht in die nationale Arbeitnehmervertretungsstruktur mit der MERL eingreifen wolle.[726]

Die Einführung von Arbeitnehmervertretungen kann allerdings nicht völlig in den Händen eines Mitgliedstaats liegen, da die Bestimmungen der MERL anderenfalls leerlaufen könnten. Die MERL will in jedem Fall die Rechtsstellung der Arbeitnehmer verbessern.[727] Würde die Einführung von Arbeitnehmervertretungen somit allein in den Händen des Mitgliedstaats liegen, könnte er dieses Ziel umgehen, wenn es mangels gesetzlichen Konsultationspartner zu keiner Mitsprache und somit zu keiner Verbesserung der Rechtsstellung von Arbeitnehmern kommen könnte.[728] Dementsprechend folgt aus der Ermächtigung zum Erlass von Richtlinien zur Unter-

---

724 EuArbRK/*Spelge*, Art. 1 RL 98/59/EG Rn. 147 f.; *Klein/Hlava*, AuR 2016, 76, 79; *Lunk/Hildebrand*, NZA 2016, 129, 131; *Vielmeier*, NJW 2014, 2678, 2681.

725 Hierzu und zum Folgenden ErfK/*Kiel*, § 17 KSchG Rn. 19d; EuArbRK/*Spelge*, Art. 1 RL 98/59/EG Rn. 139; *Mauthner*, Massenentlassungsrichtlinie, S. 129.

726 Die Schonung der mitgliedstaatlichen Mitbestimmungsmodelle stellt den Unionsgesetzgeber tatsächlich seit jeher vor Probleme bei der Mindestharmonisierung. Das zeigt sich an anderen Richtlinien zur Mitbestimmung wie der Rahmenrichtlinie 89/391/EWG oder der Betriebsübergangsrichtlinie 2001/23/EG, die ebenfalls auf die Praxis und Rechtsvorschriften der Mitgliedstaaten für die Bestimmung der Arbeitnehmervertreter verweisen. Grundlegend hierzu *Weber*, FS Würzburg, S. 189 ff.

727 Zur Vorgängerrichtlinie 75/129/EWG GA Van Gerven, Schlussantrag v. 2.3.1994 – C-382/92 (*Kommission/Vereinigtes Königreich*), juris Rn. 10; vgl. auch Erwägungsgrund 6 der MERL, der die Weiterentwicklung der Rechte von Arbeitnehmern betont sowie APS/*Moll*, § 17 KSchG Rn. 82; *Brams*, Unionsrechtliche Impulse, S. 220.

728 EuGH, Urt. v. 8.6.1994 – C-383/92 (*Kommission/Vereinigtes Königreich*), Slg. 1994, I-2479 = BeckRS 2004, 76908 Rn. 20; EuGH, Urt. v. 5.10.2023 – C-496/22 (*EI/SC*

richtung und Anhörung von Arbeitnehmervertretern auch die Annexkompetenz des Unionsgesetzgebers zur Verpflichtung der Mitgliedstaaten zur Bestellung von Arbeitnehmervertretern, vgl. Art. 153 Abs. 1 lit. e) AEUV.[729] Das hat der EuGH in mehreren Fällen deutlich gemacht, denen Richtlinien wie u.a. die RL 75/129/EWG, die Vorgänger-RL der MERL, zugrunde liegen, die ebenfalls auf die Rechtsvorschriften und die Praxis der Mitgliedstaaten für die zuständige Arbeitnehmervertretung verweisen. Der EuGH nahm dennoch an, dass eine Pflicht zur Schaffung entsprechender Arbeitnehmervertretungen für die Mitgliedstaaten bestehe, um die Information und Konsultation hinsichtlich aller Arbeitnehmer zu gewährleisten.[730] Anderes gelte nur bei Richtlinien, die auch Beteiligungsrechte des einzelnen Arbeitnehmers vorsehen, sodass die durch die Richtlinie vermittelten Rechte auch ohne Arbeitnehmervertretung wahrgenommen werden können.[731] Solch eine Richtlinie ist die MERL allerdings nicht.[732]

Zwar betraf vor allem die Rechtssache *Kommission/Vereinigtes Königreich* einen weitergehenden Fall, da ohne Anerkennung des Arbeitgebers das Konsultationsverfahren hinsichtlich aller Arbeitnehmer vermieden werden konnte.[733] Demgegenüber bilden Organmitglieder nur einen kleinen Teil der Belegschaft, sodass die bestehende Schutzlücke erheblich

---

Brink's Cash Solutions SRL), NZA 2023, 1454, 1455 f. Rn. 38 ff.; *Brams*, Unionsrechtliche Impulse, S. 219.

729 Calliess/Ruffert/*Krebber*, Art. 153 AEUV Rn. 26; EuArbRK/*Schubert*, Art. 27 GRC Rn. 32; Pechstein/Nowak/Häde/*Kocher*, Art. 153 AEUV Rn. 29.

730 Zur RL 77/187/EWG, der Vorgängerrichtlinie der geltenden Betriebsübergangsrichtlinie 2001/23/EG, die in Art. 2 Abs. 1 lit. c) einen entsprechenden Verweis auf die Zuständigkeitsregelungen der Mitgliedstaaten enthielt EuGH, Urt. v. 10.7.1986 – C-235/84 (*Kommission/Italien*), BeckRS 2004, 72506 Rn. 20–23; zur Vorgängerrichtlinie der MERL RL 75/129/EWG, die ebenfalls in Art. 1 Abs. 1 UAbs. 1 lit. b) einen entsprechenden Verweis enthielt EuGH, Urt. v. 8.6.1994 – C-383/92 (*Kommission/Vereinigtes Königreich*), Slg. 1994, I-2479 = BeckRS 2004, 76908 Rn. 20–25; vgl. auch erstmalig zur RL 75/117/EWG, einer Vorgängerregelung der geltenden Richtlinie zur Entgeltgleichheit von Männer und Frauen 2006/54/EG EuGH, Urt. v. 30.1.1985 – C-143/83 (*Kommission/Dänemark*), Slg. I 1985, 427 = BeckRS 2004, 71657 Rn. 8.

731 *Weber*, FS Würzburg, S. 189, 198 f., der als Beispiel die Rahmenrichtlinie RL 89/391/EWG über die Durchführung von Maßnahmen zur Verbesserung der Sicherheit und des Gesundheitsschutzes der Arbeitnehmer bei der Arbeit nennt.

732 Siehe hierzu bereits näher unter 2. Teil, D. II. 2. c) (S. 159 f.).

733 So die überwiegende Ansicht EuArbRK/*Spelge*, Art. 1 RL 98/59/EG Rn. 139; *Lunk/Hildebrand*, NZA 2016, 129, 131; *Schubert/Schmitt* in Oetker/Preis, EAS, B8300 Rn. 567.

kleiner als in der Rechtssache *Kommission/Vereinigtes Königreich* ist.[734] Nichtsdestotrotz setzte sich der EuGH mit den Argumenten der Regierung des Vereinigten Königreichs auseinander, die ebenso wie die überwiegende Ansicht im Schrifttum auf die begrenzte Harmonisierungswirkung der MERL und auf den Umstand hinwies, dass die MERL Mitgliedstaaten nicht zur Schaffung neuer Arbeitnehmervertretungen verpflichten könne.[735] Trotz dieser Argumente befand der EuGH, dass Mitgliedstaaten verpflichtet seien, zweckmäßige Regelungen zu treffen, um allen Arbeitnehmern den durch die Richtlinie vermittelten Schutz zu ermöglichen. Er stellt somit in Fällen, in denen Arbeitnehmer eine Vertretung errichten wollen, es aber nicht können, den Arbeitnehmerschutz vor den Schutz der nationalen Systematik.

Genau diesen Fall hat der nationale Gesetzgeber allerdings (unfreiwillig) geschaffen, indem er Organmitglieder durch die Negativfiktion des § 5 Abs. 2 BetrVG i.V.m. § 1 Abs. 1 SprAuG von der Zuständigkeit des Betriebsrats und des Sprecherausschusses ausschließt. Sie können auch keine andere Arbeitnehmervertretung für sich wählen und errichten. § 17 Abs. 2 KSchG bleibt folglich im Hinblick auf Organmitglieder hinter dem Mindestschutz der MERL zurück und ist unionsrechtswidrig.[736] Auf die sich aus diesem Ergebnis ergebenden praktischen Schwierigkeiten verweist ein Teil der Literatur zwar zurecht.[737] Wer wäre beispielsweise bei einer Gesellschaft, die allein von einem zu entlassenden Fremdgeschäftsführer vertreten wird, Ansprechpartner der Arbeitnehmervertretung im Konsul-

---

734 Zutreffend erkannt von *Lunk/Hildebrand*, NZA 2016, 129, 132; *Schubert/Schmitt* in Oetker/Preis, EAS, B8300 Rn. 567.

735 Hierzu und zum Folgenden EuGH, Urt. v. 8.6.1994 – C-383/92 (*Kommission/Vereinigtes Königreich*), Slg. 1994, I-2479 = BeckRS 2004, 76908 Rn. 22–27; vgl. auch EuGH, Urt. v. 18.1.2007 – C-385/05 (*CGT/Premier ministre*), NZA 2007, 193, 195 Rn. 44–48, wonach Mitgliedstaaten einzelne Arbeitnehmer nicht – auch nicht bloß zeitweise – aus dem Anwendungsbereich der MERL ausschließen dürfen.

736 So im Ergebnis auch *Brams*, Unionsrechtliche Impulse, S. 224; *Weber*, FS Würzburg, S. 189, 196 f.; *ders.* in Schlachter/Heinig, § 9 Rn. 63; *ders./Zimmer*, EuZA 2016, 224, 242; *Wißmann*, RdA 1998, 221, 224; wohl auch *Forst*, EuZW 2015, 664, 667; *Krebber*, RdA 2018, 271, 286; LKB/*Bayreuther*, § 17 KSchG Rn. 67; vgl. auch *Riesenhuber*, Europäisches Arbeitsrecht, § 23 Rn. 24, der ebenfalls die Möglichkeit der Einrichtung einer Arbeitnehmervertretung fordert sowie *Schubert/Schmitt* in Oetker/Preis, EAS, B8300 Rn. 567, die es zumindest nicht ausschließen, dass die MERL in Bezug auf die Repräsentation von Fremdgeschäftsführern bislang nicht ordnungsgemäß umgesetzt worden ist.

737 BeckOGK/*Naber*, § 17 KSchG Rn. 28; *Hohenstatt/ders.*, EuZA 2016, 22, 31; *Lunk/Hildebrand*, NZA 2016, 129, 132 f.; *Vielmeier*, NJW 2014, 2678, 2681 f.

tationsverfahren? Und welchem Betrieb wären Geschäftsführer und Vorstandsmitglieder zuzuordnen?[738] Sie ändern allerdings nichts an dem gefundenen Ergebnis; es ist vielmehr am Gesetzgeber, geeignete Verfahren und Ansprechpartner zu installieren.[739]

III. Integration in andere Beteiligungsrechte

Bei der Planung und Durchführung von Massenentlassungen hat der Arbeitgeber weitere Beteiligungsrechte des Betriebsrats zu berücksichtigen. Wichtig sind vor allem § 102 BetrVG (bei leitenden Angestellten § 31 Abs. 2 SprAuG) und §§ 111 ff. BetrVG.[740] Sie sehen ebenfalls die Information und Beteiligung des Betriebsrats und des Sprecherausschusses vor, d.h. überschneiden sich inhaltlich mit den Anforderungen des § 17 Abs. 2 KSchG. Bislang hat der Gesetzgeber allerdings trotz inhaltlicher Überschneidung keine Verbindung der einzelnen Beteiligungsrechte vorgenommen,[741] sodass sie beziehungslos nebeneinanderstehen stehen und § 17 Abs. 2 KSchG als betriebsverfassungsrechtliches Beteiligungsrecht system-

---

738 Typischerweise sind Geschäftsführer und Vorstandsmitglieder für mehrere Betriebe innerhalb eines Unternehmens verantwortlich. Denkbar wäre eine Lösung aus dem Betriebsübergangsrecht, wonach die Zuordnung zwingend nur zu einem Betrieb erfolgt und sich vorrangig aus dem Schwerpunkt der Tätigkeit und nachrangig nach der Wahl des Arbeitgebers oder Arbeitnehmers ergibt. Siehe hierzu näher *Daum*, Betrieb als Organisation, S. 326 m.w.N.

739 Vgl. GA Van Gerven, Schlussantrag v. 2.3.1994 – C-382/92 (*Kommission/Vereinigtes Königreich*), juris Rn. 12, der Mitgliedstaaten bei fehlenden Mitarbeitervertretungen Lösungen wie bspw. „Ad-hoc-Vertreter“ vorschlägt, die auch allein für den Einzelfall bestellt werden können. Die sich hieraus ergebenden praktischen Schwierigkeiten erkennt der Generalanwalt zwar, verwirft sie aber wegen der notwendigen praktischen Wirksamkeit der Richtlinie.

740 Daneben sind auch Mitbestimmungsrechte aus §§ 87, 92, 99, 106 BetrVG denkbar, die allerdings nicht behandelt werden. Siehe für einen vollständigen Überblick der im Einzelfall notwendigen Schritte bei der Durchführung einer Massenentlassung, APS/*Moll*, Vor § 17 KSchG Rn. 23 m.w.N.

741 Anders das BAG, das zumindest eine Verbindung der Verfahren aufgrund ihrer inhaltlichen und nunmehr auch zeitlichen Überschneidung für zulässig erachtet, sofern ein ausdrücklicher Hinweis durch den Arbeitgeber an den Betriebsrat hinsichtlich der Verbindung erfolgt. Siehe für § 102 BetrVG BAG, Urt. v. 13.12.2012 – 6 AZR 752/11, AP Nr. 44 zu § 17 KSchG 1969 Rn. 46; siehe für §§ 111 ff. BetrVG BAG, Urt. v. 13.6.2019 – 6 AZR 459/18, BAGE 167, 102 = NZA 2019, 1638, 1642 Rn. 42.

fremd im KSchG geregelt ist.[742] Die fehlende Verbindung ist mit dem ursprünglichen Verständnis des Entlassungsbegriffs zu erklären.[743] Das Konsultationsverfahren war anderen Beteiligungsrechten nachgelagert, da es anders als beispielsweise bei § 111 S. 1 BetrVG nicht zu einer Information und Konsultation des Betriebsrats vor Ausspruch der Kündigungen, sondern erst vor Ablauf der Kündigungsfristen kommen musste.[744]

Die nunmehr durch den unionsrechtlichen Entlassungsbegriff bestehende Parallelität der Beteiligungsrechte führt dazu, dass für den Arbeitgeber das Verhältnis der Verfahren untereinander unklar bleibt. Das unklare Verhältnis zwischen den Beteiligungsrechten kombiniert mit den teilweise einschneidenden Rechtsfolgen bei Verstößen gegen die Beteiligungsrechte provozierten in der Vergangenheit den Ruf nach Reform des bestehenden Systems.[745]

Im Folgenden wird deshalb untersucht, ob diesem Ruf zu folgen ist. Die Untersuchung erfolgt zweistufig: Auf einer ersten Stufe wird analysiert, ob die geltende Rechtslage die unternehmerische Freiheit des Arbeitgebers verletzt und eine Reform deshalb zwingend ist (1.). Auf einer zweiten Stufe wird dann untersucht, inwieweit die Reformvorschläge jedenfalls nach den Grundsätzen der Gesetzgebungslehre sinnvoll sind, selbst wenn eine Reform nicht zwingend ist (2.).

1. Vereinbarkeit mit der unternehmerischen Freiheit

Die einzuhaltenden verfahrensrechtlichen Voraussetzungen bei einer Massenentlassung dürfen den Arbeitgeber nicht vollständig darin beschränken,

742 *Oetker*, FS 100 Jahre BetrVR, S. 557, 569; *Spelge* in MünchHdbArbR, § 121 Rn. 154; *dies.*, NZA-Beilage 2021, 34, 35; vgl. auch ErfK/*Kiel*, § 17 KSchG Rn. 19, der § 17 Abs. 2 KSchG als betriebsverfassungsrechtlich geprägte Regelung einordnet.

743 *Oetker*, FS 100 Jahre BetrVR, S. 557, 564.

744 Der Gesetzgeber konnte das Problem nicht erkennen, betonte aber trotzdem den grundsätzlichen Zusammenhang zwischen den Beteiligungsrechten, BT-Drs. 8/1041, S. 5.

745 *Bayreuther*, FS 100 Jahre BetrVR, S. 59, 62; *Buhlinger*, Mitbestimmung bei Massenentlassungen, S. 239 f.; *Oetker*, FS 100 Jahre BetrVR, S. 557, 569; *Schmidt/Wilkening*, NZA-RR 2017, 169, 172; *Temming*, NZA 2016, 599, 602 f.; *von Steinau-Steinrück/Bertz*, NZA 2017, 145, 150 f.; in diese Richtung auch *Bauer/Klebe/Schunder*, NZA 2013, 827, 832, die das Nebeneinander der Mitbestimmungsrechte als „unkoordiniert" und „reformbedürftig" kritisieren sowie *Reiserer/Lachmann*, BB 2021, 1268, 1271, wonach jedenfalls eine Verbindung von Interessenausgleichs- und Konsultationsverfahren effektiver und rechtssicherer sei.

seinen Betrieb mittels Kündigungen zu restrukturieren.[746] So stellte das BVerfG bereits zur Verfassungsmäßigkeit des Mitbestimmungsgesetzes vom 4. Mai 1976 fest, dass Mitbestimmungsrechte der Arbeitnehmervertretungen nicht zu einem Übergewicht der Arbeitnehmerseite führen dürfen, sondern dem Grundsatz der Parität entsprechen müssen.[747] Die unternehmerische Freiheit schützt die freie Führung von Unternehmen, sodass Mitbestimmungsregelung zu einer Einschränkung der unternehmerischen Berufsausübungsfreiheit i.S.d. Art. 12 Abs. 1 GG führen: Das Unternehmen wird durch die Beteiligungsrechte der Mitarbeitervertretung in der Freiheit seiner Planung und Entscheidung eingeschränkt.[748] So ist es beispielsweise bei der erzwingbaren Mitbestimmung an die Mitwirkung der Mitglieder der Mitarbeitervertretung gebunden.[749] Mitbestimmungsrechte legitimieren sich deshalb nicht von allein, sondern müssen jeweils für sich genommen den Arbeitnehmerschutz als Interesse des Allgemeinwohls fördern.[750] Anderenfalls sind sie keine zulässige Beschränkungen der unternehmerischen Freiheit aus Art. 12 Abs. 1 GG und im richtlinienuntermauerten Recht aus Art. 16 GRC.[751] Allerdings fördern sie den Arbeitnehmerschutz nicht bereits deshalb, weil ihre formellen Anforderungen die Wahrscheinlichkeit von Fehlern bedingen, die zur Unwirksamkeit der Kündigung oder zu anderen, für den Arbeitnehmer vorteilhaften Rechtsfolgen führen.[752] Vielmehr müs-

---

746 Siehe hierzu bereits näher unter 1. Teil, B. II. 2. (S. 61 ff.). Speziell für die einzuhaltenden Mitbestimmungsrechte bei Massenentlassungen *Schubert/Schmitt*, ZESAR 2020, 53, 59.

747 BVerfG, Urt. v. 1.3.1979 – 1 BvR 532/77 u.a., BVerfGE 50, 290 = NJW 1979, 699, 700.

748 BVerfG, Urt. v. 1.3.1979 – 1 BvR 532/77 u.a., BVerfGE 50, 290 = NJW 1979, 699, 700; BVerfG, Beschl. v. 30.4.2015 – 1 BvR 2274/12, NZA 2015, 820, 821 Rn. 17; vgl. auch ErfK/*Schmidt*, Art. 12 GG Rn. 41.

749 BVerfG, Beschl. v. 30.4.2015 – 1 BvR 2274/12, NZA 2015, 820, 821 Rn. 17.

750 BVerfG, Beschl. v. 30.4.2015 – 1 BvR 2274/12, NZA 2015, 820, 821 Rn. 17; *Schubert/Schmitt*, ZESAR 2020, 53, 59; vgl. auch *Buhlinger*, Mitbestimmung bei Massenentlassungen, S. 21, nach der sich jeder einzelne Mitbestimmungstatbestand nicht von selbst legitimere, sondern einen eigenständigen Zweck verfolgen müsse. Ähnlich *Weber*, FS Richardi, S. 461, 470, der ebenfalls die unterschiedlichen Zwecke einzelner Beteiligungsverfahren betont.

751 Vgl. zu Art. 12 GG BVerfG, Urt. v. 1.3.1979 – 1 BvR 532/77 u.a., BVerfGE 50, 290 = NJW 1979, 699, 700; BVerfG, Beschl. v. 30.4.2015 – 1 BvR 2274/12, NZA 2015, 820, 821 Rn. 17. Siehe zu den Rechtfertigungsgründen für Eingriffe in die unternehmerische Freiheit auch schon näher bereits unter 1. Teil, B. II. 2. (S. 161 ff.).

752 Vgl. EuGH, Urt. v. 21.12.2016 – C-201/15 (*AGET Iraklis*), NZA 2017, 167, 169 Rn. 41 f., wonach die faktische Unmöglichkeit von Massenentlassungen wegen zu hoher oder unübersichtlicher Verfahrensanforderungen die unternehmerische Freiheit unzulässig beschränke; vgl. auch *Schubert/Schmitt*, ZESAR 2020, 53, 59, die ebenfalls he-

sen die bei Massenentlassungen zu berücksichtigenden Beteiligungsrechte im gegenseitigen Vergleich einen eigenständigen, über die anderen Beteiligungsrechte hinausgehenden Arbeitnehmerschutz gewährleisten.

a) Vergleich zwischen Konsultationsverfahren und Sozialplan

Das ist zunächst bei § 17 Abs. 2 KSchG und §§ 112, 112a BetrVG gegeben.

Während der Sozialplan eingetretene wirtschaftliche Nachteile der Arbeitnehmer ausgleichen möchte, soll das Konsultationsverfahren bereits die Entstehung dieser Nachteile verhindern oder jedenfalls mildern.[753] § 17 Abs. 2 KSchG vermittelt somit präventiven, §§ 112, 112a BetrVG hingegen repressiven Arbeitnehmerschutz. Zudem ist der Abschluss eines Sozialplans im Gegensatz zur Einigung innerhalb des Konsultationsverfahrens erzwingbar,[754] sodass der durch §§ 112, 112a BetrVG vermittelte Arbeitnehmerschutz über den von § 17 Abs. 2 KSchG hinausgeht.

b) Vergleich zwischen Konsultations- und Interessenausgleichsverfahren

Die grundsätzliche Schutzrichtung beider Verfahren ist die Verhinderung von wesentlichen Nachteilen einer Massenentlassung und einer Betriebsänderung; sie gewähren somit präventiven Arbeitnehmerschutz.[755] Trotz gleicher Schutzrichtung beider Verfahren umfassen §§ 111, 112 Abs. 1 S. 1 BetrVG allerdings auch Fälle, die über § 17 Abs. 2 KSchG hinausgehen. Denn die Beteiligungsrechte der §§ 111, 112 Abs. 1 S. 1 BetrVG lösen sich unabhängig vom 30-Tage-Zeitraum des § 17 Abs. 1 S. 1 KSchG aus; es kann so-

---

rausstellen, dass die Fehleranfälligkeit des Massenentlassungsverfahrens nicht den Arbeitnehmerschutz erhöht.

753 Vgl. zu dieser Unterscheidung zwischen einem Interessenausgleich und einem Sozialplan ErfK/*Kania*, § 112a BetrVG Rn. 1; *Lüders*, FS Moll, S. 395, 397; *Reinhard*, RdA 2007, 207, 213.

754 Nach Ansicht des BAG und der herrschenden Literatur ist für den Abschluss der Konsultationsverhandlungen keine Einigung und somit auch keine Anrufung der Einigungsstelle notwendig BAG, Urt. v. 22.9.2016 – 2 AZR 276/16, BAGE 157, 1 = NZA 2017, 175, 179 Rn. 50; APS/*Moll*, § 17 KSchG Rn. 106; BeckOGK/*Naber*, § 17 KSchG Rn. 160 f.; ErfK/*Kiel*, § 17 KSchG Rn. 25a; LKB/*Bayreuther*, § 17 KSchG Rn. 89; *Spelge* in MünchHdbArbR, § 121 Rn. 148.

755 *Clemenz*, FS Bauer, S. 229, 234; LKB/*Bayreuther*, § 17 KSchG Rn. 97 f.; *Reiserer/Lachmann*, BB 2021, 1268, 1272.

mit eine Betriebsänderung, nicht aber eine Massenentlassung vorliegen.[756] Zudem muss der Arbeitgeber den Interessenausgleich ernsthaft versuchen, indem er die Einigungsstelle anruft.[757] Ein Interessenausgleich ist durch den Betriebsrat somit „erzwingbarer" als die Vermeidung von Massenentlassungen.[758] Der somit im Vergleich zu § 17 Abs. 2 KSchG zusätzliche Arbeitnehmerschutz der §§ 111, 112 Abs. 1 S. 1 BetrVG rechtfertigt die Beschränkung der unternehmerischen Freiheit.[759]

c) Vergleich zwischen Konsultations- und Anhörungsverfahren

Schließlich ergibt auch ein Vergleich zwischen Konsultations- und Anhörungsverfahren vor Ausspruch einer Kündigung, dass beide Verfahren unterschiedliches Schutzniveau bieten und deshalb die Beschränkung der unternehmerischen Freiheit insgesamt gerechtfertigt ist.

Wie wiederholt von der Rechtsprechung betont wird, vermittelt das Konsultationsverfahren abstrakt präventiven Kollektivschutz.[760] Aus diesem Ziel folgt eine möglichst frühe Einbindung der zuständigen Arbeitnehmervertretung, die zu einem Zeitpunkt zu erfolgen hat, an dem der zu entlassende Arbeitnehmer noch nicht individualisiert ist.[761] Das zeigen auch die gem. § 17 Abs. 2 S. 4 KSchG im Konsultationsverfahren durch den

---

756 BAG, Beschl. v. 22.5.1979 – 1 ABR 17/77, BAGE 32, 14 = AP Nr. 4 zu § 111 BetrVG 1972; BAG, Urt. v. 2.8.1983 – 1 AZR 516/81, BAGE 43, 222 = AP Nr. 12 zu § 111 BetrVG 1972; APS/*Moll*, § 17 KSchG Rn. 91 m.w.N.; BeckOGK/*Naber*, § 17 KSchG Rn. 92.

757 BAG, Urt. v. 18.12.1984 – 1 AZR 176/82, BAGE 48, 329 = NZA 1985, 400, 401; BAG, Urt. v. 16.8.2011 – 1 AZR 44/10, AP Nr. 55 zu § 113 BetrVG 1972 Rn. 11. Nur bei dem unwahrscheinlichen Fall der vollständigen Einstellung der Betriebsratstätigkeit kann die Anrufung ausnahmsweise entbehrlich sein *Lüders*, FS Moll, S. 395, 405.

758 BeckOGK/*Naber*, § 17 KSchG Rn. 158; LKB/*Bayreuther*, § 17 KSchG Rn. 98.

759 Im Ergebnis ebenso BeckOGK/*Naber*, § 17 KSchG Rn. 92; *ders./Sittard* in: Preis/Sagan, Europäisches Arbeitsrecht, § 14 Rn. 14.70.

760 BAG, Urt. v. 22.4.2010 – 6 AZR 948/08, BAGE 134, 176 = NZA 2010, 1057, 1058 Rn. 20; BAG, Urt. v. 7.7.2011 – 6 AZR 248/10, BAGE 138, 301 = NZA 2011, 1108, 1111 Rn. 27; BAG, Urt. v. 13.2.2020 – 6 AZR 146/19, BAGE 169, 363 = NZA 2020, 1006, 1014 Rn. 66.

761 EuGH, Urt. v. 10.9.2009 – C-44/08 (*Fujitsu Siemens Computers*), Slg. I 2009, 8188 = NZA 2009, 1083, 1085 Rn. 46; BAG, Urt. v. 13.6.2019 – 6 AZR 459/18, BAGE 167, 102 = NZA 2019, 1638, 1643 Rn. 27, wonach die Konsultationspflicht entstehe, wenn die Planungen ein Stadium erreichen, in dem Entlassungen mehr als wahrscheinlich und die Anzahl sowie die Auswahlkriterien für die zu entlassenden Arbeitnehmer erkennbar seien. Hierfür sei ein grundsätzlicher Plan für die Entlassungen erforderlich.

Arbeitgeber bereitzustellenden Muss-Angaben, die er ohne Weiteres ohne Individualisierung des Arbeitnehmers angeben kann.[762]

Demgegenüber gewähren § 102 Abs. 1 BetrVG und § 31 Abs. 2 SprAuG konkret präventiven Individualschutz, da das Anhörungsverfahren den einzelnen Arbeitnehmer betrifft.[763] Die in der Anhörung zu nennenden Sozialdaten gehen deshalb über die Muss-Angaben des § 17 Abs. 2 S. 4 KSchG hinaus und betreffen den individuellen Arbeitnehmer.[764] Anders als bei § 17 Abs. 2 KSchG, der u.a. nur die Nennung der betroffenen Berufsgruppen fordert, sind die Sozialdaten des Arbeitnehmers zu nennen, die bspw. sein Alter, seinen Beruf und seinen Familienstand und seine Betriebszugehörigkeit umfassen.[765]

2. Sinnvolle Maßnahmen de lege ferenda?

Das geltende System der Mitbestimmungsrechte bei Massenentlassungen ist somit insgesamt mit der unternehmerischen Freiheit vereinbar. Das passt zur bisherigen Rechtsprechung, die die einen Verstoß gegen die unternehmerische Freiheit nur selten bejaht.[766] Vielmehr gibt sie dem Gesetzgeber einen weiten Handlungsspielraum, um berechtigte Allgemeininteressen wie den Arbeitnehmerschutz zu verfolgen. Die eingangs erwähnten Rufe nach Reform sind somit nicht zwingend.

Folglich kann eine Reform allenfalls zu fordern sein, wenn sie nach der Gesetzgebungslehre zu mehr Effektivität, Kohärenz oder Konsistenz des bisherigen Beteiligungssystems bei Massenentlassungen führen kann.[767] Hierauf sind die bisherigen Reformvorschläge im Schrifttum zu untersuchen.

---

762 Das ist anders bei § 102 BetrVG, sodass auch bezüglich der bereitzustellenden Information nicht dessen Maßstab, sondern der des § 111 BetrVG gilt APS/*Moll*, § 17 KSchG Rn. 91; *Spelge* in MünchHdbArbR, § 121 Rn. 137.

763 *Oetker*, FS 100 Jahre BetrVR, S. 557, 563; *Schubert/Schmitt*, JbArbR 2022 (59), S. 81, 88 f.; *dies.* in Oetker/Preis, EAS, B8300 Rn. 594. Deshalb ist auch eine Verbindung beider Verfahren in der Regel unzweckmäßig ErfK/*Kiel*, § 17 KSchG Rn. 26; LKB/*Bayreuther*, § 17 KSchG Rn. 102; Schaub/*Rinck* in ArbR-Hdb, § 142 Rn. 1.

764 Siehe hierzu näher BAG, Urt. v. 15.12.1994 – 2 AZR 327/94, NZA 1995, 521, 524.

765 Vgl. zum Umfang der Sozialdaten bei der Anhörung nach § 102 BetrVG BAG, Urt. v. 15.12.1994 – 2 AZR 327/94, NZA 1995, 521, 524.

766 Für einen Überblick der bisherigen Rechtsprechung zur unternehmerischen Freiheit Pechstein/Nowak/Häde/*Kühling*, Art. 16 GRC Rn. 14 m.w.N.

767 Siehe hierzu bereits näher unter 2. Teil, A. II. (S. 69 ff.).

Reformvorschläge müssen allerdings drei Prämissen einhalten: Erstens sind die Mindestvorgaben der MERL zwingend, sodass eine etwaige Reform diese Vorgaben nicht unterlaufen darf.[768] Zweitens sind Anpassungen *de lege ferenda* nur dort sinnvoll, wo das Gesetz spürbar an Praktikabilität und Rechtssicherheit für die Beteiligten gewinnt.[769] Insoweit kann auf die Maßstäbe zum Bestimmtheitsgebot zurückgegriffen werden.[770] Drittens darf eine Reform nicht dazu führen, dass das bislang bestehende Schutzniveau unterschritten wird.[771]

a) (Re-)Integration des Konsultationsverfahrens in das BetrVG

Der am häufigsten anzutreffende Reformvorschlag ist die systemgerechte (Re-)Integration des Konsultationsverfahrens in das BetrVG.[772] Die aus § 17 Abs. 2 KSchG sowie § 17 Abs. 3 S. 5, 6 KSchG folgenden Rechte seien betriebsverfassungsrechtliche Beteiligungsrechte, die der Gesetzgeber im BetrVG zu regeln habe. Die Befürworter beziehen sich somit – ohne hierauf explizit abzustellen – auf den Grundsatz der kohärenten Gesetzgebung durch den Gesetzgeber.

Allerdings nimmt § 5 Abs. 2, 3 BetrVG vergleichbar zu § 17 Abs. 5 KSchG einzelne, ebenfalls in § 17 Abs. 5 KSchG genannte Arbeitnehmergruppen per Negativfiktion vom Anwendungsbereich des BetrVG aus.[773] Somit wären weiterhin unionsrechtswidrig einzelne Arbeitnehmergruppen vom Konsultationsverfahren ausgeschlossen und es bliebe ebenfalls unklar, welche Arbeitnehmervertretung für die ausgeschlossenen Gruppen zuständig

---

768 *Spelge* in MünchHdbArbR, § 121 Rn. 154; vgl. auch BT-Drs. 8/1041 S. 5, in der der Gesetzgeber ebenfalls klarstellt, dass die Vorgaben der MERL und des Konsultationsverfahrens zwingend zu beachten seien.

769 *Fliedner*, Rechtsetzung, S. 75 f.; *Karpen*, Gesetzgebungslehre, S. 39; *Schulze-Fielitz*, JZ 2004, 862, 863; vgl. auch *ders.*, Parlamentarische Gesetzgebung, S. 501–503 u. 532 f.

770 Siehe hierzu näher bereits unter 1. Teil, B. II. 1. (S. 59 ff.).

771 In diese Richtung ebenfalls *Schubert/Schmitt*, ZESAR 2020, 53, 59.

772 *Oetker*, FS 100 Jahre BetrVR, S. 557, 569 f.; *Temming*, NZA 2016, 599, 602; *von Steinau-Steinrück/Bertz*, NZA 2017, 145, 150 f.; vgl. auch EuArbRK/*Spelge*, Art. 1 RL 98/59/EG Rn. 9 sowie *dies.*, NZA-Beilage 2021, 34, 35, die die fehlende Beziehung zwischen §§ 111 ff. BetrVG und § 17 Abs. 2 KSchG kritisiert.

773 Diese Schwäche erkennt auch *Oetker*, FS 100 Jahre BetrVR, S. 557, 570. Allerdings verweist er darauf, dass § 17 Abs. 5 KSchG *lex lata* auch einzelne Arbeitnehmergruppen aus dem Konsultationsverfahren ausschließe.

wäre.[774] Einzig würde der Gesetzgeber durch die Integration des Konsultationsverfahrens systematisch klarstellen, dass für das Konsultationsverfahren die Zuständigkeiten des BetrVG gelten.[775] Das allein verspricht allerdings kein derartiges Mehr an Rechtssicherheit, dass es die Integration in das BetrVG legitimiert.

b) Verbindung von Konsultations- und Anhörungsverfahren

Temming sieht den Gesetzgeber in der Pflicht, den § 17 Abs. 2 KSchG als *lex specialis* zur Betriebsratsanhörung des § 102 Abs. 1 BetrVG auszuformen.[776] Er begründet seine Ansicht damit, dass die Neuausrichtung des Entlassungsbegriffs seit der Rechtssache *Junk* dazu führe, dass ein Arbeitnehmer doppelten präventiven Kündigungsschutz für denselben Sachverhalt erfahre. Das sei eine unzulässige Doppelung des präventiven Kündigungsschutzes und des Risikos der unwirksamen Kündigung als Rechtsfolge beider Normen. Aufgrund der Doppelung sei eine klassische Konstellation von *lex specialis* und *lex generalis* gegeben, sodass § 17 Abs. 2 KSchG (*lex specialis*) dem § 102 Abs. 1 BetrVG (*lex generalis*) vorzugehen habe.

Temming erklärt allerdings nicht schlüssig, weshalb die von ihm ausgemachte „Doppelung" des präventiven Arbeitnehmerschutzes unzulässig sei. Vielmehr hat der Gesetzgeber auch außerhalb der nunmehr bestehenden Parallelität zwischen § 102 Abs. 1 BetrVG und § 17 Abs. 2 KSchG parallel durchzuführende präventive Schutzverfahren normiert, aus deren unrichtiger Durchführung die Unwirksamkeit der Kündigung folgt und die denselben Sachverhalt betreffen. Beispielsweise bedarf etwa die Kündigung eines Arbeitnehmers mit Sonderkündigungsschutz zusätzlich zur Anhörung des Betriebsrats der Zustimmung einer Behörde.[777] Mehrere, dem präventiven Kündigungsschutz dienende Verfahren und somit eine „Doppelung" des Schutzes und der Gefahr der Unwirksamkeit einer Kündigung sind für das nationale Recht somit eher typisch als fremd.

---

774 Siehe zum Parallelproblem des § 17 Abs. 5 KSchG bereits näher unter 2. Teil, B. II. (S. 81 ff.).

775 Siehe für diese Zuständigkeitsbestimmung bereits näher unter 2. Teil, D. I. (S. 144 ff.).

776 Hierzu und zum Folgenden *Temming*, NZA 2016, 599, 602 f.

777 Beispielsweise bei schwerbehinderten oder diesen gleichgestellten Arbeitnehmern nach § 168 SGB IX, bei Schwangeren und Arbeitnehmern in Elternzeit nach § 17 Abs. 2 S. 1 MuSchG und § 18 Abs. 1 S. 4, 5 BEEG.

Im Übrigen ist tatsächlich auch keine Verdoppelung des präventiven Kündigungsschutzes gegeben. § 17 Abs. 2 KSchG vermittelt abstrakt präventiven Kündigungsschutz, § 102 BetrVG und § 31 Abs. 2 SprAuG vermitteln hingegen konkret präventiven Kündigungsschutz.[778] Aufgrund dieses strukturellen Unterschieds würde *Temmings* Vorschlag bestehenden Arbeitnehmerschutz verkürzen und somit gegen die eingangs erwähnte dritte Prämisse verstoßen.

Umgekehrt bedeutet das allerdings auch, dass dort, wo der abstrakt präventive Kündigungsschutz des Konsultationsverfahrens in einen konkret präventiven Kündigungsschutz umschlägt, das von *Temming* befürwortete Verhältnis von *lex specialis* und *lex generalis* zu gelten hat.

Das ist beim Abschluss einer Namensliste im Konsultationsverfahren der Fall.[779] Eine Namensliste kann von den Betriebsparteien mit einem Interessenausgleich vereinbart werden. Sie nennt die im Zuge einer Betriebsänderung zu kündigenden Arbeitnehmer, sodass durch sie eine frühzeitige Individualisierung der betroffenen Arbeitnehmer erfolgt. Deshalb sprechen die Betriebsparteien bereits zu einem frühen Zeitpunkt über die einzelnen Arbeitnehmer und notwendigerweise auch über deren Sozialdaten. Dann sind die Beratungsgegenstände von Konsultations- und Anhörungsverfahren aber ausnahmsweise gleich, da bei Abschluss einer Namensliste die dem Betriebsrat gem. § 102 Abs. 3 BetrVG zum Widerspruch gegen die Kündigung berechtigenden Gründe bereits im Konsultationsverfahren erörtert worden sind. Ebenfalls gleich ist der die Rechte auslösende Sachverhalt – die beabsichtigten Kündigungen. Insgesamt wird aus dem abstrakten ein konkreter Schutz und Inhalt und vermittelter Schutz beider Verfahren stimmen überein. Im Unterschied zu den Verfahren bei Arbeitnehmern mit Sonderkündigungsschutz sind auch die Parteien der beiden Verfahren identisch, sodass es dann tatsächlich zu einer echten Doppelung kommt.

Das Gesetz fordert dennoch auch bei Abschluss einer Namensliste die Anhörung des Betriebsrats nach § 102 Abs. 1 BetrVG und des Sprecheraus-

778 Siehe hierzu bereits näher unter 2. Teil, D. III. 1. (S. 167 ff.).

779 Hierzu und zum Folgenden *Temming*, NZA 2016, 599, 602 f.; vgl. auch *Bauer*, FS Dolde, S. 655, 664 f., der eine Anhörung des Betriebsrats innerhalb des Interessenausgleichsverfahrens für zulässig hält, wenn die betroffenen Arbeitnehmer konkret benannt werden können. In diese Richtung ebenfalls Bachner/Gerhardt/Matthießen/*Bachner*, § 4 Rn. 391, der bei Abschluss einer Namensliste dem Betriebsrat eine Verzichtsmöglichkeit auf das Anhörungsrecht aus § 102 BetrVG einräumt. Vgl. auch Stahlhacke/Preis/Vossen/*Preis*, Zweiter Abschnitt § 2 Rn. 1162, der die Mitteilung des Kündigungssachverhalts bei § 102 BetrVG für entbehrlich hält, wenn dieser dem Betriebsrat bereits aus vorherigen Verhandlungen bekannt sei.

schusses nach § 31 Abs. 2 SprAuG.[780] Die Betriebsratsanhörung bringt aber bei Abschluss einer Namensliste während des Konsultationsverfahrens keinerlei Mehrwert für den Arbeitnehmerschutz, sodass die Anhörung nach § 102 Abs. 1 BetrVG und nach § 31 Abs. 2 SprAuG in diesem Fall für ein effizienteres Massenentlassungsverfahren[781] sinnvollerweise entfallen sollte. Schließlich könnten sich die Betriebsparteien hierdurch gleich zwei Verfahrensschritte sparen: erstens die Anhörung des Betriebsrats und Sprecherausschusses; zweitens würde die Stellungnahme der Arbeitnehmervertretung nach § 17 Abs. 3 S. 2 KSchG wie in § 1 Abs. 5 S. 4 KSchG und § 125 Abs. 2 InsO durch die Namensliste ersetzt werden. Das würde unabhängig vom zuständigen (Gesamt- oder Konzern-)Betriebsrat gelten, da Gesamt- und Konzernbetriebsrat die Belange der Arbeitnehmer in den örtlichen Betrieben hinreichend im Rahmen des Konsultationsverfahrens repräsentieren.[782] Allerdings muss analog zu § 1 Abs. 5 S. 3 KSchG und § 125 Abs. 1 S. 2 InsO eine Ausnahme von der Vereinfachung erfolgen, wenn zwischen beendetem Konsultationsverfahren mit Namensliste und Ausspruch der Kündigung wesentliche Sachverhaltsänderungen bezüglich der betroffenen Kündigung eingetreten sind.

Die neu aufzunehmende Verbindung von Betriebsratsanhörung und Konsultationsverfahren würde auch der MERL entsprechen. Der nationale Gesetzgeber muss einzig die Mindestvorgaben der MERL – rechtzeitige Einleitung, Verhandlungsoffenheit, Ziel der Einigung, Bereitstellung zweckdienlicher Informationen, Beendigung – erfüllen. Demgegenüber beinhaltet die MERL keine konkreten Vorgaben hinsichtlich des genauen Verfahrensablaufs[783] und überlässt es den Mitgliedstaaten, den Ablauf und etwaige

780 Zumindest für § 102 BetrVG BAG, Urt. v. 20.5.1999 – 2 AZR 148/99, NZA 1999, 1039, 1040.

781 Zwar ist der Abschluss einer Namensliste in der Praxis grundsätzlich eher selten – *Menke* bezeichnet sie beispielsweise als „Todesliste", Bieg/Borchardt/Frind/*Menke*, Unternehmenssanierung und Betriebsfortführung, Teil 3 J. Rn. 268. Zumindest aber bei dringenden Sanierungsfällen wie einer drohenden Insolvenz wird eine Namensliste vereinbart, sodass jedenfalls in diesen Fällen ein effizienteres Massenentlassungsverfahren zu erwarten wäre.

782 Siehe zur Repräsentation bereits näher unter 2. Teil, D. I. (S. 144 ff.).

783 Der Arbeitgeber hat gem. Art. 2 MERL das Konsultationsverfahren durch Bereitstellung der nach Art. 2 Abs. 3 lit. b) MERL erforderlichen Informationen einzuleiten und den Betriebsrat zu unterrichten sowie mit ihm zu beraten. Während der Beratungen hat er zweckdienliche Informationen nachzuschieben und die Betriebsparteien müssen das Verfahren beenden. Nähere Anforderungen nennt die MERL nicht. In diese Richtung ebenfalls EuArbRK/*Spelge*, Art. 2 RL 98/59/EG Rn. 22; *Weber*, FS Richardi, S. 461, 465; *ders.* in Schlachter/Heinig, § 9 Rn. 70.

Verbindungen des Konsultationsverfahrens mit bereits bestehenden Anhörungs- und Informationsrechten zu regeln.

c) Verbindung von Konsultations- und Interessenausgleichsverfahren

Schließlich gibt es Reformbestrebungen, die das Konsultations- mit dem Interessensausgleichsverfahren verbinden möchten.[784] Sie basieren allesamt auf dem Gedanken, dass beide Verfahren große inhaltliche Überschneidungen haben und zu ähnlichen Zeitpunkten eingeleitet werden müssen. Deshalb solle das Konsultationsverfahren aus dem § 17 KSchG herausgelöst werden und Massenentlassungen künftig als Betriebsänderung i.S.d. § 111 BetrVG gelten.[785] Hierdurch sei eine Verbesserung der Rechtslage zu erwarten.[786]

aa) Ein statt zwei Verfahren

Mit Erfüllung der inhaltlichen Pflichten des § 111 S. 1 BetrVG genügt der Arbeitgeber ebenfalls in der Regel seinen Pflichten aus § 17 Abs. 2 KSchG, sodass praktisch auch immer eine Verbindung beider Verfahren erfolgt.[787] Bei inhaltlicher Übereinstimmung ist grundsätzlich aber nicht einzusehen, wieso der Arbeitgeber zwei formal zu trennende Verfahren durchführen muss. Durch die Integration des Konsultationsverfahrens in § 111 BetrVG wäre dieses Problem somit auf den ersten Blick gelöst und der Arbeitgeber müsste künftig nur noch ein Verfahren durchführen. Zudem würde der

---

784 *Buhlinger*, Mitbestimmung bei Massenentlassungen, S. 203; *Oetker*, FS 100 Jahre BetrVR, S. 557, 569; vgl. auch *Hinrichs*, Kündigungsschutz, S. 205 f. sowie *Spelge* in MünchHdbArbR, § 121 Rn. 155, die beide Verfahren derart ausgestalten wollen, dass das Interessenausgleichsverfahren nur subsidiär eingreift.

785 Etwa als einzufügende Nr. 6 des § 111 S. 1 BetrVG *Buhlinger*, Mitbestimmung bei Massenentlassungen, S. 203; *Oetker*, FS 100 Jahre BetrVR, S. 557, 569. Vorbild ist das österreichische Recht, das gem. § 109 Abs. 1 Nr. 1a) Arbeitsverfassungsgesetz eine mit § 111 BetrVG vergleichbare Norm vorsieht, die anzeigepflichtige Massenentlassungen als Betriebsänderung einordnet. Siehe hierzu näher *Krebber*, RdA 2018, 271, 279.

786 *Buhlinger*, Mitbestimmung bei Massenentlassungen, S. 203; a.A. *Krebber*, RdA 2018, 271, 286, der in der isolierten Umsetzung in § 17 ff. KSchG den Vorteil sieht, dass die nationale Struktur des BetrVG unangetastet bleibe.

787 *Buhlinger*, Mitbestimmung bei Massenentlassungen, S. 81; LKB/*Bayreuther*, § 17 KSchG Rn. 99; NK-ArbR/*Boemke*, § 17 KSchG Rn. 147 f.; *Reiserer/Lachmann*, BB 2021, 1268, 1271 f.

Vorschlag dazu führen, dass die Repräsentation von leitenden Angestellten im Konsultationsverfahren bereits über § 32 Abs. 2 SprAuG gesichert wäre, da Massenentlassungen immer eine Betriebsänderung i.S.d. § 111 BetrVG wären und somit das Beteiligungsrecht des § 32 Abs. 2 SprAuG stets greifen würde. Die Unionsrechtswidrigkeit des § 17 Abs. 2 KSchG entfiele dann in Hinblick auf den Sprecherausschuss.[788]

bb) Keine Vereinfachung

Die Verbindung beider Verfahren würde allerdings nur scheinbar zu einer Vereinfachung der Rechtslage führen. Tatsächlich würden sich bestehende systematische Probleme sogar verschärfen.

Zunächst würde die vorgeschlagene Verbindung zu einer Integration des § 17 Abs. 2 KSchG in das BetrVG führen, sodass es wiederum zu der bereits dargestellten Problematik mit § 5 Abs. 2, 3 BetrVG käme.[789]

Weiterhin wäre problematisch, dass Bezugspunkt des Entstehens der Konsultationspflicht der Betriebsbegriff der MERL ist, der sich vom nationalen, im BetrVG vorausgesetzten Betriebsbegriff unterscheidet.[790] Somit würden weiterhin innerhalb derselben Vorschrift zwei verschiedene Betriebsbegriffe gelten; kein Mehr an Rechtssicherheit wäre zu erwarten. Der Reformvorschlag erfüllt somit nicht die zweite eingangs erwähnte Prämisse und ist nach den Grundsätzen der Gesetzgebungslehre nicht sinnvoll.

Systematisch würde zusätzlich das Problem entstehen, dass das BetrVG gem. § 118 BetrVG das Interessenausgleichsverfahren bei Tendenzbetrieben und kirchlichen Arbeitgebern nicht vorschreibt.[791] Somit wäre auch das Konsultationsverfahren – sofern man es in § 111 BetrVG integriert – bei Tendenzbetrieben und kirchlichen Arbeitgebern nicht durchzuführen. Das wäre allerdings unionsrechtswidrig, da die MERL eine Ausnahme für die genannten Bereiche nicht zulässt.[792] Der Reformvorschlag verstößt somit

788 Siehe zur Unionsrechtswidrigkeit bereits näher unter 2. Teil, D. II. 1. (S. 150 ff.).

789 Siehe hierzu bereits näher unter 2. Teil, D. III. 2. a) (S. 172 f.).

790 *Oetker*, FS 100 BetrVR, S. 553, 568; vgl. auch *Krebber*, RdA 2018, 271, 286.

791 Vgl. zu diesem Unterschied EuArbRK/*Spelge*, Art. 1 RL 98/59/EG Rn. 50; *dies*, EuZA 2018, 67, 80 f.; vgl. auch *Lüders*, FS Moll, S. 395 f. sowie *Mauthner*, Massenentlassungsrichtlinie, S. 120, die diesen Unterschied ebenfalls herausarbeiten, ohne allerdings Reformvorschläge hieraus zu entwickeln.

792 EuGH, Urt. v. 16.10.2003 – C-32/02 (*Kommission/Italienische Republik*), BeckRS 2004, 76328 Rn. 18 u. 26; BAG, Urt. v. 18.11.2003 – 1 AZR 637/02, BAGE 108, 311 = NZA 2004, 741; EuArbRK/*Spelge*, Art. 1 RL 98/59/EG Rn. 50.

gegen die erste eingangs erwähnte Prämisse, indem er die Mindestvorgaben der MERL unterschreitet.

Systematisch wäre zudem problematisch, dass das Interessenausgleichs- und das Konsultationsverfahren zwei unterschiedliche Beendigungszeitpunkte haben.[793] Der Arbeitgeber müsste künftig zur Beendigung des Konsultationsverfahrens mindestens die Einigungsstelle anrufen, um keinen Nachteilsausgleichansprüche gem. § 113 Abs. 1 und 3 BetrVG zu riskieren. Eine Integration des Konsultations- in das Interessenausgleichsverfahren würde somit über die Anforderungen der MERL hinausgehen, die eine Beteiligung eines Drittens für die Beendigung des Konsultationsverfahrens gerade nicht fordert.

Schließlich wäre die Integration des Konsultationsverfahrens in § 111 BetrVG eine unzulässige Verschlechterung des derzeit bestehenden Rechtsfolgensystems[794] und würde gegen die dritte eingangs erwähnte Prämisse verstoßen. Nach ständiger Rechtsprechung des BAG führen Fehler im Konsultationsverfahren grundsätzlich zur Unwirksamkeit der betroffenen Kündigungen.[795] Demgegenüber haben Arbeitnehmer lediglich einen Nachteilsausgleichsanspruch gem. § 113 Abs. 1, 3 BetrVG, wenn der Arbeitgeber eine geplante Betriebsänderung i.S.d. § 111 BetrVG ohne den ernsthaften Versuch eines Interessenausgleichs durchführt und Arbeitnehmer durch ihre Entlassung wirtschaftliche Nachteile erleiden.[796] Zwar bestehen berechtigte Bedenken gegen die gewählte Unwirksamkeitsfolge des BAG,[797] die durch den neuerlichen Schlussantrag des Generalanwalts *Pikamäe*[798] stärker werden dürften. Allerdings hat Generalanwalt *Pikamäe* vor allem betont, dass

---

793 Zutreffend erkannt von *Lüders*, FS Moll, S. 395, 405 f.; *Reiserer/Lachmann*, BB 2021, 1268, 1275 f.

794 Diese Diskrepanz ebenfalls herausstellend *Oetker*, FS 100 BetrVR, S. 553, 566.

795 Siehe hierzu bereits näher unter 2. Teil, D. II. 1. (S. 150 ff.).

796 StRspr. erstmals BAG, Urt. v. 21.9.2000 – 2 AZR 385/99, NZA 2001, 535, 538; *Oetker*, FS 100 BetrVR, S. 553, 566.

797 APS/*Moll*, § 17 KSchG Rn. 119; *Hinrichs*, Kündigungsschutz, S. 174–201; *Mauthner*, Massenentlassungsrichtlinie, S. 161 f.; *Oetker*, FS 100 BetrVR, S. 553, 567; *Weber*, AuR 2008, 365, 375 f.; *ders.* in Schlachter/Heinig, § 9 Rn. 110 f.

798 Der Schlussantrag ist im Rahmen eines Vorlagebeschlusses des BAG verfasst worden, mit dem das BAG u.a. Auskunft über den Zweck der Verpflichtung des Arbeitgebers zur Weiterleitung einer Abschrift an die zuständige Behörde mit Einleitung des Konsultationsverfahrens ersuchte GA Pikamäe, Schlussantrag v. 30.3.2023 – C-134/22 (*M O/S M*), BeckRS 2023, 5798.

wohl ein kollektiver Sanktionsanspruch notwendig sei,[799] der § 113 Abs. 1, 3 BetrVG ohnehin nicht ist. Zudem würde ein reiner Geldanspruch, der beispielsweise auf Sozialplanabfindungen anzurechnen ist, keine hinreichende Sanktion sein.[800] Somit wäre § 113 Abs. 1, 3 BetrVG keinesfalls eine geeignetere Sanktion als die Unwirksamkeitsfolge des BAG.[801]

IV. Zusammenfassung

Zur Bestimmung des zuständigen Betriebsrats gelten die allgemeinen Zuständigkeitsvorschriften des BetrVG. Somit kann eine originäre Zuständigkeit des Gesamt- oder des Konzernbetriebsrats für das Konsultationsverfahren gegeben sein. Unionsrechtliche Besonderheiten sind nur in zwei Fällen zu beachten. Erstens erstreckt sich die Zuständigkeit des Betriebsrats auch auf Arbeitsstätten, die nur nach dem Betriebsbegriff der MERL als Betrieb gelten. Zweitens ergibt sich in Konzernsachverhalten ein zweistufiges System bei Massenentlassungen: Auf einer ersten Stufe verhandeln Konzernleitung und Konzernbetriebsrat über ein Sanierungskonzept, das der Plan für die Massenentlassung ist und die Konsultationspflicht des § 17 Abs. 2 KSchG auslöst. Auf der zweiten Stufe hat dann der Konzernbetriebsrat entgegen der bekannten nationalen Systematik das Konsultationsverfahren mit dem Vertragsarbeitgeber der betroffenen Arbeitnehmer und nicht mit der Konzernleitung zu durchlaufen.

Zwingenden oder nach der Gesetzeslehre sinnvollen Reformbedarf gibt es bei der Bestimmung des zuständigen Betriebsrats nicht; allenfalls kann *de lege ferenda* ein klarstellender Hinweis in § 17 Abs. 2 KSchG auf die Zuständigkeitsverteilung des BetrVG angedacht werden.

Bestehen neben dem Betriebsrat weitere betriebliche Arbeitnehmervertretungen für bestimmte Arbeitnehmergruppen, sind diese im Konsulta-

799 Die zu wählende Sanktion sei spiegelbildlich zum Recht auf Information und Konsultation zu sehen, das ebenfalls ein kollektives Recht sei GA Pikamäe, Schlussantrag v. 30.3.2023 – C-134/22(*M O/S M*), BeckRS 2023, 5798 Rn. 52.

800 BAG, Urt. v. 12.2.2019 – 1 AZR 279/17, BAGE 165, 336 = NZA 2019, 719, 721 f. Rn. 18–22 m.w.N.

801 BAG, Urt. v. 12.2.2019 – 1 AZR 279/17, BAGE 165, 336 = NZA 2019, 719, 721 f. Rn. 18–22; EuArbRK/*Spelge*, Art. 6 RL 98/59/EG Rn. 10; wohl auch Reinhard, RdA 2007, 207, 211; a.A. APS/*Moll*, § 17 KSchG Rn. 119 f.; *Hinrichs*, Massenentlassungsschutz, S. 203; *Schubert/Schmitt*, JbArbR 2022 (59), S. 81, 88 ff.; *Weber* in Schlachter/Heinig, § 9 Rn. 112 f., jeweils mit der Einschränkung, dass Sozialplanansprüche nicht auf den Nachteilsausgleichsanspruch im Rahmen von Massenentlassungen angerechnet werden dürfen, um die Effektivität der MERL zu gewährleisten.

tionsverfahren zu beteiligen. Allerdings scheitert *de lega lata* ihre Beteiligung aufgrund des u.a. in § 17 Abs. 5 KSchG eindeutig geäußerten Willen des Gesetzgebers, diese Arbeitnehmergruppen vom nationalen Massenentlassungsrecht auszunehmen. Der sich hieraus ergebende Ausschluss anderer Arbeitnehmervertretungen aus dem Konsultationsverfahren ist unionsrechtswidrig und durch den Gesetzgeber zu korrigieren. Zwingender Reformbedarf besteht auch in den Fällen, in denen bestimmte Arbeitnehmergruppen nur deshalb nicht im Konsultationsverfahren repräsentiert werden, weil der Gesetzgeber für sie keine Arbeitnehmervertretung vorgesehen hat. Unionsrechtlich ist es geboten, dass dort, wo Arbeitnehmer eine Arbeitnehmervertretung errichten wollen, eine entsprechende gesetzliche Möglichkeit besteht. In den Modalitäten der Errichtung ist der Gesetzgeber hingegen bis zur Grenze der Umgehung der MERL frei.

Schließlich hat sich gezeigt, dass die Integration des Konsultationsverfahrens in andere Beteiligungsrechte durch den Gesetzgeber nicht zwingend ist. Die derzeitige Rechtslage ist mit der unternehmerischen Freiheit vereinbar, da die einzelnen Beteiligungsrechte jeweils eigenständig dem Arbeitnehmerschutz dienen und deshalb Einschränkungen der unternehmerischen Freiheit rechtfertigen.

Alle bisherigen Reformvorschläge können somit allenfalls überzeugen, wenn sie nach den Grundsätzen der Gesetzgebungslehre sinnvoll wären und die Mindestvorgaben der MERL sowie das Schutzniveau der bisherigen Rechtslage nicht unterschreiten. Die Analyse hat allerdings gezeigt, dass die bisherigen Reformvorschläge nur selten zu mehr Praktikabilität und Rechtssicherheit und somit zu sinnvollen Änderungen nach der Gesetzgebungslehre führen und überdies teilweise die Mindestvorgaben der MERL und des geltenden Rechts unterschreiten würden. Zudem würden die bisherigen Vorschläge bestehende systematische Probleme nicht lösen, sondern teilweise gar zu neuen systematischen Problemen führen. Ihr Mehrwert ist deshalb nicht gegeben, sodass sie überwiegend abzulehnen sind.

Etwas anderes gilt nur für das Verhältnis zwischen Anhörungs- und Konsultationsverfahren bei Abschluss einer Namensliste während des Konsultationsverfahrens. Dann decken sich Inhalt, Parteien, Sachverhalt und Schutzrichtung beider Verfahren vollständig, sodass *de lege ferenda* eine Regelung einzuführen ist, die die spätere, nochmalige Anhörung sowie die Stellungnahme der Arbeitnehmervertretung entbehrlich macht, sofern zwischen Abschluss der Namensliste und Ausspruch der Kündigung keine wesentliche Sachverhaltsänderung bzgl. der Kündigung eingetreten ist. Das

Konsultationsverfahren ist dann *lex specialis* zum gesetzlich vor Ausspruch der Kündigung vorgeschriebenen Anhörungsverfahren.

E. Anzeigeverfahren

Das Anzeigeverfahren ist der zweite Verfahrensabschnitt einer Massenentlassung, den der Arbeitgeber zu durchlaufen hat. Es hat eine über 100-jährige Tradition und ist auch Vorbild für das Anzeigeverfahren der MERL gewesen.[802] Entsprechend bereitet die Durchführung des Anzeigeverfahrens selbst auch weniger Probleme als die Bestimmung des Anwendungsbereichs oder die Durchführung des Konsultationsverfahrens. Häufig sind die im Anzeigeverfahren gemachten Fehler bloße Folgefehler aus bspw. einer falschen Betriebsbestimmung, wenn der Arbeitgeber infolgedessen die Anzeige bei einer unzuständigen Agentur für Arbeit erstattet.[803] Probleme entstehen allerdings, wo das nationale Recht von der MERL abweicht oder zusätzliche Vorgaben macht. Das ist vor allem beim Anzeigeninhalt der Fall, sodass untersucht wird, ob die Abweichungen durch den Gesetzgeber an die MERL anzugleichen sind und deshalb zwingender Reformbedarf besteht (II.).

Schließlich bestimmt weder § 17 Abs. 3 KSchG noch die MERL den Zeitpunkt des Anzeigeverfahrens. Der Rechtsanwender steht somit vor der Frage, in welchem zeitlichen Verhältnis Konsultations- und Anzeigeverfahren stehen und ob sie bspw. parallel durchzuführen sind. Das zeitliche Verhältnis beider Verfahren sowie eine etwaig zwingende oder jedenfalls nach der Gesetzgebungslehre sinnvolle gesetzliche Klarstellung des Verhältnisses sind deshalb ebenfalls zu untersuchen (I.).

I. Zeitpunkt des Anzeigeverfahrens

Die Relevanz des Zeitpunkts zeigt sich deutlich, wenn innerhalb eines Betriebs wie in den *Air Berlin* Entscheidungen mehrere Arbeitnehmervertretungen zu konsultieren sind. Darf der Arbeitgeber dann erst nach Beendi-

802 Siehe hierzu weiterführend *Senk*, Betriebsbegriffe, S. 69–78.

803 So war beispielsweise in den *Air Berlin*-Entscheidungen die Anzeige bei der unzuständigen Agentur für Arbeit in Folge einer falschen Betriebsbestimmung gestellt worden. Die Anzeige war u.a. deshalb unwirksam und die betroffenen Kündigungen waren u.a. deshalb nichtig.

gung aller Konsultationen innerhalb des Betriebs die Anzeige stellen? Oder hat er sogar die Beendigung aller Konsultationsverfahren bei betriebsübergreifenden Massenentlassungen innerhalb des Unternehmens / Konzerns abzuwarten? Oder kann er die Anzeige bereits parallel zu den jeweiligen Konsultationsverfahren stellen und hat im Ergebnis lediglich das Verfahren einzuleiten? Denkbar wäre auch ein Mittelweg, wonach der Arbeitgeber bspw. die Anzeige für die Arbeitnehmer stellen darf, mit deren Arbeitnehmervertretung das Konsultationsverfahren bereits abgeschlossen ist.

Die Rechtsprechung hat bislang noch keinen konkreten Zeitpunkt für das Anzeigeverfahren festgelegt. Zwar habe die Anzeige bei der zuständigen Agentur für Arbeit jedenfalls vor Zugang der Kündigungserklärung einzugehen.[804] Im Übrigen konstatiert sie allerdings, dass das zeitliche Verhältnis zwischen Anzeige- und Konsultationsverfahren bislang ungeklärt sei.[805] Zwar hatte das BAG in der Vergangenheit dazu tendiert, dass die Anzeige erst nach Beendigung des Konsultationsverfahrens erstattet werden könne.[806] Allerdings gab das BVerfG einer u.a. gegen dieses Urteil gerichteten Verfassungsbeschwerde wegen Verstoßes gegen das Recht auf den gesetzlichen Richter (Art. 101 Abs. 2 S. 1 GG) statt. Es sei bislang durch den EuGH nicht hinreichend geklärt, ob die Anzeige auch parallel oder erst nach Beendigung des Konsultationsverfahrens erstattet werden könne, sodass ein Vorabentscheidungsersuchen gem. Art. 234 Abs. 3 EGV (entspricht dem heutigen Art. 267 AUEV) notwendig gewesen sei.[807]

Der Entscheidung des BVerfG ist entgegen der herrschenden Literatur[808] zuzustimmen, da der EuGH in der Rechtssache *Junk* bislang allein klargestellt hat, dass Kündigungen erst nach Abschluss des Anzeige- und des Konsultationsverfahrens erklärt werden dürfen. Demgegenüber traf der EuGH keine Aussage über das zeitliche Verhältnis beider Verfahren.[809] Deshalb hätte ein Vorabentscheidungsverfahrens eingeleitet werden müssen,

804 BAG, Urt. v. 13.6.2019 – 6 AZR 459/18, BAGE 167, 102 = NZA 2019, 1638, 1641 Rn. 22 m.w.N.

805 BAG, Urt. v. 26.2.2015 – 2 AZR 955/13, BAGE 151, 83 = NZA 2015, 881, 883 f. Rn. 30; ebenso *Dimsic*, NJW 2016, 901, 906.

806 BAG, Urt. v. 21.5.2008 – 8 AZR 84/07, NZA 2008, 753, 757 f. Rn. 46–49.

807 BVerfG, Beschl. v. 25.2.2010 – 1 BvR 230/09, NZA 2010, 439, 441 Rn. 25–27.

808 APS/*Moll*, § 17 KSchG Rn. 172; EuArbRK/*Spelge*, Art. 3 RL 98/59/EG Rn. 1; *dies.* in MünchHdbArbR, § 121 Rn. 147; *Frey*; FS Pulte, S. 77, 87; *Klumpp*, NZA 2006, 703, 706; *Kocher*, Europäisches Arbeitsrecht, S. 208 f. Rn. 142; LKB/*Bayreuther*, § 17 KSchG Rn. 7; MüKoBGB/*Hergenröder*, § 17 KSchG Rn. 72.

809 Zutreffend erkannt von *Boemke* in Oetker/Preis, EAS, B7100 Rn. 97; *Franzen*, ZfA 2006, 437, 455 f.; *Schubert/Schmitt*, ZESAR 2020, 53, 59.

das es allerdings bis heute nicht gab.[810] Stattdessen erwähnte das BAG in einer nachfolgenden Entscheidung beiläufig, dass ohne in der Anzeige beigefügte Stellungnahme des Betriebsrats die Agentur für Arbeit nicht beurteilen könne, „ob das Konsultationsverfahren vor der Anzeige beendet worden war und die Anzeige darum überhaupt wirksam sein konnte".[811] Auch jüngst formulierte das BAG, dass die Anzeigeerstattung „nach Beendigung des Konsultationsverfahrens und vor Zugang der Kündigung erfolgen muss".[812] Es tendiert somit trotz Rüge des BVerfG weiterhin zu seiner ursprünglichen Ansicht.

Letztlich kann das zeitliche Verhältnis von Anzeige- und Konsultationsverfahren nur durch eine Analyse der nationalen und unionsrechtlichen Vorgaben bestimmt werden.

1. Nationale Tendenz zur Parallelität

Zunächst sprechen tendenziell für die Möglichkeit zur parallelen Durchführung beider Verfahren die Gesetzesmaterialien zu § 17 Abs. 3 KSchG. In der Entwurfsbegründung für das Zweite Gesetz zur Änderung des Kündigungsschutzgesetzes begründete die Bundesregierung die Ausgestaltung des § 17 Abs. 3 S. 5 KSchG als bloße Soll-Vorschrift damit, dass der Arbeitgeber die genannten personenbezogene Angaben häufig nicht wird machen können, ohne die laufenden Verhandlungen mit dem Betriebsrat zu belasten.[813] Ebenso äußerte der Ausschuss für Arbeit und Sozialordnung in seiner Beschlussempfehlung zu diesem Entwurf die Befürchtung, dass die Anzeige die Verhandlungen zwischen den Betriebsparteien stören könne.[814] Im Umkehrschluss gingen sowohl die Bundesregierung als auch der Ausschuss davon aus, dass die Anzeige parallel zum laufenden Konsultationsverfahren erstattet werden kann. Anderenfalls ist nicht ersichtlich,

810 Ein zu der Frage durch das ArbG Berlin eingeleitetes Vorabentscheidungsverfahren hatte das Gericht aufgrund eines zwischenzeitlich zwischen den Parteien geschlossenen Vergleichs zurückgenommen ArbG Berlin, Vorlagebeschl. v. 21.2.2006 – 79 Ca 22399/05, NZA 2006, 739, 743 sowie ArbG Berlin, Beschl. v. 26.7.2006 – 37 Ca 8899/06, BeckRS 2007, 00460.

811 BAG, Urt. v. 14.5.2020 – 6 AZR 235/19, NZA 2020, 1091, 1107 Rn. 139.

812 BAG, Urt. v. 8.11.2022 – 6 AZR 15/22, NZA 2023, 166, 173 Rn. 69; vgl. in diese Richtung ebenfalls BAG, Urt. v. 23.5.2024 – 6 AZR 152/22 (A), NZA 2024, 825, 826 Rn. 13.

813 BT-Drs. 8/1041, S. 5.

814 BT-Drs. 8/1546, S. 7 f.

wieso die Soll-Angaben die Verhandlungen mit dem Betriebsrat belasten sollten, wenn der Arbeitgeber die Anzeige ohnehin erst nach beendetem Konsultationsverfahren erstatten darf. Da der Bundestag den Entwurf in der nach der Beschlussempfehlung geänderten Form verabschiedete,[815] sind die Aussagen dem Gesetzgeber zurechenbar.

Ein Teil der Literatur sieht diese Aussagen des Gesetzgebers in der Systematik des § 17 Abs. 2, 3 KSchG bestätigt, die für eine Verzahnung beider Verfahren spreche.[816] So könne der Betriebsrat gegenüber der Agentur für Arbeit gem. § 17 Abs. 3 S. 7 KSchG weitere Stellungnahmen abgeben, die aber nur sinnvoll bei unbeendetem Konsultationsverfahren erfolgen könnten, da die Betriebsparteien allein zu diesem Zeitpunkt noch im Austausch stünden.[817] Zudem hat der Arbeitgeber beispielsweise gem. § 17 Abs. 3 S. 1 KSchG gleichzeitig[818] mit der Einleitung des Konsultationsverfahrens eine Abschrift der Mitteilung an den Betriebsrat an die zuständige Agentur für Arbeit zuzuleiten.[819]

Allerdings berücksichtigt die Ansicht nicht genügend, dass das Anzeigeverfahren kein zweiseitiges Verfahren zwischen Arbeitgeber und Agentur für Arbeit, sondern ein dreiseitiges Verfahren mit dem Betriebsrat ist.[820] Der Betriebsrat soll auch nach beendetem Konsultationsverfahren weiterhin Teil des Massenentlassungsverfahrens sein. Deshalb erhält er auch eine

---

815 Nachdem der Entwurf nach der ersten Beratung an den Ausschuss für Arbeit und Sozialordnung ging, nahm der Bundestag den Entwurf einstimmig in zweiter und dritter Lesung an, vgl. Bundestag, Stenographischer Bericht der 78. Sitzung v. 9. März 1978, S. 6188 f.

816 *Franzen*, ZfA 2006, 437, 456; *Kerwer*, SAE 2009, 143, 144 f.; vgl. auch *Weber*, AuR 2008, 365, 371. *Weber* hat diese Ansicht aber mittlerweile aufgegeben und fordert ebenfalls eine beendete Konsultation, vgl. *Weber* in Schlachter/Heinig, § 9 Rn. 92. Die notwendige Zusammenarbeit aller drei Parteien betonte auch der erste Vorschlag für eine Richtlinie des Rates zur Angleichung der Rechtsvorschriften der Mitgliedstaaten über Massenentlassungen der Kommission der Europäischen Gemeinschaften vom 8.11.1972, KOM (72) 1400, S. 3.

817 *Franzen*, ZfA 2006, 437, 456; *Kerwer*, SAE 2009, 143, 144 f.

818 Die Verpflichtung zur „gleichzeitigen" Zuleitung schreibt die MERL wie unter 1. Teil, A. II. 2. (S. 30) gezeigt nicht vor. *Spelge* kritisiert die praktischen Umsetzungsschwierigkeiten der gleichzeitigen Zuleitung der Abschrift und plädiert für ein Entfallen dieses Erfordernisses EuArbRK/*Spelge*, Art. 3 RL 98/59/EG Rn. 23; *dies.*, RdA 2018, 297, 305.

819 Hiergegen spricht allerdings, dass die Abschrift nicht mit der eigentlichen Anzeige gleichgesetzt werden kann, d.h. der Zeitpunkt der Zuleitung der Abschrift keinerlei Aussage über den Zeitpunkt der Anzeigenerstattung treffen kann.

820 APS/*Moll*, § 17 KSchG Rn. 172; *Spelge*, EuZA 2018, 57, 87; *dies.* in MünchHdbArbR, § 121 Rn. 172.

Abschrift der Massenentlassungsanzeige und die Möglichkeit der nachträglichen Stellungnahme. Durch eigene Stellungnahme soll der Betriebsrat gem. § 17 Abs. 3 S. 7 KSchG auf etwaige Fehler innerhalb der Massenentlassungsanzeige hinweisen oder im Laufe des Anzeigeverfahrens der Agentur für Arbeit informativ zur Seite stehen.[821] Die Verzahnung und vor allem § 17 Abs. 3 S. 7 KSchG sprechen somit nicht zwingend für die Möglichkeit der parallelen Durchführung von Anzeige- und Konsultationsverfahren, sondern zeigen nur, dass das Anzeigeverfahren kein zweiseitiges Verfahren zwischen Arbeitgeber und Agentur für Arbeit sein muss.

2. Zwingende unionsrechtliche Abfolge

Im Übrigen würden die Vorgaben der MERL einem nationalen Verständnis hin zur Parallelität beider Verfahren entgegenstehen.

a) Keine Anzeige ohne Beendigung

Das zeigt zunächst die Systematik der MERL, die dafür spricht, dass Anzeige- und Konsultationsverfahren an verschiedenen Zeitpunkten stattzufinden haben.[822] So verlangt Art. 2 Abs. 3 UAbs. 2 MERL einerseits, dass der Arbeitgeber der zuständigen Behörde eine Abschrift der Mitteilung an die Arbeitnehmervertretung zukommen lässt.[823] Andererseits soll die Anzeige nach Art. 3 Abs. 1 UAbs. 2 MERL ebenfalls die bereits in der vorherigen Abschrift genannten Informationen enthalten, wovon gem. Art. 3 Abs. 2 MERL die Arbeitnehmervertreter wiederum eine Abschrift erhalten sollen. Diese doppelte Verpflichtung der Weiterleitung einer Abschrift ist nur sinnvoll, wenn Anzeige- und Konsultationsverfahren zu unterschiedlichen Zeitpunkten einzuleiten sind. Anderenfalls erhielten die Arbeitnehmervertretung und die Behörde identische Abschriften doppelt.

821 MüKoBGB/*Hergenröder*, § 17 KSchG Rn. 62; NK-ArbR/*Boemke*, § 17 KSchG Rn. 113; *Spelge* in MünchHdbArbR, § 121 Rn. 172.

822 GA Pikamäe, Schlussantrag v. 30.3.2023 – C-134/22 (*M O/S M*), BeckRS 2023, 5798 Rn. 31, nach dem die Anzeigepflicht erst dann entstehe, wenn ein Plan für die Massenentlassungen ausgearbeitet sei.

823 APS/*Moll*, § 17 KSchG Rn 172; *Boemke* in Oetker/Preis, EAS, B7100 Rn. 98; *Schubert/Schmitt*, ZESAR 2020, 53, 59.

Aus den unterschiedlichen Zeitpunkten kann allerdings noch nicht geschlossen werden, dass hiermit zwingend die vorherige Beendigung des Konsultationsverfahrens vor der Anzeigenerstattung einhergehen muss.[824]

Zur Beantwortung auch dieser Frage hilft ein Blick in die Richtlinienmaterialien. Der ursprüngliche Entwurf für eine Massenentlassungsrichtlinie enthielt in Art. 1 Abs. 2 die Möglichkeit, das Ergebnis der Konsultationen der Anzeige beizufügen oder dieser baldmöglichst nachzureichen.[825] Diese Möglichkeit ist allerdings nach Stellungnahme des Parlaments gestrichen worden, weil staatliche Stellen nach Ansicht des Parlaments mit Hilfe des Konsultationsergebnisses Arbeitnehmer effektiver vermitteln können.[826] Nach dem Willen des Unionsgesetzgebers ist eine wirksame Anzeige somit nur mit dem Ergebnis der Konsultationen und somit nach deren Beendigung möglich.[827]

Diese zeitliche Reihenfolge ist auch sachgerecht, wenn man sich den arbeitsmarktpolitischen Zweck des Anzeigeverfahrens in Erinnerung ruft.[828]

Die Behörde soll zum einen möglichst früh über beabsichtigte Entlassungen informiert werden, um sich auf die zu erwartenden Belastungen für den Arbeitsmarkt einstellen zu können.[829] Das garantiert etwa die Pflicht zur Weiterleitung einer Abschrift über die Information des Betriebsrats an die Behörde.[830] Zum anderen soll die Vermittlungstätigkeit der Behörde durch das Verfahren erleichtert und effektiviert werden, um Arbeitnehmern

824 *Boemke* in Oetker/Preis, EAS, B7100 Rn. 98; *Giesen*, SAE 2006, 135, 139; a.A. *Schubert/Schmitt*, ZESAR 2020, 53, 59.

825 Entwurf für eine Richtlinie des Rates zur Angleichung der Rechtsvorschriften der Mitgliedstaaten über Massenentlassungen der Kommission der Europäischen Gemeinschaften vom 8.11.1972, KOM (72) 1400, S. 5.

826 Stellungnahme des Europäischen Parlaments zu dem Vorschlag der Kommission der Europäischen Gemeinschaften an den Rat für eine Richtlinie zur Angleichung der Rechtsvorschriften der Mitgliedstaaten über Massenentlassungen, ABl.EG v. 12.4.1973, Nr. C 19/10, S. 12.

827 In diese Richtung nunmehr auch EuGH, Urt. v. 13.7.2023 – C-134/22 (*M O/S M*), NZA 2023, 887, 888 Rn. 33, nach dem die Behörde während des Konsultationsverfahrens noch nicht „voll und ganz" auf die übermittelten Informationen vertrauen könne, um die für Massenentlassungen notwendigen Maßnahmen vorzubereiten.

828 Siehe hierzu bereits näher unter 1. Teil, A. I. 2. (S. 24 ff.).

829 EuGH, Urt. v. 27.1.2005 – C-188/03 (*Junk*), Slg. I 2005, 903 = NZA 2005, 213, 214 Rn. 47; GA Pikamäe, Schlussantrag v. 30.3.2023 – C-134/22 (*M O/S M*), BeckRS 2023, 5798 Rn. 36; BAG, Urt. v. 23.3.2006 – 2 AZR 343/05, BAGE 117, 281 = NZA 2006, 971, 974 Rn. 30; BAG, Urt. v. 13.2.2020 – 6 AZR 146/19, BAGE 169, 363 = NZA 2020, 1006, 1016 Rn. 71; *Weber* in Schlachter/Heinig, § 9 Rn. 92.

830 GA Pikamäe, Schlussantrag v. 30.3.2023 – C-134/22 (*M O/S M*), BeckRS 2023, 5798 Rn. 45.

einen möglichst nahtlosen Übergang in eine Anschlussbeschäftigung zu ermöglichen und den Arbeitsmarkt dadurch zu schonen.[831] Dem dient die generelle Pflicht zur Anzeige. Um die Vermittlungstätigkeit allerdings zu effektivieren, muss die Behörde ihre Ressourcen möglichst zielgerichtet einsetzen. Das kann aber nur erfolgen, wenn sie ihre Tätigkeit erst ab dem Zeitpunkt aufnimmt, ab dem der Kündigungsentschluss des Arbeitgebers bestehen darf.[832] Dieser Entschluss darf allerdings grundsätzlich erst nach beendetem Konsultationsverfahren bestehen, da der Arbeitgeber während des Verfahrens verhandlungsoffen sein muss und er insbesondere keine unumkehrbaren Maßnahmen bis zum Abschluss des Konsultationsverfahrens treffen darf.[833]

Würde man das anders sehen, bestünde die Gefahr, dass die Behörde bereits Vermittlungsbemühungen für Arbeitnehmer tätigt, deren grundsätzliche Entlassung und deren Modalitäten aber noch überhaupt nicht feststehen. Denn Arbeitnehmer und deren Entlassungszeiträume sind erst bei bestehendem Kündigungsentschluss und somit nach beendetem Konsultationsverfahren hinreichend konkretisiert, sodass auch erst zu diesem Zeitpunkt eine effektive Vermittlung möglich ist. Anderenfalls bestünde die Gefahr, dass die Betriebsparteien die beabsichtigten Entlassungen nach Erstattung der Anzeige doch noch beschränken oder sich aufgrund andauernder Konsultationen die Entlassungszeiträume verschieben und die Angaben in der Anzeige nicht mehr den Tatsachen entsprechen.[834] Dann aber würden etwaige Vermittlungsmaßnahmen und Ressourcen der Behörde ins Leere laufen.[835] Auch deshalb forderte die Stellungnahme des Wirtschafts- und

831 *Schubert/Schmitt*, ZESAR 2020, 53, 59.

832 BAG, Urt. v. 13.2.2020 – 6 AZR 146/19, BAGE 169, 363 = NZA 2020, 1006, 1016 Rn. 71; *Mauthner*, Massenentlassungsrichtlinie, S. 148 f.; *Mengel/Blume*, ZfA 2023, 451, 457; vgl. auch EuGH, Urt. v. 13.7.2023 – C-134/22 (*M O/S M*), NZA 2023, 887, 888 Rn. 33 f. sowie GA Tizzano, Schussantrag v. 30.9.2004 – C-188/03 (*Junk*), ZIP 2004, 2019, 2021 Rn. 62, nach denen sinnvolle Vermittlungen durch die zuständige Behörde nur stattfinden könnten, sofern die Konsultationen zu keiner Einigung geführt haben, da die zuständige Behörde vorher nicht auf die übermittelten Informationen vertrauen und somit ihre Vermittlungsbemühungen hierauf nicht einstellen könne.

833 EuGH, Urt. v. 10.9.2009 – C-44/08 (*Fujitsu Siemens Computers*), Slg. I 2009, 8188 = NZA 2009, 1083, 1086 f. Rn. 70; BAG, Urt. v. 13.6.2019 – 6 AZR 459/18, BAGE 167, 102 = NZA 2019, 1638, 1641 Rn. 29; *Schubert/Schmitt*, JbArbR 2022 (59), S. 81, 102.

834 APS/*Moll*, § 17 KSchG Rn. 172; *Mengel/Blume*, ZfA 2023, 451, 457; *Schubert/Schmitt*, ZESAR 2020, 53, 59.

835 *Mengel/Blume*, ZfA 2023, 451, 457; vgl. ebenfalls BAG, Vorlageschl. v. 23.5.2024 – 6 AZR 152/22 (A), NZA 2024, 825, 828 Rn. 31.

Sozialausschusses für eine wirksame Anzeigenerstattung die Beifügung der abschließenden Stellungnahme der Arbeitnehmervertretung und somit das Ergebnis der Konsultationen, weil nur so wirksame Maßnahmen innerhalb der Sperrfrist und etwaige sinnvolle Verlängerungen der Sperrfrist möglich seien.[836]

Die Anzeigenerstattung und somit die Einleitung des Anzeigeverfahrens können deshalb erst nach beendetem Konsultationsverfahren erfolgen. Das befürwortete zeitliche Verhältnis schränkt den Arbeitgeber auch nicht unangemessen ein, da er ohnehin seit der Rechtssache *Junk* das Ende des Konsultationsverfahrens abwarten muss, ehe er den Zugang der Kündigungen bewirkt.

b) Beendigung bei mehreren zu beteiligenden Arbeitnehmervertretungen

Zu untersuchen bleibt allerdings noch, ob der Arbeitgeber die Beendigung aller Konsultationen innerhalb des Betriebs oder sogar des Unternehmens / Konzerns vor Anzeigenerstattung und somit vor Beginn des Anzeigeverfahrens abwarten muss. Unproblematisch zu verneinen ist Letzteres, da der Betrieb Bezugspunkt für die Anzeigepflicht ist, sodass der Arbeitgeber allenfalls Konsultationsverfahren innerhalb des Betriebs vor der Anzeigenerstattung abwarten müsste.[837]

Problematischer ist allerdings, wann die Anzeige durch den Arbeitgeber bei verschiedenen Konsultationsverfahren mit mehreren Arbeitnehmervertretungen innerhalb des Betriebs wirksam erstattet werden kann.[838]

Einig ist man sich bislang nämlich nur, dass Konsultationsverfahren mit verschiedenen Arbeitnehmervertretungen getrennt durchführen sind, sodass die Verfahren zwar parallel, aber somit auch mit unterschiedlichem

---

836 Hierzu und zum Folgenden Stellungnahme des Wirtschafts- und Sozialausschusses der Europäischen Gemeinschaften vom 27.6.1973, Abl.EG v. 22.11.1973, Nr. C 100/11, S. 14 f.

837 *Schubert/Schmitt*, ZESAR 2020, 53, 59; in diese Richtung auch BAG, Urt. v. 13.2.2020 – 6 AZR 146/19, BAGE 169, 363 = NZA 2020, 1006, 1010 Rn. 30, das den Betrieb als Bezugspunkt der Pflichten aus der MERL herausstellt und deshalb auch nur die Konsultation der Arbeitnehmervertretungen innerhalb des Betriebs fordert.

838 Instruktiv zu verschiedenen Konstellationen von Konsultationsverfahren mit verschiedenen Arbeitnehmervertretungen innerhalb desselben Betriebs BAG, Urt. v. 13.2.2020 – 6 AZR 146/19, BAGE 169, 363 = NZA 2020, 1006, 1016 Rn. 69 ff.

Verlauf und Ergebnis stattfinden können.[839] Unterschiedliche Verläufe können aber unterschiedliche Beendigungszeitpunkte bedingen. Der Arbeitgeber steht somit vor der Frage, ob er etwaige Verzögerungen in anderen Konsultationsverfahren abwarten muss, selbst wenn das andauernde Konsultationsverfahren nur einzelne Arbeitnehmergruppen betrifft. In der Konsequenz hieße das, dass er keine Anzeige bei der Agentur für Arbeit erstatten und somit Kündigungen nicht sanktionslos erklären könnte. Verzögerte Sperr- und Kündigungsfristen mit entsprechenden wirtschaftlichen Belastungen des Arbeitgebers wären die Folge. Müssen also alle Konsultationsverfahren vor Anzeigenerstattung beendet sein oder reicht es aus, wenn das Verfahren mit der Arbeitnehmervertretung abgeschlossen ist, die die in der Anzeige angegebene Mitarbeitergruppe repräsentiert?

Bislang haben sich – soweit ersichtlich – allein *Schubert* und *Schmitt* in einem gemeinsamen Beitrag mit dieser Frage beschäftigt und ohne nähere Begründung die Beendigung aller betrieblichen Konsultationsverfahren vor Anzeigenerstattung gefordert.[840] Entscheidend für die Antwort auf die Frage sind die jeweiligen Konsequenzen bei Bejahung oder Verneinung der Frage.

Müsste der Arbeitgeber nur die Beendigung des Konsultationsverfahrens mit den einzelnen Arbeitnehmervertretungen vor Anzeigenerstattung abwarten, wären mehrere Anzeigen für die jeweiligen Arbeitnehmergruppen oder jedenfalls die nachträgliche Ergänzung der Anzeige um die entsprechenden Gruppen die Folge.[841]

Der Vorteil dieser Rechtsfolge wäre zwar, dass die Vermittlungstätigkeit schneller beginnen könnte, wenn der Arbeitgeber bereits bei Abschluss eines einzelnen Konsultationsverfahrens Anzeige erstattet. Denn zu diesem Zeitpunkt würde der Kündigungsentschluss des Arbeitgebers ohnehin feststehen und die Agentur für Arbeit könnte effektiv mit ihren Vermittlungsbemühungen beginnen.[842] Allerdings stellt bereits die Sperrfrist sicher, dass der Agentur in jedem Fall genügend Zeit für ihre Vermittlungstätigkeit bleibt. Der Mehrwert der verfrühten Anzeige für den Schutz des Arbeitsmarkts ist somit gering.

839 BAG, Urt. v. 13.2.2020 – 6 AZR 146/19, BAGE 169, 363 = NZA 2020, 1006, 1016 Rn. 69; *Schubert/Schmitt*, ZESAR 2020, 53, 55; *Spelge* in MünchHdbArbR, § 121 Rn. 122.

840 *Schubert/Schmitt*, ZESAR 2020, 53, 59.

841 Dem Arbeitgeber bliebe es aber weiterhin unbenommen, das Ende aller laufenden Konsultationen innerhalb des Betriebs abzuwarten und dann eine Anzeige für alle betroffenen Arbeitnehmer zu erstatten.

842 Siehe zu diesem Zeitpunkt bereits näher unter 2. Teil, E.I. 2. a) (S. 185 ff.).

Demgegenüber würden verfrühte Anzeigen dazu führen, dass die Agentur für Arbeit durch die Anzeige keinen endgültigen Überblick über die gesamten beabsichtigten Entlassungen erhält und so nicht entscheiden könnte, ob das Anzeigeverfahren überhaupt durchzuführen ist.[843] Solange es laufende Konsultationsverfahren innerhalb des Betriebs gibt, kann die Agentur in der Regel nicht beurteilen, ob die Schwellenwerte des § 17 Abs. 1 KSchG erreicht sind und kann somit im Ergebnis nicht hinreichend den durch die Entlassungen zu erwartenden Vermittlungsaufwand einschätzen.[844]

Schließlich wäre jedenfalls bei mehreren Anzeigen zu erwarten, dass die Tätigkeit der Agentur sogar erschwert würde, da die ohnehin bereits schwierig zu überblickenden Massenentlassungsanzeigen[845] noch unübersichtlicher würden. So würden für einzelne Betriebe mehrere, nur im Gesamtbild vollständige Anzeigen anfallen. Anders als bei der Sammelanzeige, bei der es im Einzelfall auch zu einer Doppelung von Sammel- und Einzelanzeige kommen kann,[846] würden die einzelnen Anzeigen nur in ihrer Gesamtheit verständlich sein, sodass mehrfache Anzeigen für verschiedene Konsultationsverfahren die Arbeit der zuständigen Agentur für Arbeit anders als die Sammelanzeige nicht vereinfachen.[847]

3. Notwendige gesetzliche Klarstellung der Abfolge beider Verfahren?

§ 17 KSchG lässt das herausgearbeitete zeitliche Verhältnis zwischen Anzeige- und Konsultationsverfahren nicht erkennen. Vielmehr geht aus den

---

843 Vgl. zu diesem Zweck der Anzeige APS/*Moll*, § 17 KSchG Rn. 141; EuArbRK/*Spelge*, Art. 3 RL 98/59/EG Rn. 4; MüKoBGB/*Hergenröder*, § 17 KSchG Rn. 1.

844 Vgl. EuGH, Urt. v. 30.4.2015 – C-80/14 (*USDAW*), NZA 2015, 601, 603 Rn. 64, wonach es widersinnig sei, wenn bei Entlassungen von bloß einzelnen Arbeitnehmern der Massenentlassungsschutz greife.

845 Zu der mangelnden Übersichtlichkeit von Massenentlassungsanzeigen *Bissels/Singraven/Alma*, ArbR Aktuell 2021, 625, 627 f.; *Ernst/Schaller*, NZA 2021, 1074; *Lingemann/Steinhauser*, NJW 2017, 2245; *Spelge*, EuZA 2018, 67; *Wind*, KSzW 2017, 76.

846 *Ernst/Schaller*, NZA 2021, 1074, 1077; *Krings*, NJW 2020, 2765; *Spelge*, NZA-Beilage 2021, 34, 38 f.

847 Sammelanzeigen sind nur deshalb ausnahmsweise zulässig, weil sie die Tätigkeit der Agentur für Arbeit nicht erschweren, sondern im Einzelfall sogar erleichtern können. Siehe hierzu näher BAG, Urt. v. 13.2.2020 – 6 AZR 146/19, BAGE 169, 363 = NZA 2020, 1006, 1019 Rn. 89; *Ernst/Schaller*, NZA 2021, 1074; *Spelge*, NZA-Beilage 2021, 34, 38 f.

Gesetzesmaterialien sogar die Tendenz hervor, dass die Verfahren parallel durchzuführen sind – ist deshalb eine gesetzliche Klarstellung der Reihenfolge aufgrund des Bestimmtheitsgebots und der Vorgaben der MERL notwendig?

Das ist zu verneinen. Das Bestimmtheitsgebot ist auch gewahrt, wenn die praktische Handhabung für den Rechtsanwender hinreichend klar ist.[848] Praktisch wird das Anzeigeverfahren aber immer erst nach beendetem Konsultationsverfahren durch Erstattung der Anzeige eingeleitet. Das zeigen alle Entscheidungen des BAG aus den letzten Jahre, in denen der Arbeitgeber erst nach beendetem Konsultationsverfahren und nach Stellungnahme des Betriebsrats die Anzeige bei der zuständigen Agentur für Arbeit erstattete und somit das Anzeigeverfahren einleitete.[849] Es steht dem Gesetzgeber dennoch *de lege ferenda* frei, eine entsprechende Festlegung des zeitlichen Verhältnisses zwischen beiden Verfahren zu treffen, um seine Aussagen in den Gesetzesmaterialien klarzustellen.

II. Anzeigeninhalt

§ 17 Abs. 3 KSchG regelt den Anzeigeninhalt detailliert.[850] So differenziert das Gesetz beispielsweise zwischen gruppen- und personenbezogenen Angaben. Erstere muss, letztere soll die Anzeige lediglich enthalten, § 17 Abs. 3 S. 4 und 5 KSchG.

Anders die MERL: Sie fordert zwar ebenfalls gruppenbezogene Angaben in der Anzeige, fordert aber im Übrigen „zweckdienliche Angaben“ und keine personenbezogenen Angaben, vgl. Art. 3 Abs. 1 UAbs. 2 MERL.

848 BVerfG, Beschl. v. 21.6.1977 – 2 BvR 208/77, BVerfGE 45, 363 = NJW 1977, 1815 f.; BVerfG, Beschl. v. 15.3.1978 – 2 BvR 927/76, BVerfGE 48, 48 = NJW 1978, 1423 f.; *Papier/Möller*, AöR 122 (1997), 177, 189 f.

849 Beispiele aus der jüngeren Vergangenheit sind etwa BAG, Urt. v. 22.9.2016 – 2 AZR 276/16, NZA 2017, 175, 176 „Zum Sachverhalt“; BAG, Urt. v. 26.10.2017 – 2 AZR 298/16, BeckRS 2017, 136121 Rn. 7; BAG, Urt. v. 13.6.2019 – 6 AZR 459/18, BAGE 167, 102 = NZA 2019, 1638, 1639 „Zum Sachverhalt“; BAG, Urt. v. 13.2.2020 – 6 AZR 146/19, BAGE 169, 363 = NZA 2020, 1006, 1009 f. „Zum Sachverhalt“; BAG, Vorlagebeschl. v. 27.1.2022 – 6 AZR 155/21 (A), NZA 2022, 491 f. „Zum Sachverhalt“.

850 Siehe hierzu bereits näher unter 1. Teil, A. II. 3. (S. 32).

1. Muss- und Soll-Angaben

Zumindest auf den ersten Blick unterscheidet sich deshalb der Inhalt beider Rechtserkenntnisquellen. Eben dieser Unterschied führte in der Vergangenheit zu Unklarheiten. So ist unklar, ob die Soll-Angaben generell oder jedenfalls im Einzelfall zweckdienlich i.S.d. Art. 3 Abs. 1 UAbs. 2 MERL sein können und ob fehlende oder fehlerhafte Soll-Angaben in der Anzeige deshalb zu sanktionieren seien.[851]

Zumindest Letzteres hat das BAG nunmehr geklärt: Fehlende oder fehlerhafte Soll-Angaben hätten keine Auswirkung auf die Wirksamkeit der Anzeige und somit auf die Wirksamkeit der betroffenen Entlassungen, was sich aus der eindeutigen Ausgestaltung des § 17 Abs. 3 S. 5 KSchG als bloße Soll-Vorschrift ergebe.[852] Auf die Sanktionsfolge muss somit nicht näher eingegangen werden.

Vielmehr sind die Reformvorschläge interessant, die teilweise vor und teilweise nach dem Urteil des BAG den ersatzlosen Wegfall der Soll-Angaben und somit des § 17 Abs. 3 S. 5 KSchG gefordert haben. Sie sollen dargelegt (a) und darauf untersucht werden, ob die geforderte Reform zwingend oder jedenfalls nach der Gesetzgebungslehre sinnvoll ist (b).

a) Ersatzloser Wegfall als Reformidee

In der Literatur wird aus unterschiedlichen Gründen der ersatzlose Wegfall des § 17 Abs. 3 S. 5 KSchG gefordert.

Spelge ordnet beispielsweise die Soll-Angaben als zweckdienlich i.S.d. Art. 3 Abs. 1 UAbs. 2 MERL ein, da sie als personenbezogene Angaben für die Vermittlung von Arbeitnehmern ebenso notwendig wie gruppenbezogene Angaben seien.[853] Die Soll-Angaben seien deshalb in der Anzeige zwingend und ihre Angabe könne auch somit nicht vom Einverständnis

851 Bspw. LAG Hessen, Urt. v. 25.6.2021 – 14 Sa 125/20, NZA-RR 2021, 598, 600 Rn. 32 f., das die Soll-Angaben als zweckdienlich i.S.d. MERL ansah, sodass deren Fehlen zur Unwirksamkeit der Anzeige und zur Nichtigkeit der betroffenen Kündigungen führte. Auch der Ausschuss für Arbeit und Sozialordnung forderte bereits den Entfall des § 17 Abs. 3 S. 5 KSchG. Siehe hierzu näher BT-Ds. 8/1546 S. 7.

852 BAG, Urt. v. 19.5.2022 – 2 AZR 424/21, NZA 2022, 1051, 1054 Rn. 7 u. 22 f. Zustimmend u.a. APS/*Moll*, § 17 KSchG Rn. 149; ErfK/*Kiel*, § 17 KSchG Rn. 29d; *Meinel/Degen*, RdA 2022, 41, 44; *Zeppenfeld*, NZA 2022, 26, 28.

853 Hierzu und zum Folgenden EuArbRK/*Spelge*, Art. 3 RL 98/59/EG Rn. 12; *dies* in MünchHdbArbR, § 121 Rn. 189 und 231; *dies.*, RdA 2018, 297, 304; vgl. auch kritisch

des Betriebsrats abhängig gemacht werden, da anderenfalls Art. 3 Abs. 1 UAbs. 2 MERL leerlaufe. Demgegenüber führe § 17 Abs. 3 S. 5 KSchG als Soll-Vorschrift zu einer „Verschleierung" der Wichtigkeit der personenbezogenen Angaben, die den Adressaten seine tatsächlichen Pflichten nicht erkennen lasse. Vielmehr müsse es sich bei personenbezogenen Angaben auch um zwingende Muss-Angaben handeln, sodass § 17 Abs. 3 S. 5 KSchG als Soll-Vorschrift ersatzlos zu entfallen habe.

Andere hingegen befürworten den ersatzlosen Wegfall des § 17 Abs. 3 S. 5 KSchG, da die Soll-Angaben durch den Arbeitgeber zum Zeitpunkt des Entstehens der Anzeigepflicht in der Regel noch nicht getätigt werden könnten.[854] Denn die betroffenen Arbeitnehmer seien zu diesem Zeitpunkt noch nicht konkretisiert, sodass deren personenbezogenen Daten durch den Arbeitgeber auch noch nicht genannt werden könnten. Zudem würden die Soll-Angaben die Konsultationen mit dem Betriebsrat vor allem in kleineren Betrieben belasten, da sie mittelbar eine Individualisierung der betroffenen Arbeitnehmer ermöglichen würden.[855] Dann würden die Entlassungen faktisch aber schon feststehen und das Konsultationsverfahren würde entgegen unionsrechtlichen Vorgaben zur Förmelei.[856]

b) Soll-Angaben sind keine zweckdienlichen Angaben

Zu untersuchen ist somit zunächst, ob die Soll-Angaben des § 17 Abs. 3 S. 5 KSchG zweckdienliche Angaben i.S.d. Art. 3 Abs. 1 UAbs. 2 MERL sind, sodass sie zwingend Inhalt der Anzeige sein müssten. Dann würde der geltende Gesetzestext tatsächlich die Notwendigkeit der Angaben verschleiern und wäre in Einklang mit *Spelge* aufgrund des Bestimmtheitsgrundsatzes zwingend zu korrigieren.[857]

---

zu der Unterscheidung zwischen Muss- und Soll Angaben bei der Sanktionsfolge BAG, Vorlagebeschl. v. 14.12.2023 – 6 AZR 157/22, NZA 2024, 119, 123 Rn. 49.

854 Kritisch deshalb APS/*Moll*, § 17 KSchG Rn. 146; *Mauthner*, Massenentlassungsrichtlinie, S. 209 f.; ebenfalls in diese Richtung LAG Hessen, Urt. v. 25.6.2021 – 14 Sa 125/20, NZA-RR 2021, 598, 600 Rn. 35, allerdings einschränkend, dass nach den Vorgaben der MERL der Arbeitgeber nur ihm bekannte oder beschaffbare personenbezogene Daten anzugeben habe.

855 *Mauthner*, Massenentlassungsrichtlinie, S. 209 f.

856 *Mauthner*, Massenentlassungsrichtlinie, S. 209 f.

857 § 17 Abs. 3 S. 5 KSchG würde dann nämlich entgegen seines Wortlauts Muss-Angaben enthalten, deren fehlende oder unvollständige Angabe in der Anzeige sanktio-

Die MERL legt allerdings systematisch zwei voneinander zu trennende Arten von Angaben fest, die aus ihrer bezweckten Teilharmonisierung folgen.[858] Es gibt zum einen die ausdrücklich genannten gruppenbezogenen Muss-Angaben, die stets und unabhängig vom Einzelfall anzugeben sind. Mit den gruppenbezogenen Muss-Angaben führte der Unionsgesetzgeber ein Mindestmaß an Informationen für die Behörde und die Arbeitnehmervertreter ein, um ein einheitliches Schutzgrundniveau zu schaffen (Mindestharmonisierung).[859]

Zum anderen gibt es zweckdienliche Angaben, deren Zweckdienlichkeit sich anhand des Einzelfalls bestimmt, sodass sie nicht stets, sondern nur im Einzelfall anzugeben sind.[860] Sie sind von den Gepflogenheiten der Mitgliedstaaten abhängig, weshalb der Unionsgesetzgeber ihnen einen Umsetzungsspielraum zur Konkretisierung der Zweckdienlichkeit gelassen hat. Aus diesem Umsetzungsspielraum folgt bspw. auch, dass Gesetzgeber und Arbeitgeber aufgrund der Besonderheiten der jeweiligen nationalen Arbeitsvermittlung und des Einzelfalls einen Beurteilungsspielraum hinsichtlich der Festlegung der zweckdienlichen Angaben i.S.d. MERL und deren Notwendigkeit im Einzelfall haben.[861]

Demgegenüber hat der Gesetzgeber nur das von der MERL bezweckte Mindestschutzniveau einzuhalten. Das hat er durch die mit Art. 3 Abs. 1 UAbs. 2 MERL identischen Muss-Angaben des § 17 Abs. 3 S. 4 KSchG getan. Im Übrigen ist er frei darin, weitergehende, auch als Soll-Bestimmungen ausgestaltete Normen zu schaffen, die über das Mindestschutzniveau der MERL hinausgehen.[862]

Die Ausgestaltung des § 17 Abs. 3 S. 5 KSchG als bloße Soll-Vorschrift ist somit zulässig und die Vorschrift hat entgegen *Spelges* Ansicht nicht zu entfallen.

---

niert würde. Zur bisherigen Sanktionsfolge bei fehlenden Muss-Angaben BAG, Urt. v. 13.2.2020 – 6 AZR 146/19, BAGE 169, 363 = NZA 2020, 1006, 1021 Rn. 108 m.w.N.

858 *Lembke/Tegel*, BB 2022, 1084, 1086 f.; *Meinel/Degen*, RdA 2022, 41, 44 f.; *Schubert/Schmitt*, JbArbR 2022 (59), S. 81, 98; *Zeppenfeld*, NZA 2022, 26, 27.

859 *Lembke/Tegel*, BB 2022, 1084, 1086 f.; *Schubert/Schmitt*, JbArbR 2022 (59), S. 81, 98.

860 Hierzu und zum Folgenden *Lembke/Tegel*, BB 2022, 1084, 1086 f.; *Meinel/Degen*, RdA 2022, 41, 44 f.; *Schubert/Schmitt*, JbArbR 2022 (59), S. 81, 98; *Zeppenfeld*, NZA 2022, 26, 27.

861 *Hördt*, ArbRAktuell 2022, 93, 94; *Lembke/Tegel*, BB 2022, 1084, 1086 f.; vgl. auch BAG, Urt. v. 14.5.2020 – 6 AZR 235/19, NZA 2020, 1091, 1108 Rn. 143, das dem Arbeitgeber aus diesen Gründen einen Beurteilungsspielraum hinsichtlich der zweckdienlichen Auskünfte während des Konsultationsverfahrens einräumt.

862 *Lembke/Tegel*, BB 2022, 1084, 1087.

c) Mitteilung der Soll-Angaben ist für den Arbeitgeber möglich

§ 17 Abs. 3 S. 5 KSchG hat schließlich auch nicht deshalb zu entfallen, weil die Mitteilung der Soll-Angaben zum Zeitpunkt des Entstehens der Anzeigepflicht für den Arbeitgeber in der Regel unmöglich wäre. Das an den Grundsatz *ultra posse nemo obligatur*[863] anknüpfende Argument überzeugt nicht, da das Anzeigeverfahren nach Abschluss des Konsultationsverfahrens einzuleiten ist.[864] Im Anzeigeverfahren sollen nicht mehr die Entlassungen, sondern soll die Arbeitslosigkeit verhindert werden. Deshalb soll die Agentur für Arbeit den Kündigungsentschluss des Arbeitgebers nicht mehr beeinflussen.[865] Vielmehr kann der Arbeitgeber bereits nach Abschluss des Konsultationsverfahrens zur Kündigung entschlossen sein, obgleich er das nicht muss.[866] Steht aber wie in der Regel der Kündigungsentschluss des Arbeitgebers nach Abschluss des Konsultationsverfahrens fest, sind auch die zu kündigenden Arbeitnehmer individualisiert – bspw. durch einen zuvor abgeschlossenen Interessenausgleich mit Namensliste. Dann ist die Mitteilung der Soll-Angaben für den Arbeitgeber aber bei Anzeigenerstattung möglich.[867]

Die Ausgestaltung des § 17 Abs. 3 S. 5 KSchG als Soll-Vorschrift ist somit zulässig und auch beizubehalten, da personenbezogene Angaben in der Praxis die Vermittlung von betroffenen Arbeitnehmern fördern.[868]

d) Entfallen des Einvernehmenserfordernisses als sinnvolle Reform

Allerdings wäre die Beibehaltung des § 17 Abs. 3 S. 5 KSchG nach der Gesetzgebungslehre nur in einer geänderten Form sinnvoll, da Pflichten aus Effizienzgründen zu entfallen haben, die aufgrund von Veränderungen seit Erlass der Norm obsolet geworden sind.[869]

---

863 EuGH, Urt. v. 15.7.2010 – C-234/09 (*Skatteministeriet/DSV Road A/S*), Slg. I 2010, 7335 – BeckRS 2010, 90894 Rn. 34.

864 Siehe für diesen Zeitpunkt bereits näher unter 2. Teil, E. I. 2. (S. 185 ff.).

865 BAG, Vorlagebeschl. v. 14.12.2023 – 6 AZR 157/22 (B), NZA 2024, 119, 120 Rn. 18.

866 BAG, Urt. v. 19.5.2022 – 2 AZR 424/21, NZA 2022, 1051, 1054 Rn. 22.

867 BAG, Urt. v. 13.6.2019 – 6 AZR 459/18, BAGE 167, 102 – NZA 2019, 1638, 1640 Rn. 25.

868 BAG, Urt. v. 19.5.2022 – 2 AZR 424/21, NZA 2022, 1051, 1053 Rn. 17; BAG, Vorlagebeschl. v. 14.12.2023 – 6 AZR 157/22 (B), NZA 2024, 119, 123 Rn. 49.

869 Siehe hierzu bereits näher unter 2. Teil, A. II. (S. 69 ff.).

Das trifft auf das Einvernehmenserfordernis des Betriebsrats für die Angabe von Soll-Angaben zu. Das in § 17 Abs. 3 S. 5 KSchG geregelte Einvernehmenserfordernis führte der Gesetzgeber ursprünglich ein, um die Konsultationen mit dem Betriebsrat durch Mitteilung der Soll-Angaben des Arbeitgebers an die Agentur für Arbeit nicht zu belasten.[870] Diese Bedenken sind aber nunmehr obsolet, da das Konsultationsverfahren zwingend vor Anzeigenerstattung abzuschließen ist, sodass laufende Konsultationen durch die Angabe der Soll-Angaben auch nicht mehr belastet werden können.[871]

2. Unionsrechtswidrigkeit des nationalen Berufsgruppenmerkmals?

(Vermeintliche) Unterschiede zwischen nationalem und unionsrechtlichem Anzeigeninhalt bestehen aber nicht nur hinsichtlich der personenbezogenen Angaben. Auch die gruppenbezogenen Angaben unterscheiden sich zumindest nach ihrem Wortlaut. § 17 Abs. 2 Nr. 2, 3, Abs. 3 S. 4 KSchG nennen die „Berufsgruppen" der zu entlassenden und der in der Regel beschäftigten Arbeitnehmer, während Art. 2 Abs. 3 b) ii, iii) MERL die „Kategorien" (engl. „categorie"; franz. „catégories") von Arbeitnehmern und Berufen fordert.

Dieser Unterschied könnte deshalb relevant sein, weil die zu nennenden Berufsgruppen bzw. -kategorien Muss-Angaben sind, sodass deren Fehlen oder deren Unvollständigkeit nach (noch) geltender Rechtslage zur Nichtigkeit der betroffenen Entlassungen führt.[872] Unterscheiden sich „Gruppen" und „Kategorien" somit rechtlich, droht dem Arbeitgeber die Nichtigkeit der betroffenen Entlassungen, wenn die Angabe der Berufsgruppe hinter den Mindestvorgaben der MERL zurückbleibt.

Zu untersuchen ist deshalb, ob zwischen beiden Begriffen ein rechtlicher Unterschied besteht (a). Dann könnte § 17 Abs. 2 Nr. 2, 3, Abs. 3 S. 4 KSchG unionsrechtswidrig hinter den Vorgaben der MERL zurückbleiben und wäre zu reformieren (b).

---

870 BT-Drs. 8/1041, S. 5 u. 8.

871 *Spelge* in MünchHdbArbR, § 121 Rn. 189; a.A. BAG, Urt. v. 19.5.2022 – 2 AZR 424/21, NZA 2022, 1051, 1053 Rn. 18 mit Verweis auf etwaig andauernde Interessenausgleichsverhandlungen, die durch die Massenentlassungsanzeige beeinträchtigt werden könnten. Aufgrund der vom BAG selbst betonten Unabhängigkeit beider Verfahren voneinander ist allerdings nicht nachvollziehbar, weshalb das Erfordernis des Einvernehmens zum Schutz der Interessenausgleichsverhandlungen eingeführt worden sein soll. Eine entsprechende Begründung liefert das BAG auch nicht.

872 Siehe hierzu bereits näher unter 2. Teil, E. II. 1. (S. 192).

a) Begriffsbildung

Höchstrichterlich ist die Bedeutung von „Berufsgruppen" und „Berufskategorien" bislang offen.[873] In der Literatur ist die Bedeutung beider Begriffe umstritten.

Während eine von *Klumpp* und *Holler* geprägte Ansicht die Begriffe identisch auslegt und unter beiden Begriffen die Angabe der fachlichen Qualifikation des betroffenen Arbeitnehmers versteht,[874] differenziert eine andere Ansicht[875] zwischen beiden Begriffen und sieht den Begriff der „Kategorie" als Oberbegriff, der mehr als die bloße „Gruppe" umfassen müsse. „Kategorie" umfasse demnach sämtliche Sozialdaten des Arbeitnehmers, während „Gruppe" allein die fachliche Qualifikation meine. Nach dieser Ansicht bleibe das nationale Recht deshalb hinter den Vorgaben der MERL zurück, da § 17 KSchG nur einen Teilbereich der „Kategorien" fordere. Einig sind sich beide Ansichten nur dahingehend, dass die Gesetzesmaterialien zu § 17 KSchG und der MERL sowie zu anderen nationalen oder unionsrechtlichen Regelungen keine Hinweise auf eine nähere inhaltliche Ausgestaltung der Begriffe enthalten.[876]

Eine überzeugende Begriffsbildung kann somit einzig über den mit den Angaben verfolgten Zweck erfolgen.

Als Muss-Angaben sollen beide Begriffe der besseren Vermittlung von Arbeitnehmern dienen.[877] Im Konsultationsverfahren dient ihre Angabe

873 Das BAG hat offengelassen, ob der Begriff der „Berufsgruppen" zu eng im Vergleich zur „Berufskategorie" der MERL sei BAG, Urt. v. 9.6.2016 – 6 AZR 405/15, BAGE 155, 245 = NZA 2016, 1198, 1201 Rn. 29.

874 *Holler*, NZA 2022, 17; *Klumpp/ders.*, NZA 2018, 408, 409 und ihnen folgend ErfK/*Kiel*, § 17 KSchG Rn. 29b; *Naber/Sittard* in: Preis/Sagan, Europäisches Arbeitsrecht, § 14 Rn. 14.86.

875 Hierzu und zum Folgenden *Spelge*, EuZA 2018, 67, 81 f.; *dies.*, NZA-Beilage 2017, 108, 112 f.; *Weiss*, RdA 1992, 367, 371. *Spelge* scheint mittlerweile allerdings nur noch eine unterschiedliche Begriffsbestimmung im Konsultations- und Anzeigeverfahren aufgrund der jeweils unterschiedlichen Zwecke zu befürworten, ohne nähere Angaben zu den Sozialdaten zu fordern vgl, EuArbRK/*Spelge*, Art. 2 RL 98/59/EG Rn. 37–39; *dies.* in MünchHdbArbR, § 121 Rn. 138.

876 Der Entwurf eines Gesetzes zur Anpassung arbeitsrechtlicher Bestimmungen an das EG-Recht, das u.a. die RL 92/58/EWG und somit die Vorgängerrichtlinie der MERL umsetzte, spricht sogar von „Kategorien" und „formaler Umsetzung" und nimmt somit Bezug auf die Richtlinie. Siehe hierzu näher BT-Drs. 13/668, S. 9; *Klumpp/Holler*, NZA 2018, 408, 409.

877 Bereits der erste Richtlinienentwurf der Kommission betonte, dass die zweckdienlichen Informationen und somit die Nennung der Berufskategorien der besseren Vermittlung von Arbeitnehmern dienen sollen, KOM (72), 1400, S. 7.

deshalb der internen Beurteilung, ob innerhalb des Betriebs oder des Unternehmens ein passender, freier Arbeitsplatz vorhanden ist, auf den der Arbeitnehmer – ggf. nach entsprechender Umschulung – ver- oder umgesetzt werden kann.[878] Die Betriebsparteien versuchen hierdurch Entlassungen zu vermeiden, indem sie nach passenden offenen Stellen und einer anderweitigen Verwendung suchen. Es kommt also allein darauf an, ob der betroffene Arbeitnehmer fachlich nach ggf. erfolgter Umschulung dazu geeignet ist, eine offene Stelle beim Arbeitgeber zu besetzen. Hierfür ist die Kenntnis über die fachliche Qualifikation bereits ausreichend.[879] Deshalb ist der von *Klumpp* und *Holler* geprägten Ansicht für das Konsultationsverfahren zuzustimmen, sodass „Gruppen" und „Kategorien" in diesem Verfahrensabschnitt identische Bedeutung haben und jeweils die Angabe der fachlichen Qualifikation des Arbeitnehmers fordern. Im Übrigen ist die Person des Arbeitnehmers im Konsultationsverfahren mangels vorhandenem Kündigungsentschluss noch nicht hinreichend individualisiert, sodass der Arbeitgeber die Sozialdaten des Arbeitnehmers als Teil der „Berufskategorie" in der Regel ohnehin nicht nennen könnte.[880]

Nichts Anderes kann für das Anzeigeverfahren gelten. In diesem Verfahrensabschnitt soll die Agentur für Arbeit durch die Angabe der Gruppen bzw. Kategorien beurteilen können, ob ein freier, ggf. nach einer Umschulung passender Arbeitsplatz am Arbeitsmarkt für den Arbeitnehmer vorhanden ist.[881] Um dieser Aufgabe zu genügen, muss sie allerdings ebenfalls nur die fachliche Qualifikation des Arbeitnehmers kennen. Sie allein darf über die Einstellungszusage des Arbeitgebers entscheiden und ist somit für die Vermittlungstätigkeit der Agentur für Arbeit von maßgeblicher Be-

---

878 Die Konsultationen sollen nach Ansicht des Unionsgesetzgebers Maßnahmen zur anderweitigen Verwendung oder Umschulung umfassen, vgl. Art. 2 Abs. 2 MERL.

879 *Klumpp/Holler*, NZA 2018, 408, 409; *Kneip*, Konsultationsverfahren, S. 150. Nur im Einzelfall können detaillierte Sozialangaben notwendig sein EuArbRK/*Spelge*, Art. 2 RL 98/59/EG Rn. 38.

880 *Kneip*, Konsultationsverfahren, S. 150; *Mauthner*, Massenentlassungsrichtlinie, S. 138; *Spelge* in MünchHdbArbR, § 121 Rn. 138; WHSS/*Schweibert*, Kap. C. V. Rn. 421; siehe für den Entstehungszeitpunkt der Konsultationspflicht EuGH, Urt. v. 10.9.2009 – C-44/08 (*Fujitsu Siemens Computers*), Slg. I 2009, 8188 = NZA 2009, 1083, 1085 Rn. 46. Siehe zu dieser Problematik bei den Soll-Angaben im Übrigen bereits näher unter 2. Teil, E. II. 1. (S. 192 ff.).

881 *Holler*, NZA 2022, 17, 18; *Kneip*, Konsultationsverfahren, S. 151. Diese Aufgabe betonte auch bereits der EuGH, vgl. EuGH, Urt. v. 27.1.2005 – C-188/03 (*Junk*), Slg. I 2005, 903 = NZA 2005, 213, 214 Rn. 47.

deutung.[882] Sozialdaten wie Alter, Geschlecht, Nationalität etc. sind zwar für die Vermittlung nach Ansicht des Gesetzgebers hilfreich.[883] Sie dürfen aber schon aufgrund des AGG und § 36 Abs. 2 SGB III nur eingeschränkt bei der Vermittlungstätigkeit berücksichtigt werden, sodass ihr Stellenwert geringer als die Angabe der fachlichen Qualifikation ist.[884] Zudem soll sich die Agentur für Arbeit durch die Anzeige allein auf die Entlassungen im Gesamten und deren arbeitsmarktpolitischen Auswirkungen einstellen können, d.h. es handelt sich bei § 17 Abs. 3 KSchG mehr um einen kollektiven als um einen individuellen Tatbestand.[885] Individuelle Maßnahmen löst der Arbeitnehmer hingegen über § 38 Abs. 1 SGB III und seine Meldepflicht aus.[886] Deshalb ist der von *Klumpp* und *Holler* geprägten Ansicht auch für das Anzeigeverfahren zu folgen. Beide Begriffe meinen somit in beiden Verfahrensabschnitten die fachliche Qualifikation und sind somit identisch.[887]

Nicht gesagt ist damit allerdings, welche Angaben zur fachlichen Qualifikation gehören. Auch hierfür ist der Vermittlungszweck beider Verfahrensabschnitte entscheidend.[888]

Eine optimale Vermittlung kann nur erfolgen, wenn die Arbeitnehmervertretung, die Agentur für Arbeit und der künftige Arbeitgeber umfassend über die fachliche Qualifikation der betroffenen Arbeitnehmer informiert sind. Der Arbeitgeber muss somit alle fachlichen Abschlüsse, Fähigkeiten und Qualifikationen des Arbeitnehmers benennen, die für die Vermittlung

882 *Klumpp/Holler*, NZA 2018, 408, 409; *Schubert/Schmitt* in Oetker/Preis, EAS, B8300 Rn. 572.

883 Im Entwurf eines Zweiten Gesetzes zur Änderung des Kündigungsschutzgesetzes formulierte die Bundesregierung sogar, dass „die Vermittlungsfähigkeit der betroffenen Arbeitnehmer und die zu ihrer Wiedereingliederung in den Arbeitsmarkt vorzusehenden Maßnahmen im Wesentlichen von diesen Faktoren" abhänge, BT-Ds. 8/1041 S. 5.

884 *Schubert/Schmitt* in Oetker/Preis, EAS, B8300 Rn. 572. So forderte auch der Ausschuss für Arbeit und Sozialordnung in seiner Beschlussempfehlung und seinem Bericht zu dem von der Bundesregierung eingebrachten Entwurf eines Zweiten Gesetzes zur Änderung des Kündigungsschutzgesetzes, dass die Soll-Angaben und somit die Sozialdaten nicht durch den Arbeitgeber angegeben werden müssten, BT-Drs. 8/1546, S. 7.

885 *Holler*, NZA 2022, 17, 18; *Kneip*, Konsultationsverfahren, S. 151.

886 *Kneip*, Konsultationsverfahren, S. 151.

887 So im Ergebnis überzeugend *Holler*, NZA 2022, 17; *Klumpp/ders.*, NZA 2018, 408, 409.

888 *Klumpp/Holler*, NZA 2018, 408, 411; *Kneip*, Konsultationsverfahren, S. 150; LKB/*Bayreuther*, § 17 KSchG Rn. 118.

relevant sein können und zum Zeitpunkt der Vermittlungstätigkeit[889] vorhanden sind. Entscheidend für die Zuordnung – wenn auch rechtlich unverbindlich –[890] sind die *International Standard Classification of Occupations*[891] und die diese umsetzende Klassifikation der Berufe (KldB[892]) der Bundesagentur für Arbeit.[893] Denn sowohl die Kommission als auch die Bundesagentur für Arbeit verweisen auf die jeweiligen Dokumente zur inhaltlichen Ausfüllung des jeweiligen Begriffs.[894] Zudem basieren beide Dokumente auf der Vermittlungstätigkeit der zuständigen europäischen und nationalen Behörden, sodass die dort aufgeführten fachlichen Informationen für die Vermittlung des Arbeitnehmers am Arbeitsmarkt auch tatsächlich notwendig sein dürften. Die detailliertesten fachlichen Angaben enthalten die Berufsgattungen des KldB („5-Steller"), sodass ihre Nennung für die Vermittlung der Arbeitnehmer am geeignetsten ist und sie folglich sowohl im Anzeige- als auch im Konsultationsverfahren anzugeben sind, um eine bestmögliche Vermittlung zu gewährleisten.[895]

---

889 Das bedeutet auch, dass sofern ein Arbeitnehmer zwischen Konsultationsverfahren und Anzeigenerstattung eine weitere fachliche Qualifikation erlangt hat, diese zwar nicht im Konsultationsverfahren, wohl aber in der Anzeige anzugeben ist.

890 Sowohl der Internationalen Arbeitsorganisation als auch der Bundesagentur für Arbeit als jeweilige Urheberin der Klassifikation fehlt es an der demokratischen Legitimation, um verbindliche Rechtsquellen zu schaffen. Zutreffend erkannt von *Klumpp/Holler*, NZA 2018, 408, 412.

891 Europäische Kommission, Abl. L 292/31 v. 10.11.2009, Anhang.

892 Bundesagentur für Arbeit, Klassifikation der Berufe 2010 – überarbeitete Fassung 2020, abrufbar unter: https://statistik.arbeitsagentur.de/DE/Navigation/Grundlagen/Klassifikationen/Klassifikation-der-Berufe/KldB2010-Fassung2020/Publikationen/Publikationen-Nav.html (zuletzt abgerufen am 28. August 2024).

893 So bereits *Klumpp/Holler*, NZA 2018, 408, 410 f.; für die KldB: APS/*Moll*, § 17 KSchG Rn. 92; *Kneip*, Konsultationsverfahren, S. 150 sowie jedenfalls für das Anzeigeverfahren *Spelge* in MünchHdbArbR, § 121 Rn. 185.

894 Für die *International Standard Classification of Occupations*: Europäische Kommission, Abl. L 292/31 v. 10.11.2009, S. 1; für die KldB: Entlassungsanzeige der Bundesagentur für Arbeit, abrufbar unter: https://www.arbeitsagentur.de/datei/dok_ba014850.pdf (zuletzt abgerufen am 28. August 2024).

895 A.A. *Holler*, NZA 2022, 17; *Klumpp/ders.*, NZA 2018, 408, 411 f., die die Berufsuntergruppen („4-Steller") fordern; zweifelnd an der Notwendigkeit solch detaillierter Angaben LKB/*Bayreuther*, § 17 KSchG Rn. 118.

b) Unionsrechtskonforme Auslegung

Auf die Möglichkeit der unionsrechtskonformen Auslegung kommt es somit nicht an, da beide Begriffe inhaltlich deckungsgleich sind. Sie wäre dennoch ohne Weiters möglich, da weder die Gesetzesmaterialien noch der Wortlaut, die Systematik oder der Zweck der § 17 Abs. 2 Nr. 2, 3, Abs. 3 S. 4 KSchG einem Verständnis entgegenstünden, das unter „Berufsgruppen" erweiternd die Angaben aller Sozialdaten statt nur der fachlichen Qualifikation des Arbeitnehmers versteht.[896] Der Gesetzgeber nahm selbst auf den Begriff der „Kategorien" der MERL in seiner Gesetzesbegründung Bezug[897] und setzte diesen mit dem Zusatz in § 17 Abs. 2 Nr. 2, 3, Abs. 3 S. 4 KSchG um, sodass er „Gruppen" und „Kategorien" keine unterschiedliche Bedeutung beimessen wollte.

III. Zusammenfassung

Zusammenfassend gibt es im Anzeigeverfahren keinen zwingenden Reformbedarf. Das liegt vor allem an der Detailtiefe des Anzeigeverfahrens, das auch Vorbild für das Anzeigeverfahren der MERL war. Der Interessenkonflikt zwischen nationalem und unionsrechtlichem Massenentlassungsrecht besteht somit bereits im Grundsatz nicht. Etwaige Unklarheiten lassen sich überzeugend durch den gemeinsamen arbeitsmarktpolitischen Zweck des Anzeigeverfahrens lösen.

So kann beispielsweise der Zeitpunkt, ab dem eine Anzeigenerstattung für den Arbeitgeber möglich ist, mittels der historischen Entstehung und des Zwecks der MERL überzeugend bestimmt werden. Der Arbeitgeber hat demnach vor Anzeigenerstattung die Beendigung aller Konsultationsverfahren innerhalb des Betriebs abzuwarten.

Hinsichtlich des Anzeigeninhalts ergeben sich zwar auf den ersten Blick Unterschiede zwischen § 17 KSchG und der MERL. Diese führen aber bei genauerer Betrachtung zu keinen Widersprüchen zwischen beiden Rechtserkenntnisquellen. So hat der Gesetzgeber bei der nationalen Differenzierung zwischen Soll- und Muss-Angaben lediglich seinem Beurteilungsspielraum genutzt, den ihm die MERL als lediglich teilharmonisierende Richtli-

---

896 So im Ergebnis auch *Kneip*, Konsultationsverfahren, S. 150; *Mauthner*, Massenentlassungsrichtlinie, S. 138.

897 Entwurf eines Gesetzes zur Anpassung arbeitsrechtlicher Bestimmungen an das EG-Recht, das u.a. die RL 92/58/EWG umsetzte, BT-Drs. 13/668, S. 9.

nie einräumt. Sinnvoll wäre nur ein Entfallen des Einvernehmenserfordernisses des Betriebsrats zu der Angabe von Soll-Angaben in der Anzeige, da die ursprünglichen Bedenken des Gesetzgebers – Schutz der laufenden Konsultationen – durch das zwingend vor Anzeigenerstattung zu beendende Konsultationsverfahren obsolet sind. Dadurch wäre nach den Grundsätzen der Gesetzgebungslehre mehr Effizienz der Norm zu erwarten.

Für die Begriffspaare „Berufsgruppen" und „Berufskategorien" hat die Untersuchung gezeigt, dass beide Begriffe sowohl im Konsultations- als auch im Anzeigeverfahren identisch sind – sie fordern die Angabe der fachlichen Qualifikation und somit der Berufsgattungen des KldB („5-Steller") zum jeweiligen Verfahrenszeitpunkt. Im Übrigen wäre eine unionsrechtskonforme Auslegung des Begriffs der „Berufsgruppen" zu einem umfassenderen Kategorienverständnis möglich, sodass jedenfalls deshalb kein zwingender Reformbedarf besteht.

F. Unionsrechtswidrigkeit der Entlassungssperre

Die in § 18 KSchG geregelte Entlassungssperre, die sich aus der Sperr- und der Freifrist des Abs. 1 und 4 zusammensetzt, ist Teil des Anzeigeverfahrens. Während die Sperrfrist sicherstellen soll, dass die mit einer Massenentlassung einhergehenden sozioökonomischen Probleme nicht unvermittelt und ohne staatliche Lenkung auftreten, soll die Freifrist Vorratsanzeigen des Arbeitgebers verhindern.[898] Das Zusammenspiel von Sperr- und Freifrist beruht auf einer langen Tradition, die ihre Anfänge in der Stilllegungsverordnung findet.[899] Mit der langen Tradition geht allerdings auch ein historisch gewachsenes Auslegungsverständnis der § 18 Abs. 1, 4 KSchG einher, das den Beginn beider Fristen an die Beendigung des Arbeitsverhältnisses knüpfte und somit aus einer Zeit ohne unionsrechtlichen und verfassungsrechtlichen Einfluss stammt.

Allerdings ist dieses Verständnis überholt und diese Zeit vorbei – trotzdem bleibt die Struktur des § 18 KSchG bislang unverändert. Im Folgenden wird deshalb untersucht, ob der unveränderte § 18 KSchG mit seiner Sperr- (I.) und Freifrist (II.) unions- und verfassungsrechtlichen Vorgaben

898 So allgemein für das Anzeigeverfahren EuGH, Urt. v. 27.1.2005 – C-188/03 (*Junk*), Slg. I 2005, 903 = NZA 2005, 213, 214 Rn. 47; BAG, Urt. v. 13.6.2019 – 6 AZR 459/18, BAGE 167, 102 = NZA 2019, 1638, 1641 Rn. 29; ErfK/*Kiel*, § 18 KSchG Rn. 4 f.

899 Bereits § 1 Abs. 2 der Stilllegungsverordnung legte eine vier- bzw. sechswöchige Sperrfrist und eine einmonatige Freifrist fest, RGBl. 1920, S. 1902.

entspricht, weil er zumindest unionsrechts- oder verfassungskonform ausgelegt werden kann. Anderenfalls wäre eine Reform des § 18 KSchG zwingend.

I. Sperrfrist

Die Sperrfrist soll der Agentur für Arbeit einen Mindestzeitraum garantieren, in dem sie nach Lösungen für die mit der geplanten Massenentlassung im Zusammenhang stehenden Probleme suchen kann.

Durch den unionsrechtlichen Entlassungsbegriff beginnt ihre Frist nunmehr mit dem Zugang der Kündigung beim jeweiligen Arbeitnehmer, sodass sie nach ganz herrschender Meinung eine „Mindestkündigungsfrist" ist.[900] Praktische Relevanz hat sie somit nur für gesetzliche oder tarifliche Kündigungsfristen von weniger als einem Monat und für Aufhebungsverträge, deren Wirksamkeit ebenfalls erst nach Ablauf der Sperrfrist eintritt.[901] Da die MERL die Sperrfrist vorschreibt und eine Änderung der MERL mittelfristig nicht zu erwarten ist, wird nicht darauf eingegangen, ob die Sperrfrist trotz unionsrechtlichem Entlassungsbegriff weiterhin sinnvoll ist.[902] Vielmehr wird nachfolgend untersucht, ob sich § 18 Abs. 1 KSchG von den Vorgaben der MERL unterscheidet und deswegen unionsrechtswidrig ist. So gibt es bei genauerer Betrachtung Differenzen bei der Dauer der Frist (1.) und ihrer Verkürzungsmöglichkeit durch die Agentur für Arbeit (2.). Erfüllt § 18 Abs. 1 KSchG nicht den Mindeststandard der MERL, wäre er zu reformieren.

1. Ein-Monat- statt 30-Tage-Frist

§ 18 Abs. 1 1. Hs. KSchG sieht vor, dass Kündigungen ohne vorherige Zustimmung der Agentur für Arbeit frühestens einen Monat nach Eingang der Anzeige bei der Agentur wirksam werden. Art. 4 Abs. 1 UAbs. 1

---

900 BAG, Urt. v. 6.11.2008 – 2 AZR 935/07, BAGE 128, 256 = NZA 2009, 1013, 1015 Rn. 25; APS/*Moll*, § 18 KSchG Rn. 34; *Dzida/Hohenstatt*, DB 2006, 1897, 1901; LKB/*Bayreuther*, § 18 KSchG Rn. 2; *Spelge* in MünchHdbArbR, § 121 Rn. 194; WHSS/*Schweibert*, Kap. C. V. Rn. 404.

901 APS/*Moll*, § 18 KSchG Rn. 34; *Bauer/Krieger/Powietzka*, DB 2005, 445, 447; *Dzida/Hohenstatt*, DB 2006, 1897, 1901; LKB/*Bayreuther*, § 18 KSchG Rn. 2; WHSS/*Schweibert*, Kap. C. V. Rn. 404.

902 Hieran zweifelnd *Bauer/Krieger/Powietzka*, DB 2005, 445, 447.

MERL nennt hingegen eine Sperrfrist von mindestens 30 Tagen. Hierin liegt ein Unterschied, den folgendes Beispiel aufzeigt:

Bei Eingang der Anzeige bei der Agentur für Arbeit am 1. Februar endet nach § 18 Abs. 1 1. Hs. KSchG die Sperrfrist mit Ablauf des 1. März. Demgegenüber tritt nach Art. 4 Abs. 1 MERL das Ende der Sperrfrist erst mit Ablauf des 3. März (in einem Schaltjahr mit Ablauf des 2. März) ein. Die in § 18 Abs. 1 KSchG festgelegte einmonatige Sperrfrist unterschreitet somit den Mindestschutz der MERL.[903]

Das wäre aber allenfalls zulässig, wenn eine richtlinienkonforme Auslegung oder Rechtsfortbildung des § 18 Abs. 1 1. Hs. KSchG möglich wäre. Dazu müsste der Gesetzeswortlaut von „einen Monat" zu „30 Tagen" ausgelegt werden dürfen. Das ist allerdings unzulässig, da feststehende nummerische Werte ausnahmsweise nicht anders ausgelegt werden können.[904] Es fehlt ihnen bereits am für eine richtlinienkonforme Auslegung oder Rechtsfortbildung notwendigen Auslegungsspielraum, sodass diese bereits auf erster Stufe scheitern. § 18 Abs. 1 1. Hs. KSchG ist somit richtlinienwidrig und der Gesetzgeber hat die Sperrfrist des § 18 Abs. 1 1. Hs. KSchG auf mindestens 30 Tage festzulegen.

Bis dahin müssen nationale Gerichte weiterhin die einmonatige Sperrfrist des § 18 Abs. 1 KSchG anwenden, selbst wenn sie im Einzelfall die 30-tätige-Frist der MERL unterschreitet. Etwaige hieraus entstehende Schäden können Betroffene dann allenfalls über den unionsrechtlichen Staatshaftungsanspruch oder durch die Anregung eines Vertragsverletzungsverfahrens gegen die Bundesrepublik kompensieren.[905]

2. Umgehung des Unionsrechts durch Verzicht auf die Sperrfrist?

§ 18 Abs. 1 2. Hs. KSchG ermöglicht es der Agentur für Arbeit, ihre Zustimmung zu den Entlassungen rückwirkend bis zum Tag der Antragsstellung zu erteilen. Damit kann sie kann im Ergebnis auf die Sperrfrist ver-

903 Die Divergenz erkennt ebenfalls LKB/*Bayreuther*, § 18 KSchG Rn. 1, ohne jedoch hieraus Rückschlüsse zu ziehen.

904 Siehe hierzu bereits näher unter 1. Teil, B. I. 4. c) (S. 58).

905 Siehe zu den beschriebenen Möglichkeiten EuGH, Urt. v. 19.11.1991 – C-6/90 u. C-9/90 (*Francovich I*), Slg. 1991, I-5357 = NJW 1992, 165, 166 Rn. 21; *Hohenstatt/Naber*, NZA 2014, 637, 640.

zichten.[906] Die zwischenzeitlich eingeführte MERL erlaubt hingegen nur eine Verkürzung der Sperrfrist durch die Behörde, Art. 4 Abs. 1 UAbs. 2 MERL. Den Verzicht auf und somit den vollständigen Wegfall der Sperrfrist erlaubt sie hingegen auf den ersten Blick nicht.[907]

Da die nationale Verzichtsmöglichkeit nicht direkt in der MERL zu finden ist, wird die Richtlinienkonformität des § 18 Abs. 1 2. Hs. KSchG angezweifelt, da sie zu einer systematischen Umgehung der Sperrfrist führen könne.[908] Denn die Sperrfrist diene vor allem der Vermittlung von Arbeitnehmern und somit auch deren Schutz. Deshalb dürfe die Agentur für Arbeit nicht frei über deren Länge disponieren oder gar auf sie verzichten. Ansonsten verliere die MERL ihre praktische Wirksamkeit, da die behördliche Entscheidung nach § 18 Abs. 1 2. Hs. KSchG auch nicht von Betriebsrat und Arbeitnehmern mangels Klagebefugnis gerichtlich überprüft werden könne.[909]

Es darf allerdings nicht übersehen werden, dass die Agentur für Arbeit nicht auf die Sperrfrist verzichten kann, ohne die Belange des Arbeitsmarkts und der Arbeitnehmer zu berücksichtigen. Sie hat stets bei ihrer Entscheidung nach § 18 Abs. 1 2. Hs. KSchG eine Abwägung der öffentlichen Belange und der Belange aller Arbeitnehmer anhand aller Umstände des Einzelfalls vorzunehmen. In die Abwägung fließen bspw. bereits gefundene Anschlussbeschäftigungen oder etwaig vorhandene Milderungsmaßnahmen ein.[910]

Zudem erkennen unionsrechtlicher und nationaler Gesetzgeber im Ausnahmefall an, dass arbeitsmarktpolitische Zwecke hinter wirtschaftlichen Notwendigkeiten zurücktreten können. Deshalb kann bspw. auch gem. Art. 4 Abs. 4 MERL bei Betriebsschließungen aufgrund einer gerichtlichen Entscheidung die Sperrfrist entfallen. Diesen Vorrang von wirtschaftlichen Notwendigkeiten betonte ebenfalls die Kommission, nach der vor

906 EuArbRK/*Spelge*, Art. 4 RL 98/59/EG Rn. 3; *Mauthner*, Massenentlassungsrichtlinie, S. 215.

907 *Mauthner*, Massenentlassungsrichtlinie, S. 215.

908 Hierzu und zum Folgenden EuArbRK/*Spelge*, Art. 4 RL 98/59/EG Rn. 2; *Mauthner*, Massenentlassungsrichtlinie, S. 215.

909 Vgl. zur fehlenden Klagebefugnis von Betriebsrat und Arbeitnehmern bei Entscheidungen der Agentur für Arbeit über die Länge der Sperrfrist BSG, Urt. v. 14.8.1980 – 7 Rar 68/79, AP Nr. 2 zu § 17 KSchG 1969 m.w.N.; BSG, Beschl. v. 15.10.2012 – B 11 AL 64/12 B, BeckRS 2012, 751126 Rn. 4 m.w.N.

910 APS/*Moll*, § 18 KSchG Rn. 16; ErfK/*Kiel*, § 18 KSchG Rn. 4 f.

allem die Zahlungsunfähigkeit des Arbeitgebers die Verkürzung bis hin zum Entfallen der Sperrfrist rechtfertige.[911]

Ausdruck dieses Vorrangs im Ausnahmefall ist aber auch § 18 Abs. 1 2. Hs. KSchG, da dessen Verzichtsmöglichkeit ebenfalls nur für den Ausnahmefall eines unvorhersehbaren, typischerweise im Bausektor vorkommenden Ereignisses gilt. Die rückwirkende Zustimmung soll nämlich nach der Gesetzesbegründung zur Vorgängerregelung des § 16 Abs. 1 2. Hs. KSchG 1951 vor allem bei Entlassungen erfolgen, die aufgrund kurzfristiger, unvorhergesehener Ereignisse notwendig sind, sodass der Arbeitgeber nicht zur Lohnfortzahlung für die Dauer der Sperrfrist gezwungen werden solle.[912] Die Norm dient somit schon nach dem Willen des Gesetzgebers ebenfalls der notwendigen Flexibilität eines Wirtschaftssektors und fügt sich deshalb in den durch den Unionsgesetzgeber anerkannten Vorrang von wirtschaftlicher Notwendigkeit vor Schutz des Arbeitsmarkts ein.[913]

Die in der Literatur befürchtete Umgehungsgefahr der Sperrfrist durch die Verzichtsmöglichkeit besteht somit nicht; die Zielrichtung beider Normen ist vielmehr gleich. Das bestätigt auch die tatsächliche Handhabung der Agentur für Arbeit, die Verkürzungen oder gar einen Verzicht nur im Einzelfall vornimmt.[914] Die restriktive Handhabung folgt aus der eindeutigen Gesetzesbegründung und § 20 Abs. 4 KSchG, die enge Kriterien für die Entscheidung nach § 18 Abs. 1 2. Hs. KSchG bestimmen, an die sich die Agentur für Arbeit mangels gegenläufigem Interesse hält.[915] § 18 Abs. 1 2. Hs. KSchG führt somit nicht zu einer Umgehung der MERL und ist deshalb unionsrechtskonform.

---

911 Erwägungsgrund 17 der Kommission für die Änderung der RL 75/129/EWG, KOM (91), 292 endg. S. 6 f.

912 Beispielsweise bei kurzfristigen Aufgaben von geplanten Bauvorhaben wegen verwehter öffentlicher Zuschüsse, BT.-Drs. Nr. 2090, S. 16 f.; Regierungsentwurf eines Kündigungsschutzgesetzes (KSchG) vom 23.1.1951, RdA 1951, 58, 65. Allerdings dürfte dieser Zweck wegen des unionsrechtskonformen Entlassungsbegriffs nunmehr kaum greifen, da der Arbeitgeber durch den veränderten Entlassungszeitpunkt ohnehin für die Dauer der Kündigungsfrist wirtschaftlich belastet wird, da die rückwirkende Zustimmung nur die Sperrfrist, nicht aber die Kündigungsfrist beseitigt. Siehe hierzu näher EuArbRK/*Spelge*, Art. 4 RL 98/59/EG Rn. 4 sowie für die geringe praktische Bedeutung *dies.*, RdA 2018, 297, 304.

913 In diese Richtung allerdings ohne Bezug auf die Gesetzesmaterialien EuArbRK/*Spelge*, Art. 4 RL 98/59/EG Rn. 3; *Mauthner*, Massenentlassungsrichtlinie, S. 215.

914 EuArbRK/*Spelge*, Art. 4 RL 98/59/EG Rn. 4.

915 EuArbRK/*Spelge*, Art. 4 RL 98/59/EG Rn. 4.

II. Freifrist

Die Freifrist des § 18 Abs. 4 KSchG bestimmt, dass Entlassungen innerhalb von 90 Tagen nach Ablauf der Sperrfrist durchzuführen sind. Mit „durchführen" meinte die Norm nach traditionellem Verständnis die tatsächliche Beendigung des Arbeitsverhältnisses und somit in der Regel den Ablauf der Kündigungsfrist.[916]

Allerdings kann § 18 Abs. 4 KSchG nicht mehr nach diesem Verständnis ausgelegt werden, ohne ein unzulässiges Dilemma für den Arbeitgeber zu schaffen: Entlassungen wären innerhalb der Freifrist nur durchgeführt i.S.d. § 18 Abs. 4 KSchG, wenn innerhalb von 90 Tagen nach Ablauf der Sperrfrist auch die Beendigung des Arbeitsverhältnisses eintritt. Ist die Kündigungsfrist aber wie häufig länger als die einmonatige Sperrfrist addiert mit der 90-tägigen Freifrist, könnte die tatsächliche Beendigung des Arbeitsverhältnisses nicht innerhalb dieses Zeitraums herbeigeführt werden und eine Entlassung wäre unmöglich, sofern die betroffene Entlassung zusammen mit anderen Entlassungen die Schwellenwerte des § 17 Abs. 1 KSchG erreichen.[917] Wegen dieses ungerechtfertigten Eingriffs in die unternehmerische Freiheit reduziert das BAG richtigerweise § 18 Abs. 4 KSchG teleologisch und passt die Norm an den unionsrechtskonformen Entlassungsbegriff an.[918] Eine erneute Anzeige sei danach nur vorzunehmen, wenn der Arbeitgeber nicht innerhalb der Freifrist den Zugang der Kündigungserklärungen bewirkt. Der Lauf der Freifrist beginne mit Ablauf der Sperrfrist, die ihrerseits mit Eingang der Anzeige bei der zuständigen Agentur für Arbeit beginne.

Zudem ist eine teleologische Reduktion des § 18 Abs. 4 KSchG nach hier vertretener Ansicht auch für Nachkündigungen von Arbeitnehmern mit Sonderkündigungsschutz vorzunehmen.[919]

916 Statt aller ASP/*Moll*, § 18 KSchG Rn. 38.

917 Deshalb wird § 18 Abs. 4 KSchG von Teilen der Literatur als „obsolet" angesehen *Bauer/Krieger/Powietzka*, DB 2005, 445, 448; *Dornbusch/Wolff*, BB 2005, 885, 887; *Dzida/Hohenstatt*, DB 2006, 1897, 1900; *Seel*, MDR 2007, 937, 942; vgl. auch BeckOGK/*Naber*, § 18 KSchG Rn. 15.

918 Hierzu und zum Folgenden BAG, Urt. v. 23.3.2006 – 2 AZR 343/05, BAGE 117, 281 = NZA 2006, 971, 974 Rn. 29; BAG, Urt. v. 6.11.2008 – 2 AZR 935/07, BAGE 128, 256 = NZA 2009, 1013, 1016 Rn. 29; BAG, Urt. v. 23.2.2010 – 2 AZR 268/08, BAGE 133, 240 = NZA 2010, 945, 947 Rn. 32 ff.

919 Siehe hierzu bereits näher unter 2. Teil, C. II. 3. d) (S. 133 ff.).

1. Obsolete Freifrist?

Inwieweit ist die Freifrist somit noch relevant? Ein verändertes Normverständnis darf schließlich nicht dazu führen, dass der Norm kein nennenswerter Anwendungsbereich verbleibt oder sie wesentlich umstrukturiert wird.[920]

Das BAG[921] und die herrschende Ansicht im Schrifttum[922] sehen diese Grenzen als gewahrt an, da die Freifrist auch nach der Anpassung an den unionsrechtskonformen Entlassungsbegriff Vorratsanzeigen vermeide und somit ihrem ursprünglichen Zweck weiterhin diene. Vorratsanzeigen könnten auch durch verzögerten Zugang der Kündigungserklärungen erfolgen und würden auch dann dem Zweck des Anzeigeverfahrens zuwiderlaufen, da sie das tatsächliche Ausmaß der zu beendenden Arbeitsverhältnisse und somit die sozioökonomischen Auswirkungen auf den Arbeitsmarkt verschleiern würden.[923]

Das ist zwar grundsätzlich zutreffend. Allerdings verschleiert dieser auf den ersten Blick schlüssig anmutende Anwendungsbereich der Freifrist wiederum selbst, dass die ganz herrschende Meinung eine leere Hülle des § 18 Abs. 4 KSchG geschaffen und einen Funktionsverlust der Norm herbeigeführt hat.[924] Denn die Gefahr von Vorratsanzeigen besteht unabhängig von § 18 Abs. 4 KSchG aus zwei Gründen nicht.

Erstens verpflichten bereits das Konsultations- und das Anzeigeverfahren den Arbeitgeber über § 17 Abs. 2 Nr. 4, Abs. 3 S. 4 KSchG dazu, den Zeitraum der geplanten Entlassungen anzugeben.[925] Zwar hat der Arbeitgeber nur eine Prognose anzustellen, d.h. ist grundsätzlich nicht an die angegebenen Zeiträume für die Entlassungen gebunden.[926] Allerdings ist der anzugebende Zeitraum eine Muss-Angabe. Zeigt sich somit *ex post*, dass der Arbeitgeber vorsätzlich von dem genannten Zeitraum abweicht, sind seine getätigten Angaben unrichtig und die betroffenen Entlassungen

---

920 Siehe hierzu bereits näher unter 1. Teil, B. I. 4. c) (S. 56 ff.).

921 BAG, Urt. v. 9.6.2016 – 6 AZR 638/15, NZA 2016, 1202, 1205 Rn. 27.

922 APS/*Moll*, § 18 KSchG Rn. 40; ErfK/*Kiel*, § 18 KSchG Rn. 7; NK-ArbR/*Boemke*, § 17 KSchG Rn. 29.

923 BAG, Urt. v. 9.6.2016 – 6 AZR 638/15, NZA 2016, 1202, 1205 Rn. 27.

924 Vgl. *Dzida/Hohenstatt*, DB 2006, 1897, 1901; ebenfalls in diese Richtung *Spelge*, RdA 2018, 297, 305, nach der „die Freifrist durch den geänderten Entlassungsbegriff schlicht ihre Bedeutung verloren“ habe.

925 *Mauthner*, Massenentlassungsrichtlinie, S. 219.

926 LAG Düsseldorf, Urt. v. 19.9.2019 – 11 Sa 1043/18, BeckRS 2019, 38772 Rn. 128; APS/Moll, § 17 KSchG Rn. 94; MüKoBGB/*Hergenröder*, § 18 KSchG Rn. 17.

nach bisheriger Rechtslage nichtig.[927] Vom Vorsatz des Arbeitgebers wäre aber bei Vorratsanzeigen in der Regel auszugehen, da er von Anfang an weiß, dass Entlassungen nicht in dem von ihm angegebenen Zeitraum stattfinden werden. Die Vorgaben der MERL, die § 17 Abs. 2 Nr. 4, Abs. 3 S. 4 KSchG umsetzen, verhindern somit durch die anzugebenden Entlassungszeiträume Vorratsanzeigen, weshalb auch die Freifrist unionsrechtlich nicht vorgeschrieben ist.[928] Die Freifrist stammt nämlich aus einer Zeit, in der das nationale Recht weder im Konsultations- noch im Anzeigeverfahren die Angabe der Entlassungszeiträume forderte.[929]

Zweitens treten Massenentlassungen fast ausschließlich bei Sanierungskonzepten auf, in denen der Arbeitgeber wegen wirtschaftlicher Schwierigkeiten Personalkosten einsparen muss.[930] Die Notwendigkeit der schnellen Einsparung kombiniert mit häufig im Vergleich zur Freifrist längeren Kündigungsfristen, lässt den Arbeitgeber die Kündigungen in der Regel unmittelbar nach Eingang der Anzeige bei der Agentur für Arbeit und einer etwaigen Anhörung des Betriebsrats nach § 102 BetrVG aussprechen.[931] Andernfalls liefe er Gefahr, dass sich der Beginn der Kündigungsfristen durch den verspäteten Ausspruch verschiebt und sich hierdurch die Personalkosten erhöhen.[932] Es ist kein sinnvoller Fall denkbar, in dem der Arbeitgeber den Ausspruch der Kündigung verzögert und eine Vorratsanzeige stellt.

Im Ergebnis bleibt deshalb – anders als vom BAG und der herrschenden Ansicht im Schrifttum suggeriert – kein praktischer Anwendungsbereich für die Freifrist, sodass sie durch das gewandelte Entlassungsverständnis des § 17 Abs. 1 KSchG bedeutungslos geworden ist.[933]

927 LAG Düsseldorf, Urt. v. 19.9.2019 – 11 Sa 1043/18, BeckRS 2019, 38772 Rn. 128; APS/Moll, § 17 KSchG Rn. 94.

928 Ebenfalls in diese Richtung *Mauthner*, Massenentlassungsrichtlinie, S. 220.

929 Weder § 1 Abs. 1 der Stilllegungsverordnung noch § 15 KSchG 1951 enthielten eine entsprechende Verpflichtung zur Angabe der beabsichtigten Entlassungszeiträume, weshalb § 1 Abs. 2 der Stilllegungsverordnung und § 16 Abs. 3 KSchG 1951 eine einmonatige Freifrist vorsahen, RGBl. 1920, S. 1902; BT-Drs. Nr. 2090, S. 4 f. Zu dieser Schlussfolgerung gelangt ebenfalls *Mauthner*, Massenentlassungsrichtlinie, S. 220.

930 BeckOGK/*Naber*, § 18 KSchG Rn. 17; *Krieger/Ludwig*, NZA 2010, 919, 920; *Lembke/Oberwinter*, NJW 2007, 721; *Wagner*, Krisenbewältigung, S. 1 f.

931 *Dzida/Hohenstatt*, DB 2006, 1897, 1901; *Krieger/Ludwig*, NZA 2010, 919, 925; *Lembke/Oberwinter*, NJW 2007, 721, 725; *von Steinau-Steinrück*, NJW-Spezial 2016, 690, 691; WHSS/*Schweibert*, Kap. C. V. Rn. 433.

932 *Dzida/Hohenstatt*, DB 2006, 1897, 1901.

933 Zustimmend BeckOGK/*Naber*, § 18 KSchG Rn. 17; *Dzida/Hohenstatt*, DB 2006, 1897, 1901; *Frey*, FS Pulte, S. 77, 89; *Lembke/Oberwinter*, NJW 2007, 721, 726; LKB/*Bayreuther*, § 18 KSchG Rn. 23; *Mauthner*, Massenentlassungsrichtlinie, S. 220;

2. Konsequenz

Die in § 17 Abs. 1 KSchG gebotene und ebenfalls auf § 18 Abs. 4 KSchG ausstrahlende[934] richtlinienkonforme Auslegung des Entlassungsbegriffs führt somit zu einem Judizieren *contra legem*, da der Freifrist kein Anwendungsbereich mehr verbleibt. Was aber folgt hieraus?

Da nationale Gerichte eine Norm nicht *contra legem* auslegen dürfen, ist eine richtlinienkonforme Rechtsfortbildung durch teleologische Reduktion der Norm unzulässig. Die Norm wäre weiterhin von der Rechtsprechung mit dem traditionellem Verständnis anzuwenden.[935] § 18 Abs. 4 KSchG wäre somit weiterhin so auszulegen, dass die tatsächliche Beendigung eines Arbeitsverhältnisses in die Freifrist fallen müsste. Bei Kündigungsfristen, die länger als einen Monat und 90 Tage sind, wäre somit unter den Voraussetzungen des § 17 Abs. 1 KSchG automatisch eine neue Anzeige zu erstatten.[936] Diese Rechtsfolge ist aber mit der unternehmerischen Freiheit des Arbeitgebers nicht zu vereinbaren, da sie die ordnungsgemäße Massenentlassung unzulässig erschweren würde. Der Gesetzgeber hat deshalb § 18 Abs. 4 KSchG zwingend aufzuheben.[937]

III. Zusammenfassung

Bei § 18 KSchG besteht somit zwingender Reformbedarf.

Zunächst bleibt die einmonatige Sperrfrist des § 18 Abs. 1 1. Hs. KSchG hinter der 30-tägigen Sperrfrist der MERL zurück. Eine richtlinienkonfor-

---

WHSS/*Schweibert*, Kap. C. V. Rn. 429.; wohl auch *Bauer/Krieger/Arnold*, Arbeitsrechtliche Aufhebungsverträge, Kap. F. III. Rn. 165.

934 Die Einzelheiten der Ausstrahlungswirkung einer Richtlinie auf das national autonome Recht sind umstritten und können im Detail nicht dargestellt werden. Es wird der herrschenden Meinung gefolgt, nach der die richtlinienkonforme Auslegung ohne gegenteilige Anhaltspunkte auch das national autonome Recht beeinflusst, da der Gesetzgeber eine einheitliche Auslegung innerhalb desselben Regelungskomplexes bevorzugen dürfte. Siehe zu der Problematik und zu den verschiedenen Ansichten eingehend *Canaris*, JZ 2003, 831, 837 f.; EuArbRK/*Höpfner*, Art. 288 AEUV Rn. 74 f.; *Gsell*, AcP 214 (2014), 99, 139–141.

935 Betroffene Arbeitgeber wären bei etwaigen Schäden auf den unionsrechtlichen Staatshaftungsanspruch oder die Anregung eines Vertragsverletzungsverfahrens verwiesen EuGH, Urt. v. 19.11.1991 – C-6/90 und C-9/90 (*Francovich I*), Slg. 1991, I-5357 = NJW 1992, 165, 166 Rn. 21; *Hohenstatt/Naber*, NZA 2014, 637, 640.

936 Siehe hierzu bereits näher unter 2. Teil, F. II. (S. 207 ff.).

937 So im Ergebnis auch *Lembke/Oberwinter*, NJW 2007, 721, 727; *Spelge*, RdA 2018, 297, 305; vgl. auch *Wagner*, Krisenbewältigung, S. 305 allerdings ohne Begründung.

me Rechtsfindung der Vorschrift darf wegen der eindeutigen nummerischen Festlegung nicht erfolgen, sodass das geltende Recht hinter dem Mindestschutzniveau der MERL zurückbleibt und entsprechend anzugleichen ist.

Demgegenüber ist die in § 18 Abs. 1 2. Hs. KSchG vorgesehene faktische Verzichtsmöglichkeit der Agentur für Arbeit auf die Sperrfrist unionsrechtskonform und muss nicht geändert werden. Sie entspricht dem unionsrechtlich anerkannten Ausnahmevorrang von wirtschaftlichen vor arbeitsmarktpolitischen Belangen.

Schließlich führt die Auslegung des § 18 Abs. 4 KSchG nach den Grundsätzen des unionsrechtlichen Entlassungsbegriffs dazu, dass der Norm kein praktischer Anwendungsbereich verbleibt. Die ganz herrschende Meinung verschleiert das, indem sie weiterhin davon ausgeht, dass die Norm Vorratsanzeigen vermeide.

Diese Gefahr besteht aber wegen der im Konsultations- und im Anzeigeverfahren anzugebenden Entlassungszeiträume sowie der typischen Sanierungssituation bei Massenentlassungen nicht. § 18 Abs. 4 KSchG kann somit nicht unionsrechtskonform dahingehend ausgelegt werden, dass Entlassungen bereits mit Zugang der Kündigungserklärung „durchgeführt" sind. Als Konsequenz wäre die Norm weiterhin nach dem tradierten Entlassungsbegriff durch die Rechtsprechung anzuwenden. Das würde allerdings zu dem Ergebnis führen, dass bei Kündigungsfristen von mehr als einem Monat und 90 Tagen unter den Voraussetzungen des § 17 Abs. 1 KSchG eine neue Anzeige zu erstatten wäre; Entlassungen wären dann aber unzulässig erschwert und die unternehmerische Freiheit des Arbeitgebers wäre verletzt. An § 18 Abs. 4 KSchG zeigt sich somit eindrucksvoll das Dilemma zwischen unionsrechtlichem Fortschritt und nationalem Stillstand. Als Relikt aus einer Zeit vor der Rechtssache *Junk* ist die Freifrist systemfremd und deshalb aufzuheben.

G. Sanktionen für Fehler im Anzeigeverfahren

Die MERL schreibt den Mitgliedstaaten keine bestimmte Sanktion für Fehler im Anzeige- oder im Konsultationsverfahren vor; sie haben einzig dafür zu sorgen, dass Arbeitnehmervertretern und/oder Arbeitnehmern geeignete administrative und/oder gerichtliche Verfahren zur Durchsetzung der Richtlinienbestimmungen zur Verfügung stehen.[938] Der Gesetzgeber hat kein Sanktionssystem für Fehler im Massenentlassungsverfahren eingeführt, sondern die Einführung der Rechtsprechung überlassen. Diese hat sich bei Fehlern im Konsultations- oder im Anzeigeverfahren grundsätzlich[939] für die Nichtigkeit der betroffenen Entlassungen entschieden, da § 17 KSchG aus Sicht der Arbeitnehmer ein Verbotsgesetz i.S.d. § 134 BGB sei und nur die Nichtigkeitsfolge die praktische Wirksamkeit der MERL ausreichend sichern könne.[940]

Die vom BAG gewählte Nichtigkeitsfolge darf allerdings nicht gegen höherrangiges Recht verstoßen. Ansonsten ist der Gesetzgeber gehalten, eine gesetzliche Korrektur der Rechtsprechung vorzunehmen. Bei der für den Arbeitgeber einschneidenden Nichtigkeitsfolge kommt ein Verstoß gegen den Verhältnismäßigkeitsgrundsatz in Betracht, wenn eine gleich geeignete, aber den Arbeitgeber weniger belastendere Sanktion möglich ist.[941] Es ist deshalb zu untersuchen, ob andere Sanktionen für Fehler im Massenentlassungsverfahren in Betracht zu ziehen sind und somit ein Verstoß gegen den Verhältnismäßigkeitsgrundsatz anzunehmen ist, wobei diese Sanktionen unionsrechtlichen Anforderungen genügen müssen.

Die Analyse konzentriert sich allerdings nur auf mögliche Sanktionen für Fehler im Anzeigeverfahren. Zwar bestehen aktuell auch Zweifel an der Nichtigkeitsfolge für Fehler im Konsultationsverfahren.[942] Allerdings beziehen sich diese auf die bereits erschöpfend geführte Diskussion,[943]

938 Siehe hierzu bereits näher unter 1. Teil, A. II. 5. (S. 33).

939 Siehe zu den Einzelheiten des Sanktionssystems bei Fehlern im Anzeigeverfahren sogleich.

940 BAG, Urt. v. 22.11.2012 – 2 AZR 371/11, BAGE 144, 47 = NZA 2013, 845, 847 Rn. 37; BAG, Urt. v. 13.6.2019 – 6 AZR 459/18, BAGE 167, 102 = NZA 2019, 1638, 1640 Rn. 22; BAG, Urt. v. 13.2.2020 – 6 AZR 146/19, BAGE 169, 363 = NZA 2020, 1006, 1010 Rn. 30.

941 Siehe zu den Maßstäben noch näher unter 2. Teil, G. III. (S. 217 ff.).

942 Das BAG hat jüngst angedeutet, aufgrund eines anhängigen Vorlageverfahrens sein Sanktionssystem u.U. überdenken zu wollen BAG, Beschl. v. 11.05.2023 – 6 AZR 157/22 (A) – juris.; vgl. aber nunmehr BAG, Vorlagebeschl. v. 14.12.2023 – 6 AZR 157/22 (B), NZA 2024, 119, 123 f. Rn. 51 ff., das die Nichtigkeitsfolge für Fehler im Konsultationsverfahren bestätigt.

943 Siehe zur Diskussion um den Unterlassungsanspruch des Betriebsrats aus §§ 111 ff. BetrVG und § 17 Abs. 2 KSchG instruktiv *Hinrichs*, Kündigungsschutz, S. 190–203; *Lobinger*, FS Richardi, S. 657–678; *Mauthner*, Massenentlassungsrichtlinie, S. 193–200.

ob neben der individuellen Nichtigkeitssanktion[944] auch eine kollektive Sanktion für Fehler im Konsultationsverfahren durch beispielsweise einen Unterlassungsanspruch des Betriebsrats notwendig ist.[945]

I. Geltende Rechtslage

Das BAG ging bislang seit der Rechtssache *Junk* bei einer fehlenden, unrichtigen oder unvollständigen Anzeige von deren Unwirksamkeit aus und sah betroffene Entlassungen wegen Verstoßes gegen § 17 Abs. 3 KSchG i.V.m. § 134 BGB als nichtig an.[946] Die Entlassung dürfe aufgrund des Effektivitätsgrundsatzes nur bei inhaltlich richtiger und vollständiger Anzeige wirksam sein.[947] § 17 Abs. 1, 3 KSchG vermittle Arbeitnehmerschutz und sei deshalb ein Verbotsgesetz i.S.d. § 134 BGB; demgegenüber sei die Rechtsfolge der bloß verzögert beginnenden Sperrfrist – wie vor der Rechtssache *Junk* –[948] unzureichend für den Arbeitnehmerschutz.[949] Nur die Nichtigkeitsfolge könne verhindern, dass der Arbeitgeber unumkehrbare Fakten

944 Fehler im Konsultationsverfahren haben die Nichtigkeit der betroffenen Kündigungen nach sich zu ziehen, da zumindest der bloß verzögerte Beginn der Sperrfrist oder deren Verlängerung durch die zuständige Behörde keine ausreichenden Sanktionen nach Ansicht des Unionsgesetzgebers sind. Siehe hierzu die Stellungnahme des Wirtschafts- und Sozialausschusses der Europäischen Gemeinschaften vom 27.6.1973, Abl.EG v. 22.11.1973, Nr. C 100/11, S. 15.

945 Vgl. GA Pikamäe, Schlussantrag v. 30.3.2023 – C-134/22 (*M O/S M*), BeckRS 2023, 5798 Rn. 53, der formuliert, dass „der kollektive Charakter des durch Art. 2 Abs 3 Unterabs. 2 der RL 98/59 gewährten Schutzes implizieren [dürfte], dass die Mitgliedstaaten in ihrem innerstaatlichen Recht vorrangig vorsehen, dass die Arbeitnehmervertreter die Möglichkeit haben, Maßnahmen zu ergreifen, um prüfen zu lassen, ob der Arbeitgeber die in diesem Artikel vorgesehene Pflicht einhält.".

946 BAG, Urt. v. 22.11.2012 – 2 AZR 371/11, BAGE 144, 47 = NZA 2013, 845, 847 Rn. 31; BAG, Urt. v. 13.6.2019 – 6 AZR 459/18, BAGE 167, 102 = NZA 2019, 1638, 1640 Rn. 22; BAG, Urt. v. 13.2.2020 – 6 AZR 146/19, BAGE 169, 363 = NZA 2020, 1006, 1010 Rn. 30.

947 BAG, Urt. v. 13.2.2020 – 6 AZR 146/19, BAGE 169, 363 = NZA 2020, 1006, 1010 Rn. 30.

948 Bis zur Entscheidung in der Rechtssache *Junk* führten Fehler im Anzeigeverfahren nach Ansicht des BAG allein dazu, dass die Sperrfrist des § 18 Abs. 1 1. Hs. KSchG nicht zu laufen begann und Entlassungen somit nicht wirksam werden konnten, solange keine oder eine fehlerhafte Anzeige vorlag BAG, Urt. v. 16.6.2005 – 6 AZR 451/04, NZA 2005, 1109, 1111 m.w.N.

949 Hierzu und zum Folgenden BAG, Urt. v. 22.11.2012 – 2 AZR 371/11, BAGE 144, 47 = NZA 2013, 845, 848 Rn. 45–48.; vgl. auch BAG, Urt. v. 21.9.2006 – 2 AZR 761/05, AP Nr. 13 zu § 1 Namensliste KSchG 1969 Rn. 45.

schaffe, ohne vorher seine Pflichten aus § 17 Abs. 1, 3 KSchG vollständig zu erfüllen. Zudem führe der verzögerte Beginn der Sperrfrist als Sanktion dazu, dass zunächst nichtige Entlassungen durch nachträgliche Korrektur der Anzeige geheilt werden. Das widerspreche aber dem allgemeinen Grundsatz, dass die Wirksamkeitsvoraussetzungen einer Kündigungserklärung als Gestaltungsrecht bei deren Zugang vorliegen müssen.

Aus den genannten Gründen folgt die bislang herrschende Ansicht im Schrifttum dem BAG.[950] Durch einen zustimmenden Bescheid der Agentur für Arbeit zu den Entlassungen werden Fehler im Konsultations- oder Anzeigeverfahren nach bisheriger Ansicht des BAG nicht geheilt, da die Agentur als Teil der Exekutive nicht über Gesetzesverstöße rechtverbindlich entscheiden dürfe und diese heilende Entscheidung den bezweckten Massenentlassungsschutz leerlaufen lassen könne.[951]

Somit sind Entlassungen bislang beispielsweise wegen der bei der unzuständigen Agentur für Arbeit erstatteten Anzeige nichtig.[952] Das gilt auch für die ohne Stellungnahme des Betriebsrats oder mit unrichtiger oder irreführender Darstellung der Beratungen eingereichte Anzeige.[953] Fehler bei den Muss-Angaben, nicht aber bei den Soll-Angaben,[954] haben in der Regel[955] bislang ebenfalls die Unwirksamkeit der Anzeige und somit der betroffenen Entlassungen zur Folge.[956] Inwieweit ein Verstoß gegen

950 *Bauer/Krieger/Powietzka*, DB 2005, 445, 448; *Clemenz*, FS Bauer, S. 229, 238; ErfK/*Kiel*, § 17 KSchG Rn. 35 f.; *Hützen*, ZInsO 2012, 1801, 1810; *Niklas/Koehler*, NZA 2010, 913, 918; *Osnabrügge*, NJW 2005, 1093, 1094; *Reinhard*, RdA 2007, 207, 211; *Spelge* in MünchHdbArbR, § 121 Rn. 220.

951 BAG, Urt. v. 28.6.2012 – 6 AZR 780/10, BAGE 142, 202 = NZA 2012, 1029, 1035 Rn. 62; BAG, Urt. v. 13.2.2020 – 6 AZR 146/19, BAGE 169, 363 = NZA 2020, 1006, 1021 Rn. 111; BAG, Urt. v. 14.5.2020 – 6 AZR 235/19, NZA 2020, 1091, 1108 Rn. 146.

952 BAG, Urt. v. 13.2.2020 – 6 AZR 146/19, BAGE 169, 363 = NZA 2020, 1006, 1020 Rn. 102.

953 BAG, Urt. v. 28.6.2012 – 6 AZR 780/10, BAGE 142, 202 = NZA 2012, 1029, 1034 Rn. 51 f.; BAG, Urt. v. 21.3.2013 – 2 AZR 60/12, BAGE 144, 366 = NZA 2013, 966, 969 Rn. 34; BAG, Urt. v. 26.2.2015 – 2 AZR 955/13, BAGE 151, 83 = NZA 2015, 881, 884 Rn. 34.

954 Siehe hierzu bereits näher unter 2. Teil, E. II. 1. (S. 192).

955 Ausnahmsweise sei eine falsche Angabe des Arbeitsgebers in der Anzeige zu der Zahl der in der Regel beschäftigten Arbeitnehmer unschädlich, soweit die Arbeitsverwaltung hierdurch nicht in ihrer sachlichen Prüfung beeinflusst wurde BAG, Urt. v. 22.3.2001 – 8 AZR 565/00, NZA 2002, 1349, 1359; BAG, Urt. v. 13.2.2020 – 6 AZR 146/19, BAGE 169, 363 = NZA 2020, 1006, 1021 Rn. 109.

956 BAG, Urt. v. 28.6.2012 – 6 AZR 780/10, BAGE 142, 202 = NZA 2012, 1029, 1034 Rn. 50; BAG, Urt. v. 13.2.2020 – 6 AZR 146/19, BAGE 169, 363 = NZA 2020, 1006, 1021 Rn. 108; BAG, Urt. v. 19.5.2022 – 2 AZR 467/21, NZA 2022, 1051, 1052 f. Rn. 15

die Unterrichtungspflicht nach § 17 Abs. 3 S 1 KSchG zur Nichtigkeit der Entlassungen führt, ist höchstrichterlich ungeklärt;[957] die Nichtigkeit ist aber nach der zwischenzeitlich ergangenen Entscheidung des EuGH zu verneinen, da die Unterrichtungspflicht gem. § 17 Abs. 3 S. 1 KSchG (Art. 2 Abs. 3 UAbs. 2 MERL) nach Ansicht des EuGH nicht individualschützend ist.[958]

II. Abkehr von der Nichtigkeitsfolge?

Aufgrund dieser Entscheidung deutete zunächst der Sechste und wenig später der Zweite Senat des BAG an, von der bislang geltenden Nichtigkeitsfolge für Fehler im Anzeigeverfahren abkehren zu wollen.

Der Sechste Senat begründete den beabsichtigten Rechtsprechungswandel in einer Divergenzanfrage gem. § 45 Abs. 3 ArbGG gegenüber dem Zweiten Senat[959] damit, dass § 17 Abs. 1, 3 KSchG insgesamt keinen Individualschutz vermittle und deshalb kein Verbotsgesetz i.S.d. § 134 BGB sein könne.[960] Das Anzeigeverfahren diene ausweislich der Entscheidung des EuGH nicht der Verhinderung der Kündigung, sondern lediglich der besseren Arbeitsvermittlung und verfolge somit allein arbeitsmarktpolitische Zwecke. Der mit der Nichtigkeitsfolge einhergehende Eingriff in die unternehmerische Freiheit des Arbeitgebers sei deshalb auch nicht – anders als im Konsultationsverfahren – mit dem vermeintlich bezweckten Arbeitnehmerschutz des Anzeigeverfahrens zu rechtfertigen. Der arbeitsmarktpoliti-

u. 19. Das BAG schränkt die Nichtigkeitsfolge allerdings häufig auf die Kündigungen ein, die auch tatsächlich betroffen sind. Beispielsweise können sich nur diejenigen Arbeitnehmer auf die Nichtigkeit ihrer Kündigung berufen, die entgegen § 17 Abs. 3 S. 4 KSchG nicht namentlich in der Anzeige benannt worden sind BAG, Urt. v. 28.6.2012 – 6 AZR 780/10, BAGE 142, 202 = NZA 2012, 1029, 1034 Rn. 50.

957 Das BAG hat die Frage dem EuGH vorgelegt BAG, Vorlagebeschl. v. 27.1.2022 – 6 AZR 155/21 (A), NZA 2022, 491, 493 Rn. 24. Das LAG Niedersachsen sah als Vorinstanz in § 17 Abs. 3 S. 1 KSchG kein Verbotsgesetz und verneinte die Nichtigkeit der Kündigung LAG Niedersachsen, Urt. v. 24.2.2021 – 17 Sa 890/20, BeckRS 2021, 2948 Rn. 38.

958 EuGH, Urt. v. 13.7.2023 – C 134/22 (*M O/S M*), NZA 2023, 887, 888 f. Rn. 36.

959 Möchte ein Senat in entscheidungserheblicher Weise von der bisherigen Rechtsprechung eines anderen Senats abweichen, hat er gem. § 45 Abs. 3 S. 1 ArbGG beim anderen Senat anzufragen, ob dieser an seiner bisherigen Rechtsprechung festhält. Bejaht der Senat das, entscheidet der Große Senat des BAG über die Rechtsfrage.

960 Hierzu und zum Folgenden BAG, Vorlagebeschl. v. 14.12.2023 – 6 AZR 157/22 (B), NZA 2024, 119, 120 f. Rn. 14 ff.

sche Zweck fordere vielmehr eine „arbeitsförderungsrechtliche Sanktion", die der Gesetzgeber zu bestimmen habe. Die Nichtigkeitsfolge sei demgegenüber ungeeignet, da sie die Belastung des Arbeitsmarkts zeitlich nur verschiebe, nicht aber verringere. Das gelte sowohl für die unterlassende Anzeige als auch für alle denkbaren Fehler im Anzeigeverfahren. Da der Sechste Senat keine alternative Sanktion zur Nichtigkeitsfolge entwickelte, sollten Fehler im Anzeigeverfahren bis zur gesetzgeberischen Bestimmung einer „arbeitsförderungsrechtlichen Sanktion" folgenlos bleiben.[961]

Als Reaktion auf die Divergenzanfrage hat der Zweite Senat zwar erkennen lassen, dass die Nichtigkeitsfolge wegen Fehlern im Anzeigeverfahren unverhältnismäßig sein könnte.[962] Dass allerdings die fehlende oder fehlerhafte Massenentlassungsanzeige keine Auswirkungen auf die Beendigung des Arbeitsverhältnisses nach Ansicht des Sechsten Senats haben soll, hält der Zweite Senat für mit dem Unionsrecht unvereinbar. Er möchte stattdessen zwischen der unterlassenden und der bloß fehlerhaften Anzeige unterscheiden. Unterlasse der Arbeitgeber eine notwendige Anzeige, beginne die Sperrfrist erst, wenn die Anzeige vom Arbeitgeber nachgeholt werde. Anderenfalls erhalte die Agentur für Arbeit keine Kenntnis von den Entlassungen und könne sich nicht um Vermittlung bemühen. Die Rechtswirkung der Kündigung trete dann erst mit Ablauf der Sperrfrist ein, d.h. der Arbeitgeber habe dem Arbeitnehmer gem. § 615 BGB die vereinbarte Vergütung bis zu diesem Zeitpunkt fortzuzahlen. Bei der lediglich fehlerhaften Anzeige entscheide hingegen die Agentur für Arbeit, ob die Anzeige vollständig und ordnungsgemäß ist. Diese Entscheidung sei – entgegen der bisherigen Rechtsprechung – für Gerichte für Arbeitssachen bindend, da das Anzeigeverfahren einzig die Agentur und den Arbeitsmarkt schütze. Lege die Agentur für Arbeit somit den Zeitpunkt für den Ablauf der Sperrfrist trotz unvollständiger oder fehlerhafter Anzeige fest, entfalte die Kündigung auch zu diesem Zeitpunkt ihre Rechtswirkung.

Ausreichend als Sanktion für Fehler im Anzeigeverfahren soll somit der (verzögerte) Ablauf der Sperrfrist sein; hierin unterscheidet sich die Ansicht des Zweiten von der des Sechsten Senats.[963] Nach dem Zweiten Senat könne diese Sanktion allerdings nur gelten, wenn unionsrechtlich (i) eine Kündigung das Arbeitsverhältnis erst mit Ablauf der Sperrfrist

961 So auch die Interpretation des Sechsten Senats, vgl. BAG, Vorlagebeschl. v. 1.2.2024 – 2 AS 22/23 (A), NZA 2024, 257, 258 Rn. 10.

962 Hierzu und zum Folgenden BAG, Vorlagebeschl. v. 1.2.2024 – 2 AS 22/23 (A), NZA 2024, 257, 258 f. Rn. 9 ff.

963 Vgl. BAG, Vorlagebeschl. v. 1.2.2024 – 2 AS 22/23 (A), NZA 2024, 257, 258 f. Rn. 15.

beenden könne, (ii) eine Massenentlassungsanzeige nach Ausspruch der Kündigung nachgeholt werden dürfe und (iii) die zuständige Behörde für Arbeitnehmer und die Gerichte für Arbeitssachen unabhängig von Fehlern in der Anzeige bindend feststellen könne, dass die Sperrzeit abgelaufen sei.[964] Der Senat hat deshalb diese Fragen dem EuGH vorgelegt.

Wohl als Reaktion auf dieses Vorabentscheidungsersuchen, hat nunmehr auch der Sechste Senat die Rechtssache dem EuGH vorgelegt.[965] Die Vorlagefragen entsprechen im Wesentlichen denen des Zweiten Senats.[966] Hintergrund hierfür ist, dass der Sechste Senat die Vorlageberechtigung des Zweiten Senats anzweifelt, da der hinter den Vorlagefragen stehende Rechtsstreit beim Sechsten Senat anhängig ist.[967] Der Senat wiederholt in seinem Beschluss die gegen die Verhältnismäßigkeit der Nichtigkeitsfolge sprechenden Argumente aus seiner Divergenzanfrage, stellt aber ergänzend klar, dass die Rechtsprechung bis zur gesetzgeberischen Bestimmung einer Sanktion für Fehler im Anzeigeverfahren selbst eine entsprechende Sanktion festlegen dürfe.[968] Diese könne die Hemmung der Kündigungs-, nicht aber der Sperrfrist sein. Insoweit würden Art. 4 und 6 MERL zeigen, dass die gehemmte Sperrfrist keine Sanktion für Fehler im Anzeigeverfahren sein könne. Anderenfalls habe Art. 6 MERL keine eigenständige Bedeutung. Die gehemmte Kündigungsfrist müsse allerdings gem. § 18 KSchG zeitlich auf einen Monat bei fehlerhafter Anzeige und auf zwei Monate bei fehlender Anzeige begrenzt werden, da ansonsten die zeitlich unbegrenzte Hemmung der unverhältnismäßigen Nichtigkeitsfolge gleichkomme.

III. Äquivalenz- und Effektivitätsgebot begrenzen die zu wählende Sanktion

Die Nichtigkeitsfolge für Fehler im Anzeigeverfahren ist somit bislang vor allem mit dem Effektivitätsgebot begründet worden, obwohl sie unionsrechtlich nicht zwingend ist.[969]

---

964 BAG, Vorlagebeschl. v. 1.2.2024 – 2 AS 22/23 (A), NZA 2024, 257 1.-4. Ls.
965 BAG, Vorlagebeschl. v. 25.5.2024 – 6 AZR 152/22, NZA 2024, 825.
966 Vgl. BAG, Vorlagebeschl. v. 25.5.2024 – 6 AZR 152/22, NZA 2024, 825 1.-3. Ls.
967 Vgl. BAG, Vorlagebeschl. v. 25.5.2024 – 6 AZR 152/22, NZA 2024, 825, 827 Rn. 20 f.
968 Hierzu und zum Folgenden BAG, Vorlagebeschl. v. 25.5.2024 – 6 AZR 152/22, NZA 2024, 825, 826 Rn. 15 u. 829 Rn. 37.
969 GA Pikamäe, Schlussantrag v. 30.3.2023 – C-134/22 (*M O/S M*), BeckRS 2023, 5798 Rn. 50 mit Verweis auf den ursprünglichen Vorschlag für eine Massenentlassungsrichtlinie, der die Unwirksamkeit der betroffenen Entlassungen bei Verfahrensfeh-

Angesprochen ist damit die ständige Rechtsprechung des EuGH, die sich aus einer typischen Regelungstechnik des Unionsgesetzgebers erklärt: Richtlinien überlassen den Mitgliedstaaten in der Regel die Sanktionen für Verstöße gegen die Richtlinienbestimmungen, um das nationale Recht in seiner Rechtsfolgensystematik zu schonen. Damit die Richtlinie allerdings wirkungsvoll bleibt, zieht der EuGH Grenzen für das zu wählende Sanktionsmittel und greift somit mittelbar doch in die nationale Rechtsfolgensystematik ein. Danach müssen Sanktionen für Verstöße gegen Richtlinienbestimmungen nach dem Effektivitätsgebot „wirksam, verhältnismäßig und abschreckend sein".[970] Ergänzt wird das Effektivitätsgebot durch das Äquivalenzgebot, das Ausfluss des allgemeinen Gleichheitsgebots und des Art. 4 Abs. 3 UAbs. 2 EUV ist: Die zu wählende Sanktion muss derjenigen entsprechen, die für nach Art und Schwere gleichartige Verstöße im nationalen Recht gilt.[971]

Aus den Geboten folgt übergreifend ein Unter- und ein Übermaßverbot für die zu wählende Sanktion, die sich ihrerseits aus dem allgemeinen Verhältnismäßigkeitsgrundsatz ergeben.[972] Die Sanktion muss einerseits zur Zweckerreichung effektiv genug sein (Untermaß), darf aber andererseits die betroffenen Rechte nicht unverhältnismäßig einschränken (Übermaß). Nur dann ist die Sanktion geeignet i.S.d. Art. 6 MERL.[973] Der Zweck des Anzeigeverfahrens bestimmt also entscheidend, ob die Nichtigkeitsfolge dem Unter- und dem Übermaßverbot entspricht.[974]

---

lern noch vorsah, was der Unionsgesetzgeber allerdings nicht in die endgültige Richtlinie übernahm; *Schubert/Schmitt* in Oetker/Preis, EAS, B8300 Rn. 596.

970 EuGH, Urt. v. 8.6.1994 – C-383/92 (*Kommission/Vereinigtes Königreich*), Slg. 1994, I-2479 = BeckRS 2004, 76908 Rn. 40; EuGH, Urt. v. 16.7.2009 – C 12/08 (*Mono Car Styling*), Slg. I 2009, 6686 = AP Nr. 5 zur Richtlinie 98/59/EG Rn. 48 f. m.w.N.

971 EuGH, Urt. v. 29.10.2009 – C-63/09 (*Pontin*), NZA 2009, 1327, 1330 Rn. 44 f. m.w.N.

972 BVerfG, Beschl. v. 27.1.1998 – 1 BvL 15/87, BVerfGE 97, 169 = NZA 1998, 470, 471 f.; BAG, Vorlagebeschl. v. 23.5.2024 – 6 AZR 152/22 (A), NZA 2024, 825, 826 Rn. 15; vgl. ebenfalls *Naber*, NZA 2023, 942, 944, der aufgrund des Verhältnismäßigkeitsgrundsatzes nach Art und Schwere des Verstoßes für die zu wählende Rechtsfolge differenziert sowie *Schubert/Schmitt*, JbArbR 2022 (59), S. 81, 83, nach denen die gewählte Sanktionsfolge ebenfalls verhältnismäßig sein müsse.

973 EuGH, Urt. v. 22.1.2013 – C-283/11 (*Sky Österreich*), BeckRS 2013, 80140 Rn. 29; BAG, Vorlagebeschl. v. 14.12.2023 – 6 AZR 157/22 (B), NZA 2024, 119, 122 Rn. 30; *Schubert/Schmitt*, JbArbR 2022 (59), S. 81, 84.

974 BAG, Vorlagebeschl. v. 14.12.2023 – 6 AZR 157/22 (B), NZA 2024, 119, 121 Rn. 20; *Schubert/Schmitt*, JbArbR 2022 (59), S. 81, 91.

IV. Zweck des Anzeigeverfahrens

Das Anzeigeverfahren soll den Arbeitsmarkt vor unerwarteten Belastungen schützen, indem es zur frühzeitigen Information der zuständigen Agentur für Arbeit über beabsichtigte Massenentlassungen zwingt und der Agentur durch die Sperrfrist genügend Zeit für ihre Vermittlungstätigkeit verbleibt.[975] Diesen alleinigen Zweck hat der EuGH nunmehr zumindest für die Verpflichtung zur Weiterleitung einer Abschrift über die Unterrichtung der Arbeitnehmervertretung bestätigt, vgl. Art. 2 Abs. 3 UAbs. 2 MERL.[976] Entscheidend, aber auch ausreichend zur Zweckerreichung ist somit, dass der zuständigen Behörde die 30-tägige Frist für ihre Vermittlungstätigkeit (vorbehaltlich einer angeordneten Verkürzung[977]) gewährt wird. Dem muss die Sanktion dienen.[978]

Kein Ziel des Anzeigeverfahrens ist es derweil, die Entlassungen zu verhindern oder in ihrem Umfang zu begrenzen, da die Kündigungen unmittelbar nach Eingang der Anzeige bei der zuständigen Agentur für Arbeit ausgesprochen werden dürfen.[979] Deshalb muss die Sanktion hierfür nicht sorgen. Das Anzeigeverfahren vermittelt somit auch keinen Arbeitnehmerschutz, da die besseren Vermittlungschancen für Arbeitnehmer durch die frühzeitige Anzeige nur mittelbare Folge sind und die Anzeige insbesondere nicht dazu führt, dass Arbeitnehmer im Verhältnis zum Arbeitgeber Schutz genießen – die Agentur für Arbeit nimmt gerade keinen Einfluss auf die Kündigungsentscheidung.[980]

V. Schlussfolgerung

Die geltende Nichtigkeitsfolge stellt sicher, dass eine ordnungsgemäße und vollständige Anzeige Voraussetzung für die Wirksamkeit der betroffenen Entlassungen ist. Die Agentur für Arbeit wird somit entweder ordnungs-

975 Siehe hierzu bereits näher unter 1. Teil, A. I. 2. (S. 24 ff.).

976 EuGH, Urt. v. 13.7.2023 – C-134/22 (*M O/S M*), NZA 2023, 887, 888 f. Rn. 36.

977 Siehe hierzu bereits näher unter 2. Teil, F. I. 2. (S. 204 ff.).

978 BAG, Vorlagebeschl. v. 1.2.2024 – 2 AS 22/23 (A), NZA 2024, 257, 258 f. Rn. 15.

979 *Boemke* in Oetker/Preis, EAS, B7100 Rn. 132.

980 Vgl. BAG, Vorlagebeschl. v. 14.12.2023 – 6 AZR 157/22 (B), NZA 2024, 119, 121 Rn. 19; a.A. BAG, Urt. v. 22.11.2012 – 2 AZR 371/11, BAGE 144, 47 = NZA 2013, 845, 848 Rn. 45 f.; GA Pikamäe, Schlussantrag v. 30.3.2023 – C-134/22 (*M O/S M*), BeckRS 2023, 5798 Rn. 38, die wegen der erhöhten Vermittlungschancen für Arbeitnehmer dem Anzeigeverfahren kollektiven Arbeitnehmerschutz zusprechen.

gemäß informiert und bekommt genügend Zeit für ihre Vermittlungstätigkeit oder die betroffenen Entlassungen sind ohnehin nichtig, sodass der Arbeitsmarkt nicht belastet wird und die Agentur auch nicht tätig werden muss.[981] Die Nichtigkeitsfolge genügt als Sanktion somit dem Untermaßverbot.[982]

Fraglich ist vielmehr, ob die Sanktion auch dem Übermaßverbot genügt, da die Nichtigkeit der Entlassungen für den Arbeitgeber besonders schwerwiegend ist. Eine Sanktion entspricht nur dem Übermaßverbot, wenn es keine gleich wirksame, die unternehmerische Freiheit weniger einschränkende Sanktion gibt, die den Schutz des Arbeitsmarkts ebenfalls sicherstellt.[983] Da die Rechtsprechung und nicht der Gesetzgeber die Nichtigkeitsfolge einführte, ist das Übermaßverbot strenger als bei der gerichtlichen Kontrolle eines Gesetzes, weil bei einer etwaig zu korrigierenden Sanktion keine Gefahr eines kompetenzwidrigen Übergriffs besteht.[984] Die Gerichte haben deshalb keinen gesetzgeberischen Beurteilungsspielraum.

Der Schutz des Arbeitsmarkts vor unerwarteter Massenarbeitslosigkeit wäre allerdings auch erreicht, wenn die Wirksamkeit der Entlassung durch Fehler im Anzeigeverfahren unberührt bleibt und lediglich der Beginn der Sperrfrist an eine ordnungsgemäße Anzeige geknüpft wird.[985] Dogmatisch ist das eine aufschiebende Bedingung i.S.d. § 158 Abs. 1 BGB, sodass die

---

981 So allgemein für die Nichtigkeitsfolge *Clemenz*, FS Bauer, S. 229, 236 f.; nunmehr auch BAG, Vorlagebeschl. v. 23.5.2024 – 6 AZR 152/22 (A), NZA 2024, 825, 826 Rn. 15.

982 A.A. wohl BAG, Vorlagebeschl. v. 14.12.2023 – 6 AZR 157/22 (B), NZA 2024, 119, 121 Rn. 32 ff., da die Nichtigkeitsfolge die Belastung des Arbeitsmarkts nur zeitlich verschiebe. Siehe für eine detaillierte Darstellung des Untermaßverbots bei Beendigungen von Arbeitsverhältnissen *Kosanović*, Regulierung und Bestandsschutz, S. 79 f. m.w.N.

983 *Schubert/Schmitt*, JbArbR 2022 (59), S. 81, 85 u. 87. Allgemein zu den nationalen Grundsätzen des Übermaßverbots im Arbeitsrecht *Kosanović*, Regulierung und Bestandsschutz, S. 79 f. sowie ErfK/*Schmidt*, Art. 2 GG Rn. 15 jeweils m.w.N. Unionsrechtlich beinhaltet Art. 52 Abs. 1 S. 2 GRC eine Schranken-Schranke, nach der die die Grundrechte einschränkende Maßnahme zur Erreichung des Zwecks geeignet und erforderlich sein muss.

984 Vgl. zum grundsätzlich weiten Handlungsspielraum des Gesetzgebers im Rahmen des einzuhaltenden Übermaßverbots BVerfG, Urt. v. 28.5.1993 – 2 BvF 2/90 u.a., BVerfGE 88, 203 = NJW 1993, 1751, 1754; ErfK/*Schmidt*, Art. 2 GG Rn. 15.

985 APS/*Moll*, § 17 KSchG Rn. 183; *Boemke* in Oetker/Preis, EAS, B7100 Rn. 132; NK-ArbR/*ders.*, § 17 KSchG Rn. 141; *Ferme/Lipinski*, NZA 2006, 937, 940; *Lembke/Tegel*, BB 2022, 1084, 1088; *Schubert/Schmitt*, JbArbR 2022 (59), S. 81, 93 f.; zweifelnd an der Nichtigkeitsfolge zumindest bei einer bloß fehlerhaften Anzeige *Schäfer*, NZA 2023, 857, 859 f.; *Schubert*, EWiR 2020, 509, 510.

Kündigung erst Rechtsfolgen bei Eingang einer ordnungsgemäßen Anzeige auslöst und die Beendigungswirkung hinausgeschoben wird.[986] Die Beendigungswirkung könnte somit wie in § 18 Abs. 1 1. Hs. KSchG nicht vor Ablauf eines Monats – oder besser von 30 Tagen –[987] eintreten und die Agentur hätte in jedem Fall genügend Zeit, um Vermittlungsbemühungen vorzunehmen und die Schonung des Arbeitsmarkts sicherzustellen. Durch den verzögerten Beginn der Sperrfrist würde Arbeitslosigkeit erst verzögert eintreten und der Arbeitsmarkt nicht unerwartet belastet.

Die Sanktion der verzögerten Sperrfrist stellt somit den mit dem Anzeigeverfahren verfolgten Zweck ebenso wie die Nichtigkeitsfolge sicher, greift aber durch die eröffnete nachträgliche Heilungsmöglichkeit weniger in die unternehmerische Freiheit des Arbeitgebers ein. Die Entlassungen wären trotz fehlender ordnungsgemäßer Anzeige aufschiebend bedingt wirksam, sodass der Arbeitgeber durch nachträgliche Korrektur der Anzeige deren (verspätete) Beendigungswirkung herbeiführen könnte.[988] Eine nachträgliche Korrektur dürfte auch häufig erfolgen, wenn die Agentur für Arbeit bei fehlenden Angaben zügig einen Hinweis mit der Bitte um Vervollständigung an den Arbeitgeber erteilt.

Die ersten beiden Vorlagefragen des Zweiten Senats sind somit zu bejahen. Hinsichtlich der ersten Vorlagefrage ist der Wortlaut des Art. 4 Abs. 1 1. Hs. MERL eindeutig. Hiernach können Massenentlassungen erst mit Ablauf der Sperrfrist *wirksam* werden. Der Schutz des Arbeitsmarkts erfordert, dass Arbeitslosigkeit und somit das Ende des Arbeitsverhältnisses erst eintreten dürfen, wenn die Sperrfrist abgelaufen ist und die zuständige Behörde mindestens die Sperrfrist für ihre Vermittlungstätigkeit hatte.[989] Das Verständnis der Sperrfrist als Mindestkündigungsfrist belegt systematisch zudem Art. 4 Abs. 1 2. Hs. MERL, der längere, individuelle Kündigungsfristen von der Sperrfrist unberührt lässt.[990] Für die nachträgliche Heilungsmöglichkeit und somit für die Bejahung der zweiten Vorlagefrage spricht der weiterhin erfüllte Zweck des Anzeigeverfahrens, da der zuständigen Behörde auch in diesen Fälle die 30-tägige Sperrfrist für die Vermittlung verbleibt.

986 *Ferme/Lipinski*, NZA 2006, 937, 938 f., die die Lösung als „Theorie der Rechtsbedingung" bezeichnen.

987 Siehe hierzu bereits näher unter 2. Teil, F. I. 1. (S. 203 f.).

988 *Appel*, DB 2005, 1002, 1003 f.; *Boemke* in Oetker/Preis, EAS, B7100 Rn. 131 f.; *Holler*, SAE 2017, 65, 72.

989 Für die Hemmung der Rechtsfolgen einer Kündigung durch die Sperrfrist APS/*Moll*, § 18 KSchG Rn. 34 m.w.N.; BeckOGK/*Naber*, § 18 KSchG Rn. 9 m.w.N.

990 BAG, Vorlagebeschl. v. 1.2.2024 – 2 AS 22/23 (A), NZA 2024, 257, 258 Rn. 14.

Demgegenüber fordert der Sechste Senat eine zeitliche Begrenzung der verzögerten Sperrfrist, damit sie eine verhältnismäßige Sanktion sein könne.[991] Anderenfalls sei sie mit der unverhältnismäßigen Nichtigkeitsfolge vergleichbar, wenn Arbeitgeber erst mit Abschluss eines gerichtlichen Verfahrens und somit nach erheblichem Zeitablauf ihren Fehler korrigieren und dadurch erst den Beginn der Sperrfrist sowie die Beendigung des Arbeitsverhältnisses bewirken können. Dann sei es aber für Arbeitgeber einfacher, die Sperrfrist durch einen erneuten Kündigungsausspruch zu umgehen, wenn durch zwischenzeitlich veränderte Tatsachen die Kündigung kein Teil einer Massenentlassung mehr sei.

Dieser Einwand überzeugt aber nicht. Muss der Arbeitgeber bei erneutem Kündigungsausspruch keine Massenentlassungsanzeige erstatten, gehen mit der Kündigung auch nicht (mehr) die sozioökonomischen Folgen einher, vor denen das Anzeigeverfahren den Arbeitsmarkt schützt. Das Vorgehen des Arbeitgebers wäre eine durch die verzögerte Sperrfrist bedingte zeitliche Staffelung der Entlassungen, die zulässig ist.[992]

Der Zweite Senat hingegen hält den verzögerten Beginn der Sperrfrist für unangemessen, wenn die Agentur für Arbeit eine objektiv fehlerhafte oder unvollständige Massenentlassungsanzeige als ausreichend erachtet.[993] Fühle sich die Agentur hinreichend durch die Anzeige informiert, seien Fehler in der Anzeige nicht zu sanktionieren. § 17 Abs. 1, 3 KSchG schütze nämlich ausschließlich die Agentur für Arbeit und den Arbeitsmarkt vor unvorhergesehener Massenarbeitslosigkeit, sodass die Agentur über diesen Schutz disponieren könne.

Der Senat unterstellt damit aber, dass die Agentur für Arbeit stets erkennen könne, ob eine Anzeige vollständig ist. Sie weiß aber typischerweise nicht, ob der Arbeitgeber (bewusst) unvollständige oder falsche Angaben macht.[994] Zudem kann eine zunächst ordnungsgemäße Anzeige im Nachhinein fehlerhaft werden, wenn der Arbeitgeber nach erstatteter Anzeige und innerhalb des 30-tägigen Referenzzeitraums weitere, nicht angezeigte Entlassungen vornimmt. In diesen Fällen ist dann aber nicht sichergestellt, dass die Agentur mindestens den Zeitraum der Sperrfrist für ihre Vermitt-

991 Hierzu und zum Folgenden BAG, Vorlagebeschl. v. 23.5.2024 – 6 AZR 152/22 (A), NZA 2024, 825, 828 f. Rn. 32 f. u. 38.

992 Siehe zur Möglichkeit der Entlassungsstaffelung bereits näher unter 2. Teil C. II. 3 e) (S. 136 ff.).

993 Hierzu und zum Folgenden BAG, Vorlagebeschl. v. 1.2.2024 – 2 AS 22/23 (A), NZA 2024, 257, 258 Rn. 12.

994 *Bayreuther*, NZA 2024, 813, 815.

lungstätigkeit hat. Im Übrigen gibt es auch Konstellationen, in denen die Agentur den Eingang der Anzeige lediglich bestätigt und nicht deren Ordnungsgemäßheit und Vollständigkeit überprüft; hierauf weist der Sechste Senat zutreffend hin.[995] Die Reaktion der Agentur für Arbeit auf die Massenentlassungsanzeige ist somit für die Verhältnismäßigkeit der verzögerten Sperrfrist unerheblich; die dritte Vorlagefrage des Zweiten Senats ist somit zu verneinen.

Vielmehr zeigt die praktische Handhabung der Agentur für Arbeit, dass der verzögerte Beginn der Sperrfrist eine verhältnismäßige und für den Zweck ausreichende Sanktion ist.[996] In der Regel führt die Massenentlassungsanzeige nämlich zu keinen weitergehenden Vermittlungsmaßnahmen als die individuelle Arbeitsuchend-Meldung nach § 38 SGB III; der Maßnahmenkatalog ist nahezu identisch.[997] Zudem hat die örtliche Agentur häufig weit bevor der eigentlichen Massenentlassungsanzeige Kenntnis von zumindest umfangreichen Massenentlassungen, die vor allem den lokalen Arbeitsmarkt belasten. Sie kann sich bereits zu diesem Zeitpunkt tatsächlich auf zu erwartende Massenentlassungen einstellen. Aus diesen Gründen sind Massenentlassungsanzeigen keineswegs von solcher Wichtigkeit für die Vermittlungstätigkeit wie häufig suggeriert.[998] Der geringe praktische Nutzen des Anzeigeverfahrens spricht somit ebenfalls für die Unverhältnismäßigkeit der Nichtigkeitsfolge.[999]

---

995 BAG, Vorlagebeschl. v. 23.5.2024 – 6 AZR 152/22 (A), NZA 2024, 825, 827 Rn. 24.

996 Allgemein dazu, dass das Anzeigeverfahren keinen praktischen Mehrwert für die Vermittlungsbemühungen der Agentur für Arbeit hat BeckOGK/*Naber*, § 17 KSchG Rn. 8.

997 Das SGB III schreibt keine besonderen Vermittlungsmaßnahmen für Massenentlassungen vor, sondern es bleibt bei dem allgemeinen Katalog der Förder- und Vermittlungsmaßnahmen, vgl. §§ 37, 45 SGB III. Eine besondere Fördermaßnahme ist nur bei Betriebsänderungen i.S.d. § 111 BetrVG möglich, die aber wie gezeigt keineswegs mit Massenentlassungen gleichgestellt werden können, vgl. § 110 SGB III. Durch die Einführung der Pflicht zur individuellen Arbeitsuchend-Meldung ist der arbeitsmarktpolitische Zweck des § 17 Abs. 3 KSchG in den Hintergrund gerückt. Näher hierzu *Lembke/Oberwinter* in Thüsing/Rachor/Lembke, § 17 KSchG Rn. 5.

998 *v. Steinau-Steinrück/Bertz*, NZA 2017, 145, 148. Das erkennt auch das BAG in jüngerer Vergangenheit an und stellt maßgeblich darauf ab, inwieweit durch den Fehler im Anzeigeverfahren die Vermittlungstätigkeit der Agentur für Arbeit beeinträchtigt worden ist, vgl. BAG, Urt. v. 13.2.2020 – 6 AZR 146/19, BAGE 169, 363 = NZA 2020, 1006, 1021 Rn. 109.

999 Die Verhältnismäßigkeit der Nichtigkeitsfolge für Fehler im Anzeigeverfahren nunmehr auch ablehnend BAG, Vorlagebeschl. v. 14.12.2023 – 6 AZR 157/22 (B), NZA 2024, 119, 122 f. Rn. 36 ff.

Die Sanktion der verzögerten Sperrfrist muss aber nicht nur dem Verhältnismäßigkeitsgrundsatz, sondern auch dem unionsrechtlichen Effektivitäts- und dem unionsrechtlichen Äquivalenzgebot genügen.

1. Vereinbarkeit der verzögerten Sperrfrist mit dem Effektivitätsgebot

Das ist zunächst hinsichtlich des Effektivitätsgebots anzunehmen, da die gegen die Effektivität der verzögerten Sperrfrist bestehenden Bedenken nicht überzeugen.

Das BAG wendete zunächst hiergegen ein, dass die verzögerte Sperrfrist den Arbeitgeber nicht daran hindere, unumkehrbare Fakten vor Einleitung des Anzeigeverfahrens zu schaffen.[1000] Allerdings sind zum Zeitpunkt der Anzeige bereits unumkehrbare Fakten durch den Arbeitgeber geschaffen, wie nunmehr auch das BAG einräumt.[1001] Denn der Entlassungsentschluss des Arbeitgebers ist bei Erstattung der Anzeige in der Regel bereits gefasst, da das Anzeigeverfahren erst nach Beendigung des Konsultationsverfahrens und somit zu einem Zeitpunkt eingeleitet wird, zu dem der Arbeitgeber bereits zur Entlassung entschlossen sein darf.[1002]

Weiterhin wird gegen die Effektivität der verzögerten Sperrfrist eingewendet, dass sie nicht sicherstelle, dass überhaupt eine Anzeige vor Zugang der Kündigungserklärung erstattet werde und deshalb nicht den Vorgaben des EuGH genüge.[1003] Entscheidend für den arbeitsmarktpolitischen Zweck des Anzeigeverfahrens ist aber nicht, dass eine Anzeige vor Zugang der Kündigungserklärung erstattet wird, sondern dass die Agentur für Arbeit vor Beginn der Arbeitslosigkeit und somit Belastung des Arbeitsmarkts ausreichend Zeit für ihre Vermittlungstätigkeit erhält. Das ist das alleinige Ziel des Anzeigeverfahrens – wird dieses durch die Sanktion erreicht, ist die Sanktion effektiv. Für die Erreichung des Ziels ist allerdings unerheblich, ob die Anzeige unterlassen oder fehlerhaft erstattet wird – in beiden Fällen hemmt der verzögerte Beginn der Sperrfrist die Belastung des Arbeits-

---

1000 BAG, Urt. v. 22.11.2012 – 2 AZR 371/11, BAGE 144, 47 = NZA 2013, 845, 848 Rn. 46.

1001 BAG, Vorlagebeschl. v. 14.12.2023 – 6 AZR 157/22 (B), NZA 2024, 119, 120 Rn. 17 f.

1002 Siehe zur zeitlichen Reihenfolge beider Verfahren bereits näher unter 2. Teil, E. I. (S. 181 ff.).

1003 BAG, Urt. v. 13.2.2020 – 6 AZR 146/19, BAGE 169, 363 = NZA 2020, 1006, 1021 Rn. 105; zustimmend EuArbRK/*Spelge*, Art. 6 RL 98/59/EG Rn. 13; in diese Richtung nunmehr BAG, Vorlagebeschl. v. 23.5.2024 – 6 AZR 152/22 (A), NZA 2024, 825, 828 Rn. 30 f.; a.A. aber wohl BAG, Vorlagebeschl. v. 1.2.2024 – 2 AS 22/23 (A), NZA 2024, 257, 258 Rn. 11.

markts. Solange die Sperrfrist nicht abläuft, werden die Kündigungen nicht wirksam und das Arbeitsverhältnis besteht bis zum Ablauf der Sperrfrist fort.[1004] Dem steht auch nicht die Rechtssache *Junk* entgegen.[1005] Der Gerichtshof hat in dieser Rechtssache lediglich entschieden, dass die Anzeige nur Voraussetzung dafür ist, dass Entlassungen sanktionslos ausgesprochen werden können; hieraus folgt aber nicht, dass Entlassungen ohne vorherige Anzeige nichtig sein müssen.

Der Sechste Senat wendet allerdings gegen die Sanktion der verzögerten Sperrfrist ein, dass die Sperrfrist systematisch keine Sanktion sein könne.[1006] Art. 6 MERL sei ansonsten überflüssig, wenn Art. 4 MERL bereits die Sanktion für Fehler im Anzeigeverfahren enthalte. Der Senat sieht deshalb allenfalls den verzögerten Beginn der Kündigungsfrist als geeignete Sanktion. Zu beachten ist allerdings, dass der verzögerter Beginn der Sperrfrist und die fortlaufende Vergütungspflicht nach § 615 BGB – nicht aber die Sperrfrist selbst – die Sanktion sind.[1007] Somit ergibt sich die Sanktion aber nicht aus Art. 4 MERL, der lediglich den Ablauf der Sperrfrist bei ordnungsgemäß erstatteter Anzeige vorsieht.[1008] Das systematische Argument des Sechsten Senats überzeugt somit nicht. Letztlich wirkt die verzögerte Sperrfrist ohnehin wie eine verzögerte Mindestkündigungsfrist, sodass auch deshalb die Bedenken des Senats nicht überzeugen. Insbesondere beginnen Sperrfrist und Kündigungsfrist meist am gleichen Tag, da in der Praxis die Kündigung am Tag der Anzeigenerstattung und Eingangsbestätigung ausgesprochen wird.

Schließlich wird gegen die Effektivität der verzögert beginnenden Sperrfrist geltend gemacht, dass bei Zugang der Kündigung unklar bleibe, ob und zu welchem Zeitpunkt die Kündigung wirksam wird.[1009] Hiergegen spricht aber, dass die Sperrfrist die Wirksamkeit der Kündigung und der

---

1004 BAG, Vorlagebeschl. v. 1.2.2024 – 2 AS 22/23 (A), NZA 2024, 257, 259 Rn. 18.

1005 Hierzu und zum Folgenden BAG, Vorlagebeschl. v. 1.2.2024 – 2 AS 22/23 (A), NZA 2024, 257, 259 Rn. 18; vgl. auch NK ArbR/*Boemke*, § 17 KSchG Rn. 141; a.A. *Riesenhuber*, Europäisches Arbeitsrecht, § 26 Rn. 47 f.; *Schubert*, EWiR 2020, 509, 510; *dies./Schmitt*, JbArbR 2022 (59), S. 81, 95 f.; in diese Richtung ebenfalls BeckOGK/*Naber*, § 18 KSchG Rn. 44; *ders.*, NZA 2023, 942, 944; *Clemenz*, FS Bauer, S. 229, 238 f., nach denen die vollständig unterlassene Anzeige ausnahmsweise zur Nichtigkeit der betroffenen Kündigung führe.

1006 BAG, Vorlagebeschl. v. 23.5.2024 – 6 AZR 152/22 (A), NZA 2024, 825, 829 Rn. 36.

1007 BAG, Vorlagebeschl. v. 1.2.2024 – 2 AS 22/23 (A), NZA 2024, 257, 258 Rn. 11.

1008 BAG, Vorlagebeschl. v. 1.2.2024 – 2 AS 22/23 (A), NZA 2024, 257, 258 Rn. 11.

1009 So wohl BAG, Urt. v. 22.11.2012 – 2 AZR 371/11, BAGE 144, 47 = NZA 2013, 845, 848 Rn. 45 f.; ebenfalls kritisch BeckOK ArbR/*Volkening*, § 17 KSchG Rn. 55c.

übrigen Entlassungen unberührt lässt. Sie verschiebt lediglich den Eintritt der gewollten Beendigungswirkung; die Wirksamkeit der Kündigung und der übrigen Entlassungen richtet sich hingegen weiterhin nach den allgemeinen Vorschriften.[1010] Demgegenüber fügt sich die nachträgliche Heilungsmöglichkeit von unterlassenden, fehlerhaften und unvollständigen Anzeigen besser in das System der MERL ein, da sie die Berücksichtigung von erst im Nachhinein anzeigepflichtigen Entlassungen ermöglicht und den Grundsatz des nationalen Rechts fördert, dass die Wirksamkeit der Kündigung als Entlassung bei deren Zugang zu beurteilen ist.[1011] Denn bei der bislang geltenden Nichtigkeitsfolge können ursprünglich wirksame Entlassungen im Nachhinein unwirksam werden, wenn bspw. durch weitere Entlassungen nachträglich die Schwellenwerte des § 17 Abs. 1 KSchG erreicht werden.[1012] Bei der bloß verzögerten Sperrfrist könnte der Arbeitgeber seine Anzeige nachträglich an die später ausgesprochenen Entlassungen anpassen oder erstmalig eine Anzeige für die nachträglich anzeigepflichtigen Entlassungen erstatten.

2. Vereinbarkeit der verzögerten Sperrfrist mit dem Äquivalenzgebot

Somit bleibt zu untersuchen, ob die verzögerte Sperrfrist als Sanktion für Fehler im Anzeigeverfahren auch dem Äquivalenzgebot genügt.[1013] Das Gebot verlangt vergleichbare Sanktionen für vergleichbare Verstöße gegen unionsrechtliches und nationales Recht. Es muss somit zumindest eine Sanktion geben, die auch bei Verstößen gegen vergleichbare nationale Verfahren gilt. Allerdings gibt es ein mit dem Anzeigeverfahren vergleichbares nationales Verfahren nicht, da sich der Schutzgehalt und der Zeitpunkt

1010 *Boemke* in Oetker/Preis, EAS, B7100 Rn. 132; NK-ArbR/*ders.*, § 18 KSchG Rn. 10. Diesen Unterschied hat die Rechtsprechung bis zur Entscheidung in der Rechtssache *Junk* auch immer wieder betont, vgl. BAG, Urt. v. 13.4.2000 – 2 AZR 215/99, NZA 2001, 144, 147 m.w.N.

1011 *Boemke* in Oetker/Preis, EAS, B7100 Rn. 132; NK-ArbR/*ders.* § 17 KSchG Rn. 141; vgl. auch zur Rechtslage vor der Entscheidung in der Rechtssache *Junk* BAG, Urt. v. 13.4.2000 – 2 AZR 215/99, NZA 2001, 144, 147. Kritisch allerdings zumindest für den Fall, dass nachträglich die Anzeigevoraussetzungen wegfallen BAG, Urt. v. 22.11.2012 – 2 AZR 371/11, BAGE 144, 47 = NZA 2013, 845, 848 Rn. 48; *Lembke/Oberwinter*, NJW 2007, 721, 729; *Reinhard*, RdA 2007, 207, 215.

1012 *Reinhard*, RdA 2007, 207, 211.

1013 Inwieweit Sanktionen dem Äquivalenzgebot genügen, ist durch die nationalen Gerichte festzustellen EuGH, Urt. v. 16.7.2009 – C 12/08 (*Mono Car Styling*), Slg. I 2009, 6686 = AP Nr. 5 zur Richtlinie 98/59/EG Rn. 48 m.w.N.

des Anzeigeverfahrens von anderen behördlichen Verfahren wesentlich unterscheiden – das Äquivalenzgebot schreibt deshalb auch keine bestimmte Sanktion für Fehler im Anzeigeverfahren vor.[1014]

Im Gegensatz zum Anzeigeverfahren des § 17 Abs. 3 KSchG sollen andere behördliche Anzeige- und Zustimmungsverfahren wie § 17 MuSchG oder § 168 SGB IX den Erhalt des Arbeitsplatzes sichern und fördern und sind deshalb mit dem Konsultationsverfahren vergleichbar. Hingegen dient das Anzeigeverfahren der Vermittlung des Arbeitnehmers und somit nicht dem Erhalt des bisherigen Arbeitsplatzes.[1015] Deshalb unterscheidet sich auch der Durchführungszeitpunkt des jeweiligen Verfahrens: Bei der Durchführung anderer behördlicher Anzeige- und Zustimmungsverfahren besteht analog zum Konsultationsverfahren kein endgültiger Kündigungsentschluss des Arbeitgebers, da wie im Konsultationsverfahren noch über die Vermeidung der Kündigung gesprochen werden soll.[1016] Demgegenüber besteht zum Zeitpunkt des Anzeigeverfahrens in der Regel ein Entlassungsentschluss, da der Zweck des Anzeigeverfahrens eben nicht mehr auf die Vermeidung der Entlassung zielt.[1017] Das Anzeigeverfahren ist somit ein Sonderfall im nationalen Recht, das strukturell mit anderen behördlichen Verfahren nicht vergleichbar ist. Der nationale Gesetzgeber ist deshalb in der Sanktion für Fehler im Anzeigeverfahren frei, sodass der verzögerte Beginn der Sperrfrist als Sanktion auch mit dem Äquivalenzgrundsatz vereinbar ist.

VI. Zusammenfassung

Die bisherige Nichtigkeitsfolge des BAG für Fehler im Anzeigeverfahren verstößt gegen das Übermaßverbot als Ausfluss des Verhältnismäßigkeitsgrundsatzes. Deswegen neigen mittlerweile sowohl der Zweite als auch der Sechste Senat des BAG zu einer Abkehr von der Nichtigkeitsfolge. Uneins sind sich die beiden Senate allerdings hinsichtlich der zu wählenden Sanktion: Der Zweite Senat befürwortet jedenfalls bei unterlassener Anzeige den verzögerten Beginn der Sperrfrist als Sanktion, hingegen soll die fehlerhafte

1014 *Appel*, DB 2005, 1002, 1004; EuArbRK/*Spelge*, Art. 6 RL 98/59/EG Rn. 25; *dies.* in MünchHdbArbR, § 121 Rn. 221.

1015 Siehe hierzu bereits näher unter 1. Teil, A. I. 2. (S. 24 ff.).

1016 *Spelge* in MünchHdbArbR, § 121 Rn. 221. Siehe zum Ablauf einzelner Anzeige- und Zustimmungsverfahren bei Arbeitnehmern mit Sonderkündigungsschutz bereits näher unter 2. Teil, C. II. 3. b) (S. 125 ff.).

1017 Siehe hierzu bereits näher unter 1. Teil, A. I. 2. (S. 24 ff.).

Anzeige zumindest folgenlos bleiben, wenn die Agentur für Arbeit ihre ausreichende Information durch die (objektiv fehlerhafte) Anzeige bestätigt hat. Der Sechste Senat sieht hingegen den Gesetzgeber in der Pflicht, eine „arbeitsförderungsrechtliche Sanktion“ zu bestimmen. Bis dahin ist nach seiner Ansicht der verzögerte Beginn der Kündigungsfrist als geeignete Sanktion für Fehler im Anzeigeverfahren denkbar, wobei die Hemmung gem. § 18 KSchG bei fehlenden Anzeigen auf zwei Monate und bei fehlerhaften Anzeigen auf einen Monat zu begrenzen sei.

Die Untersuchung hat hingegen gezeigt, dass der verzögerte Beginn der Sperrfrist die für die unterlassene und die fehlerhafte Anzeige zu wählende Sanktion ist. Sie erfüllt den Zweck des Anzeigeverfahrens, indem sie zu einer rechtzeitigen Information der Agentur für Arbeit führt und der Agentur genügend Zeit für ihre Vermittlungstätigkeit gewährleistet. Die Sanktion fügt sich zudem besser in die Systematik des Massenentlassungsrechts ein, da sie es ermöglicht, erst *ex post* anzeigepflichtig werdende Entlassungen in die Massenentlassungsanzeige aufzunehmen. Durch diese nachträgliche Heilungsmöglichkeit schränkt sie letztlich die unternehmerische Freiheit des Arbeitgebers weniger als die Nichtigkeitsfolge ein.

Eine zeitliche Begrenzung der verzögerten Sperrfrist fordert die unternehmerische Freiheit hingegen – anders als vom Sechsten Senat angedacht – nicht. Ebenso wenig ist die Reaktion der Agentur für Arbeit auf die Massenentlassungsanzeige für die Verhältnismäßigkeit der verzögerten Sperrfrist entscheidend, da die Agentur in vielen Fällen entweder die Ordnungsgemäßheit der Anzeige nicht gegenüber dem Arbeitgeber bestätigt oder sie diese nicht sachgerecht beurteilen kann, weil bspw. weitere Entlassungen erst nach Erstattung der Anzeige anzeigepflichtig werden.

Die Untersuchung hat zudem gezeigt, dass der verzögerte Beginn der Sperrfrist für Fehler im Anzeigeverfahren auch dem unionsrechtlichen Effektivitätsgebot genügt. So ist sichergestellt, dass die Agentur für Arbeit ausreichend Zeit für ihre Vermittlungsbemühungen hat und der Arbeitsmarkt vor unvorhergesehener Massenarbeitslosigkeit geschützt wird, da das Arbeitsverhältnis erst enden und somit Arbeitslosigkeit erst eintreten kann, wenn die Sperrfrist abgelaufen ist. Der arbeitsmarktpolitische Zweck des Anzeigeverfahrens verlangt hingegen nicht, dass die Agentur für Arbeit noch Einfluss auf den Entlassungswillen des Arbeitgebers nehmen kann. Das gilt unabhängig davon, ob der Arbeitgeber die Anzeige überhaupt nicht oder bloß fehlerhaft erstattet hat; in beiden Fällen stellt die verzögerte Sperrfrist den Zweck des Anzeigeverfahrens sicher, sodass die Nichtigkeitsfolge unverhältnismäßig ist. Nichts Anderes ergibt sich aus der Rechtssache

Junk – der Gerichtshof hat dort lediglich entschieden, dass die Anzeige Voraussetzung dafür ist, dass Entlassungen sanktionslos ausgesprochen werden können, nicht aber, dass Entlassungen ohne vorherige Anzeige nichtig sein müssen.

Schließlich genügt die verzögerte Sperrfrist dem unionsrechtlichen Äquivalenzgebot, da es kein mit dem Anzeigeverfahren vergleichbares nationales Verfahren gibt. Andere behördliche Verfahren ähneln vielmehr dem Konsultationsverfahren, da sie anders als das Anzeigeverfahren auf den Entlassungsentschluss des Arbeitgebers Einfluss nehmen sollen. Der nationale Gesetzgeber ist somit frei in seiner Sanktionswahl, sodass der verzögerte Beginn der Sperrfrist für Fehler im Anzeigeverfahren dem Äquivalenzgebot genügt.

H. Zusammenfassung

Eine Reform ist zwingend, wenn die geltende Rechtslage höherrangigen Rechtsvorgaben widerspricht, indem eine Rechtsnorm bspw. gegen Verfassungsrecht verstößt oder nicht mehr durch Auslegung an tatsächlich geltende rechtliche Anforderungen angepasst werden kann, ohne den Gewaltenteilungsgrundsatz zu verletzen oder indem das Recht hinter unionsrechtlichen Schutzstandards zurückbleibt.

Nach diesen Maßstäben ist eine Reform im Anwendungsbereich, im Konsultationsverfahren, bei der Entlassungssperre und bei Sanktionen für Fehler im Anzeigeverfahren zwingend.

Im Anwendungsbereich und bei der Freifrist als Teil der Entlassungssperre können einzelne Normabschnitte nicht mehr durch Auslegung an die rechtlichen Anforderungen der MERL angepasst werden, ohne die Grenzen der Auslegung zu überschreiten und dadurch den Gewaltenteilungsgrundsatz zu verletzen.

Hingegen bleiben das Konsultationsverfahren und die Sperrfrist als Teil der Entlassungssperre hinter den unionsrechtlichen Mindeststandards zurück, indem § 17 Abs. 2 KSchG bspw. einzelnen Arbeitnehmern die Möglichkeit der Errichtung einer Arbeitnehmervertretung verwehrt oder die Sperrfrist des § 18 Abs. 1 1. Hs KSchG im Einzelfall kürzer als die Sperrfrist der MERL ist.

Demgegenüber hat der Gesetzgeber das Sanktionssystem für Fehler im Anzeigeverfahren zu normieren, da die bisherige Nichtigkeitsfolge des BAG für Fehler im Anzeigeverfahren gegen das Übermaßverbot als Ausfluss des Verhältnismäßigkeitsgrundsatzes verstößt.

Schließlich bestehen sinnvolle Reformmöglichkeiten dort, wo Gesetze nach der Gesetzgebungslehre ineffektiv, inkohärent oder inkonsistent sind.

Diese Voraussetzungen sind vor allem im Anzeigeverfahren erfüllt, da dessen Pflichten und die für ihre Erfüllung festgelegten Zeitpunkte teilweise durch den unionsrechtlichen Entlassungsbegriff obsolet oder jedenfalls nicht mehr zweckfördernd sind. Daneben ist auch eine sinnvolle Reform im Konsultationsverfahren möglich, um die Parallelität zwischen nationaler Zuständigkeitsverteilung und Betriebsbegriff der MERL sowie das zeitliche Verhältnis zwischen Anzeige- und Konsultationsverfahren zu verdeutlichen und um vollständige Überschneidungen mit anderen Mitbestimmungsrechten zu vermeiden.

3. Teil: Reformvorschlag

Der zweite Teil der Arbeit hat gezeigt, dass §§ 17, 18 KSchG teilweise hinter dem Mindestschutz der MERL zurückbleiben oder der unionsrechtliche Einfluss dazu geführt hat, dass von der Rechtsprechung Auslegungsgrenzen überschritten und somit der Gewaltenteilungsgrundsatz verletzt worden ist. Dieses Ergebnis wird im dritten Teil der Arbeit in die Gesetzgebungslehre eingearbeitet. Es soll ein konkreter Reformvorschlag erarbeitet werden, der die Schwächen des geltenden Massenentlassungsrechts behebt. Aktuell ist das Massenentlassungsrecht ineffektiv, da es von erheblicher Rechtsunsicherheit geprägt ist. Das belegen zahlreiche Beiträge seit der Entscheidung in der Rechtssache *Junk*, die die Umgehung der §§ 17, 18 KSchG mittels vorausschauender Planung und Entlassungen in Wellen vorschlagen.[1018] Ausgehend von der Systematik der §§ 17, 18 KSchG wird deshalb ein Reformvorschlag entwickelt, der zwischen zwingender Reform (A.) und sinnvollen Reformmöglichkeiten (B.) unterscheidet.

A. Zwingender Reformbedarf

Eine Reform ist dort zwingend, wo das geltende Recht gegen höherrangige Rechtsvorgaben verstößt.[1019]

I. Zwingende Reform im Anwendungsbereich

Zwingender Reformbedarf besteht nach den Ergebnissen des zweiten Teils im Anwendungsbereich der §§ 17, 18 KSchG. Die Konkretisierungen der MERL durch den EuGH haben dazu geführt, dass Teile des Anwendungsbereichs hinter dem Schutzniveau der MERL zurückbleiben. Durch die bisher für den Anwendungsbereich vorgenommene unionsrechtskonforme Rechtsfindung verletzt die Rechtsprechung den Gewaltenteilungsgrundsatz.

1018 *Braun*, ArbRB 2005, 209, 211; *Gulbins*, SPA 2023, 93, 95; *Jares/Fuchs*, NZA 2020, 1071, 1074; *Lembke/Oberwinter*, NJW 2007, 721, 724; *dies.* in Thüsing/Rachor/Lembke, § 17 KSchG Rn. 29; *Mückl/Wittek*, BB 2020, 1332, 1337; *Seidel/Wagner*, BB 2018, 692, 695; *Spelge* in MünchHdbArbR, § 121 Rn. 85.

1019 Siehe hierzu bereits näher unter 2. Teil, A. I. (S. 67 ff.).

1. Kündigungs- statt Entlassungsbegriff

Zunächst ist der Begriff der „Entlassung" durch den Begriff der „Kündigung" zu ersetzen.[1020] Diese Anpassung ergibt sich aus dem Erfordernis der kohärenten Gesetzgebung. Nennt das KSchG den Begriff der „Entlassung", meint es die tatsächliche Beendigung des Arbeitsverhältnisses und somit den Ablauf der Kündigungsfrist. Das zeigt sich bspw. an § 11 KSchG und § 12 S. 4 KSchG.[1021] Dieses Verständnis lag ursprünglich auch § 17 Abs. 1 KSchG zugrunde, sodass der Entlassungsbegriff folgerichtig war. Nunmehr ist für die Pflichten des § 17 KSchG aber der Zugang der Kündigungserklärung maßgeblich. Die Norm ist deshalb an die übrigen Regelungen des KSchG anzupassen, die in diesem Fall den Begriff der „Kündigung" verwenden.[1022]

2. Unionsrechtswidrige Ausnahme für außerordentliche Kündigungen

Zudem ist die Ausnahme für außerordentliche Kündigungen in § 17 Abs. 4 KSchG teilweise unionsrechtswidrig, da die MERL nur eine Ausnahme für außerordentliche Kündigungen erlaubt, die aus verhaltens- oder personenbedingten Gründen ausgesprochen werden.[1023] Damit das geltende Recht den Anforderungen der MERL entspricht, ist deshalb eine entsprechende Eingrenzung vorzunehmen. Es bietet sich eine Orientierung an der Formulierung des § 1 Abs. 2 S. 1 KSchG an.

3. Entfallen der Bereichsausnahme

Schließlich hat die Bereichsausnahme des § 17 Abs. 5 KSchG vollständig zu entfallen. Sie nimmt größtenteils Personengruppen aus dem Anwendungsbereich des Massenentlassungsrechts heraus, die nach den Vorgaben des EuGH als Arbeitnehmer zu qualifizieren sind. § 17 Abs. 5 KSchG suggeriert

---

1020 *Bauer/Krieger/Powietzka*, DB 2005, 445, 450; ErfK/*Kiel*, § 17 KSchG Rn. 3; *Hohenstatt/Naber*, EuZA 2016, 22, 29; *Reinhard*, RdA 2007, 207, 208; *Schmidt/Wilkening*, NZA-RR 2017, 169, 171 f.; *Spelge* in MünchHdbArbR, § 121 Rn. 2; *dies*, RdA 2018, 297, 303; kritisch *Jacobs/Naber*, SAE 2006, 61, 68 nach denen durch die bloße Anpassung des Begriffs das Massenentlassungsverfahren nicht vereinfacht werde.

1021 BeckOGK/*Schwarz*, § 11 KSchG Rn. 4; ErfK/*Kiel*, § 11 KSchG Rn. 1.

1022 Siehe hierzu beispielsweise §§ 4 S. 1, 7 KSchG oder § 15 KSchG.

1023 Siehe hierzu bereits näher unter 1. Teil, A. II. 1. (S. 23 ff.).

somit eine Rechtslage, die tatsächlich nicht besteht und verstößt gegen die MERL. Die von der Rechtsprechung vorgenommene teleologische Reduktion der Norm nimmt ihr ihren vollständigen Anwendungsbereich und verletzt deshalb den Gewaltenteilungsgrundsatz.

Zwar sind nicht alle in § 17 Abs. 5 KSchG aufgezählten Gruppen unionsrechtlich als Arbeitnehmer zu qualifizieren,[1024] sodass die Bereichsausnahme in Teilen bestehen bleiben könnte.[1025] Allerdings stammt die Bereichsausnahme aus einer Zeit, in der der Gesetzgeber noch von seiner Deutungshoheit über den Anwendungsbereich des Massenentlassungsrechts ausging. Diese hat er aber durch den Erlass der ersten Massenentlassungsrichtlinie verloren, sodass § 17 Abs. 5 KSchG ein „Relikt" aus der Zeit vor der Kodifizierung des unionsrechtlichen Massenentlassungsrechts ist. Nunmehr ist der unionsrechtliche Arbeitnehmerbegriff für den Anwendungsbereichs maßgeblich, sodass es zukünftig auf eine Gesamtabwägung der Kriterien des EuGH im Einzelfall ankommt.[1026] Hingegen verleitet der als Negativfiktion ausgestaltete § 17 Abs. 5 KSchG Gerichte dazu, eine im Einzelfall notwendige Prüfung zu unterlassen. Er hat deshalb zu entfallen.

II. Zwingende Reform im Konsultationsverfahren

Der zwingende Reformbedarf des § 17 Abs. 2 KSchG ergibt sich ebenfalls aus den konkretisierten Bestimmungen der MERL. Sie haben dazu geführt, dass Teile des Konsultationsverfahrens hinter dem Schutzniveau der MERL zurückbleiben. Durch die bisher für das Konsultationsverfahren vorgenommene unionsrechtskonforme Rechtsfindung verletzt die Rechtsprechung ebenfalls den Gewaltenteilungsgrundsatz.

1024 Siehe hierzu bereits näher unter 2. Teil, B. II. 1. b) (S. 87 ff.).

1025 So die bislang ergangenen Überlegungen, die nur ein Entfallen des § 17 Abs. 5 Nr. 3 KSchG befürworten *Mauthner*, Massenentlassungsrichtlinie, S. 90 f.; *Schmidt/Wilkening*, NZA-RR 2017, 169, 171, *Spelge*, RdA 2018, 297, 304. Die praktische Relevanz der verbleibenden Personengruppen und somit des verbleibenden § 17 Abs. 5 KSchG dürfte aber auch nach dieser Lösung gering sein.

1026 Siehe zu den maßgeblichen Kriterien des unionsrechtlichen Arbeitnehmerbegriffs bereits unter 2. Teil, B. II. 1. a) (S. 83 ff.).

1. Korrektur des Konsultationspartners

Zunächst hat die Untersuchung gezeigt, dass die MERL das Konsultationsverfahren mit allen betrieblichen Arbeitnehmervertretungen fordert, sofern einzelne, von der Vertretung repräsentierte Arbeitnehmer in den Anwendungsbereich der §§ 17, 18 KSchG fallen.[1027] Demgegenüber nennt § 17 Abs. 2 KSchG lediglich den Betriebsrat als Konsultationspartner und bleibt deshalb hinter den Anforderungen der MERL zurück. Die Norm hat künftig einschränkungslos die Information und Konsultation aller im Betrieb bestehenden Arbeitnehmervertretungen vorzuschreiben.

Zwar könnte der Gesetzgeber auch die alleinige Zuständigkeit einer Arbeitnehmervertretung (z.B. des örtlichen Betriebsrats) für alle betroffenen Arbeitnehmer festlegen, da er in der Zuständigkeitsbestimmung grundsätzlich frei ist.[1028] Das würde das Konsultationsverfahren insgesamt vereinfachen. Allerdings wäre sie ein Bruch mit dem nationalen Zuständigkeitssystem, das eine Legitimation der Arbeitnehmervertretung durch die Arbeitnehmer verlangt. Der Betriebsrat wäre aber beispielsweise nicht durch leitende Angestellte legitimiert.

2. Gesetzliche Festlegung der Repräsentation von Organmitgliedern

Die MERL fordert zudem, dass die Repräsentation von Organmitgliedern im Konsultationsverfahren durch die Mitgliedstaaten sichergestellt sein muss, sofern diese im Einzelfall als Arbeitnehmer zu qualifizieren sind.[1029] Demgegenüber enthält das nationale Recht bislang keine entsprechende gesetzliche Regelung.

Dem Gesetzgeber bleiben deshalb zwei Möglichkeiten: Er kann entweder gesetzlich eine neue Vertretung schaffen, oder er kann die Zuständigkeit einer bestehenden Vertretung auf Organmitglieder erstrecken. Gegen die erste Möglichkeit spricht allerdings, dass Regelungen zur Errichtung einer Vertretung in der Regel in der Satzung der Gesellschaft erfolgen müssten und die Errichtung somit von einem Beschluss der Gesellschafterversammlung abhängig wäre.[1030] Dann wäre die Errichtung aber von einer Mithandlung des Arbeitgebers abhängig, was den Grundsätzen der

---

1027 Siehe hierzu bereits näher unter 2. Teil, D. II. (S. 149 ff.).
1028 So der Vorschlag von *Moll*, RdA 2021, 49, 55
1029 Siehe hierzu bereits näher unter 2. Teil, D. II. 2 d) bb) (S. 162 ff.).
1030 *Brams*, Unionsrechtliche Impulse, S. 223.

Rechtssache *Kommission/Vereinigtes Königreich* widerspräche.[1031] Deshalb sollte die Zuständigkeit einer bestehenden Arbeitnehmervertretung auf Organmitglieder erweitert werden. Aufgrund der strukturellen Ähnlichkeit von Organmitgliedern und leitenden Angestellten empfiehlt sich eine Zuständigkeitserweiterung des Sprecherausschusses. Sie würde auch die praktischen Schwierigkeiten der Repräsentation von Organmitgliedern minimieren, da im Betrieb häufig kein Sprecherausschuss gewählt ist und somit für Organmitglieder auch kein Konsultationsverfahren durchzuführen wäre.[1032] Um schließlich zu verhindern, dass das Organmitglied über seine eigene Kündigung verhandelt, kann der Arbeitgeber einen Repräsentanten der Gesellschafterversammlung oder des Aufsichtsrats für das Konsultationsverfahren bestimmen.

III. Zwingende Reform der Entlassungssperre

Die zwingende Reform des § 18 KSchG folgt aus der notwendigen Kohärenz der Norm zu § 17 KSchG und dessen Ersetzung des Begriffs „Entlassung" durch „Kündigung", aus Anpassungen des § 18 KSchG an das Mindestschutzniveau der MERL und aus einer ansonsten bestehenden Verletzung der unternehmerischen Freiheit des Arbeitgebers.

1. Anzeigepflichtige Kündigungen statt Entlassungen

Zunächst ist der Begriff „Entlassung" in § 18 Abs. 1 1. Hs. KSchG beizubehalten, da er weiterhin die tatsächliche Beendigung des Arbeitsverhältnisses meint, die bei fehlerhafter oder unvollständiger Anzeige erst verzögert aufgrund des späteren Beginns der Sperrfrist eintritt.[1033] Er fügt sich somit in die bestehende Systematik des KSchG ein. Allerdings ist der nachfolgende Zusatz des § 18 Abs. 1 1. Hs. KSchG anzupassen, da nicht mehr die „Entlassungen" (tatsächliche Beendigungen), sondern die Kündigungen nach § 17 Abs. 1 KSchG anzeigepflichtig sind.

1031 *Brams*, Unionsrechtliche Impulse, S. 223; zu den Grundsätzen EuGH, Urt. v. 8.6.1994 – C-383/92 (*Kommission/Vereinigtes Königreich*), Slg. 1994, I-2479 = BeckRS 2004, 76908 Rn. 26 f.

1032 Dieses Ergebnis wäre allerdings unionsrechtskonform. Siehe hierzu bereits näher unter 2. Teil, D. II. 1 c) (S. 155 ff.).

1033 Siehe zu dieser Sanktion bereits näher unter 2. Teil, G. V. (S. 219 ff.).

2. Anpassung der Sperrfrist auf 30 Tage

Zudem ist die einmonatige Sperrfrist des § 18 Abs. 1 1. Hs. KSchG an die 30-tägige Sperrfrist der MERL anzupassen. Im Einzelfall ist die unionsrechtlich vorgebebene Sperrfrist länger, sodass das geltende Recht hinter den Anforderungen der MERL zurückbleibt.[1034]

3. Entfallen der Freifrist

Schließlich führt eine unionsrechts- und verfassungskonforme Auslegung des § 18 Abs. 4 KSchG dazu, dass die Norm ihren praktischen Anwendungsbereich verliert.[1035] Nationale Gerichte müssen somit weiterhin § 18 Abs. 4 KSchG nach traditionellem Verständnis anwenden, wodurch dem Arbeitgeber allerdings Massenentlassungen unzulässig erschwert werden, wenn Kündigungsfristen länger als der addierte Zeitraum von Sperr- und Freifrist sind und die Nachkündigungen die Schwellenwerte des § 17 Abs. 1 KSchG überschreiten. Aufgrund dieses Dilemmas und des Verstoßes gegen die unternehmerische Freiheit hat die Freifrist des § 18 Abs. 4 KSchG ersatzlos zu entfallen.

IV. Zwingende Normierung eines Sanktionssystems

Der zwingende Reformbedarf für Sanktionen im Massenentlassungsverfahren folgt daraus, dass die geltende Rechtsprechung das verfassungsrechtliche Gebot der Verhältnismäßigkeit verletzt. Der Gesetzgeber muss deshalb die verhältnismäßige Sanktion für Fehler im Massenentlassungsverfahren festlegen.[1036] Sanktionen sind für den Arbeitgeber belastende Regelungen, die für die Folgenabschätzung seines Handelns erkennbar sein müssen.[1037] Das gilt vor allem, wenn die geltende Rechtslage im Massenentlassungsrecht von besonders viel Rechtsunsicherheit geprägt ist.[1038] Deshalb nennt das Gesetz die Unwirksamkeit einer Kündigung bei Gesetzesverstößen in der Regel explizit. Beispiele hierfür sind §§ 99 i.V.m. 101 S. 1 BetrVG, § 102

1034 Siehe hierzu bereits näher unter 2. Teil, F. I. 1. (S. 203 f.).

1035 Siehe hierzu bereits näher unter 2. Teil, F. II. (S. 207 ff.).

1036 Vgl. nunmehr auch BAG, Vorlagebeschl. v. 14.12.2023 – 6 AZR 157/22 (B), NZA 2024, 119, 122 Rn. 31.

1037 In diese Richtung ebenfalls *Schubert/Schmitt*, JbArbR 2022 (59), S. 81, 99.

1038 *Schubert/Schmitt*, JbArbR 2022 (59), S. 81, 99.

Abs. 1 S. 3 BetrVG, § 1 Abs. 1 KSchG sowie § 178 Abs. 2 S. 3 SGB IX. Auch andere Sanktionen wie der Nachteilsausgleich gem. § 113 Abs. 1 BetrVG oder der allgemeine Unterlassungsanspruch des Betriebsrats gem. § 23 Abs. 3 S. 1 BetrVG sind gesetzlich normiert.

Bislang legt das Gesetz allerdings keine Sanktionen für Fehler im Massenentlassungsverfahren fest; insbesondere ist eine Sanktion für Fehler im Anzeigeverfahren bislang nicht in § 18 Abs. 1 Hs. KSchG hineinzulesen.[1039] Somit ist eine Regelung für Fehler im Anzeige- und im Konsultationsverfahren notwendig. Dazu sollte für Fehler im Anzeigeverfahren in § 18 KSchG ergänzt werden, dass die Sperrfrist nur bei ordnungsgemäßer Massenentlassungsanzeige zu laufen beginnt und dass die unterlassende Anzeige einer nicht ordnungsgemäßen Anzeige gleichsteht. Die Sanktion greift allerdings nur für auch tatsächlich betroffene Arbeitnehmer, da nur deren Schutz und deren Vermittlungschancen durch unterlassende, unrichtige oder unvollständige Angaben in den einzelnen Verfahrensabschnitten beeinträchtigt werden können.[1040]

V. Zusammenfassung

Zwingender Reformbedarf besteht im Anwendungsbereich, im Konsultationsverfahren, in der Entlassungssperre und bei der Normierung eines Sanktionssystems.

Der Gesetzgeber hat den Begriff „Entlassung“ durch „Kündigung“ zu ersetzen, um dem Adressaten der Vorschrift zu verdeutlichen, dass der Zugang der Kündigungserklärung maßgeblich für die Anwendbarkeit der §§ 17, 18 KSchG ist. Es hat zudem die unionsrechtswidrige Ausnahme für außerordentliche Kündigungen und bestimmter Personengruppen in § 17 Abs. 4 u. 5 KSchG entfallen zu lassen. Mit dem Wegfall des § 17 Abs. 5 KSchG hat er den Konsultationspartner im Konsultationsverfahren zu korrigieren, der nicht mehr nur der Betriebsrat sein kann.

Er hat zudem die Repräsentation von Organmitgliedern im Konsultationsverfahren sicherzustellen, indem gesetzlich die Zuständigkeit einer bestehenden Arbeitnehmervertretung auf Organmitglieder erweitert wird. Sinnvoll ist hierfür die Zuständigkeitserweiterung des Sprecherausschusses.

1039 Vgl. für Art. 4 MERL BAG, Vorlagebeschl. v. 23.5.2024 – 6 AZR 152/22 (A), NZA 2024, 825, 829 Rn. 36.

1040 Siehe für das Kausalitätserfordernis des BAG bereits näher unter 2. Teil, G. I. (S. 214 f. Fn. 956).

Zudem ist die einmonatige Sperrfrist des § 18 Abs. 1 1. Hs. KSchG an die 30-tägige Sperrfrist der MERL anzupassen und die Freifrist des § 18 Abs. 4 KSchG hat zu entfallen, da diese nach dem geltenden Entlassungsbegriff keinen praktischen Anwendungsbereich mehr hat.

Schließlich muss der Gesetzgeber die Sanktion für Fehler im Massenentlassungsverfahren festlegen. Bislang enthalten §§ 17, 18 KSchG keine Sanktionen für Fehler in den einzelnen Verfahrensabschnitten, sodass eine entsprechende Regelung notwendig ist. Der Reformbedarf für Sanktionen im Anzeigeverfahren folgt daraus, dass die geltende Rechtsprechung das Gebot der Verhältnismäßigkeit verletzt.

B. Sinnvolle Reformmöglichkeiten

Sinnvolle Reformmöglichkeiten gibt es schließlich dort, wo bestehende Gesetze nach der Gesetzgebungslehre ineffektiv, inkohärent oder inkonsistent sind.[1041] Sie bestehen deshalb vor allem in der Anpassung der §§ 17, 18 KSchG an das neue zeitliche Verständnis der Vorschriften und in der Anpassung an weitere unionsrechtliche Vorgaben, die aus der Deutungshoheit des EuGH folgen.

I. Keine weitere sinnvolle Reform des Anwendungsbereichs

Entgegen anderslautender Stimmen bestehen allerdings zunächst keine sinnvollen Reformmöglichkeiten im Anwendungsbereich der §§ 17, 18 KSchG, die über den aufgezeigten zwingenden Reformbedarf des Anwendungsbereichs hinausgehen.

1. Sinnvolle Anpassungen an den verfassungskonformen Entlassungsbegriff?

Vor allem *Spelge* fordert eine Anpassung der §§ 17, 18 KSchG an den verfassungskonformen Entlassungsbegriff.[1042] Demgegenüber hat der zweite Teil der Untersuchung allerdings gezeigt, dass die durch den verfassungskonformen Entlassungsbegriff zu erwartenden Veränderungen im nationalen

1041 Siehe hierzu bereits näher unter 2. Teil, A. II. (S. 69 ff.).

1042 *Spelge*, RdA 2018, 297, 303, ohne allerdings konkrete Vorschläge hierfür zu machen.

Massenentlassungsrecht überschaubar sind und er allenfalls Bedeutung für die Schließung des einzigen oder des letzten Betriebs eines Unternehmens hat.

Es könnte deshalb lediglich eine Sonderreglung für vollständige Betriebsschließungen angedacht werden. Im Zuge dessen könnte der Gesetzgeber die Folgefragen des BAG[1043] klären und somit (vermeintlich) mehr Rechtssicherheit schaffen. Demgegenüber hat der zweite Teil der Untersuchung allerdings auch gezeigt, dass der verfassungskonforme Entlassungsbegriff keineswegs stets günstiger für betroffene Arbeitnehmer ist und deshalb der EuGH über dessen Zulässigkeit zu entscheiden hat. Somit könnte eine vorzeitige Kodifizierung dazu führen, dass wiederum ein Konflikt zwischen Gesetzgebungshoheit des nationalen Gesetzgebers und Deutungshoheit des EuGH entsteht, sofern der EuGH den verfassungskonformen Entlassungsbegriff ablehnt. Es handelt sich somit um eine Einzelfallentscheidung, der es an der Kodifizierungsreife fehlt und die deshalb nicht kodifiziert werden sollte.[1044]

2. Keine Reform für atypische Beschäftigungsverhältnisse

Eine Reform ist auch für atypische Beschäftigungsverhältnisse nicht notwendig. Für ihre Einordnung sind die geltenden §§ 17, 18 KSchG ausreichend, da die Untersuchung gezeigt hat, dass für atypische Arbeitsverhältnisse wie die Leiharbeit keinerlei Besonderheiten im Ent- oder Verleiherbetrieb gelten.[1045]

3. Definition des Betriebsbegriffs?

Ebenfalls gibt es für die Definition des Betriebsbegriffs der MERL in § 17 KSchG keine sinnvollen Reformmöglichkeiten.[1046] Die Untersuchung hat

1043 Siehe hierzu bereits näher unter 2. Teil, C. I. (S. 98 ff.).

1044 Siehe zu diesen Maßstäben bereits näher unter 2. Teil, A. I. 1. (S. 68).

1045 Siehe hierzu bereits näher unter 2. Teil, B. I. (S. 73 ff.).

1046 So allerdings *Spelge*, RdA 2018, 297, 304, die u.a. auch eine Klarstellung des Betriebsbegriffs für Einheiten nach § 3 BetrVG fordert. Das allerdings keine Klarstellung notwendig ist, da der unionsrechtliche Betriebsbegriff widerspruchsfrei mit § 3 BetrVG zu vereinbaren ist, ist bereits unter 2. Teil, C. I. 3. b) cc) (S. 115 f.) gezeigt worden.

zwar gezeigt, dass der örtliche Bezug des Betriebsbegriffs der MERL durch den EuGH in seine Definition aufgenommen werden sollte.[1047] Sie hat aber auch gezeigt, dass Schwierigkeiten der Betriebsbestimmung aufgrund des entkernten Betriebsverständnisses des BAG entstehen, wonach viele Arbeitsstätten künftig Betriebe i.S.d. MERL sein dürften.[1048] Praktische Schwierigkeiten entstehen folglich mehr aufgrund der Anwendung im Einzelfall und der Nähe zum Typusbegriff als aufgrund einer fehlenden und deshalb gesetzlich einzuführenden Betriebsdefinition. Die bloße Wiederholung des unionsrechtlichen Betriebsbegriffs im Gesetzestext – selbst mit Aufnahme des örtlichen Bezugs – dürfte somit nicht zu mehr Rechtssicherheit führen, da tatsächliche Anwendungsprobleme blieben. Eine deklaratorische Kodifizierung empfiehlt sich deshalb nicht.

Anwendungsprobleme kann der Arbeitgeber zumindest im Anzeigeverfahren bereits jetzt teilweise lösen, indem er eine Sammelanzeige für Massenentlassungen in mehreren Betrieben bei der Bundesagentur für Arbeit stellt.[1049] So dürfte vornehmlich die Bestimmung des Betriebs bei mehreren Massenentlassungen innerhalb eines Unternehmens problematisch sein. Durch die Sammelanzeige reduziert der Arbeitgeber das Risiko, in Folge einer falschen Betriebsbestimmung die Anzeige bei der unzuständigen Agentur für Arbeit zu stellen, da er nur eine gemeinsame Anzeige bei der für seinen Unternehmenssitz zuständigen Agentur für Arbeit einzureichen braucht.[1050] Die Bestimmung des Unternehmenssitz erfolgt aber rein national und somit ohne Anwendungsprobleme. Die Bundesagentur für Arbeit könnte zudem zur Förderung der Sammelanzeige als Körperschaft des öffentlichen Rechts mit Selbstverwaltung gem. § 367 SGB III eine zentrale Sammelstelle für Massenentlassungen bestimmen, die bei Bedarf die örtlichen Agenturen für Arbeit benachrichtigt.[1051]

Im Fall von gewillkürten Betriebsstrukturen kann der Arbeitgeber Anwendungsprobleme teilweise lösen, indem er bei den potenziell in Betracht kommenden Betriebsräten gem. § 50 Abs. 2 BetrVG eine Delegation des

---

1047 Siehe hierzu bereits näher unter 2. Teil, C. I. 3. a) (S. 106 ff.).

1048 Siehe hierzu bereits näher unter 2. Teil, C. I. 3. (S. 106 ff.).

1049 Siehe zu den Voraussetzungen für eine Sammelanzeige BAG, Urt. v. 13.2.2020 – 6 AZR 146/19, BAGE 169, 363 = NZA 2020, 1006, 1018 f. Rn. 87–91.

1050 *Schubert/Schmitt*, JbArbR 2022 (59), S. 81, 100.

1051 *Bayreuther*, NZA 2024, 813, 815 f.; *Giesen*, *Spelge*, NZA-Beilage 2021, 34, 39

Beteiligungsrechts aus § 17 Abs. 2 KSchG[1052] oder eine Einigung der Einzelbetriebsräte auf einen zuständigen Einzelbetriebsrat[1053] anregt.

II. Sinnvolle Reform des Konsultationsverfahrens

Sinnvolle Reformmöglichkeiten im Konsultationsverfahren ergeben sich aus dem Zusammenspiel zwischen nationaler Zuständigkeitsverteilung und Betriebsbegriff der MERL sowie dem nunmehr früheren Eingreifen des Beteiligungsrechts der Arbeitnehmervertretung nach § 17 Abs. 2 KSchG.

1. Hinweis auf nationale Zuständigkeitsverteilung

Um dem Adressaten zu verdeutlichen, dass sich die zuständige Arbeitnehmervertretung ungeachtet des Betriebsbegriffs der MERL nach den nationalen Bestimmungen richtet, sollte eine Verweis in § 17 Abs. 2 KSchG *de lege ferenda* auf diese erfolgen.[1054]

2. Vereinfachungen bei Abschluss einer Namensliste

Einigen sich die Betriebsparteien im Laufe des Konsultationsverfahrens auf eine Namensliste, wird durch die Individualisierung der betroffenen Arbeitnehmer aus dem abstrakt-präventiven Kündigungsschutz des § 17 Abs. 2 KSchG ein konkret-präventiver Kündigungsschutz.[1055] Inhalt, Zeitpunkt und Schutzgehalt von § 102 Abs. 1 S. 1 BetrVG und § 31 Abs. 2 SprAuG sowie § 17 Abs. 2 KSchG gleichen sich dann, wobei der Beratungsumfang des § 17 Abs. 2 KSchG über den des § 102 Abs. 1 S. 1 BetrVG und des § 31 Abs. 2 SprAuG hinausgeht. Durch die *de lege lata* dennoch notwendige Anhörung entsteht erhöhter Aufwand für den Arbeitgeber, ohne dass der Arbeitnehmerschutz verstärkt würde. Die Rechtslage ist deshalb ineffektiv.

1052 *Jares/Fuchs*, NZA 2020, 1071, 1075; *Ludwig/Hinze*, NZA 2020, 694.

1053 Für §§ 111 ff. BetrVG *Bauer*, FS Dolde, S. 655, 660 f.

1054 Vgl. *Senk*, Betriebsbegriffe, S. 87, die ebenfalls kritisiert, dass sich aus dem geltenden Recht die Parallelität von unionsrechtlichem Betriebsbegriff und nationaler Zuständigkeitsverteilung nicht ergebe.

1055 Siehe hierzu bereits näher unter 2. Teil, D. III. 2. b) (S. 173 ff.).

Sinnvoll ist somit eine gesetzliche Anpassung, nach der bei der Einigung auf eine Namensliste das Anhörungsverfahren entfällt, soweit sich die Sachlage hinsichtlich der Kündigungen seit Zustandekommen der Namensliste nicht wesentlich geändert hat. Die Einschränkung folgt kohärent aus § 1 Abs. 5 S. 3 KSchG und § 125 Abs. 2 InsO. Die Namensliste ersetzt auch die Stellungnahme der Arbeitnehmervertretung nach § 17 Abs. 3 S. 2 KSchG, da die Arbeitnehmervertretung ähnlich wie bei einem Interessenausgleich mit Namensliste durch den Abschluss einer Namensliste zeigt, dass eine Abwägung der sozialen Belange der Arbeitnehmer bereits erfolgt ist.[1056]

III. Sinnvolle Reform des Anzeigeverfahrens

Die sinnvollen Reformmöglichkeiten innerhalb des Anzeigeverfahrens ergeben sich aus der Rechtssache *Junk* und dem Entlassungsbegriff der MERL, aus dem ein zeitlich früheres Eingreifen der §§ 17, 18 KSchG folgt. Hierdurch sind einige gesetzliche Zeitpunkte für Pflichten des Arbeitgebers verfehlt und bringen deshalb keinen Mehrwert für den verfolgten Schutz des Arbeitsmarkts und der bezweckten effektiven Vermittlungstätigkeit der Agentur für Arbeit.

1. Entfallen des Gleichzeitigkeitserfordernisses

Zunächst hat das Gleichzeitigkeitserfordernis des § 17 Abs. 3 S. 1 KSchG zu entfallen.[1057] Es führt nunmehr dazu, dass der Arbeitgeber die Agentur für Arbeit über die beabsichtigten Kündigungen zu einem Zeitpunkt informieren muss, zu dem Kündigungen noch nicht feststehen und die Agentur für Arbeit somit noch nicht sinnvoll mit ihren Vermittlungsbemühungen beginnen kann.[1058] Das begründet somit eine ineffektive, weil überflüssige Pflicht. Das wird besonders deutlich, wenn der Arbeitgeber – wie häufig – den Betriebsrat erst nach und nach über die beabsichtigten Entlassungen informieren kann. Dann müsste der Arbeitgeber mit jeder neuen Information gleichzeitig eine neue Abschrift an die Agentur für Arbeit weiterleiten. Deshalb sieht die MERL das Gleichzeitigkeitserfordernis nicht vor.

1056 Zum Zweck des § 1 Abs. 5 KSchG und des § 125 Abs. 2 InsO APS/*Moll*, § 17 KSchG Rn. 155 m.w.N.

1057 So auch EuArbRK/*Spelge*, Art. 3 RL 98/59/EG Rn. 23; *dies.*, RdA 2018, 297, 305.

1058 Siehe hierzu bereits näher unter 2. Teil, E. I. 1. (S. 183 ff.).

2. Entfallen des Einvernehmenserfodernisses

Das gilt auch für das Einvernehmenserfordernis des Betriebsrats bei der Weitergabe von Soll-Angaben an die Agentur für Arbeit, vgl. § 17 Abs. 3 S. 5 KSchG. Hierdurch sollten ursprünglich Belastungen der Konsultationen vermieden werden, die es nunmehr nicht mehr geben kann, da die Anzeige erst nach Beendigung der Konsultationen erstattet werden darf.[1059] Das Erfordernis sollte deshalb ebenfalls entfallen.

3. Zeitpunkt des Anzeigeverfahrens

Wegen des soeben angesprochenen zeitlichen Verhältnisses zwischen Anzeige- und Konsultationsverfahren sollte auch eine entsprechende gesetzliche Klarstellung hinsichtlich des Verhältnisses *de lege ferenda* erfolgen, um dem Adressaten die einzelnen Zeitabschnitte des Massenentlassungsverfahrens zu verdeutlichen.

IV. Zusammenfassung

Sinnvolle Reformmöglichkeiten gibt es dort, wo bestehende Gesetze nach der Gesetzgebungslehre ineffektiv, inkohärent oder inkonsistent sind. Übertragen auf §§ 17, 18 KSchG ergeben sich diese aus der Rechtssache *Junk* und dem Entlassungsbegriff der MERL, aus dem ein zeitlich früheres Eingreifen der §§ 17, 18 KSchG folgt. Deshalb haben das Gleichzeitigkeits- sowie das Einvernehmenserfordernis des § 17 Abs. 3 S. 1 KSchG und des § 17 Abs. 3 S. 5 KSchG zu entfallen und der Zeitpunkt des Anzeigeverfahrens ist in § 17 Abs. 3 S. 2 KSchG zu ergänzen. Zudem ist ein Hinweis auf die nationale Zuständigkeitsverteilung im Konsultationsverfahren in § 17 Abs. 2 KSchG einzufügen und das Anhörungsverfahren nach § 102 BetrVG und § 31 Abs. 2 SprAuG hat zu entfallen, wenn eine Namensliste im Konsultationsverfahren abgeschlossen worden ist und sich die Sachlage hinsichtlich der Kündigungen seit Zustandekommen der Namensliste nicht wesentlich geändert hat.

Hingegen bestehen keine sinnvollen Reformmöglichkeiten für den Anwendungsbereich der §§ 17, 18 KSchG, da eine Anpassung an die Besonderheiten des verfassungskonformen Entlassungsbegriffs mangels Kodifizierungsreife ausscheidet, für atypische Beschäftigungsverhältnisse keine

1059 Siehe hierzu bereits näher unter 2. Teil, E. II. 1. d) (S. 195 f.).

Besonderheiten bestehen und eine gesetzliche Definition des Betriebsbegriffs der MERL der Vielzahl an denkbaren Einzelfällen nicht gerecht wird.

C. Gesamtvorschlag

Zusammenfassend ergibt sich auf Grundlage der Ergebnisse des zweiten und dritten Teils somit folgender Reformvorschlag:[1060]

§ 17 Anzeigepflicht

(1) Der Arbeitgeber ist verpflichtet, der Agentur für Arbeit Anzeige zu erstatten, bevor er
   1. in Betrieben mit in der Regel mehr als 20 und weniger als 60 Arbeitnehmern mehr als 5 Arbeitnehmer,
   2. in Betrieben mit in der Regel mindestens 60 und weniger als 500 Arbeitnehmern 10 vom Hundert der im Betrieb regelmäßig beschäftigten Arbeitnehmer oder aber mehr als 25 Arbeitnehmer,
   3. in Betrieben mit in der Regel mindestens 500 Arbeitnehmern mindestens 30 Arbeitnehmer,

innerhalb von 30 Kalendertagen *kündigt*. Den *Kündigungen* stehen andere Beendigungen des Arbeitsverhältnisses gleich, die vom Arbeitgeber veranlasst werden. *Fristlose Kündigungen aus Gründen, die in der Person oder in dem Verhalten des Arbeitnehmers liegen, werden bei der Berechnung der Mindestanzahl der Kündigungen nach Satz 1 nicht mitgerechnet.*

(2) Beabsichtigt der Arbeitgeber, nach Absatz 1 anzeigepflichtige *Kündigungen* vorzunehmen, hat er der *zuständigen Arbeitnehmervertretung* rechtzeitig *vor seinem Kündigungsentschluss* die zweckdienlichen Auskünfte zu erteilen und *sie* schriftlich insbesondere zu unterrichten über
   1. die Gründe für die *beabsichtigten Kündigungen*,
   2. die Zahl und die Berufsgruppen der zu *kündigenden* Arbeitnehmer,
   3. die Zahl und die Berufsgruppen der in der Regel beschäftigten Arbeitnehmer,
   4. den Zeitraum, in dem die *Kündigungen den betroffenen Arbeitnehmern zugehen* sollen,

1060 Die Änderungen zu den geltenden §§ 17, 18 KSchG sind kursiv.

5. die vorgesehenen Kriterien für die Auswahl der zu *kündigenden* Arbeitnehmer
6. die für die Berechnung etwaiger Abfindungen vorgesehenen Kriterien.

Arbeitgeber und *Arbeitnehmervertretung* haben insbesondere die Möglichkeiten zu beraten, Kündigungen zu vermeiden oder einzuschränken und ihre Folgen zu mildern. *Die zuständige Arbeitnehmervertretung richtet sich nach den allgemeinen Bestimmungen. Sofern Mitglieder des Organs, das zur gesetzlichen Vertretung einer juristischen Person berufen ist, Arbeitnehmer im Sinne dieser Vorschrift sind, ist die für sie in Abweichung von Satz 3 zuständige Arbeitnehmervertretung der Sprecherausschuss.*

(3) Der Arbeitgeber hat der Agentur für Arbeit eine Abschrift der Mitteilung an *die Arbeitnehmervertretung* zuzuleiten; sie muss zumindest die in Absatz 2 Satz 1 Nr. 1 bis 5 vorgeschriebenen Angaben enthalten. Die Anzeige nach Absatz 1 ist schriftlich *nach Beendigung des Verfahrens nach Absatz 2* unter Beifügung der Stellungnahme der *Arbeitnehmervertretung* zu den *Kündigungen* zu erstatten. Liegt eine Stellungnahme *der Arbeitnehmervertretung* nicht vor, so ist die Anzeige wirksam, wenn der Arbeitgeber glaubhaft macht, dass er *die Arbeitnehmervertretung* mindestens zwei Wochen vor Erstattung der Anzeige nach Absatz 2 Satz 1 unterrichtet hat, und er den Stand der Beratungen darlegt. Die Anzeige muss Angaben über den Namen des Arbeitgebers, den Sitz und die Art des Betriebes enthalten, ferner die Gründe für die *feststehenden Kündigungen*, die Zahl und die Berufsgruppen der zu *kündigenden* und der in der Regel beschäftigten Arbeitnehmer, den Zeitraum, in dem die *Kündigungen den betroffenen Arbeitnehmern zugehen sollen* und die vorgesehenen Kriterien für die Auswahl der zu *kündigenden* Arbeitnehmer. In der Anzeige sollen ferner für die Arbeitsvermittlung Angaben über Geschlecht, Alter, Beruf und Staatsangehörigkeit der zu *kündigenden* Arbeitnehmer gemacht werden. Der Arbeitgeber hat *der Arbeitnehmervertretung* eine Abschrift der Anzeige zuzuleiten. *Die Arbeitnehmervertretung* kann gegenüber der Agentur für Arbeit weitere Stellungnahmen abgeben. *Sie* hat dem Arbeitgeber eine Abschrift der Stellungnahme zuzuleiten.

(3a) Die Auskunfts-, Beratungs- und Anzeigepflichten nach den Absätzen 1 bis 3 gelten auch dann, wenn die Entscheidung über die *Kündigungen* von einem den Arbeitgeber beherrschenden Unternehmen *beabsichtigt wird*. Der Arbeitgeber kann sich nicht darauf berufen, dass das für die *Kündigungen* verantwortliche Unternehmen die notwendigen Auskünfte nicht übermittelt hat.

(4) *Einigen sich der Arbeitgeber und die zuständige Arbeitnehmervertretung auf eine Namensliste der zu kündigenden Arbeitnehmer, ersetzt diese die Stellungnahme der Arbeitnehmervertretung nach Absatz 3 Satz 2 und ist der Anzeige beizufügen. Bei Abschluss einer Namensliste ist die Anhörung der zuständigen Arbeitnehmervertretung vor Ausspruch der Kündigung entbehrlich, soweit sich die Sachlage seit Zustandekommen der Namensliste nicht wesentlich geändert hat.*

(5) *Bei unterbliebenem oder fehlerhaftem Verfahren nach Absatz 2 sind hiervon betroffene Kündigungen unwirksam.*

§ 18 Entlassungssperre

(1) Entlassungen, *deren Kündigungen* nach § 17 anzuzeigen sind, werden vor Ablauf von *30 Tagen* nach Eingang einer *ordnungsgemäßen* Anzeige bei der Agentur für Arbeit nur mit deren Zustimmung wirksam; die Zustimmung kann auch rückwirkend bis zum Tage der Antragsstellung erteilt werden.

(2) Die Agentur für Arbeit kann im Einzelfall bestimmen, dass die Entlassungen nicht vor Ablauf von längstens zwei Monaten nach Eingang der *ordnungsgemäßen* Anzeige wirksam werden.

(3) *Die unterlassene Anzeige steht einer nicht ordnungsgemäßen Anzeige gleich.*

(4) *(weggefallen)*

Zusammenfassung in Thesen

1. Untersucht man den Reformbedarf von geltendem Recht, ist zwischen zwingender und bloß sinnvoller Reform zu unterscheiden, da für die jeweilige Art der Reform unterschiedliche Maßstäbe gelten.
   a. Demnach ist eine Reform zwingend, wenn das geltende Recht gegen höherrangige Rechtsvorgaben verstößt, indem eine Norm bspw. Verfassungsrecht verletzt oder nicht mehr durch Rechtsfindung an tatsächlich geltende rechtliche Anforderungen angepasst werden kann, ohne den Gewaltenteilungsgrundsatz zu verletzen oder indem das geltende Recht hinter unionsrechtlichen Vorgaben zurückbleibt.
   b. Demgegenüber bestehen zumindest sinnvolle Reformmöglichkeiten dort, wo Gesetze nach der Gesetzgebungslehre ineffektiv, inkohärent oder inkonsistent sind. Aus den verfassungsrechtlich nicht zwingenden Vorgaben der Gesetzgebungslehre kann allerdings kein Reformzwang für den Gesetzgeber hergeleitet werden.
2. Nach diesen Grundsätzen sind §§ 17, 18 KSchG in vielen Bereichen zwingend zu reformieren, da ihr Gesetzestext die geltenden Rechtsvorgaben verschleiert und §§ 17, 18 KSchG hinter unionsrechtlichen Vorgaben zurückbleiben. Zudem besteht sinnvoller Reformbedarf dort, wo die Pflichten und die für ihre Erfüllung festgelegten Zeitpunkte durch den unionsrechtlichen Entlassungsbegriff obsolet oder jedenfalls nicht mehr zweckfördernd sind und deshalb eine ineffektive, inkonsistente und inkohärente Rechtslage entstanden ist.
3. §§ 17, 18 KSchG sind das Produkt eines seit Jahren herrschenden Interessenkonflikts zwischen nationalem und unionsrechtlichem Recht, der aus den unterschiedlichen Regelungsschwerpunkten folgt: nationale Arbeitsmarktpolitik einerseits, unionsrechtlicher Arbeitnehmerschutz andererseits.
4. Der Interessenkonflikt kann allerdings gelöst werden. Das belegen das Anzeigeverfahren und dessen geringer Reformbedarf. Das nationale Anzeigeverfahren ist das historische Vorbild des unionsrechtlichen Anzeigeverfahrens. Nationales und unionsrechtliches Anzeigeverfahren bezwecken somit einzig den Schutz des Arbeitsmarkts, sodass zwischen beiden kein Interessenkonflikt herrscht. Deshalb hat die Untersuchung auch ergeben, dass im Anzeigeverfahren nur sinnvolle Reformmöglichkeiten bestehen, die einzig auf die Auswirkungen des

unionsrechtlichen Entlassungsbegriffs zurückzuführen und somit kein Ergebnis eines Interessenkonflikts sind. So sollte der Gesetzgeber allein „Relikte“ wie das Einvernehmenserfordernis des Betriebsrats bei der Mitteilung von Soll-Angaben und das Gleichzeitigkeitserfordernis bei der Zuleitung einer Abschrift über die Mitteilung an den Betriebsrat an die Agentur für Arbeit entfallen lassen, da ihr ursprünglicher Zweck durch den unionsrechtlichen Entlassungsbegriff überholt ist.

5. Betroffen sind durch den Interessenkonflikt allerdings der Anwendungsbereich und das Konsultationsverfahren, weshalb in diesen Bereichen auch zwingender Reformbedarf besteht.
6. Um zunächst den herrschenden Interessenkonflikt im Anwendungsbereich des Massenentlassungsrechts zu lösen, hat der Gesetzgeber zu akzeptieren, dass er seine ursprüngliche Deutungshoheit über den Anwendungsbereich an den Unionsgesetzgeber verloren und deshalb zwingend eine Reform des Anwendungsbereichs vorzunehmen hat.
7. Dazu muss er zunächst § 17 KSchG an den unionsrechtlichen Arbeitnehmerbegriff anpassen und die Bereichsausnahme des § 17 Abs. 5 KSchG entfallen lassen. Die Negativfiktion des § 17 Abs. 5 KSchG nimmt Personengruppen aus dem Massenentlassungsschutz heraus, die im Einzelfall unionsrechtlich als Arbeitnehmer gelten können. § 17 Abs. 5 KSchG bleibt somit hinter dem Schutz der MERL zurück und hat deshalb zu entfallen. Für atypische Beschäftigungsverhältnisse wie die Arbeitnehmerüberlassung hat der Gesetzgeber hingegen keine Anpassungen des Anwendungsbereichs vorzunehmen, da keine Besonderheiten für sie gelten.
8. Zudem sind §§ 17, 18 KSchG zwingend an den unionsrechtlichen Entlassungsbegriff anzupassen, indem sie künftig nicht mehr an die tatsächliche Beendigung des Arbeitsverhältnisses, sondern an die Beendigungshandlung anknüpfen. Das führt im Anwendungsbereich dazu, dass der Begriff der „Entlassung“ durch den Begriff der „Kündigung“ zu ersetzen ist. Keine Reform des Anwendungsbereichs fordert hingegen der verfassungskonforme Entlassungsbegriff, da seine praktischen Auswirkungen gering sind und es deshalb an der Kodifizierungsreife fehlt.
9. Schließlich ist der Betriebsbegriff des § 17 Abs. 1, 3 KSchG unionsrechtsautonom auszulegen, sodass künftig vor allem die örtliche Beschäftigungseinheit für die Betriebsbestimmung maßgeblich ist. Das führt zu einem entkernten Betriebsverständnis und somit in der Zukunft zu kleinteiligen Betriebsstrukturen, die teilweise die Mindestbe-

triebsgröße des § 17 Abs. 1 S. 1 KSchG nicht erreichen werden. Der durch das entkernte Verständnis entstehenden Rechtsunsicherheit ist mit der Möglichkeit der Sammelanzeige sowie der Einrichtung einer zentralen Sammelstelle für Massenentlassungen durch die Bundesagentur für Arbeit zu begegnen. Eine Reform der §§ 17, 18 KSchG folgt aus dem Betriebsbegriff der MERL hingegen nicht, da das Vorgehen des EuGH nach den Grundsätzen des nationalen Typusbegriffs zulässig und deshalb mit dem Bestimmtheitsgebot vereinbar ist. Aus dem als Optimierungsgebot zu verstehenden Bestimmtheitsgrundsatz folgt einzig, dass EuGH und BAG den für sie entscheidenden örtlichen Bezug für die Betriebsbestimmung in ihre Betriebsdefinition aufzunehmen haben.

10. Um auch den herrschenden Interessenkonflikt im Konsultationsverfahren zu lösen, ist künftig eine strikte Trennung zwischen Konsultations- und Anzeigeverfahren notwendig. Beide Verfahren sind als eigenständige Normen zu behandeln, die zum einen kollektiven Arbeitnehmerschutz und zum anderen den Schutz des lokalen Arbeitsmarkts vor unerwarteter Massenarbeitslosigkeit bezwecken. Die Untersuchung hat gezeigt, dass eine eindeutige Zweckeinteilung viele bislang ungeklärte Probleme im Massenentlassungsrecht löst.
11. Aus der strikten Trennung zwischen beiden Verfahren und dem kollektiven Arbeitnehmerschutz folgt auch die zwingende Reform des § 17 Abs. 2 KSchG.
12. So genügt § 17 Abs. 2 KSchG bislang nicht dem kollektiven Arbeitnehmerschutz der MERL, da er nicht sicherstellt, dass alle betrieblichen Arbeitnehmervertretungen zu informieren und zu konsultieren sind. § 17 Abs. 2 KSchG spricht insoweit nur vom „Betriebsrat" und bleibt deshalb hinter den Anforderungen der MERL zurück. Der Gesetzgeber muss künftig das Konsultationsverfahren mit allen betrieblichen Arbeitnehmervertretungen vorsehen.
13. Aus dem kollektiven Arbeitnehmerschutz der MERL folgt zudem, dass für Arbeitnehmer i.S.d. MERL die gesetzliche Möglichkeit der Repräsentation bestehen muss. Bislang ist aber die Repräsentation von Organmitgliedern gesetzlich nicht gewährleistet, obgleich diese im Einzelfall Arbeitnehmer i.S.d. MERL sein können. Der Gesetzgeber hat deshalb die Möglichkeit ihrer Repräsentation sicherzustellen, um den Vorgaben der MERL zu genügen. Sinnvoll kann er das durch eine Zuständigkeitserweiterung des Sprecherausschusses auf Organmitglieder im Konsultationsverfahren tun. Bis dahin können sich weder Or-

ganmitglieder noch andere betroffene Arbeitnehmer auf Fehler im Konsultationsverfahren wegen der fehlenden Repräsentation von Organmitgliedern berufen. Ihnen bleibt nur der unionsrechtliche Staatshaftungsanspruch oder die Anregung eines Vertragsverletzungsverfahrens gegen die Bundesrepublik.

14. Im Übrigen bestimmt sich die zuständige Arbeitnehmervertretung weiterhin nach den nationalen Zuständigkeitsvorschriften, sodass zusätzlich neben dem Betriebsbegriff der MERL auch der betriebsverfassungsrechtliche Betriebsbegriff für §§ 17, 18 KSchG mittelbar relevant bleibt. Zur Klarstellung dieser Parallelität ist *de lege ferenda* ein Hinweis des Gesetzgebers in § 17 Abs. 2 KSchG auf die allgemeinen Zuständigkeitsbestimmungen wünschenswert. Zwingend ist er allerdings nicht, da die Parallelität beider Betriebsbegriffe mit dem Bestimmtheitsgebot vereinbar ist.
15. Durch den unionsrechtlichen Entlassungsbegriff ist das Konsultationsverfahren nunmehr parallel mit anderen Beteiligungsverfahren durchzuführen. Sinnvolle Reformmöglichkeiten bestehen aus Gründen der Effizienz deshalb dort, wo sich Schutzrichtung, Zeitpunkt und Inhalt einzelner Beteiligungsverfahren vollständig überschneiden. Das ist zwischen § 17 Abs. 2 KSchG und § 102 Abs. 1 BetrVG sowie § 32 Abs. 2 SprAuG bei Abschluss einer Namensliste während des Konsultationsverfahrens der Fall, da dann aus dem abstrakt-präventiven Kündigungsschutz des Konsultationsverfahrens ein konkret-präventiver Kündigungsschutz wird. Bei Abschluss einer Namensliste sollte deshalb das nochmalige Anhörungserfordernis der Arbeitnehmervertretung sowie die notwendige Beifügung der Stellungnahme der Arbeitnehmervertretung in der Anzeige entfallen, sofern zwischen Abschluss der Namensliste und Zugang der Kündigung keine wesentlichen Sachverhaltsänderungen in Bezug auf die Kündigungen eingetreten sind.
16. Aus der Trennung zwischen Anzeige- und Konsultationsverfahren folgen zudem unterschiedliche Sanktionen für Fehler in beiden Verfahren. Nur das Konsultationsverfahren bezweckt Arbeitnehmerschutz, sodass allein aus Verstößen gegen § 17 Abs. 2 KSchG die Nichtigkeit der betroffenen Kündigung folgen kann. Nur dann liegt aus Sicht des Arbeitnehmers ein Verbotsgesetz i.S.d. § 134 BGB vor. Das Anzeigeverfahren schützt hingegen nur den Arbeitsmarkt, sodass Verstöße gegen § 17 Abs. 3 KSchG nur zu einem verzögerten Beginn der Sperrfrist führen können. Da die bisherige Nichtigkeitsfolge des BAG für Fehler im Anzeigeverfahren das Übermaßverbot und somit den Verhältnismäßig-

keitsgrundsatz verletzt, hat der Gesetzgeber zwingend ein Sanktionssystem für Fehler im Massenentlassungsverfahren einzuführen.

17. Zwingend ist schließlich § 18 KSchG zu reformieren. So hat die Sperrfrist künftig 30 Tage statt einen Monat zu betragen, um den Vorgaben der MERL zu genügen. Zudem hat die Freifrist des § 18 Abs. 4 KSchG zu entfallen, da die von ihr ursprünglich bezweckte Verhinderung von Vorratsanzeigen obsolet geworden ist. Der Arbeitgeber ist nunmehr unionsrechtlich ohnehin dazu verpflichtet ist, im Konsultations- und im Anzeigeverfahren die geplanten Entlassungszeiträume anzugeben.
18. Die Untätigkeit des Gesetzgebers führt bislang dazu, dass die Rechtsprechung zur Lösung des Interessenkonflikts §§ 17, 18 KSchG richtlinienkonform auslegt und fortbildet. Dieses Vorgehen unterliegt allerdings methodischen Grenzen, die auch im richtlinienuntermauerten Recht nicht verschoben sind. So ist die Planwidrigkeit einer Regelungslücke nicht durch die bloße Richtlinienwidrigkeit des nationalen Rechts oder durch die Unterstellung eines Umsetzungswillens des Gesetzgebers begründbar. Nur so kann vermieden werden, dass „Umsetzungsfehler zu Umsetzungsfallen“[1061] für den Adressaten werden, indem der Gesetzestext eine tatsächlich nicht bestehende Rechtslage suggeriert. Die Rechtsfindung darf zudem nicht den eindeutigen Wortsinn verbunden mit dem eindeutigen Willen des Gesetzgebers missachten oder zu einem völligen Funktionsverlust oder einer wesentlichen Umstrukturierung der Norm führen (*contra legem*). Der Wille des Gesetzgebers ergibt sich vorrangig aus den Gesetzesmaterialien, die allen Mitgliedern des Parlaments innerhalb des Gesetzgebungsverfahrens zugänglich gemacht worden sind und nachrangig aus den nationalen Auslegungsmitteln unter Berücksichtigung des sich aus den Gesetzesmaterialien ergebenden gesetzgeberischen Ziels. Anderenfalls wäre der Gewaltenteilungsgrundsatz verletzt. Diese methodischen Grenzen hat die Rechtsprechung vor allem bei § 17 Abs. 5 KSchG und § 18 Abs. 4 KSchG in der Vergangenheit überschritten.

1061 *Gsell*, AcP 214 (2014), 99, 138.

Literaturverzeichnis

Adrian, Axel, Grundprobleme einer juristischen (gemeinschaftsrechtlichen) Methodenlehre: die begrifflichen und („fuzzy"-)logischen Grenzen der Befugnisnormen zur Rechtsprechung des Europäischen Gerichtshofes und die Maastricht-Entscheidung des Bundesverfassungsgerichtes, Berlin 2009, zitiert als: *Adrian*, Juristische Methodenlehre.

Alber, Siegbert, Die Rechtsprechung des EuGH zur Richtlinie über Massenentlassungen, in: Kohte, Hellmut et al. (Hrsg.), Arbeitsrecht im sozialen Dialog, Festschrift für Hellmut Wissmann zum 65. Geburtstag, München 2005, S. 507–522, zitiert als: *Alber*, FS Wissmann.

Aloys, Vogt, Aktuelle Probleme bei Massenkündigungen und -entlassungen, BB 1985, S. 1141–1148.

Annuß, Georg, Der AG-Vorstand als Arbeitnehmer im Sinne des AGG?, in: Bepler, Klaus et al. (Hrsg.), Arbeitsrecht bei Änderung der Unternehmensstruktur, Festschrift für Heinz Josef Willemsen zum 65. Geburtstag, München 2018, S. 11–19, zitiert als: *Annuß*, FS Willemsen.

Ders., Die Arbeitsverfassung der Zukunft, in: Gallner, Inken et al. (Hrsg.), Dynamisches Recht, Herausforderungen im Arbeitsrecht, Gesellschaftsrecht und Insolvenzrecht, Festschrift für Wilhelm Moll zum 70. Geburtstag, München 2019, S. 1–10, zitiert als: *Annuß*, FS Moll.

Appel, Helga, Die „Junk"-Entscheidung des EuGH zur Massenentlassung – Nur eine Aufforderung an den Gesetzgeber?, DB 2005, S. 1002–1007.

Ascheid, Reiner/*Preis*, Ulrich/*Schmidt*, Ingrid (Hrsg.), Kündigungsrecht, Großkommentar zum gesamten Recht der Beendigung von Arbeitsverhältnissen, 7. Auflage, München 2024, zitiert als: APS/*Bearbeiter*.

Auer, Marietta, Neues zu Umfang und Grenzen der richtlinienkonformen Auslegung, NJW 2007, S. 1106–1109.

Bachner, Michael/*Gerhardt*, Peter/*Matthießen*, Volker (Hrsg.), Arbeitsrecht bei der Umstrukturierung von Unternehmen und Betrieben, 5. Auflage, Baden-Baden 2018, zitiert als: Bachner/Gerhardt/Matthießen/*Bearbeiter*.

Bakopoulos, Constantin, Massenentlassung und behördliche Kontrollbefugnisse – Die Entwicklung der Rechtslage in Griechenland im Lichte des europäischen Rechts, RdA 2018, S. 257–263.

Baldauf, Nicole, Richtlinienverstoß und Verschiebung der Contra-legem-Grenze im Privatrechtsverhältnis, Der Konflikt zwischen Richtlinie und nationalem Recht bei der Rechtsanwendung, Tübingen 2013, zitiert als: *Baldauf*, Richtlinienverstoß.

Bauer, Jobst-Hubertus, Kernprobleme der Mitbestimmung bei Betriebsänderungen, in: Kirchhof, Paul/Paetow, Stefan/Uechtritz, Michael (Hrsg.), Umwelt und Planung, Anwalt im Dienst von Rechtsstaat und Demokratie, Festschrift für Klaus-Peter-Dolde zum 70. Geburtstag, München 2014, S. 655–679, zitiert als: *Bauer*, FS Dolde.

Ders., Kündigungsschutz – Paradigmenwechsel nötig?, NZA-Beilage 2019, S. 21–25.

Ders./Klebe, Thomas/*Schunder*, Achim, Neujustierungen im Arbeitsrecht – Aktuelle Vorschläge, NZA 2013, S. 827–832.

Ders./Krieger, Steffen/*Powietzka*, Arnim, Geänderte Voraussetzungen für Massenentlassungen nach der „Junk"-Entscheidung des EuGH?, DB 2005, S. 445–450.

Ders./Ders./Arnold, Christian (Hrsg.), Arbeitsrechtliche Aufhebungsverträge, Arbeits-, gesellschafts-, steuer- und sozialversicherungsrechtliche Hinweise zur einvernehmlichen Beendigung von Dienst- und Arbeitsverhältnissen, 10. Auflage, München 2023, zitiert als: *Bauer/Krieger/Arnold*, Arbeitsrechtliche Aufhebungsverträge.

Ders./Röder, Gerhard, Aufhebungsverträge bei Massenentlassungen und bei Betriebsänderungen, NZA 1985, S. 201–205.

Bayreuther, Frank, Der Leiharbeitnehmer im Kündigungsrecht, NZA 2016, S. 1304–1309.

Ders., Fehlerfolgen im Massenentlassungsrecht – Ein Zwischenruf, Zugleich Besprechung von BAG Beschl. v. 23.5.2024 – 6 AZR 152/22 (A), NZA 2024, 825, NZA 2024, S. 813–817.

Ders., Vorläufige Maßnahmen des Arbeitgebers – Beschleunigung betriebsverfassungsrechtlicher Verfahren?, in: Gräfl, Edith et al. (Hrsg.), 100 Jahre Betriebsverfassungsrecht, München 2020, S. 59–71, zitiert als: *Bayreuther*, FS 100 Jahre BetrVR.

Ders./Salamon, Erwin (Hrsg.), Kündigungsschutz und Personalanpassungen, Betriebsbedingte Kündigung, Massenentlassung, Interessenausgleich und Sozialplan, München 2021., zitiert als: Bayreuther/Salamon/*Bearbeiter*, Kündigungsschutz.

Beck/Siegfried/*Depré*, Peter/*Ampferl*/Hubert (Hrsg.), Praxis der Sanierung und Insolvenz, Ein Handbuch für die Beteiligten und ihre Berater, 4. Auflage, München 2023, zitiert als: Beck/Depré/Ampferl/*Bearbeiter*.

Becker, Friedrich, Die EG-Richtlinie zur Angleichung des Massenkündigungsschutzes, NJW 1976, S. 2057–2058.

Behrens, Peter, Gemeinschaftsrecht und juristische Methodenlehre, EuZW 1994, S. 289.

Bieg, Thorsten/*Borchardt*, Peter-Alexander/*Frind*, Frank (Hrsg.), Unternehmenssanierung und Betriebsfortführung, 1. Auflage, München 2021, zitiert als: Bieg/Borchardt/Frind/*Bearbeiter*, Unternehmenssanierung und Betriebsfortführung.

Bellinghausen, Joseph, Der Massenentlassungsschutz nach dem Kündigungsschutz- und dem Betriebsverfassungsgesetz, Köln 1964, zitiert als: *Bellinghausen*, Massenentlassungsschutz.

Benecke, Martina, Leiharbeitnehmer in der Betriebsverfassung des Entleihbetriebes, Das BAG zu Betriebszugehörigkeit und Schwellenwert, in: Henssler, Martin/Maties, Martin/Preis, Ulrich (Hrsg.) Moderne Arbeitswelt, Festschrift für Prof. Rolf Wank zum 70. Geburtstag, München 2014, S. 27–40, zitiert als: *Benecke*, FS Wank.

Dies./Groß, Nadja, Der europäische Betriebsbegriff, EuZW 2015, S. 506–508.

Bezani, Thomas Die Erweiterung des Entlassungsbegriffs bei Massenentlassungen, in: Bepler, Klaus et al. (Hrsg.), Arbeitsrecht bei Änderung der Unternehmensstruktur, Festschrift für Heinz Josef Willemsen zum 65. Geburtstag, München 2018, S. 55–63, zitiert als: *Bezani*, FS Willemsen.

Bissels, Alexander/*Singraven*, Jonas/*Alma*, Seren, Anforderungen an die Massenentlassungsanzeige – Aktuelle Rechtsprechung und offene Fragen, ArbRAktuell 2021, S. 625–628.

Boecken, Winfried et al. (Hrsg.), Nomos-Kommentar Gesamtes Arbeitsrecht, 2. Auflage, Baden-Baden 2022, zitiert als: NK-ArbR/*Bearbeiter*.

Brams, Isabelle, Unionsrechtliche Impulse für das Massenentlassungsrecht, Baden-Baden 2019, zitiert als: *Brams*, Unionsrechtliche Impulse.

Braun, Axel, Handlungsoptionen bei Massenentlassungsanzeigen seit der Junk-Entscheidung des EuGH, ArbRB 2005, S. 209–212.

Brechmann, Winfried, Die richtlinienkonforme Auslegung: zugleich ein Beitrag zur Dogmatik der EG-Richtlinie, München 1994, zitiert als: *Brechmann*, Richtlinienkonforme Auslegung.

Brenncke, Martin, Europäisierung der Methodik richtlinienkonformer Rechtsfindung, EuR 2015, S. 440–461.

Büdenbender, Ulrich, Die Bedeutung der Verbrauchsgüterkaufrichtlinie für das deutsche Kaufrecht nach der Schuldrechtsreform, ZEuP 2004, S. 36–58.

Buhlinger, Melanie, Mitbestimmung bei Massenentlassungen auf Grund von Rationalisierungsmaßnahmen in Deutschland und England – Eine Untersuchung zur Notwendigkeit und zu Möglichkeiten einer Modernisierung der betrieblichen Mitbestimmung, Baden-Baden 2007, zitiert als: *Buhlinger*, Mitbestimmung bei Massenentlassungen.

Bundesministerium der Justiz (Hrsg.), Handbuch der Rechtsförmlichkeit, Empfehlungen des Bundesministeriums der Justiz für die rechtsförmliche Gestaltung von Gesetzen und Rechtsverordnungen nach § 42 Absatz 4 und § 62 Absatz 2 der Gemeinsamen Geschäftsordnung der Bundesministerien, 3. Auflage, Köln 2008, zitiert als: *Bundesministerium der Justiz*, Handbuch der Rechtsförmlichkeit.

Burg, Indra et al., Das Gregorianische Zeitalter I: Neuvermessung des Arbeitsrechts, NZA 2021, S. 449–458.

Bydlinski, Franz, Juristische Methodenlehre und Rechtsbegriff, 2. Auflage, Wien/New York 1991, zitiert als: *Bydlinski*, Methodenlehre.

Callies, Christian/*Ruffert*, Matthias (Hrsg.), EUV/AUEV, Das Verfassungsrecht der Europäischen Union mit Europäischer Grundrechtecharta – Kommentar, 6. Auflage, München 2022, zitiert als: Callies/Ruffert/*Bearbeiter*.

Canaris, Claus-Wilhelm, Die Feststellung von Lücken im Gesetz, Eine methodologische Studie über Voraussetzungen und Grenzen der richterlichen Rechtsfortbildung praeter legem. 2. Auflage, Berlin 1983, zitiert als: *Canaris*, Die Feststellung von Lücken im Gesetz.

Ders., Die Nacherfüllung durch Lieferung einer mangelfreien Sache beim Stückkauf, JZ 2003, S. 831–838.

Ders., Die richtlinienkonforme Auslegung und Rechtsfortbildung im System der juristischen Methodenlehre, in: Koziol, Helmut/Rummel, Peter (Hrsg.), Im Dienste der Gerechtigkeit, Festschrift für Franz Bydlinski, Wien 2002, S. 47–103, zitiert als: *Canaris*, FS Bydlinski.

Ders., Die verfassungskonforme Auslegung und Rechtfortbildung im System der juristischen Methodenlehre, in: Honsell, Henrich et al. (Hrsg.), Privatrecht und Methode, Festschrift für Ernst A. Kramer, Basel 2004, S. 141–159, zitiert als: *Canaris*, FS Kramer.

Ders., Gemeinsamkeiten zwischen verfassungs- und richtlinienkonformer Rechtsfindung, in: Bauer, Hartmut et al. (Hrsg.), Wirtschaft im offenen Verfassungsstaat, Festschrift für Reiner Schmidt zum 70. Geburtstag, München 2006, S. 41–60, zitiert als: *Canaris*, FS R. Schmidt.

Clemenz, Susanne, Massenentlassung zwischen deutscher Mitbestimmung und Europarecht und die Folgen einer fehlerhaften Betriebsratsbeteiligung, in: Baeck, Ulrich (Hrsg.), Festschrift für Jobst-Hubertus Bauer zum 65. Geburtstag, München 2010, S. 229–239, zitiert als: *Clemenz*, FS Bauer.

Commandeur, Gert/*Kleinebrink*, Wolfgang, Der Status des Geschäftsführers als Arbeitnehmer – Geschäftsführer als Subjekt unionsrechtlicher Schutzvorschriften, NZA-RR 2017, S. 449–663.

Däubler, Wolfgang/*Deinert*, Olaf/*Zwanziger*, Bertram (Hrsg.), KSchR – Kündigungsschutzrecht, Kündigungen und andere Formen der Beendigung des Arbeitsverhältnisses, 12. überarbeite und aktualisierte Auflage, Frankfurt am Main 2024, zitiert als: *Bearbeiter* in Däubler/Deinert/Zwanziger.

Ders. et al. (Hrsg.), Handkommentar Arbeitsrecht, Individualarbeitsrecht mit kollektivrechtlichen Bezügen, 5. Auflage, Baden-Baden 2022, zitiert als: *Bearbeiter* in Däubler/Hjort/Schubert/Wolmerath.

Daum, Jan Alexander, Der Betrieb als Organisation: eine Erprobung an matrixstrukturierten Unternehmen und Konzernen, Baden-Baden 2021, zitiert als: *Daum*, Betrieb als Organisation.

Dederichs, Mariele, Die Methodik des Gerichtshofes der Europäischen Gemeinschaften, EuR 2004, S. 345–359.

Dimsic, Matthias, Fehler im Massenentlassungsverfahren, Nationale und europäische Rechtsprechung und ihre Rechtsfolgen, NJW 2016, S. 901–906.

Dreier, Horst (Hrsg.), Grundgesetz-Kommentar, Band 2, 3. Auflage, Tübingen 2015, zitiert als: Dreier/*Bearbeiter*.

Düwell, Franz Josef (Hrsg.), Betriebsverfassungsgesetz Handkommentar, 6. Auflage, Baden-Baden 2022, zitiert als: Düwell/*Bearbeiter*.

Dzida, Boris/*Hohenstatt*, Klaus-Stefan, BAG schafft Klarheit bei Massenentlassungen, DB 2006, S. 1897–1902.

Dies., Beteiligungsverfahren bei Massenentlassungen: Welcher Betriebsrat ist zuständig?, NJW 2012, S. 27–30.

Elking, Lennart, Der „Nichtvertragliche Arbeitgeber“ – Leiharbeit im Betriebsübergang auf Entleiherseite, Baden-Baden 2014, zitiert als: *Elking*, Nichtvertragliche Arbeitgeber.

Epping, Volker/*Hillgruber*, Christian (Hrsg.), Beck'sche Online-Kommentare Grundgesetz, 58. Edition, Stand: 15. Juni 2024, München 2024, zitiert als: BeckOK/*Bearbeiter*.

Ernst, Sebastian/*Schaller*, Mathis, Die Massenentlassungsanzeige als Sammelanzeige, NZA 2021, S. 1074–1077.

Ferme, Marco/*Lipinski*, Wolfgang, Änderung der Rechtsprechung des BAG bei Massenentlassungen Systemwandel im individuellen und kollektiven Arbeitsrecht?, NZA 2006, S. 937–946.

Fitting, Karl (Begr.), *Schmidt*, Ingrid et. al (Hrsg.), Betriebsverfassungsgesetz: BetrVG mit Wahlordnung Handkommentar, 32. Auflage, München 2024, zitiert als: *Fitting*.

Fleischer, Holger/*Goette*, Wulf (Hrsg.), Münchener Kommentar zum GmbHG, Band 2, 4. Auflage, München 2023, zitiert als: MüKoGmbHG/*Bearbeiter*.

Ders./*Wedemann*, Frauke, Kodifikation und Derogation von Richterrecht, Zum Wechselspiel von höchstrichterlicher Rechtsprechung und Reformgesetzgebung im Gesellschaftsrecht, AcP 209 (2009), S. 597–627.

Fliedner, Ortlieb, Gute Gesetzgebung: welche Möglichkeit gibt es, bessere Gesetze zu machen?, FES-Analyse Verwaltungspolitik, Bonn 2001, zitiert als: *Fliedner*, Gute Gesetzgebung.

Ders., Rechtsetzung in Deutschland: Gesetzgebung in der Demokratie. 1. Auflage, Baden-Baden 2013, zitiert als: *Fliedner*, Rechtsetzung.

Forst, Gerrit, Arbeitnehmer – Beschäftigte Mitarbeiter, RdA 2014, S. 157–165.

Ders., GmbH-Fremdgeschäftsführer als Arbeitnehmer im Sinne des Unionsrechts, EuZW 2015, S. 664–667.

Franzen, Martin, Massenentlassungen und Betriebsänderung unter dem Einfluss des europäischen Gemeinschaftsrechts, ZfA 2006, S. 437–458.

Ders., Privatrechtsangleichung durch die Europäische Gemeinschaft. Berlin 1999, zitiert als: *Franzen*, Privatrechtsangleichung.

Ders./*Gallner*, Inken/*Oetker*, Hartmut (Hrsg.), Kommentar zum europäischen Arbeitsrecht, 5. Auflage, München 2024, zitiert als: EuArbRK/*Bearbeiter*.

Freckmann, Anke/*Hendricks*, Nora, Die Massenentlassungsanzeige – Kann sie noch richtig gestellt werden?, BB 2018, S. 1205–1211.

Frey, Mareike, Rechtliche Anforderungen an Massenentlassungen in der betrieblichen Praxis, in: Bontrup, Heinz-Josef (Hrsg.), Arbeit – Personal – Soziales, Festschrift zum 65. Geburtstag von Peter Pulte, Hamburg 2012, S. 77–89, zitiert als: *Frey*, FS Pulte.

Freyler, Carmen/*Gräf*, Stephan (Hrsg.) Arbeitsrecht als Richterrecht? Dokumentation der 11. Assistentinnen- und Assistententagung im Arbeitsrecht vom 28.-30. Juli 2022, Augsburg 2022, zitiert als: *Bearbeiter*, Arbeitsrecht als Richterrecht.

Frick, Karl, Der Massenentlassungsschutz nach § 20 AOG im Vergleich zur Betriebs-Stilllegungsverordnung, Dresden 1937, zitiert als: *Frick*, Massenentlassungsschutz.

Frieling, Tino, Gesetzesmaterialien als Grenze richtlinienkonformer Rechtsfortbildung, in: Effer-Uhe, Daniel et al. (Hrsg.), Richterliche Rechtsfortbildung und kodifiziertes Richterrecht, Kölner Tagung, 10.-13. September 2014, Stuttgart u.a. 2016, S. 37–73, zitiert als: *Frieling*, JbJZ 2014.

Ders., Gesetzesmaterialien und Wille des Gesetzgebers, Fallgruppen verbindlicher Willensäußerungen, Tübingen 2017, zitiert als: *Frieling*, Gesetzesmaterialien.

Gänswein, Olivier, Der Grundsatz unionsrechtskonformer Auslegung nationalen Rechts, Erscheinungsformen und dogmatische Grundlage eines Rechtsprinzips des Unionsrechts, Frankfurt am Main 2009, zitiert als: *Gänswein*, Grundsatz unionsrechtskonformer Auslegung.

Gaul, Björn (Hrsg.), Arbeitsrecht der Umstrukturierung, Betriebsübergang, Outsourcing, Umwandlung, 2. Auflage, Köln 2021, zitiert als: Gaul/*Bearbeiter*, Umstrukturierung.

Geiger, Rudolf et al. (Hrsg), EUV, AEUV, Vertrag über die Europäische Union, Vertrag über die Arbeitsweise der Europäischen Union Kommentar, 7. Auflage, München 2023, zitiert als: *Bearbeiter* in Geiger/Khan/Kotzur/Kirchmair.

Giesen, Richard, Der europäische Arbeitnehmerbegriff und die Mitglieder der Leitungsorgane von Kapitalgesellschaften, ZfA 2016, S. 47–70.

Ders., Massenentlassungsanzeige erst nach Abschluss von Sozialplanberatungen? – Anmerkung zu Anmerkung zu ArbG Berlin vom 21.2.2006 – Az. 79 CA 22399/05, SAE 2006, S. 135–140.

Goette, Wulf/*Habersack*, Mathias/*Kalss*, Susanne (Hrsg.), Münchener Kommentar zum Aktiengesetz, Band 2, 6. Auflage, München 2023, zitiert als: MüKoAktG/*Bearbeiter*.

Graf, Esther, Neue Vorgaben für die Massenentlassung – Das Konsultationsverfahren nach § 17 Abs. 2 KSchG gewinnt an Gestalt, ArbRB 2017, S. 50–54.

Grau, Timon/*Sittard*, Ulrich, Neues zum Verfahren bei Massenentlassungen? BB 2011, S. 1845–1851.

Grosche, Nils/*Höft*, Jan, Richtlinienkonforme Rechtsfortbildung ohne Grenzen? – Zugleich Besprechung von BGH, NJW 2009, Seite 427 – Quelle, NJW 2009, S. 2294–2309.

Grünberger, Johannes, Nachweisgesetz und Änderung des Kündigungsschutzgesetzes, NJW 1995, S. 2809–2813.

Grundmann, Stefan, Richtlinienkonforme Auslegung im Bereich des Privatrechts – insbesondere: der Kanon der nationalen Auslegungsmethoden als Grenze?, ZEuP 1996, S. 399–424.

Ders./Riesenhuber, Karl, Die Auslegung des Europäischen Privat- und Schuldvertragsrechts, JUS 2001, S. 529–536.

Gsell, Beate, Anmerkung zu BGH Quelle, JZ 2009, S. 522–526.

Dies., Zivilrechtsanwendung im Europäischen Mehrebenensystem, AcP 214 (2014), S. 99–150.

Dies. et al. (GesamtHrsg), beck-online.GROSSKOMMENTAR zum BGB, Buch 1, Stand: 1. April 2024, München 2024, zitiert als: BeckOGK/*Bearbeiter*.

Dies. et al. (GesamtHrsg), beck-online.GROSSKOMMENTAR zum BGB, Buch 2, Stand: 15. Januar 2021, München 2021, zitiert als: BeckOGK/*Bearbeiter*.

Gulbins, Karl-Friedrich, Massenentlassungen – Die Dunkle Bedrohung und Eine Neue Hoffnung, SPA 2023, S. 93–95.

Gundel, Jörg, Der Schutz der unternehmerischen Freiheit durch die EU-Grundrechtecharta, ZHR 180 (2016): S. 323–357.

Hager, Günter, Rechtsmethoden in Europa, Tübingen 2009, zitiert als: *Hager*, Rechtsmethoden in Europa.

Hangarter, Daniela, Arbeitnehmer mit Sonderkündigungsschutz in der Massenentlassung, FA 2017, S. 130–133.

Hassold, Gerhard, Strukturen der Gesetzesauslegung, in: Canaris, Claus-Wilhelm/Diederichsen, Uwe (Hrsg.), Festschrift fur Karl Larenz zum 80. Geburtstag am 23. April 1983, München 1983, S. 211–240, zitiert als: *Hassold*, FS Larenz.

Hau, Wolfgang/*Poseck*, Roman (Hrsg.), Beck'sche Online-Kommentare Bürgerliches Gesetzbuch, 71. Edition, Stand: 1. August 2024, München 2024, zitiert als: BeckOK/*Bearbeiter*.

Haußmann, Katrin/Thieme, Luca Marie, Reformbedarf und Handlungsoptionen in der IT-Mitbestimmung, NZA 2019, S. 1612–1620.

Heck, Philipp, Gesetzesauslegung und Interessenjurisprudenz, AcP 112 (1914), S. 1–318.

Heckmann, Dirk, Geltungskraft und Geltungsverlust von Rechtsnormen, Elemente einer Theorie der autoritativen Normgeltungsbeendigung, Mohr Siebeck 1997, zitiert als: *Heckmann*, Rechtsnormen.

Heilemann, Ullrich, Rezessionen in der Bundesrepublik Deutschland von 1966 bis 2013, WD 2019, 2019, S. 546–551.

Hennecke, Frank, Gesetzgebung im Leistungsstaat, DÖV 1988, S. 768–781.

Henninger, Thomas, Europäisches Privatrecht und Methode: Entwurf einer rechtsvergleichend gewonnenen juristischen Methodenlehre, Tübingen 2009, zitiert als: *Henninger*, Europäisches Privatrecht.

Herdegen, Matthias, Richtlinienkonforme Auslegung im Bankrecht: Schranken nach Europa- und Verfassungsrecht, WM 2005, S. 1921–1932.

Herresthal, Carsten, Rechtsfortbildung im europarechtlichen Bezugsrahmen, Methoden, Kompetenzen, Grenzen dargestellt am Beispiel des Privatrechts, München 2006, zitiert als: *Herresthal*, Rechtsfortbildung.

Ders., Voraussetzungen und Grenzen der gemeinschaftsrechtskonformen Rechtsfortbildung, EuZW 2007, S. 396–400.

Ders., Die richtlinienkonforme und die verfassungskonforme Auslegung im Privatrecht, JuS 2014, S. 289–298.

Hildebrand, Inga, Arbeitnehmerschutz von geschäftsführenden Gesellschaftsorganen im Lichte der Danosa-Entscheidung des EuGH, Frankfurt am Main 2014, zitiert als: *Hildebrand*, Arbeitnehmerschutz.

Hilf, Meinhard/*Willms*, Benno, Europa 1992: Europäisches Arbeits- und Sozialrecht, JuS 1992, S. 368–372.

Hinrichs, Oda, Kündigungsschutz und Arbeitnehmerbeteiligung bei Massenentlassungen, Europarechtliche Aspekte und Impulse, Baden-Baden 2001, zitiert als: *Hinrichs*, Kündigunsschutz.

Dies., Probleme des Konsultationsverfahrens bei Massenentlassungen, AuR 2019, S. 348–353.

Hirsch, Günter, Auf dem Weg zum Richterstaat?: Vom Verhältnis des Richters zum Gesetzgeber in unserer Zeit, JZ 2007, S. 853–858.

Hohe, Thomas, Arbeitnehmerbegriffe im Recht der Europäischen Union, Ein Plädoyer für eine funktionale Begriffsbildung, Baden-Baden 2022, zitiert als: *Hohe*, Arbeitnehmerbegriffe.

Hohenstatt, Klaus-Stefan/*Naber*, Sebastian, Diskriminierungsschutz für Organmitglieder: Konsequenzen für die Vertragsgestaltung, Zugleich Besprechung BGH v. 23.4. 2012 – II ZR 163/10, ZIP 2012, 1291, ZIP 2012, S. 1989–1996.

Dies. Organmitglieder und Massenentlassungen – Die Balkaya-Entscheidung des EuGH und ihre Folgen, EuZA 2016, S. 22–33.

Dies., Sind Fremd-Geschäftsführer Arbeitnehmer im Sinne der Massenentlassungsrichtlinie?, NZA 2014, 637–642.

Holler, Daniel E., Neues zu den Massenentlassungsverfahren! Vorgehen bei sukzessiven Massenentlassungen, Heilungswirkung der abschließenden Stellungnahme und Bestimmung der sog. Freifrist nach § 18 IV KSchG – Besprechungsaufsatz zum BAG-Urteil vom 09.06.2016 – 6 AZR 638/15, SAE 2017, S. 65–72.

Höpfner, Clemens, Die systemkonforme Auslegung, Zur Auflösung einfachgesetzlicher, verfassungsrechtlicher und europarechtlicher Widersprüche im Recht, Tübingen 2008, zitiert als: *Höpfner*, Die systemkonforme Auslegung.

Ders., Voraussetzungen und Grenzen Richtlinienkonforme Auslegung und Rechtsfortbildung, in: Busch, Christoph et al. (Hrsg.), Jahrbuch Junger Zivilrechtswissenschaftler 2009, Europäische Methodik: Konvergenz und Diskrepanz europäischen und nationalen Privatrechts, Stuttgart 2010, S. 73–108, zitiert als: *Höpfner*, JbJZ 2009.

Ders., Erwiderung, Über Sinn und Unsinn der sogenannten „richtlinienkonformen Rechtsfortbildung“, JZ 2009, S. 403–405.

Ders., Gesetzesbindung und verfassungskonforme Auslegung im Arbeits- und Verfassungsrecht, RdA 2018, S. 321–337.

Ders./*Picker*, Christian/*Temming*, Felipe (Hrsg.) beck-online. Grosskommentar zum KSchG, Stand: 1. Juni 2024, München 2024, zitiert als: BeckOGK/*Bearbeiter*.

Ders./*Rüthers*, Bernd, Grundlagen einer europäischen Methodenlehre, AcP (209) 2009, S. 1–36.

Hördt, Michael, Die jüngste Rechtsprechung zur Massenentlassungsanzeige und ihre Auswirkungen auf die Beratungspraxis, ArbRAktuell 2022, S. 93–96.

Horn, Kristian, Arbeitsrechtlicher Kündigungsschutz und Europarecht, Zur Europarechtskonformität von § 2 IV AGG unter Berücksichtigung der Bestimmungen zum allgemeinen und besonderen Kündigungsschutz, Baden-Baden 2009, zitiert als: *Horn*, Arbeitsrechtlicher Kündigungsschutz.

v. Hoyningen-Huene, Gerrick/*Kneip*, Kristina, Die Massenentlassung zwischen Europarecht und § 17 KSchG, in: Henssler, Martin/Maties, Martin/Preis, Ulrich (Hrsg.) Moderne Arbeitswelt, Festschrift für Prof. Rolf Wank zum 70. Geburtstag, München 2014, S. 161–174, zitiert als: *v. Hoyningen-Huene*/*Kneip*, FS Wank.

Hütter, Gisela, Anmerkung zur Vorlage an den EuGH vom 7. 11. 2014, Rs. C-422/14, ZESAR 2015, S. 27–30.

Hützen, Peter, (Un-)Gelöste Probleme des Massenentlassungsanzeigeverfahrens, ZinsO 2012, S. 1801–1811.

Jacobi, Erwin, Betrieb und Unternehmen als Rechtsbegriffe, in: Festschrift der Leipziger Juristenfakultät für Dr. Victor Ehrenberg zum 26. März 1926, Leipzig 1926, S. 1–39, zitiert als: *Jacobi*, FS Ehrenberg.

Jacobs, Matthias, Reformbedarf im Arbeitszeitrecht, NZA 2016, S. 733–737.

Ders./Frieling, Tino, Revisibilität ausländischen Rechts in den deutschen Verfahrensgesetzen – zugleich Besprechung des Beschlusses des Bundesgerichtshofs vom 4. Juli 2013, ZZP 2014, S. 137–168.

Ders./Münder, Matthias, Urlaubsrecht im europäischen Wandel – Teil I, RdA 2019, S. 332–347.

Ders./Naber, Sebastian, Massenentlassungen – Kündigungserklärung als Zeitpunkt der Entlassung", SAE 2006, S. 61–68.

Jarass, Hans D., Richtlinienkonforme bzw. EG-rechtskonforme Auslegung nationalen Rechts, EuR 1991, S. 211–223.

Ders./Kment, Martin (Hrsg.), Grundgesetz für die Bundesrepublik Deutschland Kommentar, 18. Auflage, München 2024, zitiert als: Jarass/Pieroth/*Bearbeiter*.

Jares, Patricia/*Fuchs*, Felix, Massenentlassungen in Konzernsachverhalten – Die Hürden des Konsultationsverfahrens, NZA 2020, S. 1071–1079.

Junker, Abbo, Die Auslegung der Richtlinie 98/59/EG durch den Europäischen Gerichtshof, ZfA 2018, S. 73–91.

Ders., EU-Arbeitsrecht in Zeiten der Eurosklerose, EuZA 2016, S. 428–444.

Kamanabrou, Sudabeh, Richtlinienkonforme Auslegung im Rechtsvergleich: eine Untersuchung am Beispiel des Urlaubsrechts, Tübingen 2021, zitiert als: *Kamanabrou*, Richtlinienkonforme Auslegung.

Kämmerer, Jörn-Axel/*Kotzur*, Markus (Hrsg.), Grundgesetz Kommentar, Band 1, 7. Auflage, München 2021, zitiert als: v. Münch/Kunig/*Bearbeiter*.

Karpen, Ulrich, Gesetzgebungslehre neu evaliuiert – Legistics – freshly evaluated. 2. erweiterte Auflage, Baden-Baden 2008, zitiert als: *Karpen*, Gesetzgebungslehre.

Kerwer, Christof, Die Nebel lichten sich – Mehr Klarheit bei Massenentlassungen, SAE 2009, S. 143–149.

Kiel, Henrich/*Lunk*, Stefan/*Oetker*, Hartmut (Hrsg.), Münchener Handbuch zum Arbeitsrecht, Band 2, 5. Auflage, München 2021, zitiert als: *Bearbeiter* in MünchHdbArbR.

Kirchhof, Paul, Sprachstil und System als Geltungsbedingung des Gesetzes, NJW 2002, S. 2760–2761.

Klamert, Marcus, Die richtlinienkonforme Auslegung nationalen Rechts, Wien 2001, zitiert als: *Klamert*, Richtlinienkonforme Auslegung.

Klebe, Thomas, Betriebsrat 4.0 – Digital und global?, NZA-Beilage 2017, S. 77–84.

Klein, Thomas/*Hlava*, Daniel, Zählen Geschäftsführer als Arbeitnehmer im Sinne der Massenentlassungsrichtlinie, AuR 2016, S. 76–80.

Kleinschmidt, Curt, Die Relativität der Nichtigkeit bei Massenentlassungen, Köln 1963, zitiert als: *Kleinschmidt*, Massenentlassungen.

Kliemt, Michael, Altersgrenzen für Vorstandsmitglieder – noch rechtskonform?, RdA 2015, S. 232–238.

Ders., Neue Spielregeln für Massenentlassungen durch die Junk-Entscheidung des EuGH?, in: Bauer, Jobst-Hubertus (Hrsg.), Arbeitsgemeinschaft Arbeitsrecht im Deutschen Anwaltverein, Festschrift zum 25-jährigen Bestehen, Berlin 2006, S. 1237–1254, zitiert als: *Kliemt*, FS ARGE.

Kloppenburg, Thomas, Verletzung des Gleichheitssatzes durch Ausschluss einer Frau in Elternzeit vom Massenentlassungsschutz – Anmerkung zu BVerfG 1. Senat 3. Kammer, stattgebender Kammerbeschluss vom 08.06.2016 – 1 BvR 3634/13, jurisPR-ArbR 3/2017, Anm. 1.

Klumpp, Steffen, Der EuGH und die Massenentlassung – Zeit für „Junk II"?, NZA 2006, S. 703–709.

Ders./Holler, Daniel E., Die Berufsgruppe nach § 17 KSchG, NZA 2018, S. 408–412.

Kneip, Kristina, Das Konsultationsverfahren nach § 17 Abs. 2 KSchG bei Massenentlassungen, Göttingen 2019, zitiert als: *Kneip*, Konsultationsverfahren.

Koch, Hans-Joachim/*Rüßmann*, Helmut, Juristische Begründungslehre, Eine Einführung in die Grundprobleme der Rechtswissenschaft, München 1982, zitiert als: *Koch/Rüßmann*, Juristische Begründungslehre.

Kocher, Eva (Hrsg.), Europäisches Arbeitsrecht, 2. Auflage, Baden-Baden 2020, zitiert als: *Kocher*, Europäisches Arbeitsrecht.

Konzen, Horst, Auswirkungen der europäischen Rechtsentwicklung auf das deutsche Arbeitsrecht, ZfA 2005, S. 189–209.

Kort, Michael, Sind GmbH-Geschäftsführer und Vorstandsmitglieder diskriminierungsschutzrechtlich Arbeitnehmer?, NZG 2013, S. 601–607.

Kortmann, Ulrich/*Brungs*, Mario, Stolpersteine bei der Massenentlassungsanzeige, ArbRAktuell 2017, S. 355–357.

Kosanović, Christine, Facetten von Regulierung und Bestandsschutz am Beispiel der betriebsbedingten Beendigung des Arbeitsverhältnisses, Eine arbeits- und sozialrechtliche Untersuchung von Systematik, Rechtswirkung und Perspektiven im verfassungsrechtlichen Kontext, Baden-Baden 2019, zitiert als: *Kosanović*, Regulierung und Bestandsschutz.

Kramer, Ernst A., Juristische Methodenlehre, 5. Auflage, München 2016, zitiert als: *Kramer*, Juristische Methodenlehre.

Krebber, Sebastian, Massenentlassungen aus betriebsbedingten oder wirtschaftlichen Gründen – Unionsrechtliche Vorgaben und Überblick über deren Umsetzung in den Mitgliedstaaten, RdA 2018, S. 271–286.

Ders., Unionsrechtliches Arbeitsrecht vor dem Gerichtshof der Europäischen Union in den Jahren 2020 und 2021, ZfA 2022, S. 376–430.

Krieger, Steffen/*Ludwig*, Gero, Das Konsultationsverfahren bei Massenentlassungen – Praktischer Umgang mit einem weitgehend unbekannten Wesen, ZfA 2010, S. 919–925.

Krings, Hannah, Der unionsrechtliche Betriebsbegriff im Massenentlassungsrecht, NJW 2020, S. 2765–2767.

Kunz, Jürgen et al. (Hrsg.), Praxis des Arbeitsrechts, Arbeitsrecht – Steuerrecht – Sozialversicherungsrecht, 7. Auflage, Bonn 2023, zitiert als: *Bearbeiter* in Kunz/Henssler/Nebeling/Beck.

Langwieler, Albert, Betriebsstilllegungen im Akzo-Konzern: Bilanz eines auf internationaler Ebene durchgeführten Kampfes von Arbeitnehmern und Gewerkschaften, Einführung in die internationale Gewerkschaftspolitik, Berlin 1978, S. 24–36.

Larenz, Karl, Methodenlehre der Rechtswissenschaft. 6. Auflage, Berlin/New York 1991, zitiert als: *Larenz*, Methodenlehre.

Ders./Canaris, Claus-Wilhelm, Methodenlehre der Rechtswissenschaft. 3. Auflage, Berlin/Heidelberg 1995, zitiert als *Larenz/Canaris*, Methodenlehre.

Laskawy, Dirk Helge, Verfassungswidrige faktische Diskriminierung durch Ausschluss einer Arbeitnehmerin in Elternzeit vom Massenentlassungsschutz, EWiR 2016, S. 711–712.

Lelley, Jan Tibor/*Taterka*, Björn, Anzeigepflichtige Entlassungen und Massenentlassungsanzeige – vom BAG neu justiert, DB 2013, S. 2564–2567.

Lembke, Mark/*Ludwig*, Pascal M., Massenentlassung im Einsatzbetrieb: Zählen Leiharbeitnehmer mit?, FA 2015, S. 350–353.

Ders./Oberwinter, Jens-Wilhelm, Massenentlassungen zwei Jahre nach „Junk" – Eine Bestandsaufnahme, NJW 2007), S. 721–729.

Ders./Tegel, Johannes, Soll-Angaben = Muss-Angaben? Neue Fragen im Recht der Massenentlassung, BB 2022, S. 1084–1088.

Leopold, Andreas, Mutterschutz für Mitglieder der Unternehmensleitung, ZESAR 2011, S. 362–368.

Lieske, Steffen. Diskriminierungsschutz und unternehmerische Freiheit, Berlin 2011, zitiert als: *Lieske*, Unternehmerische Freiheit.

Lingemann, Stefan/*Otte*, Jörn, GmbH-Geschäftsführer zählen bei Massenentlassungen mit – der allgemeine europäische Arbeitnehmerbegriff, DB 2015, S. 1965–1966.

Ders./Steinhauser, Rut, Alte und neue Fallen beim Ausspruch von Kündigungen – Massenentlassungsanzeige, NJW 2017, S. 2245–2248.

Lobinger, Thomas, Zum Unterlassungsanspruch des Betriebsrats bei Betriebsänderungen, in: Annuß, Georg (Hrsg.), Festschrift für Reinhard Richardi zum 70. Geburtstag, München 2007, S. 657–678, zitiert als: *Lobinger*, FS Richardi.

Lohse, Eva Julia, Rechtsangleichungsprozesse in der Europäischen Union, Instrumente, Funktionsmechanismen und Wirkparameter effektiver Harmonisierung, Tübingen 2017, zitiert als: *Lohse*, Rechtsangleichungsprozesse.

Looschelders, Dirk/*Roth*, Wolfgang, Juristische Methodik im Prozeß der Rechtsanwendung, Zugleich ein Beitrag zu den verfassungsrechtlichen Grundlagen von Gesetzesauslegung und Rechtsfortbildung, Berlin 1996, zitiert als: *Looschelders/Roth*, Juristische Methodik.

Löwisch, Manfred, Änderung des Kündigungsschutzgesetzes, NJW 1978, S. 1237–1238.

Ders. et al. (Hrsg.), Kommentar zum KSchG, 11. Auflage, Frankfurt am Main 2018, zitiert als: LSSW/*Bearbeiter*.

Lücke, Oliver, Der Status des GmbH-Geschäftsführers: (K)ein Arbeitnehmer!?, NJOZ 2009, S. 3469–3477.

Lüders, Holger, Interessenausgleichsverhandlungen — Formelle Stolperfallen vermeiden! in: Gallner, Inken et al. (Hrsg.), Dynamisches Recht, Herausforderungen im Arbeitsrecht, Gesellschaftsrecht und Insolvenzrecht, Festschrift für Wilhelm Moll zum 70. Geburtstag, München 2019, S. 395–422, zitiert als: *Lüders*, FS Moll.

Ludwig, Daniel/*Hinze*, Jacob, Das Massenentlassungsanzeigeverfahren – häufige Fehler und Vermeidungsstrategien, NZA 2020, S. 694–699.

Ders./Kemma, Annika, Betriebsänderung und Beteiligung der Schwerbehindertenvertretung, NZA 2019, S. 1547–1551.

Lunk, Stefan, Der EuGH und die deutschen GmbH-Fremdgeschäftsführer – Auf dem Weg zum Arbeitnehmerstatus?, NZA 2015, S. 917–920.

Ders., Die originäre Zuständigkeit des Gesamtbetriebsrats gem. § 50 I 1 BetrVG – eine kritische Bestandsaufnahme der Fallgruppen, NZA 2013, S. 233–238.

Ders., Mutterschutz für GmbH-Geschäftsführerin, Deutsches Arbeitsrecht im Widerstreit mit Verfassungs- und Europarecht, in: Baeck, Ulrich et al. (Hrsg.), Festschrift für Jobst-Hubertus Bauer zum 65. Geburtstag, München 2010, S. 705–719, zitiert als: *Lunk*, FS Bauer.

Ders./Hildebrand, GmbH-Geschäftsführer und Massenentlassungen, NZA 2016, S. 129–135.

Ders./Rodenbusch, Vincent, Der unionsrechtliche Arbeitnehmerbegriff und seine Auswirkungen auf das deutsche Recht, GmbHR 2012, S. 188–195.

Lutter, Marcus, Die Auslegung angeglichenen Rechts, JZ 1992, S. 593–607.

Maschmann, Frank, Was ist ein Betrieb im Sinne der Massenentlassungsrichtlinie?, EuzA 2015, S. 488–500.

Mauthner, Annemarie, Die Massenentlassungsrichtlinie der EG und ihre Bedeutung für das deutsche Massenentlassungsrecht, Heidelberg 2004, zitiert als: *Mauthner*, Massenentlassungsrichtlinie.

Mazurek, Daniel, Massenentlassungsschutz und Sonderkündigungsschutz, Eine dogmatische Analyse zur Einbeziehung von Arbeitnehmern mit Sonderkündigungsschutz in das Massenentlassungsverfahren, Berlin 2024, zitiert als: *Mazurek*, Sonderkündigungsschutz.

Meinel, Gernod/*Degen*, Jakob, Sollen oder müssen? – Zur Auslegung von § 17 Abs. 3 S. 5 KSchG“, RdA 2022, S. 41–50.

Mengel, Anja/*Blume*, Emilia, Die Rechtsfolge von Verstößen gegen § 17 Abs. 3 Satz 1 KSchG, Zum Vorlagebeschluss des Sechsten Senats des BAG vom 27.1.2022 und zur Entscheidung des EuGH v. 13.7.2023 – C-134/22, ZfA 2023, S. 451–459.

Michael, Lothar/*Payandeh*, Mehrdad, Richtlinienkonforme Rechtsfortbildung zwischen Unionsrecht und Verfassungsrecht, NJW 2015, S. 2392–2398.

Mödinger, Maximilian, Bessere Rechtsetzung – Leistungsfähigkeit eines europäischen Konzepts, Tübingen 2020, zitiert als: *Mödinger*, Bessere Rechtsetzung.

Moll, Wilhelm, Elternzeit und Massenentlassung, in: Bepler, Klaus et al. (Hrsg.), Arbeitsrecht bei Änderung der Unternehmensstruktur, Festschrift für Heinz Josef Willemsen zum 65. Geburtstag, München 2018, S. 319–329, zitiert als: *Moll*, FS Willemsen.

Ders., Betriebsbegriff im Massenentlassungsrecht und Rechtsfolgen fehlerhafter Massenentlassungsanzeigen, RdA 2021, S. 49–57.

Möllers, Thomas M.J., Doppelte Rechtsfortbildung contra legem?, EuR 1998, S. 20–46.

Ders./Möhring, Alexandra, Recht und Pflicht zur richtlinienkonformen Rechtsfortbildung bei generellem Umsetzungswillen des Gesetzgebers – Zugleich Besprechung von EuGH Rs. C-404/06 (Quelle AG/Bundesverbandder Verbraucherzentralen und Verbraucherverbände) –", JZ 2008, S. 919–923.

Morgenbrodt, Kai, Der Arbeitnehmerbegriff des Massenentlassungsrechts, ZESAR 2017, S. 17–26.

Mörsdorf, Oliver, Unmittelbare Anwendung von EG-Richtlinien zwischen Privaten in der Rechtsprechung des EuGH, EuR 2009, S. 219–241.

Mückl, Patrick, Unwirksam, weil auslegungsbedürftig? – Die Stellungnahme des Betriebsrats nach § 17 III 2 KSchG als Stolperstein für eine wirksame Massenentlassungsanzeige?, *ArbRAktuell* 2011, S. 238–241.

Ders./Vielmeier, Stephan, Die richtige Durchführung des Massenentlassungsverfahrens – Praktische Konsequenzen und aktuelle Entwicklungen im Überblick, NJW 2017, S. 2956–2961.

Müller-Glöge, Rudi/*Preis*, Ulrich/*Schmidt*, Ingrid (Hrsg.), Beck'sche Kurz-Kommentare, Erfurter Kommentar zum Arbeitsrecht, 24. Auflage, München 2024, zitiert als: ErfK/*Bearbeiter*.

Münder, Matthias, Richtlinienkonforme Auslegung und Fortbildung von Tarifverträgen, Berlin 2021, zitiert als: *Münder*, Richtlinienkonforme Auslegung und Fortbildung von Tarifverträgen.

Naber, Sebastian, Der massenhafte Abschluss arbeitsrechtlicher Aufhebungsverträge, Freiburg 2009, zitiert als: *Naber*, Aufhebungsverträge.

Ders., Fortsetzung folgt: Wieviel Individualschutz steckt in der Massenentlassungsrichtlinie? Besprechung von EuGH Urt. v. 13.7.2023 – C-134/22", NZA 2023, S. 942–944.

Neuner, Jörg, Die Rechtsfindung contra legem, 2. Auflage, München 2005, zitiert als: *Neuner*, Rechtsfindung contra legem.

Niklas, Thomas/*Koehler*, Lisa-Marie, Vermeidung von Problemen bei Massenentlassungsanzeigen, NZA 2010, S. 913–919.

Noack, Ulrich/*Servatius*, Wolfgang/*Haas*, Ulrich (Hrsg.). Beck'sche Kurz-Kommentare GmbHG, 23. Auflage, München 2022, zitiert als: NSH/*Bearbeiter*.

Noll, Peter, Prinzipien der Gesetzgebungstechnik, in: Noll, Peter (Hrsg.), Rechtsfindung, Beiträge zur juristischen Methodenlehre, Festschrift für Oscar Adolf Germann zum 80. Geburtstag, Bern 1969, S. 159–174, zitiert als: *Noll*, FS Germann.

Oberthür, Nathalie, Unionsrechtliche Impulse für den Kündigungsschutz von Organvertretern und Arbeitnehmerbegriff, NZA 2011, S. 253–258.

Oetker, Hartmut, Massenentlassung und Betriebsverfassung – Rückblick und Ausblick, in: Gräfl, Edith et al. (Hrsg.), 100 Jahre Betriebsverfassungsrecht, München 2020, S. 557–570, zitiert als: *Oetker*, FS 100 Jahre BetrVR.

Ders./Preis, Ulrich (Hrsg.), Europäisches Arbeits- und Sozialrecht, Rechtsvorschriften, Systematische Darstellungen und Entscheidungssammlung, Loseblattsammlung, 207. Aktualisierung Juli 2019, München 2019, zitiert als: *Bearbeiter* in Oetker/Preis, EAS.

Dies. (Hrsg.), Europäisches Arbeits- und Sozialrecht, Rechtsvorschriften, Systematische Darstellungen und Entscheidungssammlung, Loseblattsammlung, 209. Aktualisierung November 2019, München 2019, zitiert als: *Bearbeiter* in Oetker/Preis, EAS.

O'Hara, Laurence, Konsistenz und Konsens, Die Anforderungen des Grundgesetzes an die Folgerichtigkeit der Gesetze, Tübingen 2018, zitiert als: *O'Hara*, Konsistenz und Konsens.

Opolony, Bernhard, Die anzeigepflichtige Entlassung nach § 17 KSchG, NZA 1999, S. 791–795.

Osnabrügge, Stephan, Massenentlassungen – Kein russisches Roulette für Arbeitgeber, NJW 2005, S. 1093–1095.

Papier, Hans-Jürgen/*Möller*, Johannes, Das Bestimmtheitsgebot und seine Durchsetzung, AöR 122 (1997), S. 178–211.

Payrhuber, Melanie/*Stelkens*, Ulrich, „1:1-Umsetzung" von EU-Richtlinien: Rechtspflicht, rationales Politikkonzept oder (wirtschafts)politischer Populismus? – zugleich zu Unterschieden zwischen Rechtsangleichungs- und Deregulierungsrichtlinien –, EuR 2019, S. 190–222.

Pechstein, Matthias/*Nowak*, Carsten/*Häde*, Ulrich (Hrsg.), Frankfurter Kommentar zu EUV, GRC und AEUV, Band 3, 2. Auflage, Tübingen 2023, zitiert als: Pechstein/Nowak/Häde/*Bearbeiter*.

Gallner, Inken/*Mestwerdt*, Wilhelm/*Nägele*, Stefan (Hrsg.), Kündigungsschutzrecht Handkommentar, 7. Auflage, Baden-Baden 2021, zitiert als: GMN/*Bearbeiter*.

Pfeiffer, Thomas, Richtlinienkonforme Auslegung gegen den Wortlaut des nationalen Gesetzes – Die Quelle-Folgeentscheidung des BGH, NJW 2009, S. 412–413.

Piekenbrock, Andreas/*Schulze*, Götz, Die Grenzen richtlinienkonformer Auslegung – autonomes Richterrecht oder horizontale Drittwirkung, WM 2002, S. 521–529.

Podlech, Adalbert, Wertungen und Werte im Recht, AöR 95 (1970), S. 185–223.

Preis, Ulrich/*Sagan*, Adam (Hrsg.), Europäisches Arbeitsrecht, Grundlagen – Richtlinien – Folgen für das deutsche Recht, 2. Auflage, Köln 2019, zitiert als: *Bearbeiter* in: Preis/Sagan, Europäisches Arbeitsrecht.

Dies., Der GmbH-Geschäftsführer in der arbeits- und diskriminierungsrechtlichen Rechtsprechung des EuGH, BGH und BAG, ZGR 2013, S. 26–75.

Probst, Thomas, Die Grenze des möglichen Wortsinns: methodologische Fiktion oder hermeneutische Realität?, in: Honsell, Henrich et al. (Hrsg.), Privatrecht und Methode, Festschrift für Ernst A. Kramer, Basel 2004, S. 249–269, zitiert als: *Probst*, FS Kramer.

Redeker, Konrad, Auf der Suche nach besserer Gesetzgebung, NJW 2002, S. 2756–2759.

Reichold, Hermann, Die reformierte Betriebsverfassung 2001, NZA 2001, S. 857–865.

Reinhard, Barbara, Rechtsfolgen fehlerhafter Massenentlassungen, RdA 2007, S. 207–216.

Richardi, Reinhard (Hrsg.), Kommentar zum Betriebsverfassungsgesetz mit Wahlordnung, 17. Auflage, München 2022, zitiert als: Richardi/*Bearbeiter*.

Riesenhuber, Karl (Hrsg.), Europäisches Arbeitsrecht, 2. Auflage, Berlin 2021, zitiert als: *Riesenhuber*, Europäisches Arbeitsrecht.

Ders. (Hrsg.), Europäische Methodenlehre, 4. Auflage, Berlin 2021, zitiert als: Riesenhuber/*Bearbeiter*, Europäische Methodenlehre.

Ders./Domröse, Ronny, Richtlinienkonforme Rechtsfindung und nationale Methodenlehre, RIW 2005, S. 47–54.

Rolfs, Christian et al. (Hrsg.), Beck'sche Online-Kommentare Arbeitsrecht, 72. Edition, Stand: 1. Juni 2024, München 2024, zitiert als: BeckOK ArbR/*Bearbeiter*.

Rosenkranz, Frank, Die Beschränkung der Rückwirkung von Entscheidungen des Europäischen Gerichtshofs, Tübingen 2015, zitiert als: *Rosenkranz*, Rückwirkung von Entscheidungen.

Roth, Wulf-Henning, Die richtlinienkonforme Auslegung, EWS 2005, S. 385–396.

Rüthers, Bernd, Demokratischer Rechtsstaat oder oligarchischer Richterstaat?, JZ 2002, S. 365–371.

Ders., Methodenrealismus in Jurisprudenz und Justiz, JZ 2006, S. 53–104.

Ders., Trendwende im BVerfG?, NJW 2009, S. 1461–1462.

Ders./Höpfner, Clemens, Analogieverbot und subjektive Auslegungsmethode, JZ 2005, S. 21–25.

Ders./Fischer, Christian/*Birk*, Axel (Hrsg.), Rechtstheorie und juristische Methodenlehre, 12. Auflage, München 2022, zitiert als: Rüthers/Fischer/Birk/*Bearbeiter*.

Sachs, Michael, Grundgesetz Kommentar, 9. Auflage, München 2021, zitiert als: Sachs/*Bearbeiter*.

Säcker, Franz Jürgen et al. (Hrsg.), Münchener Kommentar zum Bürgerlichen Gesetzbuch, Band 4, 8. Auflage, München 2019, zitiert als: MüKoBGB/*Bearbeiter*.

Dies. (Hrsg.), Münchener Kommentar zum Bürgerlichen Gesetzbuch, Band 5, 9. Auflage, München 2023, zitiert als: MüKoBGB/*Bearbeiter*.

Dies. (Hrsg.), Münchener Kommentar zum Bürgerlichen Gesetzbuch, Band 6, 9. Auflage, München 2023, zitiert als: MüKoBGB/*Bearbeiter*.

Salamon, Erwin, Der richtige betriebsverfassungsrechtliche Konsultationspartner gem. § 17 KSchG, BB 2015, S. 1653–1658.

Schäfer, Sebastian, Sanktionssystem für Fehler im Massenentlassungsanzeigeverfahren – Kurswechsel des BAG?, NZA 2023, S. 857–862.

Schaub, Günter (Begr.), *Ahrendt*, Martina et al. (Hrsg.), Arbeitsrechtshandbuch, Systematische Darstellung und Nachschlagewerk für die Praxis, 20. Auflage, München 2023, zitiert als: Schaub/*Bearbeiter* in ArbR–Hdb.

Schiefer, Bernd, Rechtsprechungsübersicht zum Individualarbeitsrecht (Teil 2) – Unter Berücksichtigung individualrechtlicher Entscheidungen im Zeitraum Ende 2019 bis November 2020 –, DB 2020, S. 2521–2526.

Schilling, Theodor, Bestand und allgemeine Lehren des bürgerschützenden allgemeinen Rechtsgrundsätzen des Gemeinschaftsrechts, EuGRZ 2000, S. 3–43.

Schlachter, Monika, Grenzen zulässiger Rechtsfortbildung und Pflicht zur Umsetzung des Unionsrechts, EuZA 2015, S. 1–14.

Dies., Methoden der Rechtsgewinnung zwischen EuGH und der Arbeitsgerichtsbarkeit, ZfA 2007, S. 249–275.

Dies., Richtlinienkonforme Rechtsfindung – ein neues Stadium im Kooperationsverhältnis zwischen EuGH und den nationalen Gerichten – Besprechung des Urteils EuGH v. 5.10.2004 – C-397/01 bis C-403/01, RdA 2005, S. 115–120.

Dies./Heinig, Hans Michael (Hrsg.), Enzyklopädie Europarecht, Europäisches Arbeits- und Sozialrecht, 2. Auflage, Baden-Baden 2021, zitiert als: *Bearbeiter* in Schlachter/Heinig.

Schmidt, Constanze/*Wilkening*, Friedrich Amadeus, Reformbedarf im Rahmen von Massenentlassungen – Umformulierung von § 17 KSchG, NZA-RR 2017, S. 169–176.

Schnapp, Friedrich E., Unbegrenzte Nachbesserung von Gesetzen bei unklarer und verworrener Rechtslage?, JZ 2011, S. 1125–1133.

Schönemeyer, Meike, Die Pflicht des Bundesverfassungsgerichts zur Vorlage an den Gerichtshof der Europäischen Union gem. Art. 267 Abs. 3 AEUV, Berlin 2014, zitert als: *Schönemeyer*, Pflicht des BVerfG zur Vorlage an den EuGH.

Scholz, Franz (Hrsg.), Scholz, Kommentar zum GmbH-Gesetz, Band 2, §§ 32–52 GmbHG, 12. Auflage, Köln 2021, zitiert als: Scholz/*Bearbeiter*.

Schramm, Nils/*Kuhnke*, Michael, Das Zusammenspiel von Interessenausgleichs- und Massenentlassungsanzeigeverfahren, NZA 2011, S. 1071–1074.

Stahlhacke, Eugen (Begr.), *Preis*, Ulrich/*Vossen*, Reinhard (Hrsg.), Kündigung und Kündigungsschutz im Arbeitsverhältnis, 11. Auflage, München 2015, zitiert als: Stahlhacke/Preis/Vossen/*Bearbeiter*.

Streinz, Rudolf (Hrsg.), Bech'sche Kurz-Kommentare EUV/AEUV, Vertrag über die Europäische Union, Vertrag über die Arbeitsweise der Europäischen Union, Charta der Grundrechte der Europäischen Union, 3. Auflage, München 2018, zitiert als: Streinz/*Bearbeiter*.

Schubert, Claudia, Unwirksamkeit der Kündigungen des Cockpit-Personals von Air Berlin wegen fehlerhafter Massenentlassungsanzeige, EWiR 2020, S. 509–10.

Dies./Schmitt, Laura, Durchführung von Massenentlassungen bei einer Mehrzahl von Arbeitnehmervertretungen im Betrieb – offene Fragen des Massenentlassungsrechts, ZESAR 2020, S. 53–61.

Dies. One sanction fits all? – Die Unwirksamkeit der Kündigung bei Fehlern im Massenentlassungsverfahren als unverhältnismäßige Sanktion, in: Gallner, Inken (Hrsg.), Jahrbuch des Arbeitsrechts – Dokumentation für das Jahr 2021 –, Berlin 2022, S. 81–105, zitiert als: *Schubert/Schmitt*, JbArbR 2022 (59).

Schulze-Fielitz, Helmuth, Grenzen rationaler Gesetzesgestaltung, insbesondere im Leistungsrecht, DÖV 1988, S. 758–769.

Ders., Theorie und Praxis parlamentarischer Gesetzgebung: bes. d. 9. Dt. Bundestages (1980–1983), Berlin 1988, zitiert als: *Schulze-Fielitz*, Parlamentarische Gesetzgebung.

Ders., Wege, Umwege oder Holzwege zu besserer Gesetzgebung durch sachverständige Beratung, Begründung, Folgeabschätzung und Wirkungskontrolle?, JZ 2004, S. 862–871.

Schünemann, Bernd, Die Gesetzesinterpretation im Schnittfeld von Sprachphilosophie, Staatsverfassung und juristischer Methodenlehre, in: Kohlmann, Günter (Hrsg.), Rechtsphilosophie, Rechtstheorie, Festschrift für Ulrich Klug zum 70. Geburtstag, Band 1, Köln 1983, S. 169–186, zitiert als: *Schünemann*, FS Klug.

Schürnbrand, Jan, Die Grenzen richtlinienkonformer Rechtsfortbildung im Privatrecht, JZ 2007, S. 910–918.

Schwartz, Martina, Von der Massenentlassung zur Massenkündigung?, Die Massenentlassung aus der Sicht eines Arbeitgeberverbandes, in: Düwell, Franz Josef/Stückemann, Wolfgang/Wagner, Volker (Hrsg.), Bewegtes Arbeitsrecht, Festschrift für Wolfgang Leinemann, Luchterhand 2006, S. 365–388, zitiert als: *Schwartz*, FS Leinemann.

Schwarz, Kyrill-A./*Bravidor*, Christoph, Kunst der Gesetzgebung und Begründungspflichten des Gesetzgebers, JZ 2011, S. 653–659.

Schwarze, Jürgen et al. (Hrsg.), Schwarze EU-Kommentar, 4. Auflage, Baden-Baden 2019, zitiert als: Schwarze/*Bearbeiter*.

Schwarze, Roland, Die Zukunft der Betriebsverfassung, RdA 2019, S. 115–120.

Seel, Henning-Alexander, Personalabbau – Leitfaden für ordnungsgemäßen Ablauf einer Massenentlassung, MDR 2007, S. 937–942.

Seidel, Sören/*Wagner*, David, Aktuelle Probleme bei der Massenentlassungsanzeige, BB 2018, S. 692–699.

Senk, Clara, Betriebsbegriffe, Tübingen 2022, zitiert als: *Senk*, Betriebsbegriffe.

Dies., Gemeinsame Anmerkung zu den Urteilen des BAG vom 27.2.2020 – 8 AZR 244/19 und 8 AZR 215/19, AP BGB § 613a Nr. 480.

Spelge, Karin, Das Konsultationsverfahren als Teil des Massenentlassungsschutzes – Labyrinth ohne Ausweg? NZA-Beilage 2017, S. 108–113.

Dies., Die Gewährung von Massenentlassungsschutz im Europäischen Mehrebenensystem – Eine unlösbare Aufgabe?, RdA 2018, S. 297–305.

Dies., Die Massenentlassungsrichtlinie – Vom Schattendasein zum Hot Spot des Kündigungsschutzrechts, EuZA 2018, S. 67–87.

Dies., Massenentlassung zwischen BAG, BVerfG und EuGH, NZA-Beilage 2021, S. 34–39.

Dies., Mit dem Latein am Ende? – Zu den Grenzen der unionsrechtskonformen Auslegung, ZAT 2023, S. 98–101.

Spetzler, Eugen, Die richtlinienkonforme Auslegung als vorrangige Methode steuerjuristischer Hermeneutik, RIW 1991, S. 579–582.

Spitzlei, Thomas, Die Gesetzesbegründung und ihre Bedeutung für die Gesetzesauslegung, JuS 2022, S. 315–319.

Stamer, Katrin, Zuständigkeitsfragen bei Umstrukturierungen, in: Bepler, Klaus et al. (Hrsg.), Arbeitsrecht bei Änderung der Unternehmensstruktur, Festschrift für Heinz Josef Willemsen zum 65. Geburtstag, München 2018, S. 541–552, zitiert als: *Stamer*, FS Willemsen.

Steike, Jörn, Die Durchführung der Massenentlassung, DB 1995, 674–675.

v. Steinau-Steinrück, Robert, In welchem Maß schützt Schwangerschaft vor Kündigung?, NJW-Spezial 2018, S. 242–243.

Ders./Bertz, Marcus, Die Handhabbarkeit des Massenentlassungsverfahrens, NZA 2017, S. 145–151.

Dies., Handhabung der Massenentlassung, NJW-Spezial 2016, S. 690–691.

Steinbach, Armin, *Rationale Gesetzgebung*, Tübingen 2017, zitiert als: *Steinbach*, Rationale Gesetzgebung.

Stenslik, Bastian-Peter, Der Fremd-Geschäftsführer als Arbeitnehmer i.S.d Unionsrechts, DStR 2015, S. 2334–2336.

Stratenwerth, Günter, Zum Streit der Auslegungstheorien, in: Noll, Peter (Hrsg.), Rechtsfindung, Beiträge zur juristischen Methodenlehre, Festschrift für Oscar Adolf Germann zum 80. Geburtstag, Bern 1969, S. 257–273, zitiert als: *Stratenwerth*, FS Germann.

Suhr, Jan, Richtlinienkonforme Auslegung im Privatrecht und nationale Auslegungsmethodik, Baden-Baden 2011, zitiert als: *Suhr*, Richtlinienkonforme Auslegung im Privatrecht.

Temming, Felipe, Der arbeitsrechtliche Kündigungsschutz: Zwischen Bestandsschutzkonzeption und Abfindungsrealität, RdA 2019, S. 102–109.

Ders., Die Massenentlassung in der Zweckmühle – Beteiligungsrechte des Betriebsrats de lege lata und de lege ferenda, NZA 2016, S. 599–603.

Thüsing, Gregor, Europäisches Arbeitsrecht, 4. Auflage, München 2024, zitiert als: *Thüsing*, Europäisches Arbeitsrecht.

Ders./Rachor, Stephanie/*Lembke*, Mark (Hrsg.), Kündigungsschutzgesetz, Praxiskommentar zum KSchG und zu angrenzenden Vorschriften mit Gestaltungshinweisen und Beispielen, 4. Auflage, Freiburg 2018, zitiert als *Bearbeiter* in Thüsing/Rachor/Lembke.

Towfigh, Emanuel V., „Nur erst, wenn dir die Form ganz klar ist, wird dir der Geist klar werden." – Zum grundgesetzlichen Gebot der Normenklarheit, JA 2015, S. 81–86.

Unberath, Hannes, Die richtlinienkonforme Auslegung am Beispiel der Kaufrechtsrichtlinie, ZEuP 2005, S. 5–42.

Vielmeier, Stephan, GmbH-Geschäftsführer als Arbeitnehmer im Rahmen der Massenentlassungsrichtlinie?, NJW 2014, S. 2678–2682.

Wagner, Matthias, Das Konzept der Mindestharmonisierung, Berlin 2001, zitiert als: *Wagner*, Mindestharmonisierung.

Wagner, Nathalie, Die Massenentlassung als Instrument der Krisenbewältigung im Unternehmen?, Hamburg 2017, zitiert als: *Wagner*, Krisenbewältigung.

Wank, Rolf/*Maties*, Martin (Hrsg.), Die Auslegung von Gesetzen, 7. Auflage, München 2023 zitert als: *Wank/Maties*, Gesetzesauslegung.

Ders., Anmerkung zu EuGH, Urt. v. 19.9.1995 – C 48/94, AP BGB § 613a Nr. 133

Weber, Christoph, Arbeitnehmermitbestimmung im Europäischen Sozialraum, in: Dreier, Horst/Forkel, Hans/Laubenthal, Klaus (Hrsg.), Raum und Recht, Festschrift 600 Jahre Würzburger Juristenfakultät, Berlin 2002, S. 189–218, zitiert als: *Weber*, FS Würzburg.

Ders., Arbeitsvertragsänderung als Entlassung im Sinne der Massenentlassungsrichtlinie, EuZA 2018, S. 492–501.

Ders., Massenentlassung und Arbeitnehmerbeteiligung im deutschen und europäischen Mitbestimmungsrecht, AuR 2008, S. 365–380.

Ders., Mitbestimmungsspirale im Recht der Massenentlassung? Zum Vorlagebeschluss des ArbG Berlin vom 21.2.2006, in: Annuß, Georg (Hrsg.), Festschrift für Reinhard Richardi zum 70. Geburtstag, München 2007, S. 461–74, zitiert als: *Weber*, FS Richardi.

Ders./Zimmer, Patrick, Fremdgeschäftsführer und Praktikanten als Arbeitnehmer im Sinne der Massenentlassungsrichtlinie, EuZA 2016, S. 224–243.

Weber, Martin, Grenzen EU-rechtskonformer Auslegung und Rechtsfortbildung, Baden-Baden 2010, zitiert als: *Weber*, Grenzen EU-rechtskonformer Auslegung.

Welkoborsky, Horst, Aktuelle Rechtsprechung zu Interessenausgleich und Sozialplan, ArbRAktuell 2014, S. 196–199.

Wendel, Mattias, Europäischer Grundrechtsschutz und nationale Spielräume: Grundlagen und Grundzüge eines Spielraumtests im europäischen Grundrechtspluralismus, EuR 2022, S. 327–367.

Wieckhorst, Arno, Verfassungsrechtliche Gesetzgebungslehre – Das Bundesverfassungsgericht bleibt gespalten? –, DÖV 2018, S. 845–854.

Wietfeld, Anne Christin, Die richtlinienkonforme Auslegung – Auslegungsmethode oder Zielvorgabe?, JZ 2020, S. 485–494.

Willemsen, Heinz Josef et al. (Hrsg.), Umstrukturierung und Übertragung von Unternehmen, 6. Auflage, München 2021, zitiert als: WHSS/*Bearbeiter*.

Wind, Katherina, Die Herausforderungen des Massenentlassungsverfahrens – Sind die Anforderungen des Massenentlassungsverfahrens noch erfüllbar?, KSzW 2017, S. 76–81.

Wißmann, Hellmut, Europäisches Arbeitsrecht – Sockel oder Deckel?, RdA 2015, S. 301–304.

Ders., Probleme bei der Umsetzung der EG-Richtlinie über Massenentlassungen in deutsches Recht, RdA 1998, S. 221–228.

Witt, Carl-Heinz, Nutzungsersatz bei Nachlieferung – BGH-Vorlage an den EuGH, NJW 2006, S. 3322–3325.

Wunderlich, Nina/*Pickartz*, Thomas, Hat die Richtlinie ausgedient? Zur Wahl der Handlungsform nach Art. 296 Abs. 1 AEUV, EuR 2014, S. 659–671.

Wysk, Peter, Das Gesetz und seine Richter: Mund des Gesetzes? Rechtsbeistand des Gesetzgebers? Oder ...?, in: Kloepfer, Michael (Hrsg), Gesetzgebung als wissenschaftliche Herausforderung, Gedächtnisschrift für Thilo Brandner, Band 2, Baden-Baden 2018, S. 137–154, zitiert als: *Wysk*, FS Brandner.

Zellerhoff, Maximilian, Unbestimmte Scheinselbständigkeit, Das Arbeitgebermerkmal des § 266a StGB auf dem Prüfstand des Art. 103 II GG, Baden-Baden 2020, zitiert als: *Zellerhoff*, Unbestimmte Scheinselbstständigkeit.

Zeppenfeld, Guido, Massenentlassungsanzeige: Aus „Soll" wird „Muss"?, NZA 2022, S. 26–30.

Ziemons, Hildegard, Der Vorstand als Arbeitnehmer, Umfassender Diskriminierungsschutz für Vorstandsmitglieder mit Hilfe des Europarechts, KSzW 2013, S. 19–29.

Zwarg, Christian/*Alles*, Boris, Fallstricke bei der Massenentlassungsanzeige – ausgewählte aktuelle Probleme, DB 2014, S. 2287–2291.